桂林市
象山年鉴

GUILIN SHI XIANGSHAN NIANJIAN

2018

桂林市象山区地方志编纂委员会　编

方志出版社
Publishing House of Local Records

图书在版编目（CIP）数据

桂林市象山年鉴. 2018 / 桂林市象山区地方志编纂委员会编. -- 北京 ：方志出版社，2018.12
ISBN 978-7-5144-3553-5

Ⅰ. ①桂… Ⅱ. ①桂… Ⅲ. ①象山区—2018—年鉴
Ⅳ. ① Z526.74

中国版本图书馆 CIP 数据核字(2019)第 014279 号

桂林市象山年鉴（2018）

编　　者：桂林市象山区地方志编纂委员会
责任编辑：冯　松

出 版 人：冀祥德
出 版 者：方志出版社
地址　北京市朝阳区潘家园东里 9 号（国家方志馆 4 层）
邮编　100021
网址　http://www.fzph.org
发　　行：方志出版社发行中心
电话（010）67110500
经　　销：各地新华书店
装帧设计：南宁市佳彩广告设计有限公司
印　　刷：深圳市精一瑞兰印刷有限公司

开　　本：889 × 1194　　1/16
印　　张：19.75
字　　数：521 千字
版　　次：2018 年 12 月第 1 版　　2018 年 12 月第 1 次印刷
印　　数：001 ～ 400 册

ISBN　978-7-5144-3553-5　　定价：180.00 元

编 辑 说 明

1. 根据《地方综合年鉴编纂出版规定》第三十九条规定，从本卷起，《象山区年鉴》更名为《桂林市象山年鉴》。

2.《桂林市象山年鉴(2018)》以马克思列宁主义、毛泽东思想、邓小平理论、“三个代表”重要思想、科学发展观、习近平新时代中国特色社会主义思想为指导，坚持辩证唯物主义、历史唯物主义的立场、观点和方法，全面系统记述2017年辖区自然、政治、经济、文化、社会等现状和建设发展情况，为各级各部门决策提供依据，为社会各界人士了解和研究象山、建设象山提供翔实、准确、权威的信息资料，同时为将来续修区志积累史料。

3. 本卷年鉴收录范围以象山区行政区划为界(象山区党政机关、事业单位、民主党派组织对外服务内容也在收录范围)，除桂林市党政机关外，凡在象山区地域内的各单位、各行业，不论其性质、隶属关系，均在收录之列。

4. 本卷年鉴采用条目式记事体，分类编纂。内容设3个层次，在类目下设分目，分目下设条目(少数分目下无条目)。条目为年鉴记事的基本单元，用黑体字加【 】号作条目标题，一般先以【概况】条目介绍行业、事业的基本情况，后按一事一目的原则设置条目。年鉴内容的层次设置，总体上按科学分类和社会分工相结合的原则归类，按统计顺序排列。全书共设特载、大事记、概况、中国共产党象山区委员会、象山区人民代表大会(内文简称区人大)、象山区人民政府、中国人民政治协商会议象山区委员会(内文简称象山区政协)、民主党派、社会团体、政法、军事、农业水利农村工作、工商业招商、旅游业、财政税务、金融业、城建交通、行政管理、教育、科技文体、社会生活、乡街道、人物、附录等24个类目，127个分目，521个条目。设书前彩色照片97幅，辑封和内文插图158幅。

5. 本卷年鉴中的文字材料，由象山区机关各部门、二塘乡政府、各街道办事处及辖区有关企事业单位专人撰稿和提供，并经单位负责人审定。文中所列数据，以统计局提供为准，统计局无数据的，以各单位提供的为准。(区委工作报告和政府工作报告相关数据与最终统计数据存在误差，但为了保持报告原状，不作改动)

象山区地方志编纂委员会

主　　任：蒋永刚

副 主 任：梁　红　邓纪才　韦普健　聂桂华　钟庭盛

委　　员：艾美勇　吴家安　丰宏亮　唐钟慧　李开林　廖战玲
何　平　秦振福　唐华镁　何　学　李华明　张万岭
谢　标　邓泽付　朱兴国　林　娟　万晓宾　陈　萍
钟洁珍　戴一平　邓小松　魏勇华　蔡　尧　江渭漪
曾瑞仁　袁明辉

象山区地方志编纂委员会办公室

主　　任：艾美勇（兼）

副 主 任：甘鸿文

工作人员：伍爱华　曾志明　梁文敔

《桂林市象山年鉴(2018)》编辑人员

主　　编：梁　红

总　　纂：甘鸿文

编　　辑：甘鸿文　伍爱华　曾志明

象山区地图

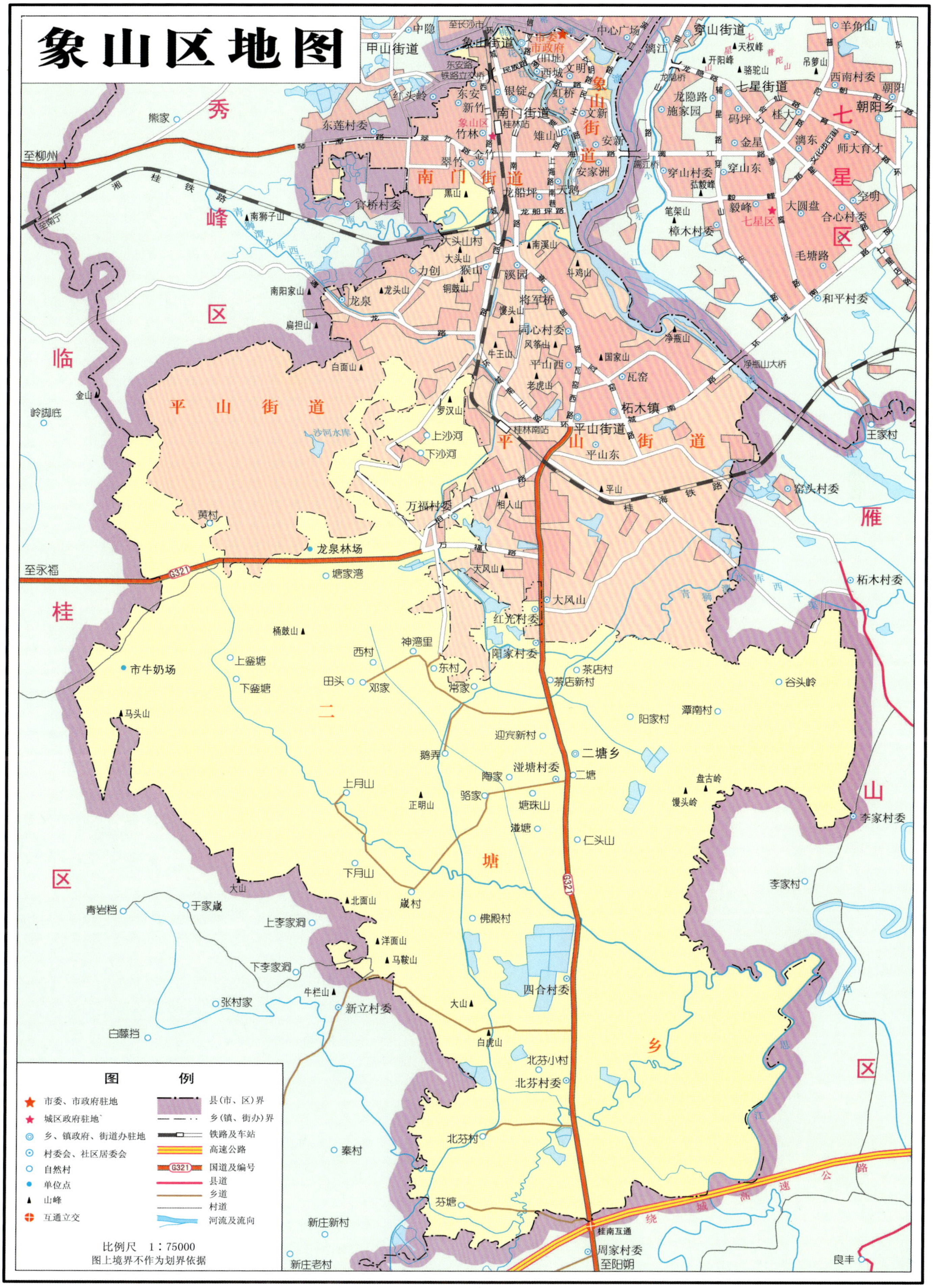

广西壮族自治区地图院编制

审图号：桂S（2013）54号 2013年8月

象山区城区图

广西壮族自治区地图院编制　　审图号：桂S（2013）54号　　2013年8月

象山区地形略图

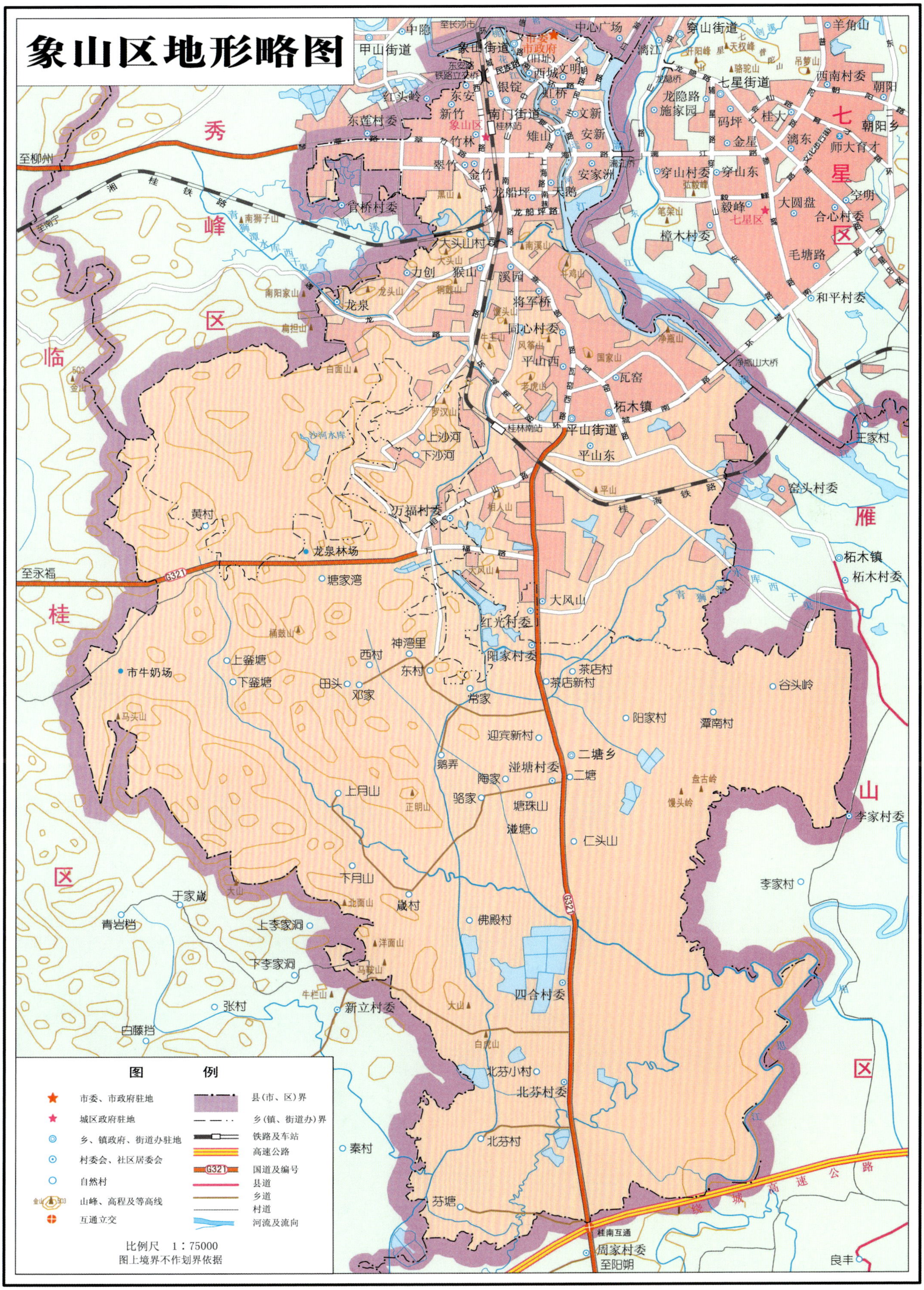

广西壮族自治区地图院编制　　审图号：桂S（2013）54号　　2013年8月

自治区领导视察

2017 年 11 月 23 日，自治区政府副主席张秀隆（前排左二）考察侗情水庄

区委宣传部　供图

2017 年 8 月 31 日，广西军区副司令员屈绍刚（左一）到象山区新兵役前训练基地与新兵座谈

区人武部　供图

市领导调研

2017 年 2 月 15 日，中共桂林市委书记、市人大常委会主任赵乐秦（前排右二）到象山区调研桂林汽车客运南站项目建设

区委宣传部　供图

2017 年 7 月 31 日，桂林市市长周家斌（前排左二）到象山区检查工作　　黄琳雯　摄

2017 年 7 月 28 日，桂林市政协主席栗增林（左四）率队到空降兵训练基地慰问部队官兵

空降兵训练基地　供图

2017 年 9 月 12 日，中共桂林市委副书记白松涛（前排右二）到象山区将军桥社区调研党建工作

区委宣传部　供图

2017 年 12 月 13 日，中共桂林市委常委、常务副市长张晓武（前排左二）到桂林橡胶机械有限公司调研

区发改局　供图

2017 年 7 月 19 日，中共桂林市委常委、市委宣传部部长、副市长陈丽华（左二）到象山区虹桥社区开展创建全国文明城市入户宣传

区委宣传部　供图

2017 年 10 月 13 日，中共桂林市委常委、市委政法委书记赵志军（左三）在桂林国际旅游商品批发城火灾现场检查灾后调查工作

公安象山分局　供图

2017 年 1 月 11 日，中共桂林市委常委、市委组织部部长李国忠（左二）到象山区参加区委班子民主生活会

区委宣传部　供图

2017 年 8 月 3 日，中共桂林市委常委、市委组织部部长彭东光（前排右三）到象山区将军桥社区调研党建工作

区委宣传部　供图

2017 年 9 月 7 日，中共桂林市委常委、市纪委书记吕洪安（右二）到象山区调研九美桥项目建设

区委宣传部　供图

2017 年 4 月 25 日，中共桂林市委常委、市委统战部部长王建毅（右二）到象山辖区企业走访调研

区委宣传部　供图

2017 年 11 月 9 日，中共桂林市委常委、市委秘书长赵仲华（左三）到象山区调研龙船坪特色街区建设项目

区委宣传部　供图

2017 年 9 月 8 日，中共桂林市委常委、副市长何翔（前排右一）到象山区二塘乡卫生院调研

区委宣传部　供图

2017 年 3 月 13 日　中共桂林市委常委、副市长邓志勇（左二）到象山区华夏艺术大观园调研项目建设

区委宣传部　供图

象山区领导工作剪影

2017 年 6 月 28 日，中共象山区委书记唐小忠（前排右三）到溪园社区检查社区办公场所建设情况

区委宣传部　供图

2017 年 6 月 15 日，象山区人大常委会主任徐维升（左三）带队到区工商局调研，了解市场主体登记流程

区委宣传部　供图

2017 年 4 月 12 日，象山区区长蒋永刚（前排左二）到二塘乡北芬大村检查古建筑修缮改造工作

区委宣传部　供图

2017 年 7 月 5 日，象山区政协主席眭铂生（前）带队到瓦窑工社、瓦窑小镇调研　区委宣传部　供图

2017 年 4 月 24 日，中共象山区委副书记王飚（前排左三）到瓦窑市场调研综合治理工作

区委宣传部　供图

2017 年 1 月 11 日，中共象山区委常委、区人武部政委庄英群参加区委班子民主生活会　区委宣传部　供图

2017 年 11 月 14 日，中共象山区委常委、常务副区长梁红（右四）到迎宾西地块检查土地收储工作

陈名帅 供图

2017 年 6 月 22 日，中共象山区委常委、区委政法委书记骆文兵（前排左二）参加象山区国际禁毒日主题宣传活动

区委宣传部 供图

2017年8月25日，中共象山区委常委、区委宣传部部长、副区长经翠艳（右二）到南溪山小学环西分校调研

区委宣传部　供图

2017年11月22日，中共象山区委常委、区委办公室主任邓纪才（前排中）到大风山市场指导市场整改工作

区委宣传部　供图

2017年5月3日，中共象山区委常委、区委统战部部长潘波平（右二）带队到非公企业走访调研

区工商联　供图

2017年3月10日，中共象山区委常委、区委组织部部长韦普健（前排右二）到辖区桂林江西商会调研党建工作

区委宣传部　供图

2017 年 6 月 29 日，中共象山区委常委、区纪委书记黄文（前排左一）慰问困难老党员　区委宣传部　供图

2017 年 7 月 28 日，中共象山区委常委、副区长秦涛（前排左二）现场指挥拆除联坤家居市场违章建筑
区委宣传部　供图

2017 年 5 月 10 日，中共象山区委常委、副区长李芳真（右三）到北芬大村检查工作　　区委组织部　供图

2017 年 1 月 19 日，象山区人大常委会副主任黄晖（右二）慰问二塘乡村民　　区委宣传部　供图

2017 年 6 月 8 日，象山区人大常委会副主任谢东（左二）到全州县白宝乡了解结对帮扶贫困户生产生活情况

区委宣传部　供图

2017 年 9 月 5 日，象山区人大常委会副主任、区总工会主席聂桂华（右二）带领工会人员到桂林市市政工程管理处调研

蒿　馨　摄

2017 年 5 月 19 日，象山区人大常委会副主任李勇江（左三）主持召开人大代表建议办理现场会

区人大选联委　供图

2017 年 9 月 21 日，象山区副区长、公安分局局长张宁生（右二）在将军桥社区调研社会治安工作

区委宣传部　供图

2017 年 4 月 7 日，象山区副区长周灿（左三）在劝导救助流浪乞讨人员联合整治行动中做劝导说服工作

区委宣传部　供图

2017 年 11 月 14 日，象山区副区长林莉（左一）到辖区宝象门业了解并指导公司科技成果转化工作

区科技局　供图

2017 年 10 月 22 日，象山区副区长崔海健（前排右二）在桂林国际旅游商品批发城组织指挥环境综合整治工作

区委宣传部　供图

2017 年 2 月 16 日，象山区政协副主席钟庭盛（前排中）在区政协第五届二次会议上作报告

区委宣传部　供图

2017 年 6 月 12 日，象山区政协副主席赖慧云（中）到翠竹幼儿园调研

区政协办　供图

2017 年 12 月 21 日，象山区政协副主席李雅劼（右一）带领政协委员考察象山区人民法院

谢顺才　摄

2017 年 5 月 26 日，象山区政协副主席罗秋云在政协委员捐资助学活动仪式上讲话

区委宣传部　供图

重大项目建设（综合）

2017 年，象山区统筹推进的重大项目 101 项（列入市级层面重大项目 69 项），完成投资 59.12 亿元，超出年度计划投资 2.51 亿元。其中 5000 万元及以上项目固定资产投资列入自治区 21 个主城区红榜。华夏艺术大观园、龙船坪特色街区、象山区万福庄园等 29 个新项目按计划开工；万福东路（象山段）、瓦窑小镇、九美桥时尚园、龙光·普罗旺斯等 22 个续建项目快速推进；漓江桥扩建工程、香江立交桥、森港家居等 21 个重大项目如期竣工。

区委宣传部 文／图（除署名者外）

2017 年 8 月 24 日，中共象山区委书记唐小忠（右四）带领有关负责人到龙光普罗旺斯项目现场办公

2017 年 3 月 3 日，位于象山区万福路的华夏艺术大观园建设工地

2017 年 4 月 12 日，象山区二塘乡北芬大村古建筑修缮改造工程正式开工

2017 年 5 月 31 日，象山区龙船坪特色街区（码头旅游服务设施建设项目）开工仪式

2017 年 5 月 11 日，阳桂公路（321 国道）象山区段农村住房风貌改造工程开工仪式

2017 年 2 月 27 日，建设中的瓦窑小镇

2017 年 9 月 1 日，象山区崇善龙光小学启用仪式

2017 年 3 月 10 日，施工中的侗情水庄建设项目

2017 年 11 月 16 日，燕京啤酒（桂林漓泉）股份有限公司 1998 棕瓶技改生产线

2017 年 12 月 6 日，正在建设的桂林溢达九美桥时尚工业园项目

2017 年 4 月 28 日，新建的桂林溢达纺织有限公司三车间、纺织工程技术研究中心　　桂林溢达　文国兴　摄

2017 年 3 月 31 日，桂林溢达九美桥时尚园棉纺展示中心

2017 年 12 月 5 日，瓦窑小镇建设项目初具规模

重大项目建设（桥梁）

翠竹路香江饭店路口立交桥竣工

翠竹路香江饭店路口立交桥，2015 年 6 月 24 日开工。2017 年 1 月 20 日，南北向上跨桥通车；8 月 1 日，东西向下穿通道通车；10 月 31 日，地面平交层（环城西路段）完工，至此，整个立交桥工程竣工交付使用。该桥设计行车速度为每小时 40 公里。地面层（环城西路段）路线总长 618.173 米，道路红线宽 44.5 米，双向 6 车道；上跨桥全长 375 米，道路红线宽 17 米，双向 4 车道；下穿通道（翠竹路、上海路段）路线长 353.79 米，道路红线宽 15 米，净空 4.5 米，双向 4 车道。

伍爱华　文／摄（除署名者外）

2017 年 1 月 20 日，翠竹路香江饭店路口立交桥南北向上跨桥试行通车

2017 年 8 月 1 日，翠竹路香江饭店路口立交桥东西向下穿通道通车

2017 年 10 月 31 日，翠竹路香江饭店路口立交桥地面平交层（环城西路段）完工

2017 年 11 月 3 日，建成通车的翠竹路香江饭店路口立交桥航拍图

区委宣传部　供图

漓江桥

2017 年 12 月 19 日，建成通车的漓江桥航拍图　　区委宣传部　供图

漓江桥全线通车　2015 年 9 月 28 日，漓江桥扩建工程正式开工。2017 年 5 月 1 日，新扩建的漓江桥全线通车。漓江桥扩建包含桥梁工程、引道工程给排水工程综合管线工程照明工程绿化工程、景观亮化工程及交通安全设施。扩建工程沿漓江桥两侧进行，包括漓江桥主桥、引桥及东西岸引道与现状道路的衔接，主线全长 521.08 米。其中主桥长 264.46 米，引桥长 256.62 米。主桥面红线宽 47 米，引桥断面宽为 51.5 米。双向 6 车道，并设非机动车道。

伍爱华　文 / 摄（除署名者外）

2017 年 2 月 13 日，漓江桥扩建施工现场

2017 年 2 月 13 日，漓江桥扩建施工现场

2017 年 5 月 1 日，全线通车后的漓江桥桥面

八 一 桥

八一桥改扩建工程 八一桥，位于象山区中山南路南端，始建于1968年，为上承式单跨双曲拱桥，桥面净宽24米，双向4车道，机动车道与非机动车道不分离。2017年11月10日，八一桥改扩建工程桥梁主体工程正式开工。改扩建后的八一桥设计为单跨空腹钢筋混凝土拱桥，桥长50.2米，桥梁引道长405.434米，桥面宽50米。机动车道为双向9车道（含一右转车道和两公交车道），并设有非机动车道。

伍爱华 文／摄

2017年改扩建前的八一桥

2017年11月10日，八一桥改扩建工程桥梁主体工程正式开工

2017年12月13日，八一桥改扩建工程施工现场

创建全国文明城市

2017年，桂林市开展创建全国文明城市工作，中共象山区委、区政府高度重视，成立创城工作领导小组，按照创城工作测评体系，从基础设施建设、宣传氛围营造、外部环境整治、网络材料申报、实地考察及台账、创城入户调查等方面，扎实推进辖区创城工作。首创“红黑榜”检查评比奖惩制度，奖励创城工作优秀社区，通报批评后进社区。成立“金点子”办公室，处理创城过程中市民投诉和建议、意见，有效推进创城工作。全区有6个单位、30名个人分别被评为桂林市创建全国文明城市先进集体、先进个人。

区文明办 文　区委宣传部 图（除署名者外）

2017年5月17日，象山区举行创建全国文明城市专场文艺会演　　唐侃 摄

2017年7月7日，中共象山区委书记唐小忠（右四），区长蒋永刚（前排左二）到西门市场调研，现场研究环境整治方案

2017年7月14日，中共桂林市委领导、象山区机关干部进社区清除道路两旁垃圾　　何平江 摄

2017 年 6 月 23 日，象山区召开创建全国文明城市工作推进会

2017 年 6 月 9 日，象山区平山小学学生给市民发放创建全国文明城市宣传资料

2017 年 7 月 17 日，象山交警大队民警在纠正交通不文明行为

2017 年 7 月 31 日，象山区表彰创建全国文明城市工作优秀社区（第二期）

2017 年 8 月 18 日，象山区召开“金点子”办理推进会

2017 年 9 月 30 日，象山区创建全国文明城市工作，带来了环境美化、出行文明、交通顺畅等新变化

央视春晚桂林分会场

2017年1月27日除夕之夜，中央电视台春节联欢晚会南方分会场演出在象山景区举行。这是桂林第一次，也是广西首次。分会场共演出节目8个。其中歌舞节目《歌从漓江来》《带上月光上路》由中央电视台向全国、全球直播。桂林分会场的演出达到了中宣部、中央电视台提出的“央视春晚、最美桂林”目标。1月28日，中央电视台鸡年春节联欢晚会节目收视率榜单出炉，《歌从漓江来》《带上月光上路》以36.27%的收视率，位列中央电视台春节联欢晚会42个节目收视率第五名，居4个分会场（哈尔滨、上海、凉山、桂林）之首。

区文化局　文

象山的荣耀　　王德华　摄

《带上月光上路》　　滕　彬　摄

歌从漓江来　　王德华　摄

最炫民族风　　　　　　王德华　摄

美丽的舞台　　　　　　王德华　摄

炫丽的灯光　　　　　　区委宣传部　供图

碧水映红帆　　　　　　滕　彬　摄

侗情水庄

侗情水庄,位于321国道象山区段,二塘乡北芬村118号,占地约6.5公顷,由桂林北芬侗族旅游观光有限公司投资经营。2015年始建,至2017年,完成风雨桥、民族风情古民居楼、侗家对歌台、侗家农具屋、侗家钟乳石厅、侗乡水上舞台、侗银工坊、传统美食服务区、祠堂及综合服务楼、迎宾广场、侗家大道等建设,基本形成一个集少数民族表演、古民居和民族工艺欣赏、休闲娱乐、吃住购为一体的多民族文化旅游示范区。2017年9月正式营业。侗情水庄,是桂林唯一一家最具侗族少数民族特色的旅游景区,能让游客真正领略到侗族三宝——侗族大歌、风雨桥、鼓楼的风采。

伍爱华　文/摄(除署名者外)

侗情水庄　　区旅游局　供图

侗情水庄航拍图
秦玉婷　供图

迎宾广场

侗家民俗——抬官人

侗家银器（头饰）

侗家蜡染制作（蜡染画师）

侗家织布（土布）

目　　录

特　　载

大 事 记

概　　况

中国共产党象山区委员会

象山区人民代表大会

象山区人民政府

中国人民政治协商会议象山区委员会

民主党派

社会团体

法　　治

军 事

农业 水利 农村工作

工商业 招商

旅游业

财政　税务

金融业

城建 交通

行政管理

教　育

科技　文体

社会生活

乡　街道

人　　物

附　　录

索　　引

特　　载

TEZAI

蓝天白云象鼻山　　　　区委宣传部　供图

不忘为民初心　牢记肩负使命 努力把党的十九大精神在象山落地生根

——在中共象山区委十届三次全会上的报告

唐小忠

（2017 年 11 月 30 日）

这次全会的主要任务是：深入学习贯彻党的十九大精神，自治区党委十一届三次会议精神，总结今年以来的工作，审议通过《中共象山区委员会关于深入学习宣传贯彻党的十九大精神的决定》，动员全区各级党组织和广大党员干部群众，深入学习贯彻，学懂弄通做实，不忘为民初心，牢记肩负使命，努力把党的十九大精神在象山落地生根。

一、喜迎十九大，实干创佳绩，全区各项事业取得新的进步

今年以来，区委常委会坚持以习近平总书记系列重要讲话精神为统领，在市委、市政府的正确领导下，以喜迎和学习宣传贯彻十九大精神为强大动力，加快"三区统筹"，实施"五大攻坚"，发展"五大幸福产业"，奋力干事创业，全面从严治党，有力推动全区各项事业取得新的进步。

（一）迎接和学习宣传十九大扎实开展。坚持把迎接和学习宣传贯彻党的十九大精神作为首要政治任务，摆在突出位置，周密部署，组织策划"七一"系列活动，认真学习习近平总书记"7·26"重要讲话，加强党管意识形态工作。坚持领导带头，抓实学习培训，精心组织宣传，集中搞好宣讲，开展了学习宣传贯彻十九大精神"九个一"和县处级领导干部不忘初心、牢记使命、问计于民、服务基层"三个三"主题实践活动，迅速营造起学习宣传贯彻十九大精神的浓厚氛围。

（二）全区经济运行平稳发展。坚持稳中求进的工作总基调，加强和改善党对经济工作的领导，推动全区经济持续健康发展。聚焦"阳桂公路休闲观光示范区、万福路康体养生先行区、平山瓦窑片特色文化展示区"建设，积极推进重大项目、土地收储、招商引资、特色街区和财税融资"五大攻坚"，全力以赴稳增长、调结构、惠民生、保稳定，全区经济社会保持持续平稳、协调较快发展。据统计，今年 1—10 月，完成城区生产总值 170.4 亿元，同比增长 7%；组织本级财政收入 9.6 亿元，同比增长 3.9%；实现固定资产投资 112.2 亿元，同比增长 5.3%；规模以上工业增加值 39.3 亿元，同比增长 10.1%；前三季度社会消费品零售总额 114.8 亿元，同比增长 11%，城镇居民人均可支配收入和农村居民人均可支配收入分别为 24817 元和 10105 元，分别增长 7.3% 和 9.5%。

（三）全国文明城创建成效明显。坚持创城为民、创城惠民宗旨和"长短结合"思路，设立创城"红黑榜"，全面落实"金点子"办理，有效动员全区上下，奋力创建全国文明城市。实施城市路面硬化、街巷亮化工程和老旧小区、城中村改造升级，城市面貌明显变化。精心组织社会主义核心价值观宣传教育、"小手拉大手"等系列活动，居民文明程度大幅提升。坚决整治违章建设乱象，共查处违法建筑 223 起，拆除违法建筑面积 45.5 万平方米。强力推进铁西片区综合整治，依法取缔无证无照违规经营，群众满意度和幸福感指数极大提高。

（四）社会大局保持安定有序。始终把教育摆在优先发展战略位置，累计投入 1.5 亿元，顺利通过了自治区和市义务教育均衡发展考核验收。坚持把改善民生作为一切工作的出发点和落脚点，扎实为群众办实事办好事。开展“问计于民，共建平安象山”活动，推广“圆桌会议”模式，进一步调动了群众参与社会综合治理积极性。扎实做好维护社会稳定工作，高标准完成了“两会”“一带一路”“十九大”等重要敏感时期安保信访维稳工作。

（五）全面从严治党向纵深发展。认真学习贯彻习近平总书记视察广西重要讲话精神，大力实施党建创新工程。坚持与党建品牌创建、经常性教育、规范“三会一课”制度结合，“两学一做”学习教育常态化制度化深入推进。圆满完成村（社区）“两委”换届。全面开展“六规范一提升”行动，基层党组织建设的责任落实、阵地建设、基础保障、品牌创建、支部建设和“两新”党建得到全面规范。着力加强城市党建品牌创建，打造并全面推广了“漓水象山·党员工作室”品牌。加强队伍建设，调整任免干部29人次、提拔干部20人，干部队伍活力进一步增强。主动认领问题，认真开展了中央第三巡视组巡视广西“回头看”反馈意见整改。加强巡察工作组织领导，配合做好县区交叉巡察，共发现问题123个，较好地发挥了巡察利剑作用。大力加强纪检机关建设，高质量完成纪委派驻机构改革。积极运用四种形态，加大正风肃纪力度，坚决惩治腐败现象，查办顶风违纪问题。今年以来，共受理信访举报16件，初核16件，共梳理处置各类问题78条，立案查处51件，党政纪处分48人。

一年来，区委常委会坚持总揽全局、协调各方，区人大、政府、政协扎实履职、团结协作，全区民族团结、社会和睦、军政军民团结不断巩固，科技、妇女儿童、老龄、慈善、优抚安置、残疾人等各项事业全面发展，形成了全区上下谋发展一条心、抓工作一个调、干事业一个劲良好氛围。

虽然我们工作取得了一定成绩，但是还存在一些不容忽视的困难和问题。经济总量还不够大，产业结构还不够优；项目建设质量不高，固定资产投资增速回落明显；财政收支矛盾较大，可用财力紧张；城市建设欠账较多，管理比较粗放；受财力所限，社会保障体系还不够完善；历史遗留问题和信访积案化解难度大；少数干部思维观念保守、作风不够扎实等等。这些问题需要在今后工作中努力加以克服、切实得到解决。

二、以活动统领牵引，让决定落地生根，迅速掀起学习贯彻党的十九大精神热潮

中国共产党第十九次全国代表大会，是在全面建成小康社会决胜阶段、中国特色社会主义进入新时代的关键时期召开的一次十分重要的大会。学习宣传贯彻党的十九大精神，是当前和今后一个时期的首要政治任务，也是当前和今后一个时期的长期战略任务。要认真落实中央、自治区党委、市委关于深入学习宣传贯彻十九大精神重大决策部署，结合象山实际，提出系统安排和系列举措，通过形成《决定》的形式，进一步迅速掀起学习宣传贯彻的热潮，把党的十九大精神全面落实在象山大地上。

（一）《决定》的起草过程。党的十九大召开后，区委迅速成立了学习宣传贯彻党的十九大精神领导小组，先后2次安排理论中心组学习，邀请党的十九大代表夏四初作十九大精神的专题辅导，精心安排市委讲师团到我区宣讲，组织区四家班子领导到联系点宣讲等。中央、自治区党委《关于深入学习宣传贯彻十九大精神的决定》（以下简称《决定》）印发后，区委成立由区委组织部、区委办牵头，有关部门参加的区《决定》起草工作组，部署安排区本级《决定》起草工作。起草工作组认真学习研读领会党的十九大报告和上级《决定》精神，深入调研，全面开展《决定》起草工作。初稿形成后，根据常委会意见，广泛征求各单位各部门的意见和建议。从征求意见情况看，大家对这份文件给予充分肯定，一致认为《决定》符合中央、自治区党委和市委关于深入学习宣传贯彻党的十九大精神的部署安排，切合象山实际，具有很强的系统性、指导性和可操作性，将为推动全区迅速掀起学习宣传贯彻党的十九大精神的热潮发挥重要作用，为加快全区经济社会发展的提供强大动力。

（二）具体举措安排的主要考虑。一是把中央、自治区党委、市委关于深入学习宣传贯彻党的十九大精神的部署安排与象山实际紧密结合。这是《决定》起草的重要遵循。《决定》深入贯彻落实中央、自治区党委、市委的各项决策部署，紧紧围绕学习宣传贯彻十九大精神这个首要政治任务，紧密结合我区实际，围绕“提升城市功能，加快产业聚集，建设美丽和谐宜居幸福新象山”的战略目标，系统谋划，深化举措，推动十九大精神在象山落地生根，开花结果。二是把深入学习宣传贯彻党的十九大精神与开展实践活动有机结合。细化安排了全区党员干部群众学习宣传贯彻十九大精神“九个一”活动，明确了在县处级干部中，开展不忘初心、牢记使命、问计于民、服务群众“三个三”主题实践活动。同时，积极组建“五大员”基层宣讲队伍推动学习宣传贯彻活动向纵深推进、向基层延伸。三

是把深入学习宣传贯彻党的十九大精神与找准贯彻落实的切入点很好结合。坚持人民对美好生活需要导向，满足人民的日益需求，着力转变经济发展方式，创新社会治理模式，推动经济社会更好更快发展。四是把深入学习宣传贯彻党的十九大精神与贯彻落实新时代党的建设总要求全面结合。坚持党要管党，全面从严治党，以党的政治建设为统领，以坚定理想信念宗旨为根基，以“漓水象山·党员工作室”城市党建品牌创建为抓手，以提升基层干部“八大本领”为保障，努力调动全体党员积极性、主动性、创造性，全面推进党的政治建设、思想建设、组织建设、作风建设、纪律建设，把制度建设贯穿其中，深入推进反腐败斗争，不断提高基层党建水平。

（三）《决定》的基本框架和主要内容。《决定》总体框架分为三大板块、六个部分。第一板块，由导语和第一部分构成。主要明确了深入学习宣传贯彻党的十九大精神，是当前和今后一个时期的首要政治任务，各级各部门特别是党员领导干部要以高度的政治责任感和历史使命感，迅速掀起学习宣传贯彻热潮，切实把思想和行动统一到党的十九大精神上来，把力量凝聚到实现党的十九大确定的各项目标任务上来。第二板块，由第二至第五部分构成。对深入学习宣传贯彻进行全面部署。第二部分，高举习近平新时代中国特色社会主义思想伟大旗帜，坚决维护以习近平同志为核心的党中央权威和集中统一领导。主要从坚决维护习近平总书记的核心地位；自觉把习近平新时代中国特色社会主义思想作为一切工作的根本遵循和行动指南；全面贯彻新时代坚持和发展中国特色社会主义的基本方略等方面展开。第三部分，准确把握中国特色社会主义进入新时代的历史方位，奋力谱写新时代象山发展新篇章。主要从准确把握我国发展新的历史方位以及象山发展的阶段性特征；持续营造“三大生态”，加快实现“两个建成”；在全面建设社会主义现代化国家的新征程中不断夺取建设和谐宜居幸福新象山新胜利等方面展开。第四部分，深入贯彻新时代推进中国特色社会主义伟大事业的战略部署，把建设和谐宜居幸福新象山各项事业全面推向前进。主要从着力建设现代化经济体系，扎实推动经济持续健康发展；积极推进社会主义民主政治和法治建设，进一步巩固和发展生动活泼、安定团结的政治局面、推动文化繁荣兴盛；加快建设民族文化强区、以更大力度全面深化改革，着力增强经济社会发展动力活力；切实提高保障和改善民生水平，落实以人民为中心的发展思想；加快建设美丽象山，不断巩固提升象山生态优势等方面展开。第五部分，坚定不移推动全面从严治党向纵深发展，着力营造风清气正的良好政治生态。主要从旗帜鲜明把党的政治建设摆在首要位置；用习近平新时代中国特色社会主义思想武装党员干部；锻造高素质专业化干部队伍，提高基层组织建设水平；持续深化党的纪律和作风建设，深入推进反腐败斗争等方面展开。第三板块，由第六部分和结束语构成。第六部分，以永不懈怠的精神状态和一往无前的奋斗姿态，向新时代新目标砥砺奋进。主要从解放思想，锐意创新；牢记使命，敢于担当；凝心聚力，共创未来等方面展开。结束语号召全区各级党组织和广大党员干部要更加紧密地团结在以习近平同志为核心的党中央周围，坚持以习近平新时代中国特色社会主义思想为指导，全面贯彻落实党的十九大精神，不忘初心、牢记使命、开拓创新、攻坚克难、努力奋斗，开创象山和谐宜居幸福新局面，奋力谱写新时代象山发展新篇章！

（四）推动《决定》的贯彻落实。《决定》站在全局的高度，全面深入地安排了学习宣传贯彻党的十九大精神的一系列举措，是全区学习宣传贯彻的总要求、总部署。要认真审议《决定》。提交全会审议的《决定》，虽经过几次修改，但难免还存在一些需要修改完善的地方。请各位委员审议时提出意见建议，以便进一步修改完善。要坚决落实《决定》。各级党组织要按照《决定》的部署要求，压紧压实领导责任，多形式、多层次、全覆盖地开展好党的十九大精神的学习宣传工作，把规定动作一个不落地做细做实，同时结合各自情况，突出特色，深化拓展，迅速掀起学习宣传贯彻热潮。要广泛开展特色活动。注重广泛多样，充分发挥报刊、网络、新媒体等各种媒体的优势特色，推动党的十九大精神进企业、进农村、进机关、进校园、进社区。注重生动灵活，坚持贴近实际、贴近生活、贴近群众，在准确把握内容的基础上，根据不同对象、不同群体的需求，采取人民群众喜闻乐见的形式，确保宣传实效。

三、积极向广度拓展，努力向基层延伸，把党的十九大精神全面落实在象山大地上

当前，学习宣传贯彻党的十九大精神已开好了头、起好了步，但全面贯彻落实党的十九大精神还有许多工作要做。要在前期学习宣传贯彻的基础上，按照这次全会审议的《决定》要求，进一步向广度拓展、向基层延伸，真正学思践悟，切实学懂弄通做实，结合象山实际，奋发有为工作，把党的十九大精神全面落实在象山大地上。

（一）把党的政治建设摆在首位，坚决维护以习近平同志为核心的党中央权威和集中统一领导。党的十八大以来的5年，是迎难而上、攻坚克难、浴火重生的5年，是砥砺奋进、变革图强、创造辉煌的5年，党和国家事业发展取得历史性成就、发生历史性变革。实践证明，习近平总书记是全党拥护、人民爱戴、当之无愧的党的领袖。中国特色社会主义进入新时代，更需要习近平总书记掌舵领航。

坚决维护党中央权威和集中统一领导。突出抓好“四个意识”和“四个自信”教育，落实《中共中央政治局关于加强和维护党中央集中统一领导的若干规定》，旗帜鲜明讲政治，坚决拥护核心、服从核心、看齐核心、紧跟核心，在政治立场、政治方向、政治原则、政治道路上同以习近平同志为核心的党中央保持高度一致，自觉维护以习近平同志为核心的党中央权威和集中统一领导。时刻保持对党的绝对忠诚，以身许党许国、报党报国，切实提高政治站位，坚定执行党的路线方针政策，严格遵守党的政治纪律和政治规矩，任何时候任何情况下始终做到政治信仰不变、政治立场不移、政治方向不偏，坚定自觉地把以习近平同志为核心的党中央决策部署落到实处，确保中央政令畅通。

开展严肃认真的党内政治生活。严肃认真的党内政治生活，是坚持党的性质和宗旨、保持先进性和纯洁性的重要法宝。要把学习贯彻党章作为学习宣传贯彻党的十九大精神的重要内容，自觉学习党章，严格遵守党章，模范贯彻党章，坚决维护党章。严格贯彻执行《关于新形势下党内政治生活的若干准则》，贯彻落实民主集中制的各项制度，坚持民主基础上的集中和集中指导下的民主相结合，既充分发扬民主，又善于集中统一。认真谋划好年度民主生活会，充分征求群众意见，认真撰写剖析材料，深入开展交心谈心，运用好批评与自我批评武器，切实做到咬耳扯袖红脸出汗。

大力提高全体党员的政治能力。讲政治，是政治态度，更是政治能力。要加强理想信念教育，牢固树立政治理想，正确把握政治方向，坚定站稳政治立场，严格遵守政治纪律。弘扬马克思主义学风，推进“两学一做”学习教育常态化制度化，以县处级以上领导干部为重点，深入开展“不忘初心、牢记使命”主题教育，引导党员干部自觉用习近平新时代中国特色社会主义思想武装头脑、指导实践、推动工作。加强党内政治文化建设，培厚良好政治生态的土壤。加强党员干部党性锻炼，不断提高政治觉悟和政治能力，永葆共产党人政治本色。

（二）把握新时代新思想新征程，切实在学懂弄通做实上下功夫。新时代推进新发展，新发展需要新理论。习近平新时代中国特色社会主义思想是贯穿党的十九大报告的灵魂主线，是马克思主义中国化的最新成果，是党和人民实践经验和集体智慧的结晶，是中国特色社会主义理论体系的重要组成部分，是全党全国人民为实现中华民族伟大复兴而奋斗的行动指南。要紧密联系中国特色社会主义进入新时代的实践要求，紧密联系我国社会主要矛盾的重大变化，紧密联系“两个一百年”奋斗目标和各项任务，着力在融会贯通、学以致用、解决问题上下功夫。

在学懂上下功夫。学懂，是学习贯彻十九大精神的前提，党的十九大提出了许多新理念、新论断，确定了许多新任务、新举措，需要通过学习来准确领会。要坚持原原本本、原汁原味地读原著、学原文，沉心静气、逐字逐句研读，准确把握精神实质和丰富内涵，深刻认识习近平新时代中国特色社会主义思想的丰富内涵、科学体系、精神实质、实践要求，真正入脑入心。坚持多思多想，努力掌握党的十九大精神的政治意义、历史意义、理论意义、实践意义。采取理论和实践、历史和现实、当前和未来相结合的方法，把每一点都领会深、领会透。

在弄通上下功夫。弄通，就是要联系地而不是孤立地、系统地而不是零散地、全部地而不是局部地理解党的十九大精神，不能就事论事，不能搞形式主义、实用主义。要把学习贯彻党的十九大精神同学习马克思主义基本原理贯通起来，把学习贯彻党的十九大精神同把握党的十八大以来我们进行伟大斗争、建设伟大工程、推进伟大事业、实现伟大梦想的实践贯通起来，把学习贯彻党的十九大精神同把握党的十九大作出的各项战略部署贯通起来，深化认识党的十九大关于当前国家事业各项战略部署的整体性、关联性、协同性。

在做实上下功夫。坚持知行合一、学以致用，结合象山实际，把十九大提出的战略部署和各项目标任务，转化为本单位本部门的工作任务，落实到每名党员干部的工作岗位上，明确干什么、怎么干、什么时间干成，让党的十九大精神在象山落地生根、开花结果，转化为象山发展的生动实践。学懂、弄通、做实，既是学习的方法，也是落实的措施，更是实干的要求。只要我们在学懂中深化认识、在弄通中凝聚力量，在做实中攻坚克难、彰显担当，使党的十九大精神成为推动象山工作的强大思想武器，就能把党的十九大提出的各项目标任务落到实处，以新的气象、新的作为创造无愧于新时代的新业绩。

（三）着力换观念换动能换机制，重振象山大区强区雄风。社会主要矛盾转化为人民日益增长的美好生活需要和不平衡不充分的发展之间的矛盾，这是发展新的历史方位和新的历史变化，也是谋划新时代经济社会发展的战略基点。象山是桂林的大区、经济强区，大就要有大的样子，强还要有强的实力。面对“退二进三”“三大转移”，要准确把握新的历史方位，科学分析新阶段的新机遇与新挑战，深入谋划新时代象山的发展目标、发展思路、发展战略、发展举措，朝着重振象山大区强区雄风的目标奋勇前进。

解放思想，着力“换观念”。征程路上，不可能都是平坦的大道，只有对照新任务、分析新矛盾，才能找准新方向、增添新动力。要把解放思想作为加快发展的根本前提，走出去、请进来，学习借鉴先进县区的发展经验，自觉“换脑”“充电”，让贯彻新发展理念成为各级干部的思想共识，形成推动发展的统一思想。坚持因地制宜、因势利导，从象山经济总量大、现代服务业集聚、文化创意资源丰富、老城改造潜力巨大、健康旅游蓄势待发等积极面出发，从观念转变入手，大力推进重大项目、土地收储、招商引资、特色街区等重点工作，抓重点、带全盘，激发区域发展的内生动力，促进全区经济整体提升。

转型升级，着力“换动能”。加快培育壮大新动能、改造提升传统动能，是促进经济转型升级的重要途径，必须把新旧动能转换作为经济发展的重要支撑。要从招商引资中培育新动能，聚焦“新技术、新业态、新产业、新模式”，加大招商引资、招才引智、招科引技“三招三引”力度，持续优化投资环境，形成传统动能和新动能“双轮驱动”。要从产业融合中孕育新动能，推进“产城融合”，实现新型城镇化与振兴工业、文化旅游、现代农业有效互动，加速形成城市、商业、文化、旅游、信息等深度融合的新业态；推进“文旅融合”，发挥特色资源优势，以文化为灵魂，以旅游为载体，打造文化旅游战略性支柱产业。新动能和旧动能不是替代和否定的关系，新动能可以从旧动能中腾笼换鸟、浴火重生。加快新旧动能转换，不能放弃现有产业，要加大工业技改力度，从传统动能转型升级中催生新动能，实现“老树发新芽”。

深化改革，着力“换机制”。制约城区发展的最根本因素是体制机制，必须通过改革来破解体制机制障碍，向改革要生产力、要红利，靠改革解难题、促发展。要转变领导机制和工作机制，发挥好区委“总揽全局、协调各方”的核心作用，健全完善区委书记、区长“抓总”、班子成员协调配合的工作机制，发挥指挥部和切块组作用，以上率下，上下互动，形成推动工作落实的合力。要坚持经济体制改革的市场导向，针对投融资能力不足、行政审批效率不高等问题，持续推进投融资体制、招商机制等改革，推进行政行为更加规范高效，为重振象山大区强区雄风创造良好条件。

（四）找准出发点切入点落脚点，奋力实现新时代象山人民美好生活。带领人民创造美好生活，是我们党始终不渝的奋斗目标。必须始终把一切工作的出发点切入点落脚点放在更多更公平惠及全体人民上，奋力实现新时代象山人民美好生活，朝着实现全体人民共同富裕不断迈进。

全面落实以人民为中心的发展思想。实施基础设施建设提升战略行动计划，统筹推进以道路、城市管廊、公共停车场、无物业管理小区为重点的基础设施建设，补齐基础设施短板。实施以需求为导向的保障和改善民生战略行动计划，从人民群众最关心的教育、就业、医疗、住房等热点难点问题入手，持之以恒实施民生工程、办好民生实事，着力推进教育公平，保障稳定就业，提高医疗服务水平，改善居住条件和人居环境，不断提高保障和改善民生水平，努力使人民获得感、幸福感、安全感更加充实、更有保障、更可持续。

着力推动社会主义文化繁荣兴盛。要深度挖掘文化旅游资源和休闲养生资源，注重把文化元素注入旅游开发全过程，促进旅游、文化、养生深度融合。加快旅游示范村建设，以乡村风情和民俗文化为内涵，将乡村旅游与生态农业结合，打造集观光、休闲、度假于一体的综合旅游景区。积极推进文化与旅游经济、工艺创意、城乡建设的有机融合，建成一批文化创意作品生产加工基地，培育一批骨干文化企业，创作一批精品剧目和文艺作品，加快推进文化强区建设，为全区改革发展注入丰富精神内涵。

积极推进社会主义民主政治和法治建设。实现“两个一百年”奋斗目标，创造更加美好的生活，必须坚持党的领导、人民当家作主、依法治国有机统一，大力发展社会主义民主政治，最广泛地凝聚各族人民团结奋斗的力量。要加强党的集中统一领导，支持人大、政府、政协和法院、检察院依法依章程履行职能、开展工作、发挥作用。巩固和发展爱国统一战线，构建完善大统战工作格局。巩固发展民族团结进步事业，持续建设民族团结进步示范区。加强和改进党对群团工作的领导，扎实推进群团改革。深化法治建设，加强法治政府建设，健全公共法律服务体系，加大全民普法力度，实现良法善治。加强和创新社会治理，着力提高社会治理社会化、法治化、智能化、专业化水平。深入实施问计于民·共建平安象山行动，切实提升群众安全感满意度。

（五）从严抓思想抓队伍抓执纪，推进全面从严治党向纵深发展。打铁必须自身硬，全面从严治党永远在路上。要切实承担管党治党的主体责任，从严抓思想，从严抓队伍，从严抓执纪，切实推进全面从严治党向纵深发展。

用习近平新时代中国特色社会主义思想武装党员干部。坚持把坚定理想信念作为思想建设的首要任务，持续深入开展习近平新时代中国特色社会主义思想学习培训，引导党员干部自觉做习近平新时代中国特色社会主义思想的坚定信仰者和忠实实践者。坚持和完善党内学习制度机制，健全完善党委（党组）抓思想建设责任制，贯彻执行党委（党组）理论学习中心组学习规则，推动形成理论学习的浓厚氛围。

锻造高素质专业化干部队伍。加强领导班子能力建设，增强领导干部的学习本领、政治领导本领、改革创新本领、科学发展本领、依法执政本领、群众工作本领、狠抓落实本领、驾驭风险本领。注重在基层一线和困难艰苦的地方培养锻炼干部，注重培养专业能力、专业精神，扎实建设高素质专业化的干部队伍。坚持严管和厚爱结合、激励和约束并重，健全完善激励机制和容错纠错机制，让有为的有位，为干事的撑腰，着力营造良好的干事创业环境。

提高基层组织建设工作水平。以提升组织力为重点，以“滴水象山·党员工作室”党建品牌创建为抓手，突出政治功能，重点抓好城市、农村党建工作，统筹推进机关、中小学校、非公有制经济组织、社会组织等领域党的建设。坚持和完善党委（党组）抓基层党建工作责任制，深入开展基层党建工作述职评议考核。深入推进基层党组织“星级化”管理和党员积分管理，着力解决基层党组织弱化、虚化、边缘化问题。坚持“三会一课”制度，推行支部主题党日、党员政治生日，落实组织生活会和民主评议党员制度。扩大基层党内民主，推进党务公开，畅通党员参与党内事务、监督党的组织和干部、向上级党组织提出意见和建议的渠道。

持续深化党的纪律、作风建设和廉政建设。深入开展党规党纪教育，引导党员干部知敬畏、存戒惧、守底线。把纪律挺在前面，深化运用监督执纪“四种形态”，抓早抓小、防微杜渐。贯彻落实《中共中央政治局贯彻落实中央八项规定的实施细则》，巩固和拓展落实中央八项规定精神成果，继续整治“四风”问题。坚持无禁区、全覆盖、零容忍，坚持重遏制、强高压、长震慑，坚持受贿行贿一起查，加大整治群众身边腐败问题力度，深入推进反腐败工作。稳妥推进监察体制改革，确保在规定的时间节点内完成监察体制改革试点工作。配合做好市委第四轮专项巡察，全面接受监督，突出政治巡察，做好本级巡察工作，坚决做到边查边改，立行立改。

士不可以不弘毅，任重而道远。中国特色社会主义进入了新时代，我们要拥抱新时代，践行新思想，实现新作为。让我们更加紧密地团结在以习近平同志为核心的党中央周围，深学笃用习近平新时代中国特色社会主义思想，不忘为民初心，牢记肩负使命，立足改革创新，勇于克难攻坚，为决胜全面建成小康社会、为实现新时代象山人民美好生活努力奋斗！

坚持新发展理念　推动高质量发展
为实现新时代象山人民美好生活努力奋斗

——在中共象山区十届四次全会上的报告

唐小忠

（2018年1月5日）

一、敢于担当，奋力攻坚，2017年经济社会发展成效明显

2017年是党的十九大胜利召开之年，是推进供给侧结构性改革的深化之年，也是全区加快转型提升的关键之年。一年来，面对复杂多变的经济形势和改革发展稳定的繁重任务，区委团结带领全区各族人民，以

学习宣传贯彻党的十九大精神为强大动力，全面落实“桂林国际旅游胜地建设”一本蓝图绘到底的决策部署，按照“加快产业聚集，提升城市功能，建设和谐宜居幸福新象山”的发展思路，深入实施“三区统筹”，扎实推进“五大攻坚”，大力发展“五大幸福产业”，敢于担当，奋力攻坚，推动经济社会发展取得明显成效。初步统计，全年完成地区生产总值226.2亿元，同比增长7.7%；组织财政收入11.9亿元，同比增长5.5%；实现固定资产投资163亿元，同比增长15%；规模工业增加值52.1亿元，同比增长10%；社会消费品零售总额161亿元，同比增长10.6%；城镇居民人均可支配收入33460元和农村居民人均可支配收入13586元，分别增长8.5%和10%。

一年来，区委常委会主要抓了以下工作。

（一）旗帜鲜明讲政治，学习宣传贯彻党的十九大精神深入扎实。始终把迎接党的十九大和学习宣传贯彻十九大精神作为第一政治任务，把坚决维护以习近平同志为核心的党中央权威作为第一政治要求，认真学习习近平总书记系列重要讲话精神，不断增强“四个意识”。组织党员干部集中收看十九大直播，下发《关于深入学习宣传贯彻党的十九大精神的决定》，召开区委十届三次全会全面部署推进学习宣传贯彻十九大精神。邀请十九大代表夏四初作专题辅导，四家班子领导带头到基层党组织上专题党课100余场次，全区学习宣传贯彻活动生动务实。开展十九大精神知识竞赛、文艺会演、书画摄影巡展等“九个一”系列活动，推动十九大精神在象山落地生根。

（二）实施三区统筹战略，发展空间有效拓宽。落实经济运行分析会、重大项目推进会制度，实施对重点工作、重大项目的联系跟踪，对经济工作的领导不断加强。坚持规划先行，完成龙船坪片区、环城南二路、大风山周边等控规修编，规划覆盖率超过90%。加强招商引资，策划包装和推动落实了瓦窑小镇、青莲国际旅游农业综合体等一批项目，“三区”建设的支撑更为强劲。加大基础设施建设投入力度，汽车客运南站、茶店路、平山北路相继开工，香江立交新建、漓江桥改扩建顺利竣工，滋塘村入村道路、佛殿至崴村道路修缮完工，城区发展的框架日益拉大。

（三）强化五大攻坚行动，发展后劲持续增强。实施重大项目攻坚。推进重大项目101个，阳桂公路象山段、侗情水庄等21个重大项目如期竣工；万福东路、九美桥时尚园、龙光·普罗旺斯等22个续建项目稳步推进；双创广场、漓江记忆·龙船坪片区等29个新开项目按计划开工。5000万元以上项目固定资产投资占据自治区21个主城区红榜。实施土地收储攻坚。扎实推进“221工程”，完成土地征收3183亩，实现土地移交1195亩。实施招商引资攻坚。邀请客商到我区考察、洽谈项目50多批次，与碧桂园、深圳龙光、杭州颐高等达成投资意向近180亿元。全年区外到位资金27.2亿元，实际利用外资4500余万美元。实施特色街区攻坚。加强协调配合，如期完成阳桂公路特色街区改造。加快龙船坪特色街区建设，完成房屋征收2.2万平方米。实施财税融资攻坚。向建设银行桂林分行融资3.5亿元，向上级争取新增地方债券1亿元，为城区发展提供了有力保障。

（四）培育五大幸福产业，转型升级初见成效。放大央视春晚效应，推动旅游业提档升级，象山景区成功升级为国家AAAAA级景区，万福广场成功申报AAA级景区。成功承办第六届全国九城艺术联展，圆满完成环广西公路自行车世界巡回赛和桂林国际马拉松赛等重大赛事保障。辖区文化体育产业蓬勃发展，加大“扫黄打非”力度，开展文化市场专项整治活动，净化文化市场。推进仙源健康产业园、龙光养生谷项目落地建设，休闲、疗养、度假为一体的健康养生养老产业形成聚集趋势。积极搭建科技开发、成果转化平台，16家企业与区内外科研院所建立了合作机制。争取政策支持，鼓励企业技改，橡胶机械和海威船舶成功上市，漓泉啤酒、桂林供电、机床电器、桂林立白、桂林三花等重点企业均保持两位数增长。

（五）推进社会事业进步，群众生活质量不断改善。始终把教育摆在优先发展战略位置，以义务教育均衡发展为牵引，不断优化教育资源配置，顺利通过了桂林市及自治区评估。累计投入1.5亿元，加强教育基础设施建设，完成3所学校改扩建，崇善龙光小学交付使用。组织实施农村安全饮水、道路维修、路灯安装等项目，10件为民办实事工程全面完成。巩固发展基层医疗卫生机构，平山社区卫生服务中心入选全国百强。有序推进城镇居民医保和新农合制度整合，城乡居民基本养老保险参保率达96.2%。城镇新增就业3747人，超任务数38.8%。发放低保、医疗救助、五保供养等民生资金2400余万元，帮扶解困工作扎实有效。深入开展对口扶贫，全州白宝乡磨头村如期脱贫。建立完善生产安全事故总体应急预案，开展隐患排查整治，辖区安全生产形势平稳。创新实施法治教育、普法宣传，“七五”普法扎实推进。高度重视平安象山建设，加大天网工程投入、建设一键报警系统、开展社区民警回归社区行动，有力维护了社会治安秩序。扎实做好信访维稳工作，高标准完成了党的十九大、全国“两会”等重要敏感时期安保任务，群众安全感满意度不断提升。

（六）争创全国文明城市，城乡面貌焕然一新。坚持创城为民、创城惠民，举全区之力创建全国文明城市。弘扬社会主义核心价值观，开展创城系列活动，市民文明素质得到提升。开展创城专项督查，实施“红黑榜”奖惩，创建“你拍我改”平台，奏响了“全区一盘棋，齐心办大事”的大合唱。实施城市路面硬化、街巷亮化工程，强力推进铁西片区、西门菜市、瓦窑市场、瓦窑小游园改造提升，城市面貌实现大变样。办结“金点子”911件，得到了市民的广泛认可和积极肯定。筹资6500余万元改造提升2个城中村、54个无物业小区，居民生活环境明显改善。组织多部门联合执法，依法取缔无证无照违规经营，依法查封大风山老市场，启用了新疏导市场。坚决整治违法乱象，查处违法建筑440起、拆违面积达46.6万平方米。大力保护生态环境，开展环保九大专项行动，大气环境质量持续改善。

（七）推进全面深化改革，体制机制不断完善。始终把改革作为决定象山发展的关键一招，推进城乡居民基本医疗保险制度改革，实现城乡居民基本医疗保险统一管理。成立区文联，制定工会、共青团、妇联、科协改革方案，群团体制改革稳步推进。加强司法体制改革，完成了区检察院内设机构整合。深入推进纪检体制改革，实现纪检组派驻全覆盖，监察委改革试点顺利推进。创新城市管理体制改革，着力构建“大城管”管理格局。持续深化“六证合一”“两证合一”等商事制度改革，新登记市场主体3350余户，为城区经济发展注入了新动力。

（八）构建城市党建品牌，党的建设持续加强。贯彻民主集中制，修订《区委工作规则》，严格按规则议事决策。强化中心组理论学习，加强班子自身建设，区委班子执政能力进一步增强。坚持党管宣传、党管意识形态、党管媒体不动摇，定期召开意识形态工作联席会议，建立联席会议、舆情处置、督查问责等制度机制，全面压实意识形态工作主体责任。聚焦改革发展成就展示，讲好象山故事，传播象山声音，全年在中央、自治区、市级媒体上稿920余篇（条）。安排180余名副科以上干部到焦裕禄干部学院和市委党校专题培训，引领干部党性修养和能力素质提升。坚持正确选人用人导向，加强干部选拔任用，全年调整使用29人、提拔20人，干事创业活力进一步激发。建立并落实干部挂号销单、挂牌督办、挂钩奖惩制度，完善绩效考评奖励办法，有效促进干部履职尽责。

贯彻“两学一做”学习教育常态化制度化要求，坚持在真学实做上深化拓展，着力把融入日常、抓在经常的要求落到实处。强化问题导向，开展“五基本六规范基层党建提升年”行动，在基本要求、基本内容、基本制度、基本单位、基本目标上下功夫，从规范责任落实、阵地建设、基础保障、品牌创建、支部建设、“两新”组织上谋提升，投入各项基层保障经费3200余万元，全区机关、农村、社区、学校、“两新”组织等五大类党建得到全面加强。打造了“漓水象山·党员工作室”等一批党建品牌，创建基层党建示范点18个，将军桥社区“圆桌会议”基层治理模式在自治区城市基层党建工作会上作经验交流。严格程序，严肃纪律，圆满完成村（社区）“两委”换届。

扎实开展中央“八项规定”回头看，坚持纠正“四风”检查、暗访、查处、追责、曝光“五管齐下”，查处违反中央八项规定精神问题11起。严肃民生领域监督执纪问责，对全区23项专项资金、17个建设类项目进行了单位自查与专项工作组抽查，梳理民生领域问题线索15条。有效运用“四种形态”，全年对各种违纪共立案55件，给予党政纪处分48人。从严抓好巡视“回头看”反馈意见整改，认领的21条反馈意见已基本整改完成。扎实推进区委巡察，积极配合市区联合巡察，发现问题123个，立案3起，巡视利剑作用得到彰显。

一年来，区委常委会注重发挥总揽全局、协调各方的领导核心作用，全力支持区人大依法履行职权、政府依法行政、区政协参政议政，充分发挥统战联系广泛的优势，大力调动工会、共青团、妇联、文联、科协、残联等各方面的积极性、主动性，为加快全区各项事业发展凝聚了强大合力。高度重视国防动员和国防后备力量建设，党管武装各项工作有力推进，军地军民双拥共建成效明显。一年来，我区先后获评首批自治区民族团结进步创建活动示范县（区），被表彰为市创建全国文明城市先进集体，获得央视春晚南方分会场筹备工作先进单位等一批荣誉，承办了五城区城中村及无物业小区管理改造等现场观摩会。

奋斗充满艰辛，成绩来之不易。这些成绩的取得，是上级党委政府科学决策、正确领导的结果，是全区各级党组织和广大党员干部团结拼搏、克难攻坚的结果。在此，我代表区委常委会，向大家表示衷心的感谢和崇高的敬意！

在总结成绩的同时，我们也清醒地认识到一些问题不容忽视:产业结构不尽合理,财政收入增长内生动力不足;公共服务设施分布不平衡,服务能力不强;社会治理缺乏创新手段,群众安全感满意度仍在低位徘徊;干部队伍服务群众的效能尚需提升,党的建设方面还存在薄弱环节等。对于这些问题,必须高度重视,认真加以解决。

二、把握大势,找准方向,奋力谱写新时代象山发展新篇章

2018年是贯彻党的十九大精神的开局之年,是改革开放40周年,也是全区贯彻新发展理念、推动经济向高质量发展的强基之年。

明确方位才能找准方向,把握大势才能赢得未来。放眼当代中国,经过近40年改革开放发展,中国特色社会主义进入新时代,经济发展取得历史性成就,全国经济已由高速增长转向高质量发展,正处在转变发展方式、优化经济结构、转换增长动力的攻关期。举目当今广西,自治区深入实施"双核驱动"战略,紧盯经济结构、发展质量和创新能力等差距,加快建设现代化经济体系,不断增强经济发展的动力活力。环顾当下桂林,全市坚持以国际旅游胜地建设为统领,重大项目持续发力,工业经济蓄势重振,全域旅游加快发展。审视当前象山,全区聚焦"三区统筹",奋力推进"五大攻坚",加快发展"五大幸福产业",地区生产总值位居全市前列,发展空间继续拉大,发展动能持续增强。

勇于直面矛盾才能抓住主要矛盾,敢于正视问题才能解决根本问题。中国特色社会主义进入新时代,社会主要矛盾已经发生重大变化。作为大城区、主城区、老城区,人民日益增长的美好生活需要与发展不平衡不充分的矛盾更为突出。从产业结构来看,传统优势产业转型艰难,第三产业对经济增长的贡献偏弱,特别是以健康旅游为龙头的"五大幸福产业"仍处在起步阶段。从增长动能来看,创新驱动的关键作用发挥得不充分,资本、土地、劳动力等要素驱动需要大力加强。从社会需求来看,公共服务设施总体分布不平衡,服务水平不高,人民群众期盼更好的教育学位、更稳定的工作岗位、更高水平的医疗床位、更充足方便的公共车位。

幸福不会从天降,美好生活等不来,幸福都是奋斗出来的。象山是桂林的大区、经济重区,面对种种发展不平衡不充分的问题,要着力换观念,把解放思想作为加快发展的根本前提,推动城市公共服务转型;要着力换动能,把新旧动能接续作为提质增效的重要支撑,推动产业升级转型;要着力换机制,把加强协调联动作为动力源泉,推动社会治理创新转型。大就要有大的样子,强还要有强的实力。我们只有不忘初心,牢记使命,树立大抱负,谋划大手笔,强化大担当,才能不断满足象山人民对美好生活的新向往,朝着重振象山大区强区雄风目标奋勇前进。

2018年经济社会发展的指导思想和总体要求是:全面贯彻党的十九大精神,以习近平新时代中国特色社会主义思想为指导,坚持新发展理念,坚持稳中求进工作总基调,坚持质量第一、效益优先,加强党对经济工作的领导,着力换观念推动城市公共服务转型,着力换动能推动产业提质增效升级转型,着力换机制推动社会治理创新转型,全力以赴稳增长、促改革、调结构、惠民生、防风险,在加强"三区统筹"、深化"五大攻坚"、发展"五大幸福产业"方面取得扎实进展,加强和改善民生,促进经济持续健康发展和社会安定和谐。

按照这一指导思想和总体要求,今年经济社会发展的主要预期目标是:地区生产总值增长7.5%,财政收入增长6.5%,规模以上工业增加值增长7.5%,固定资产投资增长12%,社会消费品零售总额增长10.5%,城镇居民人均可支配收入增长8.5%,农村居民人均可支配收入增长12%。

三、坚持高质量发展,推动三换三转,为实现新时代象山人民美好生活努力奋斗

(一)解放思想"换观念",推动城市发展向公共服务转型。城市是有生命的物理空间,是城区人民群众美好生活的根本载体。要提升经营城市意识,完善城市基础设施,提升城市品位价值,形成城市经营的良性循环。

实施好棚户区改造。用好用活《桂林市城镇城中村改造项目用地管理实施办法》,全面启动大风山、银锭、瓦窑、漓西平山片等重点区域棚户区改造,彻底消除"半城市化"现象。突出旅游、生态、文化三大功能,传承历史文脉、改善群众生活条件、推动产业转型升级,继续加大龙船坪特色街区建设力度,启动瓦窑片区"城市双修"试点,推进城市持续更新。

加强基础设施建设。推进平山北路、遇龙路等主次干道路建设,加快推进专业市场改造提升和特色夜市新建,联动推进背街小巷综合整治,滚动推进无物业小区和城中村整治改造,加快汽车客运南站搬迁工程、海绵城市和地下综合管廊试点、停车场(库)建设,不断完善提升城市功能。

做好土地收储。继续推进"土地收储"攻坚,全面

完成土地收储“221 工程”。加强出让计划管理,科学编制经营性用地招拍挂出让计划,为城市经营提供有力支撑。用好用足低效用地等土地政策,积极盘活国电地块、足球产业园、电焊条厂、桂林客车集团、绢纺厂等地块资源,推进空间优化,实现腾笼换鸟。

推行城市精细化管理。完善行政综合执法体制,健全责权一致、重心下移、高效有序的城市管理长效机制。加大力度整治城市管理顽疾,构建严抓严管严治的常态工作机制,让城市彻底摆脱脏乱无序。坚持创城为民、创城惠民,继续开展“金点子”办理,推动新一轮全国文明城市再创建。加快“智慧城市”建设,运用大数据加强管理服务,提高城市管理智慧化、精细化水平。

（二）新旧接续“换动能”,推动产业发展向提质增效升级转型。加快培育壮大新动能、改造提升传统动能,是促进经济转型升级的重要途径,必须把新旧动能接续作为经济发展的重要支撑。

坚持项目拉动。坚持项目建设“五个一”,压实责任,挂图作战,全力推进龙光养生谷、海航集团桂林石头季、恒大悦溪谷等 102 个重点项目建设,提高项目转化率、开工率、竣工率。按照“引进一批、建设一批、储备一批”的梯度要求,谋划包装一批事关转型全局、事关发展长远的大项目、好项目。

坚持创新驱动。强化企业创新主体地位,推进政产学研合作,支持企业自主研发平台、自主知识产权、自主品牌建设,增强企业核心竞争力,确保新增专利申请总量和新增中国驰名商标数量明显提升。加强对科技创新的推动,坚持以发展信息化和信息产业、文创产业为突破口,瞄准引进下一代信息技术、机器人、3D 打印、智慧医疗等新兴产业,主动承接推动先进技术转化应用,努力实现“无中生有、有中生优”。

巩固传统优势产业。推动高质量发展,振兴实体经济是着力点,制造业是主战场。着力推动桂林漓泉 100 万吨填平补齐,支持漓泉啤酒、橡胶机械、桂林溢达、海威船舶等企业建设技术研发中心,推动颐高城市会客厅、花江科技等创新研发中心落地,促进传统工业加快向高端化、智能化提升。加大桂林三花、桂林立白、晶盛玻璃等工业技改力度,从转型升级中催生新动能。全面创新工业园区管理机制,完善园区基础设施建设,加快九美桥工业园、木艺产业园等园区建设,打造绿色工厂、花园工厂。落实国有企业“三供一业”等社会职能分离移交。

提升现代服务业。加快建设现代服务业聚集区,打造以万福广场为中心的南部商圈。加大对百年荟、德天商业广场二期等城市综合体的扶持服务,提升联达、红街等特色商业街区,培育发展高端服务业。加快医疗卫生、物流配送等行业发展,加速现代服务业提质增效升级。大力发展民宿、餐饮、商贸、运动休闲等生活性服务业,积极培育服务业新业态。加强银企对接,协调推动金融机构信贷工作畅通发展。

大力发展健康旅游。围绕“旅游养生、医养结合、居家养老”三大方向,努力在桂林健康旅游示范基地建设中走在前列。以龙光 · 桂林国际养生谷项目为龙头,协同推进龙泉国家森林公园森林康养等一批健康旅游项目,打造健康旅游小镇品牌。鼓励桂林工人疗养院、桂林冶金疗养院等加快发展,推进中心医院与养老机构建立合作机制,推动养老机构提高医疗护理康复服务能力。坚持市场导向原则,从医养资源与休闲度假角度整合,延伸发展与健康相关的养生、休闲、运动等产业。实施社区居家养老工程,广泛依靠社会力量,构建完善“生活不离本社区,情感不离老街坊,养老不离身边人”的居家养老模式。

（三）协调联动“换机制”,推动社会管理向创新治理转型。

建立多方联动机制。健全完善区委领导、政府负责、社会协同、公众参与、法治保障的社会治理体制机制,着力解决影响社会治理和平安建设的基础性源头性问题,提高社会治理社会化、法治化、智能化、专业化水平。加强联系沟通,大力解决城乡住房、用房安全隐患问题,完成重大地质灾害隐患点处置。完善基层防灾减灾救灾体系,全面提升抵御自然灾害的综合防范能力。

深入推进依法治区。坚持法治象山、法治政府、法治社会一体建设,把法治贯穿于各项工作之中。加强党的集中统一领导,支持人大、政协依法依章程履行职能、开展工作、发挥作用。健全法治政府建设指标体系和考评体系,完善行政权力制约和监督机制,做到法定职责必须为、法无授权不可为。深化司法体制改革,加强执法司法规范化建设,努力让人民群众在每一个司法案件中感受到公平正义。依法加强宗教事务管理,深化“同心同行 · 共建和谐”活动。扎实开展“七五”普法,加强公共法律服务体系建设,促进法治与德治交融并进,营造良好的法治环境。

深化平安象山建设。狠抓安全生产、消防安全、食品药品安全、社会治安等领域风险隐患排查整治,加强应急能力建设,提高预防和处置突发事件工作水平。

深化“网格化管理”工作模式，创新街巷长、楼栋长制，推动基层治理体制由分割向融合转变、治理架构由垂直向扁平转变。推广“圆桌会议”经验，实施“问计于民·共建平安象山”行动，认真开展社会稳定风险评估，深化社会矛盾纠纷化解调处机制，始终保持对各类违法犯罪的严打高压态势，努力提升群众安全感满意度。

（四）落实乡村振兴战略，统筹城乡向“美丽象山”迈进。全面贯彻实施乡村振兴战略，更加注重完善城乡规划体系，努力实现城乡居民基本权益平等化、公共服务均等化、要素配置合理化和产业发展融合化，走出一条市郊乡村融合发展的新路。

完善城乡规划体系。加快321国道、万福路沿线片区规划修编，努力推动“两规”全覆盖。坚持“多规合一”，对乡村的空间形态、产业布局、生态保护、基础设施、公共服务等进行全面规划、系统设计。学习贯彻《桂林市城乡规划条例》，推进村庄布局规划编制工作和农村风貌试点建设。

加快推动乡村振兴。加大现代特色农业示范区建设力度，充分发挥城郊资源优势，着力推进蔬菜（葛根）、水果（葡萄）优势主导产业形成基地化、规模化发展格局，着力打造一批示范区（园）。坚持“政府引导、农民与业主自主选择”的原则，依法流转土地使用权，实现规模化、集约化经营。强化农村“三资”监管，稳妥推进农村土地“三权分置”，不断激发农村发展内生动力。加快“四好农村路”建设，为乡村振兴提供基础保障。

全力打造美丽象山。巩固“清洁乡村”“生态乡村”成果，深入开展“美丽象山·宜居乡村”建设，推进产业富民、服务惠民、基础便民专项活动，加快提升群众生活品质。坚持环境保护“党政同责、一岗双责”，做好环境污染源普查，重点防治大气污染，打好污染防治攻坚战。严格落实河长制，全面消除河道排污口和黑臭水体。持续加大拆违力度，全面处置违法建筑。

（五）深化体制机制改革，不断提升开放发展水平。制约城区发展的最根本因素是体制机制，必须通过改革来破解体制机制障碍，向改革要生产力、要红利，靠改革解难题、促发展。

加大改革突破力度。实施商事登记制度改革，推进“放管服”向纵深发展，全面承接好下放审批事项。扩大“互联网+”政务服务覆盖面，不断优化服务效能。坚持市场导向，针对投融资能力不足、行政审批效率不高等问题，持续推进投融资体制、招商机制等改革，推进行政行为更加规范高效。

扩大对内对外开放。聚焦“新技术、新业态、新产业、新模式”，加大招商引资、招才引智、招科引技“三招三引”力度。积极开展产业链招商，依托工业等传统优势产业和健康旅游小镇等新兴业态，引进更多产业链上下游企业。开展楼宇招商，依托优质楼宇物业，引进更多区域型、功能型总部企业。坚持上下齐动，加大招商频次，班子成员一对一牵头发展产业、一对一开展精准招商。

培育壮大财源基础。强化税收征管、综合治税、协税护税，提高财政组织质量，从严控制非税占比。压缩一般性支出，严格预算约束，实施精准调度，集中力量办大事，发挥好财政资金的引导作用和乘数效应。

（六）贯彻以人民为中心的思想，推动民生事业加快发展。带领人民创造美好生活，是我们始终不渝的奋斗目标，必须始终把一切工作落实到更多更公平惠及全体人民上，时刻把老百姓的安危冷暖放在心上。

把教育摆在优先发展位置。围绕义务教育均衡发展通过国家认定的目标，深化办学体制、办学方式改革，促进基础教育优质均衡发展、学前教育扩容发展。不断深化教学改革，开展素质教育，实施“名师名校长名校”工程，继续推进“戏剧文化进校园”活动，加强未成年人思想道德建设，办人民满意教育。

强力保障就业。以创业带动就业，建立覆盖城乡的就业创业服务体系，多渠道促进居民增收。统筹处理好促进企业发展和维护职工权益的关系，加强劳动保障执法监督和纠纷调处，构建和谐劳动关系。

强化公共服务有效供给。以标准化推进基本公共服务均等化，加快构建公平持续、优质均衡的社会事业新格局。大力推进健康象山建设，完善覆盖城乡的基本医疗卫生制度。全面落实深化医改各项举措，优化计生服务管理。推动全民健身与全民健康深度融合。健全完善社会保障体系，实施全民参保计划，促进残疾人、社会慈善、社会救助等事业全面发展。完善住房保障体系，加快拆迁安置房和公共租赁住房建设。坚持“房子是用来住的、不是用来炒的”定位，着力保持房地产市场平稳健康发展。

推动文化繁荣兴盛。深度挖掘山水、历史文化旅游资源，促进文化旅游深度融合。以瓦窑片区为重点，保留老工业历史记忆，注入工艺创意元素，打造桂林的“苏荷区”“红专厂”。以侗情水庄为带动，将乡村旅游与生态农业结合，打造集观光、休闲、度假于一体的综合旅游景区。推进文化与旅游经济、城乡建设深度融合，努力建成一批文化创意作品生产加工基地，培育一批骨干文化企业，扎实开展“扫黄打非”工作，支撑推动文化强区建设。

四、压实党建责任，自觉担当作为，把全面从严治党引向深入

坚持全面从严治党永远在路上，全面贯彻新时代党的建设总要求，拧紧管党治党的螺丝，以更加科学、更加严密、更加有效的思路举措，不断把全面从严治党引向深入。

（一）从严加强政治建设，保持坚如磐石的政治定力。党政军民学，东西南北中，党是领导一切的。始终把党的政治建设摆在首位，强化“四个意识”，坚决维护以习近平同志为核心的党中央权威和集中统一领导。深入学习宣传贯彻十九大精神，坚定不移用习近平新时代中国特色社会主义思想武装头脑。坚持用新思想、新理论、新要求来检视发展思路、完善发展举措，把各项要求落到加快象山转型发展的具体工作中去。坚持党管意识形态不动摇，健全网络及社会舆情引导机制，管好导向、管好阵地、管好队伍。传统媒体与新兴媒体两端同时发力，唱响主旋律，提振广大干部群众精气神。支持人大依法行使监督权、决定权、任免权，深化人大代表工作评议，推动依法治区、依法行政落到实处。加强党对经济工作的领导，发挥指挥部和切块组作用，建立健全部门联动机制。坚持“有事好商量，众人的事情由众人商量”，发挥协商民主作用，着力增进共识、促进团结。加强对工青妇、科协、残联的领导，巩固发展最广泛的统一战线。

（二）从严加强干部队伍建设，打造一支高素质专业化的象山铁军。突出政治标准，注重选拔政治强、懂专业、敢担当、作风正的领导干部，以扎实的作风选作风扎实的人。继续开展科级干部赴外地党性教育培训，注重培养领导班子和干部队伍专业能力、专业精神，打造一支高素质专业化的领导干部队伍。树立基层一线用人导向，注重在项目一线和急难险重任务中摔打锻炼和考察识别干部，强化“能者上、平者让、庸者下”的氛围。大胆选用经过实践考验的优秀干部，促进年轻干部和后备干部健康成长。坚持严管和厚爱结合、激励和约束并重，关心爱护干部，重视培育各类人才，主动为他们排忧解难，促进各级干部聚精会神干事业、一心一意谋发展。

（三）从严加强基层党组织建设，构筑坚强有力的战斗堡垒。深入开展“不忘初心、牢记使命”主题教育，以发现问题、解决问题为根本目的，推动党员干部思考“三个如何”、推动“三个落实”、实施“三个创建”。持续推进“两学一做”学习教育常态化制度化，着力把党支部的主体作用充分发挥出来，激活党组织“神经末梢”。以提升组织力为重点，继续实施“五基本六规范基层党建提升年”行动，注重分类指导，统筹抓好城市、农村、机关、学校、“两新”组织党的建设，突出抓好村（社区）服务场所建设，继续开展基层党建示范点创建工作。深化“漓水象山 · 党员工作室”品牌创建，扩大党建品牌的影响力和辐射带动作用。设立“党内激励关怀帮扶资金”，加强党内激励关怀帮扶。落实《党务公开条例》，发展党内民主，加强党内监督，充分调动广大党员的积极性、主动性、创造性。

（四）从严加强党风廉政建设，营造风清气正的政治生态。深入贯彻落实中央八项规定精神，在抓常抓细抓长上下功夫。把纪律和规矩挺在前，用监督执纪“四种形态”层层设置防线。以“永远在路上”的坚韧和执着，紧盯“四风”“老问题新变化”，一刻不停歇地推动作风建设向纵深发展。做好市委第四轮专项巡察反馈意见整改，扎实推进区委巡察工作，强化巡察成果运用，发挥巡察利剑作用。加大整治民生领域和群众身边腐败问题力度，重点查处政治问题和腐败问题通过利益输送相互交织，结成利益集团的行为，把反腐败斗争进行到底。抓好党内法规制度建设，强化思想教育引导，扎紧制度“笼子”，筑牢思想“堤坝”，构建不敢腐、不能腐、不想腐的有效机制。积极稳妥推进监察体制改革试点，实现对所有行使公权力的公职人员监察全覆盖。

历史车轮滚滚向前，时代潮流浩浩荡荡。历史只会眷顾坚定者、奋进者、搏击者，而不会等待犹豫者、懈怠者、畏难者。让我们更加紧密地团结在以习近平同志为核心的党中央周围，在市委的坚强领导下，坚持新发展理念，推动高质量发展，锐意进取，埋头苦干，扎扎实实做好各项工作，为实现新时代象山人民美好生活努力奋斗！

人大常委会工作报告

——2018 年 1 月 18 日在象山区第十一届人民代表大会第三次会议上

象山区人大常委会主任　徐维升

2017 年工作回顾

2017 年，在象山区委的领导下，区人大常委会认真贯彻落实中央、自治区党委、市委和区委的决策部署，深入学习宣传党的十九大精神，紧紧围绕全区工作大局，求实创新，开拓进取，依法履职，较好地发挥了地方权力机关作用，圆满地完成了区十一届人大二次会议确定的工作任务，人大各项工作不断取得新的进步。

一、提高政治站位，全力贯彻区委决策部署

自觉坚持党的领导。常委会牢固树立“四个意识”，主动适应新时代新要求，切实把思想和行动统一到中央、自治区党委、市委和区委的决策部署上来，坚持从全区发展的大局谋划和推进人大工作，确保人大工作与区委中心工作同向同调。

正确行使重大事项决定权。坚持重大事项、重要工作向区委报告制度，紧紧抓住事关全区改革发展稳定的重大事项和人民群众普遍关心的重大问题，通过法定程序，适时作出决定决议，把区委的重大主张转变为全区人民的共同意志。2017 年，共组织召开代表大会 2 次，人大常委会 10 次、主任会议 20 次，听取和审议区“一府两院”专项工作报告 14 个，做出决定、决议 5 项，下发审议意见 10 份。

依法做好人大任免干部工作。常委会坚持党管干部和人大依法任免干部的统一，依法依规做好人事任免工作，严把任免提名、任职资格审查、征求意见、拟任人员见面谈话、任前表态发言、任免职票决以及颁发任命书和向宪法宣誓等程序关口，干部任免工作严谨规范。全年依法任免国家机关工作人员 29 人次，均确保了区委人事安排意图通过法定程序得以全面实现；全面落实人大选举和任命的干部向宪法宣誓制度，创新加强人大任命干部工作监督的手段，2018 年 1 月 4 日，首次组织人大代表对区人民政府 9 个主管经济的职能局的年度工作进行述职评议，有效促进人大选举任命的干部自觉增强责任意识和公仆意识。

二、围绕中心履职行权，服务全区发展大局

聚焦发展重点领域，推动经济健康发展。常委会围绕区委提出的“三区统筹”“五大幸福产业”“五大攻坚行动”，加强了对辖区经济建设重点领域的研判，结合听取专项工作报告，积极组织开展视察调研，先后围绕加快万福路康体养生先行区建设以及税收体制改革营改增、工商商事制度改革和土地收储等事关全区经济健康发展的重大事项，赴永福县学习考察、深入桂林市地方税务局象山分局、雁山分局以及重点建设项目现场进行专题调研，到象山工商局开展“人大代表走进工商”活动，专题听取和审议了区人民政府关于工商行政管理工作情况的报告，为辖区经济发展“把脉问诊”，出谋划策，提出工作建议。

聚焦目标任务完成，强化计划执行的运行监督。常委会高度关注经济运行，把国民经济和社会发展计划、财政预算执行作为监督重点，依法开展审议监督，专题听取并审议了象山区 2017 年上半年国民经济和社会发展计划执行、财政预算执行情况的报告，对发现和存在问题提出了整改意见；加强对 2016 年区本级决算的审查监督，专题听取了区人民政府 2016 年本级预算执行和其他收支情况审计工作的报告，督促区人民政府抓好审计发现的问题的整改；加大实质性审查工作力度，突出对重点支出、重大融资的监督，在第九次人大常委会上，依法审查并批准象山区2017年度财政预算调整方案。

聚焦改善民生，推动社会事业发展。高度重视人民群众最关心、最直接、最现实的利益问题，密切关注社会和民生热点难点，切实加强对民生事业的监督，不断提升辖区群众的获得感和幸福感。常委会专题听取审议了区人民政府食品药品安全监督管理工作情况、维护劳动者合法权益工作情况、农村饮水安全工作情况、《中华人民共和国环境保护法》实施情况和推进义务教育均衡发展情况等五项工作报告，为加快民生事业发展、扩大民生福祉积极建言献策，维护了人民群众切身利益；高度关注教育发展，组织对象山区义务教育均衡发展工作进行专题调研并提出建设性意见，积极组织代表及代表所在单位燕京啤酒（桂林漓泉）股份有限公司为象山教育捐赠20万元，购置教学设备，改善了学校教学条件，为我区顺利通过自治区义务教育均衡发展工作考评验收提供了支持；关心支持城市治理，组织对社区“两委”换届和社区建设工作开展专题调研，对提升社区基础设施建设，改善社区干部工作条件，发挥社区在城市治理中的积极作用提出了具体的意见建议；大力支持创建全国文明城市工作，组织人大代表专题视察了我区城市管理工作，对改进环卫市场化改革，强化卫生保洁、交通整治以及无物业小区的管理和改造提出了建议意见，辖区市容市貌、交通秩序、环境卫生明显改善，市民群众满意度不断提升。

三、积极推进法治象山建设，维护社会公平正义

着力推进法律法规的贯彻实施。扎实开展执法检查活动，配合自治区、市人大常委会在我区开展执法检查和调研活动，先后围绕《中华人民共和国义务教育法》《中华人民共和国行政诉讼法》《桂林市城乡规划条例》《桂林市防控和查处违法建设条例》《桂林市传统村落保护条例》等五部法律法规开展执法检查和立法调研，配合自治区人大常委会在我区开展保护侨资侨眷企业经营发展进行专题调研；深入一乡三办开展“七五”普法推进情况专题调研，利用“12·4国家宪法日”等时机，广泛开展形式多样的法律宣传，有效提升辖区群众学法用法守法的意识。

着力加强对依法行政和公正司法的工作监督。专题审议了区人民政府关于2017年度“七五”普法活动开展情况的报告以及区人民法院关于案件执行工作情况和区人民检察院关于审查起诉工作的情况报告；先后派出人大代表50多人次，参加区人民政府组织的拆除违章建筑等专项整治执法行动，旁听区人民法院案件审理和案件执行以及参加区人民检察院“检察开放日”等活动，有效促进“一府两院”依法行政、公正司法。

重视做好人大信访工作。落实区委信访维稳工作责任制，对来信来访群众，热情接待合理引导；开展经常性的下访接访，倾听群众呼声，解决实际问题，着力把矛盾化解在基层，有效减少了越级访、重复访、集体访现象，全年，共接待受理群众来信来访12批，27人次，做到依法处理、及时转办、强化督查，依法保护了群众的合理诉求。

四、强化服务保障，有效发挥代表主体作用

代表履职能力有新的提升。常委会重视加强对代表的履职培训，先后2次举办市、区、乡三级人大代表履职培训班，党的十九大会议闭幕后，及时举办学习党的十九大精神专题报告会，帮助人大代表了解掌握新时代新要求；同时，组织常委会组成人员16人参加了全国人大培训中心学习，二塘乡人大主席团和各代表小组扎实开展形式多样的学习活动，有效提高了代表的综合素质和履职能力。

代表履职保障有了新的加强。坚持邀请代表参与常委会视察调研活动和列席常委会会议制度，组织代表集中视察和外出学习考察，邀请代表参与桂林市、象山区绩效及行风政风评议，切实保证代表的参与权、知情权、表达权和监督权；不断深化代表“双联”制度的形式和内容，广泛开展代表向选区选民述职活动，强化代表的履职监督；定期给代表寄发《广西人大》《象山区人大常委会公报》《象山工作》以及为代表购买法律书籍和十九大报告学习刊物，为代表履职学习创造条件；落实自治区、桂林市人大常委的部署要求，研究制定了《关于加强象山区人大代表联系人民群众履职平台建设的实施意见》，稳步推进乡（街道）“代表活动中心”和村（社区）“代表之家”建设，拓宽了代表密切联系群众的渠道，为代表广泛参与管理地方国家事务，发挥代表主体作用奠定更加坚实的基础。

代表建议的提出和办理取得新成效。尊重代表主体地位，支持人大代表积极为象山发展建言献策，区十一届人大二次会议及闭会期间共有69名代表，撰写提交代表建议39件，涉及承办部门、单位11个，常委会及时召开代表建议交办会，强化跟踪督办，确保了代表建议的有效办理，代表建议答复率100%，满意率和基本满意率100%；深入开展评先活动，常委会作出决

定对4个代表活动先进小组、35名代表履职先进个人，6件代表建议和4个承办代表建议先进单位进行表彰，进一步增强了人大代表依法履职的荣誉感、责任感，调动了代表建议承办单位工作的主动性。

五、强化责任担当，着力加强自身建设

贯彻全面从严治党要求。坚持把思想政治和作风建设摆在首位。深入学习贯彻习近平总书记系列重要讲话精神和治国理政新思想新理念新战略，深化“两学一做”学习教育常态化、制度化；人大班子和机关严守党的政治纪律和政治规矩，牢固树立“四个意识”，坚定“四个自信”，自身建设水平不断加强；牢牢把握意识形态主动权，认真抓好人大宣传工作，讲好人大故事，传递发展正能量，人大常委会机关被自治区人大常委会办公厅评为2017年度人大宣传工作先进单位，并荣获二等奖。

落实党风廉政建设主体责任。扎实开展《中国共产党纪律处分条例》《中国共产党廉洁自律准则》等党内法规的集中学习和廉政教育，扎实开展中央八项规定和中央第三巡视组巡视广西反馈意见整改两个“回头看”专项整治活动，严格执行中央八项规定精神，聚焦“四风”抓好问题整改；严格执行各种规章制度，切实把纪律挺在前面，较好地维护了人大机关的好形象。

强化责任担当。常委会牢固树立全区发展“一盘棋”的思想，积极参与区委中心工作，在全区项目大会战、创建全国文明城市、村（社区）“两委”换届，提高群众安全感满意度、十九大维稳以及环广西国际自行车赛等重要阶段性中心工作和活动中，认真履行工作责任，较好地完成了任务，彰显了人大强烈的责任意识和担当精神。

各位代表，常委会过去一年工作取得的成绩，离不开区委的坚强领导，离不开全体代表的辛勤劳动，离不开区“一府两院”的配合支持，离不开社会各界和全区人民的大力支持和帮助。在此，我谨代表区人大常委会表示衷心的感谢！

回顾过去一年的工作，我们深刻地体会到，做好人大工作必须坚持党的领导，坚持依法履职，坚持服务大局，坚持民生为本，坚持务实创新，坚持依靠代表和群众。同时，我们也清醒地认识到，对照新时代新要求，常委会的工作还存在一些需要加强和改进的方面。比如，人大监督的力度还不够大，代表活动的内容和形式还比较单一，少数代表履职的主动性不够，人大监督的权威性发挥还不够，等等。需要在今后工作中深入研究，拿出切实有效的措施加以解决。

2018年主要工作

2018年是全面贯彻落实党的十九大精神的开局之年，是全区贯彻新发展理念、推动经济向高质量发展的强基之年。常委会将深入学习党的十九大精神，坚持以习近平新时代中国特色社会主义思想为指导，坚持党的领导、人民当家作主、依法治国的有机统一，认真履行好法律赋予人大的各项权责，全力推动区委十届四次全会决策部署的贯彻落实，努力为决胜全面建成小康社会和谱写新时代象山发展新篇章做出新的更大的贡献。

一、坚定政治定力把方向，在推动象山发展上彰显新作为

始终把学习贯彻十九大精神贯穿于全年人大工作的各个方面，扎实开展“不忘初心、牢记使命”主题学习教育，深入学习习近平总书记系列重要讲话精神和治国理政新理念新思想新战略；主动适应新时代新要求，不折不扣贯彻落实区委决策部署；坚持把党的领导、充分发扬民主和严格依法办事高度统一起来，实现党管干部与人大依法任免干部的有机结合；正确行使重大事项决定权，统筹推进人大各项工作和活动，适时依法作出决定决议，确保区委的重大决策部署经过人大法定程序成为全区人民的共同意志。

二、解放思想换观念，在依法履职监督上实现新突破

认真履行宪法和法律赋予的职责，围绕全区工作大局，不断加强和创新人大监督工作，周密组织视察调研，加大对计划执行、财政预决算、“十三五”规划实施情况中期评估等重大发展问题的审议监督；聚焦民生，精准发力，重点围绕脱贫攻坚、生态环保、安全生产、文化教育、医疗卫生、公共服务等重点民生事项，及时回应群众关切，全力办好民生实事，努力让人民群众过上更加美好的生活；不断改进监督工作的方法和手段，努力提升监督实效。

三、切实加强代表工作，在发挥代表主体作用上树立新形象

切实抓好《人大常委会关于加强象山区人大代表联系人民群众履职平台建设的实施意见》的落实，全面完成我区乡（街道）、村（社区）代表履职平台建设任务；创新举措办法，畅通和拓宽代表知情知政、为民服务的渠道；深化代表“双联”制度，密切常委会与代表、代表与群众的联系；不断加强和改进代表活动的方式，

丰富活动载体，提升活动成效；认真抓好代表建议办理工作，密切代表与群众的联系；加强代表的学习培训，做好代表履职保障；深入开展评先评优活动，激发代表履职热情，广泛凝聚推动发展的强大合力。

四、深入贯彻法律法规，在推进法治象山建设上取得新成效

积极推动，全面完成监察体制改革试点任务；持续推进法治象山建设，深入开展普法宣传，扎实开展执法检查和立法调研活动；认真做好人民群众来信来访的受理、交办、转办、督办工作，加大对涉法涉诉信访问题的督办力度，加强对“一府两院”依法行政的监督，规范权力运行，努力打造共建共治共享的社会治理格局，维护社会和谐稳定。

五、提高人大自身建设水平，在服务发展上做出新贡献

牢固树立“四个意识”，加强人大思想政治建设，学懂弄通做实党的十九大精神，做到学思践悟、知行合一，内化于心，外化于行；扎实做好人大宣传工作，落实意识形态工作责任制，加大对人大制度和人大工作的宣传力度，凝聚和壮大象山发展的正能量；贯彻全面从严治党要求，持之以恒纠“四风”，认真落实好党风廉政建设主体责任，严守政治纪律、政治规矩和廉政纪律，维护人大风清气正的良好形象；正确履行宪法法律赋予的各项职责，依法行权，依规行事，严程序，守规矩，有担当、敢负责，以良好的作风和坚强的执行力，完成好党和人民赋予的职责使命，努力把人大常委会建设成为同人民群众保持密切联系的代表机关。

象山区的发展已经迈上新时代，踏进新征程，新时代要有新气象、更要有新作为，让我们紧密地团结在以习近平同志为核心的党中央周围，在区委的正确领导下，锐意进取，扎实工作，为实现新时代象山人民美好生活做出新的更大贡献！

政府工作报告

——2018 年 1 月 18 日在象山区第十一届人民代表大会第三次会议上

象山区人民政府区长　蒋永刚

2017 年工作回顾

刚刚过去的 2017 年，是党的十九大胜利召开之年，也是全区加快发展的关键之年。面对错综复杂的经济形势，在市委、市政府和区委的坚强领导下，在区人大、区政协的监督支持下，按照“加快产业聚集，提升城市功能，建设和谐宜居幸福新象山”的发展思路，深入实施“三区统筹”，强力推进“五大攻坚”，大力发展“五大幸福产业”，全力以赴稳增长、促改革、调结构、惠民生、防风险，全区经济社会保持了平稳健康发展的良好势头。初步统计，全年完成地区生产总值 226.09 亿元，同比增长 7.7%；组织财政收入 12.09 亿元，同比增长 7.4%；实现固定资产投资 164.68 亿元，同比增长 16.2%；规模工业增加值 51.12 亿元，同比增长 8.9%；社会消费品零售总额 161 亿元，同比增长 10.6%；城镇居民人均可支配收入 33460 元，农村居民人均可支配收入 13586 元，分别增长 8.5% 和 10%，较好地完成了十一届人大二次会议通过的主要经济指标任务。

一年来，主要做了以下工作：

（一）坚持抓统筹推进，三区建设稳步发展

立足区情，着眼象山今后一个时期的发展定位，组织召开经济工作务虚会，研究加快实施“三区”建设具体举措，全力推进“三区”建设。邀请市主要领导和政府职能部门到“三区”进行调研和现场办公，争取上级在规划、土地、政策上的支持，实现借力发展。加快龙

船坪片区、环城南二路、大风山周边等控规修编，规划覆盖率超过90%。拍摄象山形象宣传片，制作招商手册，利用各种招商推介会，加强对“三区”的产业、政策、资源、区位等各方面优势的宣传推介，邀请客商到我区考察、洽谈项目50多批次。列入“三区”内的北芬旅游名村、九美桥时尚园、凯风创业广场、瓦窑小镇等58项重大项目，计划总投资295.44亿元，去年完成投资26.08亿元，占重大项目投资的46%，“三区”建设的支撑更加强劲。

（二）坚持抓五大攻坚，发展后劲稳步提升

重大项目攻坚取得新进展。开展重大项目“百日攻坚”和“集中开工”活动，千方百计推进项目建设。一年来，全区统筹推进的重大项目101项(列入市级层面重大项目69项)，完成投资59.12亿元，超出年度计划投资2.51亿元。其中5000万元及以上的项目固定资产投资列入自治区21个主城区红榜。华夏艺术大观园、龙船坪特色街区、象山区万福庄园等29个新开项目按计划开工；万福东路(象山段)、瓦窑小镇、九美桥时尚园、龙光·普罗旺斯等22个续建项目快速推进，万福东路预计春节前可实现基本通车；漓江桥扩建工程、香江立交桥、森港家居等21个重大项目如期竣工，侗情水庄被选为2017年桂林市年中经济工作会议考察现场项目之一，崇善龙光小学实现秋季开班；29个项目前期手续进展顺利，广龙新型汽车交易市场(汽车4S店)等2个前期项目提前开工。重大项目建设的扎实推进，为经济稳增长和投资任务完成发挥了重要作用，为全区经济健康持续发展奠定了坚实基础。

土地收储攻坚实现新突破。强化领导责任，成立土地收储领导小组，全力推进土地收储“221工程”，多方筹措资金3亿元，完成3183亩土地征收工作，其中1195亩土地移交给市委党校改扩建、万福东路置换地等项目业主进行施工，向市土储中心移交汽车南站、溢达会议中心两宗土地，为新项目落地提供坚强保障。

招商引资攻坚取得新成效。坚持把招商引资作为发展生命线，围绕五大幸福产业，与深圳威逊、深圳龙光地产、碧桂园、杭州颐高、厦门万绿城5家企业签订意向协议，总投资达180亿元。全年广西区外到位资金27.18亿元人民币，实际利用外资4528万美元。

特色街区攻坚开创新局面。投资8000万元建成阳桂公路(象山段)特色街区改造提升项目，完成道路两侧建筑风貌改造和北芬大村改造提升工程，新建大风山疏导市场投入运营。加快龙船坪特色街区建设，一期基本完成地下室土方工程，征收房屋面积2.2万余平方米。

财税融资攻坚迈出新步伐。加大与社会资本的合作力度，与太平洋建设集团、桂林市城投公司等4家企业签订投资协议230亿元，通过政府购买服务的方式，与建设银行融资3.5亿元用于项目和基础设施建设。积极向上级争取1亿元的新增地方债券，为项目建设提供财力保障。创新协税护税体制，在烟草公司外迁税源减收的条件下，财税收入超收1亿元。

（三）坚持抓转型升级，产业发展更强更优

按照加快产业聚集，做强做优实体经济的总体思路，坚持抓好经济结构调整，推动结构优化和产业升级，三次产业结构比达到了0.57：31.38：68.05。

工业经济稳步增长。围绕做强支柱企业，加大技改资金投入，激活中小企业的总体思路，实行区四家班子领导包干负责制，深入企业现场调研，帮助解决企业在发展中遇到的问题。一年来，燕京啤酒1998棕瓶技改生产线建成投产，溢达九美桥棉纺展示中心、成衣仓库和动力站陆续封顶；桂林三花、国营长虹机械厂获得自治区级企业技术中心认定，提高了辖区工业市场竞争力。质量强区成效显著，桂林建筑安装工程有限公司的实用新型专利获得国家知识产权认定，桂林市“广西木根雕名城”获得自治区二轻行业特色产业区域称号，溢达纺织被评为广西CEPA[1]先行先试示范基地，桂林橡胶(GRM产品)被评为第四批广西出口名牌。辖区规模工业企业实现正增长，其中桂林市供电局、机床电器、立白、三花等亿元以上企业全年保持稳定增长，凸显了工业企业向好的发展势头。

第三产业提质增效。充分利用中心城区的区位优势，以“五大幸福产业”为引领，大力发展现代服务业。不断创新工作方式，深入开展企业走访、培育入库、政策宣讲、总部经济培育工作，加快第三产业提质升级增效，全年第三产业增加值完成153.86亿元，同比增长8.2%。成功培育振益建筑劳务等14家企业和小香槟食府等9家大个体户，并纳入服务业规模以上单位。以万福广场为引领，带动城南片区商业圈升级改造，提升整体吸金能力。万福广场获得国家AAA级景区挂牌，成功举办第三届啤酒嘉年华活动，商圈业态不断丰富。积极为百货大楼、人人乐超市、宝路通商贸有限公司、椿记公司及9家新入库企业申请政策扶持资金补助。瓦窑小镇入选2017年全国优选旅游项目名录，并荣获广西现代特色农业县级示范区——木艺产业示范区。加快对平山、沙河一带物流资源整合，推进梦想储运站项目建设，加速形成了高附加值现代服务产业聚集。

特色农业初见成效。按照“美丽广西、宜居乡村”建设的总体要求，以农民增收为目标，以调整农村产业结构为主线，因地制宜发挥城郊农业的地理优势，全力推进以北芬旅游生态名村为城乡统筹、产城融合试点工作，创建了可复制的农旅结合模式。按“三园一体”[2]思路，引进桂禾农场等农旅结合项目，扶持万福益通生态农庄扩建，在开发高科技农产品种植技术和拓展休闲农业经营模式上做出了尝试。加大了对四合葛根、淮山等特色农产品的推广力度，四合葛根品牌稳步做大；北芬金藤葡萄园深加工生产线建设初见成效；金红德花卉示范基地规模进一步扩大，生态休闲农业初具规模。

（四）坚持抓改革创新，发展活力逐步释放

各项改革不断深化。推进行政审批制度改革，取消5项，调整27项。全面启用投资项目在线审批监管平台，全年审批备案项目60项。有序开展第三次全国农业普查，基本完成农村集体土地经营权确权登记颁证工作。“六证合一”[3]、“两证合一”[4]等商事制度改革扎实推进，新登记市场主体3355户，同比增长22.9%。推进象山国土分局与区土地房产局合署办公，实现了城区土地管理“一个口进，一个口出”的模式。

创新活力有效激发。申请发明专利595件，发明专利万人拥有量达到310件，桂林市量具厂、橡胶机械厂等16家企业与省内外科研院所建立合作机制，广西蓝天科技股份有限公司等10家企事业单位荣登全市科学研究与技术开发计划项目名单，获得科技扶助资金1055万元，项目数和资金数位居全市前列；象山门业、昊锐汽车2家企业完成发明专利科技成果转化，蓝天科技、嘉威科技2家公司成功申报国家高新技术企业并获得认定，科技创新活力明显增强。

（五）坚持抓建管结合，城市功能更加完善

城区形象大幅提升。以创文明城、环广西自行车赛为契机，深入开展违章建筑、停车秩序、集贸市场等专项整治行动，累计投入1200多万元，重拳整治西门市场、铁西片区、瓦窑小游园、黑山农贸市场、瓦窑市场、大风山市场等区域市容乱象。投入1300多万元，办结“金点子”911件，修补道路150多处，实施城市路面硬化、街巷亮化工程，修复瓦窑路一巷、天鹅巷等破损道路50多段（处）。整治违章建设乱象，共查处违法建筑223起，拆除违法建筑面积45.5万平方米。完成阳桂公路两侧房屋风貌改造，城市主干道实现白改黑，城市面貌明显改善。旧城改造稳步推进，投入6600多万元完成56个城中村、无物业小区改造，龙船坪特色街区一期开工建设，城市品质进一步提升。

乡村面貌不断改观。继续实施普惠制新农村建设，投入850万元，推进北芬大村、上沙河村的道路硬化、排水改造、村屯绿化、房屋风貌改造工程，完成溢塘村、佛殿桥村道路、下沙河路修缮。推进农村基础便民工作，投入约47万元完成200户农村改厨改厕。继续开展农村垃圾处理两年攻坚工作，投入193.14万元完善农村垃圾处理设施，建立垃圾池38座，农村垃圾收运处理率达90%以上。

生态环境明显改善。成立漓江风景名胜区综合执法大队，加强漓江生态环境保护。实施漓江排污环境综合治理，开展畜禽养殖污染整治行动，清理搬迁畜禽养殖场129家，2家规模养殖场通过现代生态养殖场认证。构建“大环保”格局，坚决落实环境保护“党政同责、一岗双责”责任制，顺利通过中央环保督察组交办30起案件的整改验收工作。全面推进大气和水污染防治工作，加强环境联合综合执法力度，关闭3个露天煤场，全年优良天气308天，比去年增加2天，PM10和PM2.5分别下降6%和8.5%，PM2.5比全市下降幅度多2个百分点，生态环境进一步优化。

（六）坚持抓综合协调，百姓福祉不断增进

民生保障持续加强。全年投入民生资金7.6亿元，占一般公共预算支出的77%，完成仁头、溢塘村饮水安全等10件为民办实事工程[5]。全面统筹城乡居民社会保险，累计发放养老金388.6万元、城乡低保1207万元，城乡居民基本养老保险参保率达到96.24%，城镇居民医保参保率达到98%。就业创业举措推陈出新，设立“农村劳动者就业服务窗口”，城镇新增就业3747人。推进社会养老服务体系建设，建成7个社会办老年公寓、18个社区日间照料中心和社区居家养老服务站，推出旅游+康复+候鸟式养生模式，桂林市夕阳红养老中心列入自治区级服务业标准化示范项目。卫生计生监督所正式成立，76.54%的城乡居民建立规范化电子健康档案，社会保障体系更加完善。

社会事业协调发展。切实办好人民满意教育，累计投入1.5亿元，强化教育基础设施建设，顺利通过自治区义务教育均衡发展检查评估。新建崇善龙光小学并投入使用，改扩建将军桥、南溪山小学以及南溪山小学环西分校，完成翠竹小学的并购和置换。加强教师培训，开展“传统文化”进校园活动。深化医药卫生体制改革，全面实施国家基本药物制度，疾病预防体系更加完善。认真抓好计划生育政策的宣传和引导,落实法定奖励扶助政策,深入开展出生人口性别比综合治理,平山社区卫生服务中心获全国“百强中心”称号。广泛开展群众文化活动,围绕打造“象山水月”群众文化品牌,开展“周末大家乐”“壮族三月三”等群众文艺会演。积极开展全民健身运动,建成3个村级公共服务中心,12个篮球场,15个乒乓球场。协助做好央视春晚南方分会场、2017环广西公路自行车世界巡回赛桂林站赛、2017年桂林国际马拉松大赛等一系列重要赛事活动的安保和氛围营造工作,确保赛事的成功举办。加强对网吧、音像、图书等市场监管力度,进一步强化扫黄打非工作,净化文化市场。巩固全国民族团结进步示范区成果,银锭社区、回民小学等5个单位被命名为“自治区民族团结进步创建活动示范单位”。搭建村、社区治理服务平台,全面提升基层服务能力,投入900万元,34个社区全部建成投入运行“一站式”服务大厅,服务面积全部达到300平方米以上,圆满完成村(社区)两委换届工作。

社会治理稳步提升。加大辖区社会治安综合治理力度,全区刑事案件、治安案件大幅下降,破案率大幅上升,刑事案件同比下降24%,治安案件同比下降21%,破案率同比上升31.4%。推进安全生产领域改革,扎实开展安全生产大检查,各类安全生产事故数和死亡人数同比“双下降”。加大食品药品监管力度,全年立案89件,罚没款50.3万元,食药品安全形势持续向好。深入推进“七五”普法,落实普法责任,法治政府建设和依法行政的能力进一步提升。依法开展信访维稳工作,安排四家班子领导信访值班,维护群众正当权利,严厉打击非访闹访现象,确保信访渠道畅通有序。主动开展人民调解专项活动,全年共调解案件689件,排查矛盾纠纷463次。积极开展“无传销城区、社区”创建活动,被广西壮族自治区打击传销工作领导小组认定为2014—2016年度广西无传销县(区)。

(七)坚持抓廉洁增效,自身建设不断加强

全面落实从严治党主体责任,开展约谈116人次。牢牢掌握意识形态工作的主动权、话语权,持续整治“四风”顽疾,对不作为乱作为行为“零容忍”,严惩发生在群众身边的腐败问题。清理办公用房27间,查处干部私车公养问题3起,整改公务接待报销环节未能提供公函、相关报销程序不规范等问题77个。开展作风纪律专项督查12次,查处违反中央八项规定精神问题11起,给予党政纪处分11人。强化财政监管和审计监督,“三公”经费同比下降24.1%。认真办理人大代表建议、政协委员提案122件,办结率100%。政务服务全面优化,进驻政务服务中心部门增至17个,政务服务事项达到75项,完成“权责清单”两单融合工作,优化行政权力运行流程。推行政府法律顾问制度,规范行政许可、行政处罚、行政征收等执法行为和行政复议工作,政府公信力和执行力不断增强。

一年来,国防建设及双拥工作得到加强,宗教、人事、审计、统计、人防、档案、防震减灾、地方志、残疾人等事业取得新的进步,工会、共青团、妇联、社科联等群团组织在经济社会发展中发挥了重要作用。二塘乡、象山街道办事处、南门街道办事处、平山街道办事处及各社区工作取得了新成绩。

各位代表,这些成绩的取得,得益于上级党委、政府和区委的正确领导,得益于区人大和区政协的监督支持,得益于全区人民的辛勤劳动,得益于社会各界的关心帮助。在此,我谨代表区人民政府,向辛勤工作在各个领域的全区人民,向大力支持政府工作的各位人大代表、政协委员,向离退休老干部、老同志,向各民主党派、各人民团体,向驻我区的解放军、武警官兵,向所有关心、支持、参与象山发展建设的朋友们,表示衷心的感谢并致以崇高的敬意!

在肯定成绩的同时,我们也清醒地认识到发展中还面临不少困难和挑战,主要是:产业结构不优,新兴产业尚未形成集聚效应;招商引资成效还不明显,大项目落地还不多;财政收入增长乏力,发展资金筹措艰难;城乡发展差距仍然较大,与群众期待存在差距;城市管理任务依然艰巨,创新管理水平有待进一步提升,等等。对此,我们一定要保持清醒头脑,正视问题,采取有效措施,切实加以解决。

2018年工作总体要求和目标任务

今年是贯彻党的十九大精神的开局之年,是改革开放40周年,是自治区成立60周年,也是象山发展抓落实、求突破、展新貌的关键一年,做好今年的工作意义重大。

今年政府工作的总体要求是:深入学习贯彻党的十九大精神,以习近平新时代中国特色社会主义思想为指导,坚持稳中求进工作总基调,全面落实区委十届四次全会精神,按照“三换三转”[6]工作要求,加强“三区统筹”,深化“五大攻坚”,发展“五大幸福产业”,在重大项目建设、优化产业结构、大气污染防治、城市生态环境管理、社会民生保障、法治高效政府建设等方面取得扎实成效，促进经济持续健康发展和社会和谐稳定，为加快实现和谐宜居幸福新象山、全面决胜建成小康社会奠定坚实基础。

综合考虑各种因素，提出今年经济社会发展主要预期目标是：地区生产总值增长7.5%；财政收入增长6.5%；规模工业增加值增长7.5%；全社会固定资产投资增长12%；社会消费品零售总额增长10.5%；城镇居民人均可支配收入增长8.5%；农民人均纯收入增长12%；城镇登记失业率控制在4.5%以内，污染物减排达到市下达的指标要求。

围绕上述目标，重点抓好以下六个方面的工作：

（一）围绕实现激活新发展新动力，突出抓项目推改革，打好“攻坚仗”

以项目为引领加快“三区”统筹建设步伐，打造创新创业新高地、产业升级新样板、统筹融合新平台。以改革创新为引领，不断释放发展活力。

加强“三区”建设。抢抓“桂林国际旅游胜地建设”战略机遇，构建阳桂公路休闲观光示范区、万福路康体养生先行区、平山瓦窑片特色文化展示区统筹发展新格局。阳桂公路休闲观光示范区重点抓好青莲国际旅游农业综合体、莱茵生物健康文化产业观光园、米粉文化馆、法国PVCP石头季度假村、阳光100·桂林丽园等项目建设，推进北芬旅游生态名村配套产业发展，构建休闲观光与特色乡村旅游相结合的发展之路。万福路康体养生先行区围绕旅游养生、医养结合、居家养老“三大方向”，力争在桂林健康旅游示范区建设中走在前列。重点抓好华夏艺术大观园、仙源健康产业园、龙光·养生谷、溢达国际论坛中心等项目建设，积极推进恒大·悦溪谷尽快落地，打造健康旅游小镇品牌。平山瓦窑片特色文化展示区作为“城市双修”的重点区域，抓好瓦窑小镇——桂林象山木艺产业示范园项目建设，创建自治区特色产业园。积极推进文化旅游休闲区项目尽快落地，推动周边集体土地开发利用和路网建设，促进传统文化和现代创意产业融合发展。

狠抓项目攻坚。牢固树立“抓项目就是抓发展”的理念，以项目发展支撑和带动全区经济大盘。今年纳入市级层面重大项目70项，其中申报自治区层面重大项目3项，项目总投资370亿元，年度计划投资52.98亿元。按照“前期抓落地、新建抓开工、续建抓投入、竣工抓产出”的工作思路，全力推进25个续建项目建设，加快办理26个前期项目审批手续，实现13个新开项目按时开工，完成6个项目如期竣工。建立领导包抓项目工作责任制，确保项目建设既有数量又有质量。提前做好项目建设土地规划和拆迁工作，保障项目用地、项目前期工作经费和拆迁资金需求，为项目落地创造条件。定期对全区重大项目开展全面督查，对项目开工、建设、竣工验收等关键环节加强监督力度，确保项目建设全面提速。

培育特色街区。大力实施特色街区改造“书记工程”，把特色街区建设作为彰显象山特色、凸显人文底蕴、引领区域创新发展的重要举措来抓。龙船坪特色街区聚焦增强旅游、商业、文创、餐饮等功能，统筹提升街区形态、业态，分批分阶段打造沿线高品质特色景观，今年计划投资3.4亿元，完成一期建筑工程1.3公里道路改造，配套室外广场、道路硬化、绿化及排水等附属工程。瓦窑文化创意街区深度挖掘和运用“文化＋创意＋商业”模式，打造人文街区、魅力街区，今年完成规划选址、用地预审及审批等前期工作，年内力争项目开工。

抓好土地收储。全面完成土地收储“221工程”，年内收储黄村、滟塘村等地块1600亩土地，完成青莲国际、界首骨伤医院等项目1800亩供地目标。用好用足《桂林市城镇低效用地再开发利用实施细则（暂行）》等优惠政策，盘活国电、足球产业园、电焊条厂等地块资源，实现土地利用效益提升。

深化改革创新。继续抓好“六证合一”、商事制度、投融资等改革。深化“放管服”、行政审批制度改革，实施“互联网＋政务服务”，推进政务大厅向网上办事大厅延伸。深化服务业综合改革，建立完善“四上”企业培育机制。深化农村产权制度改革，全面完成农村承包土地确权登记颁证工作。强化大众创业、万众创新导向，积极引进创新创业人才来象山发展。努力培育具有创新能力的排头兵企业，实施科技型中小企业成长计划，新增一批高新技术企业，加快发展动力转换，形成新的经济增长点。

（二）围绕实现做优做强产业质量，突出抓转型强实力，打好“升级战”

始终把产业作为驱动经济社会发展的“核心引擎”，坚持一手抓新兴产业培育，一手抓传统产业改造升级，不断提升产业层次。

申报工业园区。坚持“科学规划、合理布局、统筹安排、集聚发展”的原则，将漓泉啤酒股份有限公司、桂林三花股份有限公司、航天电子、橡胶机械厂、机床电器等老工业企业整体打包，编制产业园区规划，积极申报桂林经济技术开发区象山工业分园，力争年内上报自治区工信委审批。启动规划九美桥工业集中区，规划2500亩土地，完善工业园区规划，加强基础设施建设，增强综合配套能力，开展招商引资，引导生产要素向园区集聚，协调发展集群经济。通过3—5年时间的努力，真正把工业园区建设成“经济增长、产业新型的示范园，科技进步、体制创新的实验园，开放外向、充满活力的创业园”。

壮大实体经济。以提高质量和核心竞争力为中心，致力扩大高质量产品和服务供给。着力推进“两化融合”，加大科技投入，加快推动产品结构向高端迈进。引导燕京漓泉、溢达纺织等企业增品种、提品质、创品牌，扩大内外销产品，更好满足消费升级需求，提升知名度和认可度。加快技改提升，支持橡胶机械数字化绿色制造产能提升和燕京漓泉100万吨填平补齐项目建设，促进颐高城市会客厅、花江科技等一批创新研发中心落地，增加市场竞争力。推进桂林百货大楼、联达商业广场等商业业态转型升级，做好梦想储运站、万福广场、德天商业广场二期的后续发展，推动瓦窑小镇、森港家居购物广场尽快投入运营，为我区经济注入新的增长点。

优化产业结构。积极主动优化存量、培育增量、提高质量，不断发展新产业、新技术、新业态。盘活存量工业用地，对宏伟集团、绢纺厂等企业因企施策，重点发展现代生物、装备制造、新材料等产业，采取各种方式引进优质资产驻入，实现“腾笼换鸟”。做强现代服务业，大力发展总部经济、信息服务、金融保险等生产性服务业，加快发展旅游、文化、体育、健康、养老等“五大幸福产业”，增强中心城区集聚辐射和综合服务能力。坚持“房子是用来住的、不是用来炒的”定位，把房地产去库存和促进人口城镇化结合起来，保持市场平稳健康发展。

全力培植税源。紧抓招商引资，全员招商，精准招商。策划、举办一系列专题招商活动，围绕全区主导产业，在引进大项目、新兴产业和完善产业链上加大力度。积极开展城市综合体、商场、楼宇和沿街商户税源规范管理工作，进行轻资产招商。坚持项目带动战略，以片区为基础，着力引进一批投资规模大、科技含量高、财税贡献大的项目。

（三）围绕增强农业农村发展活力，突出抓谋划创精品，打好“振兴战”

按照“产业兴旺、生态宜居、乡风文明、治理有效、生活富裕”的总要求，大力实施乡村振兴战略，推动农业全面升级、农村全面进步、农民全面发展。

完善规划体系。加快阳桂公路、万福路沿线片区规划修编，从全域空间统筹的角度出发，根据发展目标和战略，努力推动“两规”全覆盖。坚持“多规合一”，严守生态、环保、耕地保护3条红线，优化乡村体系和农村居民点布局，充分尊重村民意愿，改善村庄人居环境，保护乡村风貌特色，修编村庄发展规划，重点发展基础条件好、发展潜力大的行政村，促进农业产业化和农村现代化。

加快农业转型。创新农村一二三产业联动发展新模式，发挥城郊周边生态文化旅游资源，推进农业与旅游、文化、健康养老等产业深度融合，以北芬旅游生态名村为样板，引导有实力的企业按相关政策对周边乡村进行原地打造，发展休闲农业和民宿旅游，力争创建现代特色农业示范区，加快形成区域特色明显、文化内涵丰富的农旅结合发展新格局。

建设宜居乡村。巩固“清洁乡村”“生态乡村”成果，深入开展“宜居乡村”建设。加大农村改厕、改厨力度，实现农村无害化卫生厕所普及率达90%以上，农村清洁厕所厨房普及率达60%以上，人畜混居改造完成率达50%以上。推进“农事农办”制度，推进村级综合服务中心建设，年内实现全区行政村基本公共服务全覆盖、农民群众办事不出村，有效打通服务群众“最后一公里”。

（四）围绕实现和谐宜居幸福象山，突出抓统筹优环境，打好“精品牌”

坚持把老城改造提升作为重要抓手和切入点，加快实施基础设施、风貌改造、城市业态、城市管理“四大提升行动”，着力打造优美环境，加快建设品质城区。

提升城市品质。坚持以“城市，让生活更美好”为目标，推进基础设施建设，优化城市功能布局。加快漓江西岸、龙船坪、瓦窑、大风山、银锭等5个片区改造力度，切实改善人居环境。推进汽车南站年内搬迁，推动桂青路下穿涵洞及接线工程、遇龙路改扩建、瓦窑路南段、平山北路、八中路口立交和万福路立交、桂林市旅游专线试验线项目（象山段）7个路网项目建设，不断完善城区内循环路网与断头路连接。完成城区主次干道全部“白改黑”，分批次整修破损人行道，确保道路完好率达95%以上，让群众出行更加方便、安全。继续采取政府主导、居民和社会共同参与的方式，实施无物业管理小区改造工作，进一步改善群众生活居住和出行环境。

聚焦“城市双修”[7]。加快瓦窑片区“城市双修”进程，充分利用政策、空间、产业等优势，优化片区规划，加大历史文化遗存保护利用工作力度，留住老工业的历史记忆。充分利用瓦窑片区废旧工业建筑，在保护修缮的基础上，注入文化旅游创意产业和其他新兴业态，打造桂林的“苏荷区”“红专厂”，形成历史丰厚、现代动感、特色鲜明的区域发展新核心。

加强城市管理。巩固创建全国文明城市成果，积极做好全国卫生城市复审工作，延续“金点子”办理、垃圾管理、城市立面定期清洗等好做法，不断提高城市管理水平，努力消除各种“城市病”。提升数字城管水平，发挥指挥平台的现代科技优势，对各种违章现象及时受理、及时解决、盯办结果。建立长效管理机制，重点整治各类市场环境、超门槛经营、乱堆乱放、乱搭乱建等城市管理突出问题。加强环境卫生长效保洁，重点解决环卫设施损毁严重、保洁不到位、垃圾清运不及时等突出问题，引导广大群众增强文明意识，弘扬新风正气，打造干净整洁、畅通有序、和谐宜居的城区面貌。

建设生态城区。践行“绿水青山就是金山银山”理念。强化水、土壤污染治理和生态修复，积极开展全国第二次污染源普查，着力整治城区黑臭水体，完善雨污水收集系统，确保城镇污水处理率达95%以上。严格落实“区、乡(街道)、村(社区)”三级河长责任制，加快漓江流域畜禽禁限养、网箱清理，做好漓江沿岸环境综合治理与生态保护。继续开展大气污染防治“五大专项行动”[8]，强力整治施工工地、物料堆场及道路扬尘污染。加强城市绿化、农村面源污染防治、养殖场粪污治理、畜禽无害化处理，城市生活垃圾无害化处理率保持100%。大力实施节能减排和环境治理项目，严厉查处未批先建、非法排污、超标排污等违法行为，努力改善辖区生态环境质量。

（五）围绕实现全面增进百姓福祉，突出抓实事惠民生，打好“组合拳”

始终聚焦民生，加快提高公共服务的能力和水平，不断提升人民群众的获得感和满意度。

筑牢保障惠民。深入实施民生工程，全力推进区本级教育惠民、路灯安装、道路维修、安全饮水、公共设施改造等10项为民办实事工程[9]。加强社会救助体系建设，加大社会保险扩面力度，进一步规范低保管理，精准认定低保对象。坚持就业就是最大的民生，加强就业指导、培训和帮扶，力争新增城镇就业2700人。做好劳动维权保障，加大农民工欠薪打击力度，切实维护农民工合法权益，不断完善社会保障体系。加快发展残疾人、妇女儿童事业，切实保障弱势群体和妇女、未成年人合法权益。

坚持服务利民。坚持教育优先发展，加快凯风小学万福分校项目建设，完成一批学校的维修和改造。深入实施“一校一品”校园文化建设，加强未成年人思想道德建设，营造良好的师德师风。创建象山教育品牌，确保通过国家义务教育均衡发展评估认定。探索社区准入制度，抓好社区奖惩制度改革试点工作，充分调动社区干部工作积极性，提高服务群众的效率和质量。推动居家养老、机构养老和社区养老协调发展，合理布局和增加老年人活动场所，让老年人老有所养、老有所乐。以促进人口均衡发展为主线，积极探索计划生育工作发展新趋势，切实做好关爱和服务计生家庭工作。继续深化医疗卫生体制改革，深入实施“双下沉、两提升”[10]工程，努力让老百姓享受更好的卫生服务，做好传染性疾病防控工作。切实发挥城区公共文体设施作用，广泛开展“象山水月”系列文体活动，丰富群众精神文化生活，繁荣文化市场，培育新型文化业态，推进“扫黄打非”工作保障机制，净化文化市场。推动全民健身与全民健康深度融合，打造城区10—15分钟全民健身圈。加大双拥优抚安置工作力度，推进军民融合深度发展。充分发挥工会、共青团、妇联、残联、社科联等群团组织发挥桥梁纽带作用。继续做好科技、人防、统计、审计、档案、区志、人民武装等工作。

加强治理安民。坚持关口靠前、重心下移，建立健全矛盾纠纷多元化解机制，完善人民调解、行政调解、司法调解联动体系，大力开展法制教育、联合接访等“大宣传、大接访、大化解”活动，引导群众合法理性表达诉求。深入开展严打整治行动，强化治安防控体系建设，严防黄赌毒等违法犯罪活动滋生蔓延，全力提升群众的安全感和满意度。厘清安全生产综合监管与行业监管的关系，明确安全生产和职业健康工作职责，制定安全生产权力清单和责任清单并落实到部门工作职责规定中，坚决杜绝较大以上事故的发生。继续巩固全国和自治区民族团结示范区创建成果，依法加强宗教事务和宗教场所管理，保持宗教领域和谐稳定。加强食品药品安全监管，扎实做好自治区食品安全城市创建验收工作，保障群众饮食用药安全。

（六）围绕实现为民务实高效政府，突出抓政务提效能，把好“廉洁关”

将全面从严治党要求落实到政府自身建设之中，坚决落实意识形态工作责任制，加强理论武装和意识形态阵地的管理，加快推进人民满意的法治政府和服务型政府建设。

建设法治政府。坚持“法无授权不可为、法定职责必须为”，依法全面履行政府职能。健全依法决策机制，认真履行重大行政决策法定程序，继续推行政府法律顾问制度。自觉接受人大的法律监督和政协的民主监督，重视司法监督、社会监督和舆论监督。全面开展"七五普法"，加大法治宣传力度，主动接受公众监督。认真办理人大代表建议、政协提案，办好政府门户网站、区政务服务网，努力建设人民满意的法治政府。

建设高效政府。加快政府职能转变，完善政务服务体系，完成政务中心新址搬迁及标准化建设工作，进一步优化政府权力运行流程，实现廉政、公开、高效便民服务，做到让政务信息多"跑路"，企业群众办事少"跑腿"，用政府权力的"减法"实现企业活力的"加法"，努力建设高效服务型政府。

建设廉洁政府。全面落实从严治党主体责任，严格落实"一岗双责"，持之以恒纠"四风"。用清单制度规范行政权力运行，加强政府采购、重点工程建设等领域的监督管理。坚持厉行节约，严格控制"三公"经费支出，把更多财力用在推动发展、改善民生上。加强审计监督，对领导干部履行经济责任情况实行审计全覆盖。严格效能监察和责任追究，以"零容忍"的态度，严肃查处损害群众切身利益的行为和违法违纪案件，营造风清气正的政务环境。

实干创造未来、奋斗成就伟业。让我们紧密团结在以习近平同志为核心的党中央周围，在市委、市政府和区委的坚强领导下，紧紧依靠各位代表、各位委员和全区人民的智慧，同心同德、扎实工作、坚定信心、开拓创新，为实现新时代象山人民美好生活而努力奋斗！

政协常委会工作报告

（2018 年 1 月 17 日在政协象山区第五届委员会第四次会议上）

眭铂生

一、2017 年工作回顾

2017 年，区政协在区委的坚强领导下，以党的十八大、十九大精神为指导，认真贯彻区委的决策部署，围绕全区工作大局，牢牢把握团结和民主两大主题，认真履行政治协商、民主监督、参政议政职能，凝聚共识、汇集力量、建言献策，为全面推进和谐宜居幸福新象山建设，促进社会和谐稳定作出了积极贡献。

（一）紧抓政治理论学习，思想政治共识进一步增强

区政协及其常委会坚持把强化理论武装、增强政治定力摆在首位，将政治理论学习和意识形态工作列为重要议事日程。通过党组扩大会、党员学习会、委员培训会等形式，认真学习中共十八届六中全会、十九大精神和习近平总书记系列讲话精神，自觉增强"四个意识"，坚定"四个自信"，坚定不移地走中国特色社会主义道路。举办全体委员学习十九大精神专题辅导报告会和各界别委员学习十九大精神心得交流会，用党的理论武装和指导政协工作。认真学习政协章程和中共中央、自治区党委和市委关于加强人民政协工作的意见，切实加强对人民政协性质定位的理解和把握，聚焦区委中心任务，推进协商民主，广泛凝聚共识，进一步把思想和行动统一到区委的决策部署上来，进一步把政协委员的积极性、主动性和创造性，引导到推动象山科学发展上来，着力提升履职成效，努力推动政协工作不断迈上新台阶。

（二）紧贴发展第一要务，服务大局力度进一步加大

一年来，常委会始终坚持与区委、区政府同频共振，组织和带领广大政协委员紧紧围绕区委"加快产业聚集，提升城市功能，建设和谐宜居幸福新象山"发

展目标献智出力。

1. 献计献策，助推“全国文明城”创建。创建国家文明城市，是市委、市政府的中心工作，同时也是区委、区政府的中心工作，城市管理及环境卫生备受关注。为此，五月组织委员分别对三个办事处和区环卫站开展视察活动，通过现场视察、听取介绍、座谈交流，委员们对区环卫保洁实行市场运作后，所做的工作、取得的成效以及所存在的问题等方面，有了进一步的了解，提出了很好的意见和建议，对进一步完善我区环卫改革，提高管理水平，起到了有效的助推作用。班子成员及时下到所联系的乡、街道及社区，认真检查并协调解决创城中所遇到的问题，为提升市民素质和城市品位作出了积极贡献。

2. 尽职尽责，投身重大项目建设。区政协班子成员坚持“不分一线二线，不论分内分外”，按照区委、区政府的安排部署，主动融入发展大局，积极投身重点项目建设，参与华夏艺术大观园、漓江活动实验坝、龙船坪特色街区、瓦窑文化创意街区、桂林青莲公司休闲农业综合体和森林公园等重点建设项目，大家尽职尽责，深入项目一线，积极组织协调，耐心接待上访群众，共同研究解决困难和问题，助推项目建设有序推进。

3. 服从安排，认真完成区委交给的各项工作任务。根据区委、区政府的分工，区政协主席联系招商工作，带领区相关领导和招商部门接洽客商 5 批，签订杭州颐高集团等投资框架协议 4 个，意向投资 30 亿元，并开展了大量相关前期工作。各班子成员按要求完成下基层宣讲十九大精神的任务。配合完成环广西公路自行车国际巡回赛桂林赛程的保安工作。积极参与“两学一做”学习教育活动及督查工作。认真完成村（社区）“两委”换届和提高群众安全感满意度工作。去年 9 至 10 月，钟庭盛副主席带队赴邕进京值班，克服重重困难，出色地完成了东盟博览会和党的十九大会议期间的社会维稳工作，得到区委的充分肯定。

（三）紧盯经济社会热点，履行职能成效进一步提升

一年来，区政协坚持围绕大事建言，唱响“象山发展，我的责任”口号，聚焦热点议政，建净言、献良策，较好地发挥了政协组织“人才库”“智囊团”的作用。

1. 精心组织协商议政。一年来，区政协围绕我区经济社会发展中的重大问题开展协商献策，在区政协五届二次会议期间，委员们围绕《政府工作报告》及群众关注的热点难点问题，提出很多有针对性意见建议，会议之后进行分类整理作为全区领导干部大会参阅材料。2017 年，委员共提交的提案 105 件，立案的 85 件，是区政协成立以来提交提案和立案最多的一年，实现了提案数和立案数“双翻番”。常委会创新工作机制，建立提案办理绩效考评制度，极大的促进提案办理的实效，提案分别交由区 19 个职能部门办理。未予立案的 20 件提案作为委员来信另行处理。这些提案报送区委、区政府，得到高度重视和采纳，许多意见建议被吸纳到决策之中，较好地发挥了政协组织协商议政作用。

2. 认真开展调研视察。一年来，常委会紧跟区委、区政府发展思路，开展视察调研，先后开展文明城市创建、环卫体制改革、教育民生、重大项目攻坚等六次专题视察活动，每次视察活动委员们踊跃发言，讲实话、讲真话、出谋划策，使视察活动达到集体视察、集中谋划、集思广益的效果，为促进象山经济发展建净言，献良策。

3. 精心组织专题调研。紧紧围绕区委、区政府的中心工作和人民群众关心的热点难点问题，开展 10 多次专题调研，组织委员深入街道（社区），进行实地考察，召集多方面人士参加座谈会，广泛听取和收集意见和建议，共同探讨我区漓江西岸、文化旅游、健康产业，以及提高群众安全感、满意度等，形成《加快漓江西岸象山段建设，打造高端旅游商务街区》《加快文化旅游融合，打造象山区黄金十字文化旅游片区》《创新综治管理思维，促进群众安全感满意度双提升》和《推进象山健康产业发展，打造健康养生旅游目的地》等 4 个专题调研报告。

4. 强化民主监督成效。坚持把民主监督作为履职的重点，召开专门常委会议，集中听取区政府关于经济社会发展和提案办理情况，区纪委、区法院、区检察院年度工作情况通报。到会的政协常委踊跃发言，积极建言献策，对“一府两院”和纪委工作所取得的成绩给予充分的肯定，并提出很好的意见和建议。常委会还组织委员走访区机关部门，参加区法院的“春雷行动”和检察院的“开放日”活动，协调各部门解决群众来访问题 12 个，民主监督、民主评议水平得到了提高。

5. 畅通社情民意渠道。区政协非常重视社情民意，由四个副主席分别带领四个委员小组，下到“一乡三办”，向基层单位通报区政协相关提案办理情况。与基层干部面对面座谈，听取象山经济社会发展和社区居民关注热点难点问题的意见建议。2017 年，共收到群众反映社情民意信息 100 多条，为委员撰写提案提供了第一手资料。

（四）紧扣团结民主主题，促进社会和谐作用进一步发挥

一年来，区政协坚持把团结和民主贯穿于各项工作之中，充分调动政协委员和各界人士的积极性，凝聚各方智慧和力量，为全面推进象山发展凝心聚力。

1. 充分发挥委员作用。开展走访委员和委员企业活动。由区政协领导带队，通过召开座谈会、上门访谈等形式，走访委员 50 多人次，宣传贯彻区委、区政府工作新思路、新任务和新要求，了解委员工作生活、履职情况和委员企业存在的困难问题，认真听取委员意见建议。倡导政协委员遵纪守法，锤炼道德品行，强化政协委员责任担当。通过走访联络，凝聚了力量，激发委员的履职热情和积极性。

2. 激发委员小组活力。委员们积极响应区委、区政府号召，开展“心系象山，奉献爱心”募捐活动，共募捐爱心资金 29.2 万元，其中 20 万元资助我区教育事业，用行动践行社会主义核心价值观，为象山教育均衡发展做出了积极贡献。各委员小组开展丰富多彩的活动。委员一、三小组开展创建全国文明城、城市环卫改革等视察调研和慰问活动。委员三小组黄美霞、许道喜等委员“关爱环卫、爱心捐助”，为环卫站爱心驿站捐赠价值 2 万多元的电磁炉、取暖器、电风扇等物资。委员二小组视察了德天文化产业和万福广场项目建设；委员四小组组织委员到凯风小学，调研义务教育均衡发展情况，走访桂林助学联合会、桂林智慧谷等单位，并提出很好的意见建议。政协书画院“八一”节到象山消防大队开展慰问活动，为部队官兵送去一批书画作品，董清豪委员还赠送牛奶、清凉饮料等价值 1.2 万元慰问品，给消防大队官兵送去节日的祝福。

3. 主动开展联谊交流活动。一年来，区政协主动联系各民主党派桂林市委会机关，邀请“九三学社”“农工党”等民主党派机关到我区视察调研。区政协向他们通报了全区经济社会发展取得的成效，推进项目的主要工作举措等。各民主党派纷纷表示，多关注象山，支持象山发展。同时，先后与来访的长春市绿园区政协、甘孜州稻城县政协、福州市仓山区政协、兴安县政协等单位，在政协工作创新、提案办理、文化旅游、生态建设等方面进行了交流，增进了友谊，宣传了象山。

（五）紧跟新时代步伐，政协自身建设进一步加强

一年来，区政协顺应政协事业发展的新形势，把从严要求作为加强政协组织自身建设的主旋律，努力打造一支新时代务实高效、勤政廉洁的政协委员和机关干部队伍。

1. 创新搭建履职新平台。

一是创新成立委员工作组。成立了经济、提案、教文卫体和社会法制等四个委员工作组，有针对性地开展视察调研和协商工作，为更好地促进全区经济社会发展献计出力。经济组开展“百日攻坚”重点项目和多个委员企业等调研活动；提案组开展提案征集和重点提案督办工作；教文卫体组开展“传承民族经典，弘扬传统文化”的专题调研；法制组视察调研区法院、区检察院。通过委员工作组的各种活动，了解了相关行业工作情况，分析存在问题，提出意见和建议 18 条，收到了较好的效果。

二是创新提案信息采集方式。区政协非常重视提案征集工作，为促进委员更加了解基层，更好收集提案线索，把每年 12 月确定为“提案信息采集月”。“提案信息采集月”既是传递群众呼声的“天线”，又是政协委员收集社情民意的“地线”，发挥区政协的桥梁和纽带作用，增进委员和基层群众之间的了解和信任，为委员参政议政拓展了信息渠道。

三是创新开展“委员讲堂委员讲”活动。让委员从“听众”变成“主角”，在委员中征集讲课人、讲课题目，在充分展示委员风采的同时，让更多的委员丰富知识、提高能力。为了让十九大的精神在委员中落到实处，我们安排艺术界委员、区政协书画院副院长周样，作了题为《弘扬中华文化，提高文化自信》学习辅导讲座。召开各界别委员学习十九大精神心得体会交流会，让委员们自己唱主角、谈感言。

四是创新开展书画院工作。为贯彻落实十九大精神，进一步提高文化自信，去年对政协书画院进行了调整。召开五届政协书画院第一次会议，充实书画院的艺术家队伍，完善人才结构和组织机构。聘请院士、艺术顾问、高级顾问和经济顾问共 41 名，修订《政协书画院章程》，规范书画院管理机制，为助推象山文化强区建设，打下良好的基础。

五是创新抓好宣传工作。把准政治方向，加大宣传力度，树立象山政协的形象，建立新的宣传工作模式，即确定一名副主席主抓、“一办两委”负责抓、小组长具体抓、小组两名通讯员共同抓的工作机制，并取得显著成效。一年来，区政协在《广西政协报》上稿 7 篇，桂林日报、桂林晚报、桂林电视台和桂林生活网报道 20 余篇。桂林市政协网、《最美象山》《幸福象山》公众网和多次宣传我区政协委员参政议政的工作情况。

通过宣传，展示象山发展的新成就、政协工作动态和委员风采，用正能量占领意识形态阵地。2017 年，区政协获得自治区、桂林市政协宣传工作先进单位；理论研究获桂林市政协先进单位。

2. 着力提高委员整体素质。着眼打造一支高素质的政协队伍，在政协委员和机关干部中掀起了学习热潮。去年，区政协机关有 12 名领导干部参加区委组织的焦裕禄干部学院学习培训和桂林市党校学习；政协班子成员分别到清华大学、北京大学学习；组织政协常委到井冈山江西干部学院学习。通过学习培训，政协领导干部、政协常委进一步坚定了理想信念，强化了政治意识，提升了履职能力。

3. 机关自身建设明显改善。“打铁必须自身硬”。去年 5 月召开政协五届三次全会，按照《中国人民政治协商会议章程》的相关规定，顺利补选了政协副主席一名；重新完善了政协党组、主席会议、常委会等工作规则，制定《政协委员管理规定》《政协年度评优评先办法》等 17 项规章制度，明确了职责任务，推进政协组织履职的制度化、规范化建设。较好地落实了年度理论学习计划，坚持“三会一课”。按照落实中央八项规定精神和中央巡视整改两个“回头看”的要求，坚持问题导向，聚焦“四风”，认真查摆问题，制定整改台账。加强党风廉政建设，建立长效机制。机关工作作风有了明显转变，风清气正的环境和氛围已经形成。

过去的一年，区政协各项工作所取得的成绩，是区委坚强领导、区人大、区政府大力支持的结果，是各级各部门、社会各界关心帮助的结果，也是全体政协委员和政协工作者恪尽职守、辛勤奉献的结果。在此，我代表区政协常委会，向所有关心支持政协工作的领导、同志们和朋友们致以崇高的敬意和衷心的感谢！向辛勤工作在各条战线上的全体政协委员致以崇高的敬意！

在肯定成绩的同时，我们也清醒地看到，政协工作与象山全面发展的新任务和新时代对政协工作的要求相比，还存在一些问题和不足，主要是：调研深度和建言质量还有待进一步提高，协商议政内容和途径还有待进一步拓展；委员服务管理和主体作用发挥还有待进一步加强；个别委员的履职积极性和参政议政能力还需进一步提高。这些问题，我们在今后的工作中认真研究，切实加以改进。

二、2018 年工作安排

2018 年是全面贯彻落实中共十九大精神的开局之年，也是我区加快建设和谐宜居幸福新象山的重要一年。我们要在中共象山区委的领导下，全面学习宣传贯彻中共十九大精神，认真落实区委十届四次全会决策部署，牢记团结和民主两大主题，切实履行好政治协商、民主监督、参政议政职能，充分发挥政协组织的优势，广泛团结各界人士，努力发挥协调关系、汇聚力量、建言献策、服务大局的作用，努力为象山科学发展作出新贡献。

（一）增强政治共识，履职尽责的境界要更高。要主动适应新时代的要求，有针对性地加强委员的学习培训，重点学习党的十九大精神，学习习近平新时代中国特色社会主义思想，不断增进政治认同，提高委员的使命感和责任感，切实把广大政协委员和社会各界人士的思想行动、智慧力量统一和凝聚起来。积极探索履行职能的新思路和新举措，不断增强政协工作的预见性、主动性和有效性，努力把习近平总书记提出的“懂政协、会协商、善议政”的要求落到实处。不断提高政协履行职能的科学化、制度化和程序化水平，服从服务于区委政府中心工作，进一步提高政协履职的成效，推动十九大精神在政协事业创新发展的实践中落地生根、开花结果。

（二）准确把握新要求，建言献策的落点要更准。围绕政协十届四次全会确立的指导思想和任务目标，开展调查研究，多建睿智之言，多献务实之策，多谋创新之举，为象山发展添助力、增合力。一是做好调研工作。围绕区委“三区统筹”“五大攻坚”“五大幸福产业”和“三换三转”的重要举措，组织委员深入实际、深入基层、深入群众调研视察，并形成有价值的议政建言，为区委区政府科学决策提供依据。二是努力提高提案工作实效。认真把好提案质量关，进一步加大提案督办力度，加强提案办理沟通、协商等服务工作，促进提案的采纳和落实。三是开展专题协商、界别协商活动。充分发挥委员界别的作用，组织专题调研，认真开好界别协商会。四是有效开展民主监督。认真贯彻落实中央、自治区《关于加强和改进人民政协民主监督工作的实施意见》要求，完善民主监督形式，规范民主监督工作程序，健全民主监督工作机制，探索民主监督新路子，增强民主监督的社会影响力，提高民主监督的效率。

（三）勇于实践探索，开拓创新的步子要更大。牢牢把握团结和民主两大主题。要团结和引导社会各方力量，切实发挥各民主党派、无党派人士在人民政协中的作用。与各民主党派保持联系，加强协调沟通，争取民主党派人才、科技等优势为推进我区发展服务。以多种形式召开界别委员座谈会，广泛征求意见和建议，收集对加快我区发展的“金点子”，把社会各界的智慧和力量凝聚到推进我区发展上来。认真学习贯彻十九大所提出的“有事好商量，众人的事由众人商量”精神，不断提高我区协商民主建设的科学化、规范化水平。

（四）强化问题导向，服务群众的情怀要更真。要切实把为民履职的工作思想理念落实到政协工作实践之中，使政治协商成为民意进入党政决策的重要渠道，使民主监督成为保障公众权益的有效方式，使参政议政成为促进群众利益实现的重要过程。重点关注城市管理、环境综合治理、社会保障、教育发展等民众关心的问题，通过撰写提案、视察调研、报送信息等方式，充分反映民意，努力促使基本公共服务均等化。要探索“请群众进政协”“让政协深入群众”的方法途径，建立健全为群众办实事、做好事、解难事的长效机制，努力做好新形势下的群众工作，切实起到政协桥梁、纽带和助推作用。

（五）坚持从严要求，自身建设的效果要更实。按照区委的部署要求，抓好政协机关干部队伍的政治建设、思想建设、作风建设、廉政建设、业务建设和意识形态工作，不断强化政治意识、大局意识、核心意识和看齐意识，努力提高政协机关干部的服务水平。要深入开展党风廉政教育，自觉遵守中央八项规定，遵守党纪党规，廉洁从政。要加强委员队伍建设，落实委员管理规定，严格实行劝退制度，消除委员“不作为”现象，保持委员活力。通过全面加强自身建设，努力培养和造就一支高素质的委员队伍和政协干部队伍，推进新时代的人民政协事业不断向前发展。

“风好正是扬帆时，不须扬鞭自奋蹄”。十九大的号角已经吹响，新时代新征程已经开启。让我们更加紧密地团结在以习近平为核心的党中央周围，以新时代中国特色社会主义思想为引领，在中共象山区委的领导下，以更加强烈的责任意识建言献策，以更加扎实的工作作风履行职能，为建设和谐宜居幸福新象山做出新贡献，为实现新时代象山人民美好生活贡献政协智慧和力量！

大事记

DASHIJI

2017年1月，桂阳公路象山区城区段航拍图　　区委宣传部　供图

1月

5日 经自治区民族宗教事务委员会、自治区党委宣传部、自治区党委统战部三部委评审决定，命名桂林市象山区为首批“自治区民族团结进步创建活动示范县（区）”。

10日 中共象山区委召开第十届委员会第二次全体会议。会议总结2016年全区经济社会发展取得的成绩和不足，确定象山区2017年经济社会发展的指导思想和总体要求。

14日 中共象山区委召开专题学习会，传达贯彻全国、自治区统一战线工作会议精神，区委书记唐小忠出席会议并讲话。

25日 中共桂林市委、市人民政府印发《桂林市新型城镇化规划（2016—2020年）》（市发〔2017〕4号）通知，在加快新型城镇体系建设，推进桂林中心城市发展中，将象山区的二塘镇列入城南科教旅游组团；桂林市重点镇扶持壮大建设示范工程，将二塘镇列为自治区级重点镇，为工贸—物流型城镇。

30日 象山区人民法院建成自治区首套“智能机器人书记员”庭审系统，作为工作创新亮点，在北京举行的全国高级法院院长会议上作介绍展示，该系统实现庭审语言记录“一键开启”自动生成法庭笔录。

2月

6日 中共象山区纪律检查委员会召开第十届纪委第二次全体（扩大）会议。全会学习贯彻上级有关会议精神，审议通过区纪委书记黄文代表区纪委常委会所作的《推动全面从严治党向纵深发展，为加快建设和谐宜居幸福新象山提供坚强纪律保证》工作报告。

13日 中共象山区委书记唐小忠主持召开党的建设工作领导小组2017年第一次会议，传达贯彻自治区组织部部长会议精神。会议审议《象山区2017年党的基层组织建设工作计划》，通报区委常委基层党建联系点方案。

15日 中共桂林市委书记、市人大常委会主任赵乐秦率队到辖区实地考察桂林国家森林公园、北芬大村、桂林汽车南站、崇善龙光小学等在建项目。赵乐秦强调，桂林国家森林公园、北芬大村古村落是极为宝贵的旅游资源，要合理利用，有效开发，在城南片区打造出个性化的休闲度假区和乡村旅游大景区，助力桂林国际旅游胜地建设。

15—17日 象山区第十一届人民代表大会第二次会议召开。会议审议批准“一府两院”工作报告和区人大常委会工作报告，审查批准《象山区2016年国民经济和社会发展计划执行情况与2017年国民经济和社会发展计划（草案）的报告》《关于象山区2016年预算执行情况和2017年预算（草案）的报告》。

15日—17日 政协象山区第五届委员会召开第二次会议。会议听取和审议政协象山区第五届委员会常务委员会工作报告；政协委员列席象山区第十一届人大第二次会议，听取和协商讨论《政府工作报告》及其他报告。审议通过政协象山区第五届委员会第二次会议各项决议。

20日 中共象山区委统战部举办“健康饮水进万家”公益慈善活动。此次活动由民建桂林市委会会员企业广西巴马老人长寿奥秘研究所、中国（香港）健康饮水中心携手中共桂林市委统战部、民建桂林市委会、桂林市民政局联合开展。

24日 中共桂林市委常委、常务副市长张晓武带领市发改、财政、国土、统计、规划等相关部门到象山区调研重点项目建设，实地察看九美桥时尚园、瓦窑小镇、龙船坪特色街区改造等项目建设工地。

2017年2月20日，中共象山区委统战部举办“健康饮水进万家”公益慈善活动，为社区捐赠净水器15台　　区委宣传部　供图

3 月

6 日 中共象山区委统战部组织各民主党派、工商联、非公经济界人士座谈会，学习贯彻中共中央总书记习近平在全国政协十二届五次会议民主促进会、农工民主党、九三学社委员联组会上重要讲话精神，共同展望美好未来。

8 日 桂林市“两部党内法规宣讲团”到象山区进行专题宣讲，象山区机关干部、中小学校校长及村、社区两委干部约 300 人参加宣讲会。

同日 中共崇左市龙州县委常委、县委统战部部长李想一行 5 人到象山区进行大统战调研考察交流。

13 日 中共桂林市委常委、副市长邓志勇到象山区华夏艺术大观园调研项目建设，重点参观企业文化展示厅、万福泉、玉泉湖、国防教育陈列馆，并听取项目汇报。

26 日 中共象山区委书记唐小忠一行代表区委、区政府到红岭训练基地看望慰问八一电影制片厂《维和步兵营》剧组。

27 日 由自治区高级法院党组书记、院长黄克带队，在象山区法院召开自治区法院系统大力提高审判质效、党风廉政建设和队伍建设现场推进会，并检查指导工作。象山区法院使用“庭审语音识别系统”现场开庭，向检查组现场演示。桂林市中级人民法院党组书记、院长陈敏，中共象山区委书记唐小忠，区长蒋永刚等陪同。

30 日 象山区 2017 年春暖花开“三月三”民族文化节系列活动在联达广场举行，系列活动项目有民族歌舞盛宴、民俗文化展示、民族美食品鉴、民族体育竞技等。

4 月

12 日 根据中联部、自治区党校安排，由越南海阳、广平、和平等省组成的越南司局级党政干部考察团一行 22 人到象山区考察访问，实地考察辖区南溪山医院、甑皮岩国家考古遗址公园、万福广场、溢达纺织有限责任公司。中共象山区委书记唐小忠应邀以“县委书记的领导技能”为题，给越南考察团作专题讲座，考察团成员表示大有所获，受益匪浅。

同日 象山区二塘乡北芬大村古村落改造项目正式开工。古村落改造项目预计投资超过 700 万元，包括长寿井节点改造，谢树琼故居修缮、古祠堂修缮、环村水系建设，以及周边房屋风貌改造等五大内容。

20 日 桂林市副市长兰燕率队到象山区调研项目建设工作。实地察看龙船坪特色街区提升改造、净瓶山公园、万福休闲广场、侗情水庄、北芬大村（古寨）等项目。兰燕对象山区在商贸、旅游+、文化+、古村落保护等工作中取得的成绩给予充分肯定。

24 日 桂林市副市长彭代元一行到象山区调研北芬生态旅游名村和瓦窑小镇特色旅游项目建设进展情况。

29 日 国务院台湾事务办公室政党局局长王育文、自治区台办副主任唐玉霞一行到象山区将军桥社区就社区对台交流工作开展情况进行调研。王育文对将军桥社区 2013 年以来对台交流工作予以高度肯定。

5 月

1 日 漓江桥扩建工程正式通车。新漓江桥全长 521.08 米，其中桥长 264.46 米，引桥长 256.62 米。扩建工程对引桥两侧辅道进行改造，两侧新建辅道、人行道，分别宽 4 米、2.5 米，改造后引桥断面宽 51.5 米。桥梁及引桥均为双向六车道，机动车道与非机动车道分离，道路等级为城市主干道。

9 日 第六届全国九城艺术联展桂林站在桂林瓦窑工社开幕，展览汇聚广西区内外 70 多位知名艺术家的近百件精品力作，展览期间免费向市民开放。这是全国九城艺术联展第二次进入广西。

2017 年 3 月 8 日，中共桂林市委宣讲团到象山宣讲《中共共产党问责条例》和《中共共产党党内监督条例》 区委宣传部 供图

2017 年 5 月 9 日，第六届全国九城艺术联展（桂林站）在象山区瓦窑工社展出

区委宣传部　供图

10 日　自治区民族宗教委员会副主任、巡视员黄济健一行到象山区举行授牌仪式，向象山区颁发“自治区民族团结进步创建活动示范区”牌匾。

11 日　桂林市五城区城中村和无物业小区改造项目现场会在象山区召开，会议现场观摩茶店村、宏伟集团宿舍区（福泽苑小区）等城中村及无物业管理小区改造改造效果。同时举行象山区“三个一批”无物业管理小区及城中村改造提升工程开工仪式。

同日　桂阳公路（象山段）特色街区农村段风貌改造项目正式开工。改造工程起于八中路口至绕城高速路口止，长约 11 公里。

17 日　象山区创建全国文明城市侗情水庄专场文艺演出在二塘乡侗情水庄举行。中共桂林市委书记、市人大常委会主任赵乐秦，象山区领导班子主要领导，象山区驻地武警部队代表，企业代表，先进模范代表，城管、环卫等行业代表，辖区有关单位代表近千人观看演出。

19 日　政协象山区第五届委员会第三次全体会议召开。会议补选赖慧云为政协象山区第五届委员会副主席。

6 月

7 日　中共桂林市委常委、市委政法委书记赵志军率市政法委及六城区政法系统主要领导组成的观摩团，分别到象山辖区民主小学、虹桥社区学习观摩辖区综治平安建设亮点工作。

15 日　共青团中央书记处书记徐晓到象山辖区桂林助学联合会参观考察。徐晓一行参观桂林助学联合会办公室、炭火行动办公室，观看桂林助学联合会宣传片，徐晓充分肯定桂林助学联合会为贫困学子及“一带一路”做出的贡献。

同日　自治区教育厅副厅长孙国友一行到辖区民主小学、二塘中心校检查义务教育均衡发展工作。中共象山区委书记唐小忠、区长蒋永刚等陪同。

23 日　象山区政府与全国地产 30 强企业龙光地产集团在榕湖饭店举行“桂林龙光国际旅游休闲特色小镇”系列项目投资签约仪式。象山区政府与龙光地产集团计划在象山区打造建设国际旅游休闲特色小镇、健康养老产业、宜居生态新城、棚户区旧城改造等项目，总投资 70 亿元。

28 日　中共桂林市委书记、市人大常委会主任赵乐秦率慰问组，到象山辖区开展“七一”走访慰问党员活动，看望慰问基层老党员、优秀党员和困难党员，向象山区广大党员致以节日问候。

同日　自治区高级人民法院司法巡查组对象山区人民法院的司法体制改革和廉政防控机制工作进行实地巡查。检查组一行对象山区法院的司法体制改革和廉政防控机制工作给予高度评价。

7 月

7 日　国家司法部基层工作司安置帮教处处长白杰到象山区调研，白杰一行查看南门街道安置帮教信息平台，听取南门街道帮教工作汇报，对象山区实行精准帮教取得的成效予以充分肯定。

12 日　自治区人大常委会副主任荣仕星率调研组，到象山区南门街道少数民族活动中心考察调研城市民族工作。荣仕星要求象山区要在获得全国、自治区民族团结进步示范区荣誉基础上更上一个新台阶，争取在全自治区推广。

23 日　中共桂林市委书记、市人大常委会主任赵乐秦率全市县域经济发展大会暨年中经济工作会议第一考察组，到象山区北芬生态旅游名村考察。考察组认为，象山区北芬生态旅游名村建设特色鲜明，亮点纷呈，对项目建设情况表示充分肯定。

26 日　象山区妇女联合会获 2013—2016 年广西维护妇女儿童权益先进集体荣誉称号。

同日　象山区召开区纪委向

象山区一级党和国家机关派驻纪检机构成立暨授牌仪式会议，首批派驻纪检机构单位3家。

8月

1日 自治区人民检察院专职委员、民行处处长陈春云一行到象山区人民检察院，就党的建设、“两学一做”学习教育常态化制度、“五查五整顿”专项行动以及司法体制改革，推进落实情况开展督查调研。

2日 自治区高级人民法院专职委员何艳斌一行到象山区人民法院，就推进家事与少年审判方式和工作机制等工作进行调研指导。

25日 中共桂林市委书记、市人大常委会主任赵乐秦率队到象山辖区开展义务清扫街道活动并检查指导铁西片区的创城工作。

同日 南溪山小学环西分校联泰教学楼竣工交付仪式在环西分校隆重举行。联泰教学楼由彰泰集团和联发集团捐资建设，为钢筋混凝土结构，占地232.11平方米，投资100多万元，共6间教室。

26日 象山区8个村、34个社区“两委”换届选举工作圆满完成。全区村党组织选举产生新一届班子成员41人，社区党组织选举产生新一届班子成员254人。村民委员会选举产生新一届班子成员43人，社区居民委员会选举产生新一届班子成员295人。

9月

1日 崇善龙光小学举行教学楼交付启用仪式。新建崇善龙光小学项目规划24个教学班，学生1080人，总投资约4500万元。

7日 中共桂林市委常委、市纪委书记吕洪安到象山区桂林溢达九美桥时尚园项目工地，了解项目建设情况，协调解决项目建设中存在的困难和问题。

12日 中共桂林市委副书记白松涛到象山区调研创城、基层党建及产业发展等工作。白松涛先后深入将军桥社区、瓦窑市场、溢达集团、万福广场、溢达时尚园、北芬生态旅游名村等地进行实地调研。

16日 象山区“迎接十九大、感恩祖国”庆祝中华人民共和国成立68周年歌咏大赛隆重举行。南溪山医院代表队获得一等奖，并被推选代表象山区参加桂林市组织的总决赛。

21日 象山区29届“象山水月”暨民族大团结文艺会演在万福广场举办。演出以民族大团结为主题，节目均由区机关各部门、二塘乡、各街道办事处选送，内容涵盖舞蹈、小品、彩调、女子小合唱、独唱等，大部分节目来自基层的原创作品。

22日 象山区正式启动城区区域医联体建设，自治区南溪山医院和象山区二塘乡卫生院医疗联合体举行签约暨揭牌仪式。

25日 北京市高级人民法院立案庭庭长杨艳一行11人，到象山区人民法院，就民商事案件等相关工作进行考察交流，自治区高级人民法院立案庭庭长梁瑜等领导陪同。梁瑜就象山区人民法院率先快速推进案件繁简分流工作机制，并形成独具特色的“象山模式”的工作经验向北京高院考察组一行作简要介绍。杨艳介绍了北京市高级人民法院繁简分流及速裁案件的审理模式、送达模式的举措及经验做法。

10月

1日 象山区人民法院成立自治区首个“执行工作辅助中心”，实行“立案接待—查询控制—拍卖辅助—案款发放”的执行事务一站式流程，实现执行过程和结果双重透明的阳光执行。

17日 象山区文学艺术界联合会成立。

24日 环广西公路自行车世界巡回赛(桂林段)经过象山区境中山南路、崇信路、桂阳公路等城区主干道。象山区举全区之力切实抓好赛段沿线环境整治和安保工作，圆满完成比赛期间的各项保障工作。

31日 翠竹路香江饭店路口立交桥新建工程项目全面建成通车，为城市主干路，设计速度为每小时40公里，项目总投资2.69亿元。为三层立交方案，翠竹路至上海路直行下穿，环城西路直行上跨；东西向与南北向转向车、非机动车及行人交通在第二层地面层。

11月

5日 桂林市黄埔军校同学会成立三十周年和桂林市黄埔后代联谊会成立二十周年庆祝大会在象山区举行。广西黄埔军校同学会以及桂林、柳州、北海市黄埔同学和后代近200人参加活动。

6日 中共桂林市委书记、市人大常委会主任赵乐秦率队，到象山辖区桂林储运总公司实地调研，了解公司经营情况。

8日 自治区义务教育均衡发展评估专家组，对象山辖区各中小学义务教育均衡发展工作进行督导评估。

16日 自治区纪委副书记、自治区监察厅厅长、自治区预防腐败局局长韦翼群到象山区辖区桂林漓泉股份有限公司生产车间，为一线工人宣讲党的十九大精神，并对企业进行调研。公司生产一线党员群众近百人聆听宣讲。中共桂林市委副书记白松涛、象山区委书记唐小忠等陪同。

19日 第二届桂林国际马拉松比赛鸣枪开跑，途径象山辖区城市主干道17.5公里，来自国内外近2万余名选手、马拉松爱好者和业余运动员参加比赛，象山区圆满完成比赛的各项保障任务。

22日 象山区依法查封大风山老市场，并正式启用新的大风山疏导市场。

23日 自治区副主席张秀隆到象山辖区侗情水庄项目和青莲国际项目实地调研，张秀隆对项目的农业旅游特色，建设速度，运营情况高度称赞。桂林市副市长谢灵忠、象山区委书记唐小忠、区长蒋永刚等陪同调研。

30日 象山街道文新社区、五美社区、南门街道翠竹路社区、金竹社区、东安社区、平山街道大风山社区、同心社区等7个儿童家园，如期完成儿童家园的创建任务，通过自治区验收，获得奖补资金7万元。

同日 中共象山区委召开第十届委员会第三次全体会议。会议深入学习贯彻党的十九大精神，号召全区各级党组织、广大共产党员和各族人民群众，更加紧密地团结在以习近平为核心的党中央周围，深学笃用习近平新时代中国特色社会主义思想，不忘为民初心，牢记肩负使命，立足改革创新，勇于克难攻坚，为决胜全面建成小康社会、为实现新时代象山人民美好生活努力奋斗！

2017年11月23日，自治区副主席张秀隆（前排左三）到象山辖区调研农业旅游项目

区发改局　供图

12月

1日 浙江日报报业集团编委、《非公有制企业党建》杂志总编辑褚定华一行，到象山区调研非公有制企业和社会组织党建工作。

6日 象山区卫生计生监督所正式揭牌成立。

13日 中共桂林市委常委、常务副市长张晓武率队到象山区调研主要经济工作完成情况，并现场办公协调解决项目推进和企业发展中遇到的困难和问题。

14日 中共象山区委、区人民政府印发《象山区新型城镇化规划(2016—2020年)主要目标和重要任务分工方案》，要求区机关各有关部门认真组织实施。

15日 中共桂林市委书记、市人大常委会主任赵乐秦到象山区就加强城市基层党建工作进行专题调研。

18日 中共象山区委、区人民政府印发《关于实施开放带动战略，全面提升象山区开发发展水平的决定》，要求全区相关部门认真贯彻实施。

21日 象山区残疾人联合会第六次代表大会召开。

25日 象山区妇女第八次代表大会召开。

是月 《象山区年鉴(2017)》出版发行。（曾志明）

概　况

GAIKUANG

2017 年 1 月,桂阳公路象山区乡村段航拍图　　区委宣传部　供图

建置沿革

秦始皇三十三年(前214),今象山区境(简称区境)属桂林郡(治所在今贵港市)地。西汉高帝三年至元鼎五年(前204—前112),区境属南越国地。西汉元鼎六年(前111)区境属零陵郡始安县地。东汉建武四年(28)改属零陵郡始安侯国(由始安县改置)地。

三国吴甘露元年(265)农历十一月区境属始安郡始安县(始安侯国复置)地。晋、南北朝、隋沿袭不变。

唐武德四年(621)区境属桂州(由始安郡改置)始安县地。唐天宝元年(742)属始安郡(桂州复置)始安县地。唐至德二年(757)农历九月[一说贞观八年(634)],属始安郡临桂县(由始安县改置)地。次年改属桂州(由始安郡改置)临桂县地。五代、北宋沿袭不变。

南宋绍兴三年农历二月(1133年3月)区境属静江府(由桂州改置)临桂县地。

元至元十五年(1278)区境属静江路(由静江府改置)临桂县地。临桂县设10个乡,区境属何乡无考。

明洪武元年(1368)区境属静江府(静江路复置)临桂县地。明洪武五年属桂林府(由静江府更名)临桂县地[广西人民出版社据清雍正十一年刻本影印出版的《(雍正)广西通志》(2009年7月出版)一零九页记为:"洪武元年命……平定广西九年改各行中书省为承宣布政使司改路为府……以岭南广西道为广西承宣布政使司以静江路为桂林府"]。明洪武初年临桂县治迁入区境今临桂路桂林市中医医院址,是区境县治之始。明代临桂设129里,区境属何里无考。

清嘉庆年间(1796—1820),临桂县分东、南、西、北4个乡,区境属南乡所辖。清末临桂县设临桂城及大圩、良丰、六塘、秧塘4个乡及两江镇。区境大部分属临桂城所辖,今二塘乡北芬村属良丰乡所辖。

民国元年(1912)3月1日,撤临桂县,原临桂县域由桂林府直辖,区境属广西省桂林府地。次年6月撤桂林府,置桂林县,县治在原临桂县治址,区境恢复县级建制。次月置漓江道于桂林县,道治在今秀峰区榕湖北路,区境属漓江道桂林县地。民国3年6月14日,区境属桂林道(由漓江道改名)桂林县地。民国16年11月撤桂林道,桂林县直隶广西省政府。民国19年,在桂林县置桂林民团区,民团指挥部在今秀峰区杉湖北路与正阳路交汇处附近,区境属桂林民团区桂林县地。民国23年3月10日,区境属桂林行政监督区(由桂林民团区改置)桂林县地。民国29年1月1日,划桂林县城区及灵川县的三合乡、乐清乡一部分设置桂林市,市治在环湖西路(今榕湖北路),为广西省政府直辖。同年3月9日确定以八桂、白龙、培风、义南、东江、凤北6镇为桂林市城区,以太沙、柘木、东附廓、西南附廓、北附廓、三合6乡为桂林市郊区。其中培风、义南、太沙、柘木(部分)在今区境范围。是年桂林县易名临桂县,县治依旧(民国29年—33年10月、民国34年8月—1949年12月县治位于今象山区临桂路市中医医院处;1954年6月—1975年5月21日县治于今象山区民主路万寿巷,属寄居性质,5月22日迁治至其辖地今临桂镇)。民国31年9月桂林市区划调整,培风、义南2镇合置培义区,为区境区治之始,区治崇善路;柘木、太沙2乡合置柘太区,辖及今区境大部分境域(同心村以南)。1949年10月1日中华人民共和国成立。1949年11月22日桂林市解放。解放后桂林市第一次区划调整保留培义区,治所不变,为象山区前身。西郊区(原西南附廓区)、南郊区(原柘太区)辖及今区境大部分境域。1950年4月,桂林市区划调整,西郊区并入培义区,今区境同心村以南划入临桂县。同年10月,培义区改称第二区。1952年4月,桂林市区划调整,将原划给培义区、临桂县、灵川县的村(街)重新划分为桂林市东、西、南3个郊区。今区境大部分属西郊区(铁西片区等)和南郊区(同心村以南)。1954年4月,桂林市东、西、南3个郊区合并成立桂林市近郊区。今区境大部分属近郊区。1955年10月,撤销第二区,改设阳桥、南门两个街道,隶属桂林市城区,今区境大部分属桂林市近郊区。(1958年7月25日,桂林市隶属桂林专署统一领导,但市人民委员会仍为专署一级组织。1961年11月25日,桂林市改隶广西壮族自治区)。1958年10月,阳桥、南门街道合并成立阳桥公社(属政社合一)。1961年6月,阳桥公社划分为阳桥公社和南门公社。1966年9月阳桥公社更名为东升公社,南门公社更名为跃进公社。1967年3月,桂林市近郊区改为桂林市郊区,今平山街道及二塘乡属桂林市郊区。1968年,桂林市治迁至象山区榕湖南路6号。1979年7月,桂林市撤销市区各公社,设置象山、秀峰、叠彩、七星4区(县级)。象山区辖原东升、跃进公社境域,区境恢复区治建制。象山区因境内象鼻山得名，区治设于境内中山南路259号(今临桂大酒店处)，隶属广西壮族自治区桂林市。同月撤销郊区，今平山街道和二塘乡直属桂林市。1982年，象山区治迁到中山南路魏塘(今象山区检察院址)。1984年6月复置桂林市郊区。区境今平山街道部分和二塘乡直属桂林市郊区。1996年12月，桂林市区划调整，郊区二塘乡，柘木镇的同心村、平山村，穿山乡的安新村划入象山区；郊区更名为雁山区，区治由依仁路迁至象山区将军路南巷17号(属临时寄居，2008年12月迁至其辖地雁山镇)。1998年8月，桂林市和桂林地区合并，组建新的桂林市(地级)，市治位于原桂林市治址。2001年4月29日，市委、市人大、市政府大门由榕湖南路6号改到五美路16号。2014年7月12日，桂林市治由象山区五美路迁至临桂区西城中路69号。象山区属广西壮族自治区桂林市。2001年1月，象山区治迁到环城西二路6号，至2017年12月不变。

(甘鸿文)

地理概况

【位置面积】 象山区位于桂林市区中南部，地处北纬25° 07′ 47″—25° 16′ 42″，东经110° 13′ 16″—110° 19′ 26″，东西宽10.16千米，南北长16.50千米。东与七星区、雁山区毗邻，西与秀峰区、临桂县相连，南与雁山区分界，北与秀峰区接壤。其中与七星区行政界线长6.47千米，与雁山区行政界线长30.35千米，与秀峰区行政界线长20.99千米，与临桂县行政界线长25.04千米。地处峰林平原，2017年，面积87.6平方千米。

【地质构造】 境内地质构造比较简单，发育近南北向弧形褶皱，断裂构造发育近南北向、北西向、北东向、近东西向四组，具多期活动特征，四组断裂形成先后顺序大致为近南北向→北西向→北东向→近东西向。地质构造发展历史可追溯至泥盆纪，广西运动(距今约4.1亿年)以后，区境重新沉降，海水侵入。距今约3.9亿年直至3.2亿年，区境淹没在海洋中，沉积形成3000余米厚浅海碳酸盐岩和少量滨—浅海碎屑岩组成的地层。其间，由于区境沉积形成层厚、质较纯的碳酸盐岩为主，成为形成今奇山异洞，独具特色的岩溶地貌景观的物质基础。早石炭世晚期(距今约3.25亿年)至中三叠世(距今约2.3亿年)地质发展演化历史中，区境仅留下晚三叠世沉积记录。结合广西地质构造发展史，中三叠世末发生的印支运动(距今约2.3亿年)，区境褶皱造山为陆地，结束海洋环境沉积的历史进入内陆河湖环境沉积发展阶段，并形成近南北向、北东向褶皱和断裂。晚三叠世(距今约2.03亿年)，区境出现陆相砂页岩、黏土岩沉积。受印支运动影响，晚三叠世，区境再次褶皱上升为陆，遭受剥蚀，直至早白垩世末期(距今约0.96亿年)，区境均没有沉积记录。晚白垩世，在盘古岭、馒头岭一带裂陷沉降形成断陷盆地接受湖相沉积。受燕山末期(距今约0.65亿年)构造运动影响，区境再次褶皱上升为陆遭受剥蚀。至新近纪中—上新世(距今约0.05亿年)二塘一带形成断陷盆地接受湖相沉积。第四纪(距今约0.02亿年)以来，区境地壳处于间歇抬升状态，漓江河谷不断下切，形成一、二级阶地和多层次岩溶洞穴。境内现今的岩溶地貌景观主要在此阶段形成。境内地质构造典型有：

塘家湾背斜　呈近南北向"S"形展布，北起馒头山，往南西到桂林国家森林公园，再向南到大山一带，区内延伸长逾8千米，轴部出露地层最老为信都组，最新为桂林组。受芦笛岩断裂带切割，背斜西翼不完整。背斜东翼岩层保存良好，从核部到翼部依次出露中—上泥盆统唐家湾组、桂林组、东村组、额头村组和下石炭统，岩层倾向东，倾角20°—45°。

二塘向斜　分布于二塘乡一带，呈北东向展布，区内延伸长约9千米。核部地层为下石炭统黄金组，往两翼依次为下石炭统英塘组、尧云岭组和上泥盆统额头村组、东村组等，为开阔直立向斜，两翼基本对称，岩层倾角25°—30°。

芦笛岩断层　呈近南北向纵穿本区。断层面呈舒缓波状，面上发育擦痕、阶步，断面倾向东，倾角45°。破碎带宽数米至百米不等，断层岩主要为压碎岩、角砾岩，具硅化、黄铁矿化。断层切割泥盆系，地貌上断层崖发育。断层性质为逆断层。

良丰断层　分布于馒头岭一带，呈向西微凸的舒缓波状弧形构造带，区境内断续出露长度大于9千米。断层切割中泥盆统—下石炭统、上白垩统，被新近系覆盖。断层面呈东倾，倾角35°—42°。断层岩为压碎岩、角砾岩，具硅化、高岭石化、铅锑矿化。断层性质主要表现为逆断层，但至少有三次活动。该断层控制了晚白垩世沉积盆地的形成与演化，白垩世晚期再次活动。

【地貌】 境内为碳酸盐岩经过风化、溶蚀，逐渐形成溶蚀平原与峰丛、孤峰相间分布的低山丘陵岩溶

2017 年 2 月 13 日，雉山　　伍爱华　摄

地貌，全区面积 87.6 平方千米，岩溶地貌面积占 96%。境内地势西高东低。海拔 140—513.9 米，最高峰位于南部大山，海拔 513.9 米。西部白面山—大山一带以发育由峰丛、谷地或串珠状洼地相间分布的岩溶地貌为特征。往东桂林市城区—二塘乡一带渐变为峰林、孤峰、洼地相间分布的岩溶地貌。北东部漓江西岸发育由河流冲积形成的冲积平原。区内以发育树枝水系和星点状水系为特征。

溶蚀冲积平原　分布东部、漓江西岸，地势较平坦，海拔高度 145—180 米。漓江沿岸为冲积平原，属河流Ⅰ级阶地。阶地高出河床 4—5 米。自东往西到瓦窑、平山一带为河流Ⅱ级阶地，阶地高出河床 10—30 米。阶地沉积物具二元结构，上部为砂土，下部为卵砂石，厚 10—20 米。平山以南，以碳酸盐岩溶蚀堆积为主，由棕红色、红黄斑杂色黏土层、黏土砂石层组成，其中含铁锰质结核、三水铝团块等，厚度 0—20 米。

山体　分为峰丛、峰林及孤峰。峰丛分布于区境西部白面山—大山一带，属于不典型的连座峰林地貌，其基部基本相连，顶部为圆锥状或尖锥状山峰，山峰间为谷地或串珠状洼地。总体上地形呈近南北向展布，海拔较高，构成区境西部一条屏障。较典型的有白面山——国家森林公园、上月山、大山等。峰林及孤峰是区境最典型地貌特征。自西往东大致具有从峰林到孤峰分布的特征。铜鼓山、塘家湾、马鞍山一带多为相对溶蚀洼地环抱的相对独立石灰岩山峰构成的地貌。再往东则以竖立在平原上孤立的石灰岩山峰为特征。主要山峰自北到南有象鼻山、雉山、黑山、南溪山、斗鸡山、馒头山、钟山、风筝山、净瓶山、国家山、龙头山、牛角山、罗汉山、野狗山、独山等。其中象鼻山位于桃花江与漓江交汇处，东濒漓江，与訾洲隔江相望。海拔 200.2 米，相对高度 50.2 米，山体面积 1.3 万平方米。古名漓山、沉水山、仪山、宜山。明代，因该山如象掀鼻畅饮江水，故以形定名为象鼻山，并简称象山。象鼻山为桂林新 24 景之一，由于形态独特，成为桂林城徽。

2017 年 2 月 18 日，漓江（象鼻山段）江面　　伍爱华　摄

水系　主要有漓江、桃花江、相思江、宁远河、南溪，以及杉湖，是桂林市“两江四湖”环城水系工程、大型旅游景区重要组成部分。此外，在溶蚀、冲积平原中还分布着一些大小不一的河流、湖泊，如由万福潭沿上月山、佛殿村流入相思江的佛殿河，由芬塘村经桂林市园艺场流入相思江的牛过河等。

漓江发源于兴安县猫儿山东北面，于杉湖象山景区北端从北向南流经象山区东面，至桂海铁路桥流入雁山区，境内长 6.47 千米。在象鼻山、南溪山处，低水位时水面宽分别为 95 米、70 米；河底高程分别为 143.2 米、130.9 米；河岸高程 149.3 米、148.8 米（高程为珠江基面上）。

桃花江（又名阳江）为漓江支流，源于临桂县五通镇与灵川县青狮潭乡的中央岭东南侧。从秀峰区甲山街道牯牛山下注入区境，在南门桥下游分别从象鼻山、萝卜洲（宁远河）汇入漓江。明洪武九年（1376）扩建城池，开凿今南门桥至象鼻山城壕，该人工河道长700米，宽30米，最窄处23米，成为桃花江汇入漓江的常年河道。境内长度2.5千米，河宽40—60米之间，河床深5—6米。

宁远河原为阳江故道，起自虹桥坝，流经雉山东麓，于萝卜洲注入漓江。长2.3千米，河床宽30—100米。

相思江（又名良丰河）为漓江支流，源于临桂县南边山乡靖远村香草岩。从国营良丰农场原五队注入区境，流经二塘乡东南界，从市园艺场东北侧流入雁山区，境内长度4.5千米。年平均径流量为5.17亿立方米，平均流量为8.5立方米每秒。

南溪从秀峰区甲山街道唐家村、官桥村入黑山植物园，绕南溪山麓汇入漓江。境内长3千米，河宽8—11米，深3—4米。

杉湖位于市中心阳桥以东，东临漓江，西接榕湖。湖长420米，平均水深1.50米，面积6.31公顷，是两江四湖的主要风景湖塘之一。

（甘鸿文）

【气候】 区境地处低纬度，属中亚热带季风气候区。夏季时间长，高温多雨。冬季时间短，温凉少雨，盛行东北偏北风。全年气温较高，热量丰富，雨量充沛。光照足，春夏秋冬四季分明。

气温　2017年平均气温20.3℃，与历年平均值（19.1℃）相比偏高1.2℃（因象山区无气象站，以市站为据。下同）。月平均最高温是9月份，为28.6℃；月平均最低温是2月份，为11.7℃。旬平均最高温是7月下旬，为30.4℃；旬平均最低温是1月中旬，为8.4℃。最高气温出现在7月27、28日，为37.4℃；最低气温出现在2月25日，为2.6℃。

降水量　2017年降水量为2183毫米，与历年平均值（1887.6毫米）相比偏高。降水量最多月是6月份，为667.9毫米；最少月是10月份，为6.0毫米。降水量最多旬是6月下旬，为390.3毫米，最少旬是1月下旬、2月中旬、10月下旬、12月中旬，为0。一日降水量最大是6月26日，为190.3毫米。一季度降水量326.1毫米，占全年总量的14.94%；二季度降水量1047.1毫米，占47.97%；三季度降水量721.5毫米，占33.05%；四季度降水量88.3毫米，占4.04%。日降水量大于或等于0.1毫米，全年164天，其中最多月是6月份，为26天，最少月是10月，为2天。

风速　2017年平均风速为每秒1.9米，以北东北风为主。最大风速发生在2月22日，均达每秒8.4米，风向分别为北东北风。当日瞬时风速的最大值分别达每秒13.3米，风向为东北风。

日照时数　2017年日照时数为1347.6小时，与历年平均值（1447.1小时）相比偏少99.5小时。月日照时数最多是9月份，为191.8小时；最少是3月份，为34.6小时。旬日照时数最多是7月下旬，为94.1小时；最少是3月中旬、11月中旬，为0.0小时。

天气日数　全年下雨天数为178天，6月份最多，为27天，10月份最少，为4天。一季度下雨天数为46天，占全年总数的25.84%；二季度57天，占32.02%；三季度49天，占27.53%；四季度26天，占14.61%。全年有轻雾天气223天，其中6月最多，为27天；10月最少，为9天。全年有霜天气为3天。全年有霾天数为28天。

（王存真）

行政区划

2017年年末，象山区下设二塘乡、南门街道、象山街道、平山街道。乡、街道下辖8个建制村、34个社区。

【二塘乡】 位于象山区南部。境域面积63平方千米，东临雁山区柘木镇，西接临桂县临桂镇、会仙镇，南与雁山区雁山镇相交，北与平山街道毗邻。2017年年末，辖溁塘、万福、红光、阳家、四合、北芬6个建制村，30个自然村。乡人民政府驻溁塘建制村二塘村。

【南门街道】 位于象山区西北部。境域面积8平方千米，东与象山街道隔河（桃花江、宁远河）相望，西与秀峰区甲山街道为邻，南与平山街道以南溪为界，北至桃花江与秀峰区丽君街道毗邻。依境内南门桥得名。2017年年末，辖银锭、甘棠、民族、东安、新竹、竹林、金竹、翠竹路、翠西、雉山、尚智、天鹅、龙船坪、八一14个社区。街道办事处驻银锭社区南新路227-5号。

【象山街道】 位于象山区东北部。境域面积2.37平方千米，东、南至漓江中心航线与七星区穿山街道隔江相望，西至桃花江、宁远河与南门街道毗邻，北至榕湖南岸、杉湖北岸与秀峰区秀峰街道为邻。依境内象鼻山(象山)得名。2017年年末,辖文明、五美、西城、虹桥、文新、安新、安家洲7个社区。街道办事处驻文明社区南环路15号。

【平山街道】 位于象山区中部。境域面积14.23平方千米,东起漓江与七星区穿山街道隔江相望,西与秀峰区甲山街道毗邻,南与二塘乡为邻,北起南溪与南门街道交界。2017年年末,辖净瓶、溪园、猴山、力创、龙泉、将军桥、同心、瓦窑、银海、平山东、平山西、凯风、大风山13个社区,同心、平山2个建制村,9个自然村。街道办事处驻净瓶社区净瓶路10号。 (甘鸿文)

人　口

2017年,因统计口径不同,象山区人口统计数据分卫生和计划生育局统计数据和桂林市公安局象山分局统计数据。本目仅记录桂林市公安局象山分局在册数据,11月30日,象山区户籍人口242426人。具体数据如表1。

经济和社会发展

【概况】 2017年,象山区通过实施“三区统筹”(桂阳公路休闲观光示范区、万福路康体养生先行区、平山瓦窑片特色文化展示区)战略,强化重大项目、土地收储、招商引资、特色街区和财税融资“五大攻坚”行动,辖区旅游、文化、体育、健康、养老“五大幸福产业”业态逐渐明朗。全年完成城区生产总值225.76亿元,比2016年(以下简称同比)增长7.2%,其中三次产业比重为0.54∶31.54∶67.92。组织财政收入12.09亿元,同比增长7.4%。固定资产投资164.68亿元,同比增长16.2%。社会消费品零售总额162.28亿元,同比增长10.9%。城镇居民人均可支配收入33214元,同比增长7.7%;农村居民人均可支配收入13463元,同比增长9.0%。万元地区生产总值能耗为0.51吨标准煤,同比下降5.14%。城镇登记失业率控制在4.5%以内。

【服务业】 2017年,象山区第三产业增加值完成153.35亿元,同比增长7.7%,对经济增长的拉力为5.0个百分点。旅游业等营利性服务业发展提质,全年,全区共28家规模以上其他营利性服务业企业实现营业收入9.17亿元,同比增长20.7%;两江四湖·象山景区新晋为国家AAAAA级旅游景区,万福广场获国家AAA级景区挂牌,侗情水庄4月试营业、9月正式营业,桂林博艺城(瓦窑小镇)项目成功入选《2017全国优选旅游项目名录》,瓦窑小镇一期5栋主体工程完工。

表1　**2017年象山区人口及其变动情况统计表**

(2016.12.01—2017.11.30)

单位:人

	年末总户数(户)	年末总人口(人)							本年度人口变动(人)									
		合计	性别		年龄				出生			死亡			迁入		迁出	
			男	女	0—17岁	18—34岁	35—59岁	60岁及以上	合计	男	女	合计	男	女	省内迁入	省外迁入	迁往省内	迁往省外
	1	2	5	6	7	8	9	10	11	12	13	14	15	16	17	18	19	20
象山区	85840	242426	117814	124612	42756	46645	99196	53829	3695	1950	1745	4842	3024	1818	1838	983	1610	1296
阳桥派出所	8669	22173	10879	11294	3203	5156	8596	5218	271	148	123	499	313	186	87	74	366	358
南门派出所	10205	28543	13797	14746	3786	5117	11731	7909	344	180	164	780	457	323	120	59	130	118
桂青派出所	15727	43600	21404	22196	6978	7809	18126	10687	576	298	278	881	528	353	208	141	311	216
安新派出所	6384	19754	9532	10222	3359	3571	8395	4429	268	135	133	358	238	120	87	75	106	96
将军桥派出所	12407	34464	16847	17617	5478	5900	14062	9024	499	252	247	777	527	250	233	118	186	116
平山派出所	20853	58437	28079	30358	11927	11175	24487	10848	1040	551	489	995	638	357	633	321	389	280
二塘派出所	11595	35455	17276	18179	8025	7917	13799	5714	697	386	311	552	323	229	470	195	122	112

(蒋亚虹)

健康与养老产业融合发展，召开全区养生养老服务座谈会，推行“医养结合”新型养老模式，打造“幸福养老进社区”品牌；签约龙光国际旅游休闲特色小镇项目，并协调加快落地建设；仙源健康产业园完成用地报批、项目修建性详细规划等前期工作；桂林工人疗养院、桂林冶金疗养院等为代表的疗休养机构推出了旅游＋康复＋候鸟式养生系列产品，受到市场青睐；桂林夕阳红养老中心列入自治区级服务业标准化示范项目；积极参加第五届中国（桂林）国际健康旅游高端论坛之县区投资环境宣传展示活动。企业培育入库卓有成效，全年成功培育振益建筑劳务、新时代环球影城等15家企业和小香槟食府等9家大个体户并纳入服务业规模以上（限额以上）单位，超额完成市下达目标。

【工业】 2017年，象山区规模以上工业总产值完成151.93亿元，同比增长9.6%；规模以上工业增加值51.14亿元，同比增长8.0%；两项指标增幅较2016年同期分别高出3.4个百分点、2.8个百分点，行业明显回暖；规模以上工业增加值增幅高于地区生产总值0.8个百分点，成为全区经济增长的主要拉动力。亿元企业支撑稳固，全年工业总产值超过亿元的有燕京啤酒（桂林漓泉）股份有限公司、桂林机床电器有限公司、桂林立白日化有限公司、桂林三花股份有限公司等企业13家，其产值合计145.51亿元，同比增长9.5%。工业发展后劲增强，年内，燕京啤酒（桂林漓泉）股份有限公司1998棕瓶产品升级项目顺利实施、100万吨产能填平补齐工程（一期）开工建设；九美桥时尚园项目年度投资已超3亿元，完成制衣车间等5栋主体建筑建设及其室内外装修；投资2亿元的橡胶机械数字化绿色制造产能提升项目启动；晶盛玻璃窑炉改造项目按期完工。创新驱动发展提速，年内，相继出台并实施《象山区关于人才引进工作的若干规定》等若干政策性文件，区财政在科技上的投入同比增长20%，桂林蓝天科技有限责任公司、桂林嘉威信息科技有限公司获国家高新技术企业认定，桂林三花股份有限公司、国营长虹机械厂均通过了自治区级企业技术中心认定，桂林橡胶（GRM产品）被评为第四批广西出口名牌，桂林象山门业有限公司、桂林昊锐汽车服务有限公司完成了发明专利科技成果转化。

【农林牧渔业】 2017年，象山区完成第三次全国农业普查工作。全年农林牧渔业总产值2.42亿元，同比增长1.2%；农林牧渔业增加值1.35亿元，同比增长1.9%，农业生产总体保持平稳增长。粮食生产稳定，全年完成粮食播种面积1267公顷、粮食产量6000吨。畜牧业发展良好，完成2家规模养殖场的现代生态养殖场认证，共清理搬迁畜禽养殖场127家。产业富民工作初见成效，制定产业富民实施方案，二塘乡6个建制村全部制定村级经济发展计划并着力打造现代农业生产示范基地。

【重大项目】 2017年，象山区继续推行区四家班子领导跟踪服务重大项目“五个一”（即“一个重大项目、一名领导服务、一个部门牵头、一个推进计划、一抓到底”）工作机制，全面启用广西投资项目在线并联审批监管平台受理项目备案等事项，建立健全重大项目推进实施、督查通报等工作制度，推进重大项目建设。全年，101项重大项目（含市级层面和市领导跟踪项目）完成投资59.12亿元，超出年度计划投资2.51亿元。其中，悦汇广场等共29个前期项目前期工作稳步推进（其中2个土地储备项目年度投资完成6.85亿元），漓江记忆·龙船坪片区提升改造项目、凯风双创广场等共29个新开工项目完成投资9.57亿元，九美桥时尚园、万福东路、龙光·普罗旺斯等共22个续建项目完成投资26.42亿元，市委党校改扩建、侗情水庄等共21个竣工投产项目完成投资16.28亿元。项目用地保障工作扎实推动，实施土地收储攻坚“221工程”，完成土地征收212.2公顷，实现土地移交79.7公顷。投融资工作取得重大突破，实施财税融资攻坚行动，向建设银行桂林分行融资3.5亿元，向上级争取新增地方债券1亿元。规划编制工作有序，龙船坪片区控制性详细规划（简称控规）完成了编制、评审、公示工作，调整并论证《西门片区控规》《大风山周边地块控规》等两个片区控规，辖区范围控规覆盖率已达90%。项目储备招商引资取得突破，全年，招商引资广西区外到位资金27.18亿元人民币，实际利用外资金额4528万美元，均完成目标任务；实施招商引资攻坚行动，借助中国－东盟博览会等高端平台，已与碧桂园控股有限公司、龙光集团控股有限公司、杭州颐高集团有限公司等达成投资意向近180亿元，储备催生一批旅游、健康养生、文化双创等新兴服务业领域大项目好项目。

【城乡基础设施建设】 2017年，象山区交通路网更加通畅，桂林市漓江桥扩建工程于5月1日正式通车，桂林市翠竹路香江饭店路口立交桥新建工程项目于10月31日全部竣工交付使用。桂林汽车客运南站建设项目用地顺利交付项目业主单位，茶店路、平山北路等建设项目相继开工，溎塘村入村道路、佛殿至崴村道路、沙河路北段修缮完工，修复瓦窑路一巷等破损城市道路50多段(处)。为民办实事工程稳步推进，筹资约6600万元，改造提升54个无物业管理小区和2个城中村；实施完成溎塘和仁头2个自然村的农村安全饮水工程；完成北芬大村老村道路硬化工程；建成并全面启用大风山综合疏导市场；全面改扩建社区服务场所，全区34个社区综合服务大厅面积均达到300平方米以上且实行“一站式”服务；维修更新群众体育健身器材300多件，补充更新农家书屋图书千余本，重新建设了同心、平山2个行政村农家书屋。

【城市管理】 2017年，象山区通过深入开展全国文明城市创建、城市管理绩效月考评、环境保护工作督查、道路扬尘系列专项整治行动等工作，辖区市容市貌得到有效改善和提升。开展全国文明城市创建活动，实现居民文明素质提升、城乡面貌焕然一新，城市管理工作绩效月考评排名全市中上水平。投入1300多万元，及时办理反馈“创建文明城为民办实事”金点子911项，群众满意度和幸福指数明显提高。落实经营场所包卫生、包美化、包秩序“门前三包”责任，创新“城管+”管理模式，构建多部门联合整治的大城管格局，标本兼治规范市容秩序，全年共签订“门前三包”责任书近7000份，新增非机动车停放点画线长1.5万多米，增加规范停放标识牌128块，维修路灯240多盏，补充果皮箱和垃圾桶3200个，整治西门市场、铁西片区、黑山农贸市场、瓦窑市场、瓦窑小游园等重点区域市容乱象，整治暂扣乱停乱放非机动车1.3万多辆，停止使用大风山老市场，立案查处违法建设240起，依法拆除违法建筑351起，拆除占道亭棚326处，累计拆违面积46.6万平方米。生态环境治理力度空前，全面落实环境保护目标责任制，制定道路扬尘等9个专项整治行动实施方案，制定《象山区环境保护工作督查方案》并分期开展专项督查，高标准做好辖区环境保护工作。卫生清扫保洁到位，环卫机械化作业率从50%提高到80%，日均清扫道路458万平方米、转运垃圾450多吨、洒水里程490公里。建筑渣土等监管力度加大，取缔清理八中环境监测点2.5公里范围内的露天卖沙场17个，关闭沙河采石场、红光神湾采石场和西村采石场，取缔平山大村煤场，整治淘汰38台燃煤小锅炉，开展严厉打击和取缔违法生产销售“地条钢”专项行动。漓江生态环境得到有效保护，成立漓江(象山段)风景名胜区综合执法大队，依法拆除漓江沿岸鱼餐馆25家，取缔清理养鱼网箱38个，收缴渔网地笼453条。爱国卫生运动持续开展，公共机构节能工作扎实推进，绿化美化工程深入千家万户，环广西公路自行车赛象山段沿线风貌改造按期完工。

【就业　社会保障】 2017年，象山区实现城镇新增就业3938人、城镇失业人员再就业1212人、就业困难对象再就业567人、农村劳动力转移就业190人，均超额完成市下达年度任务。全年新增残疾人就业55人。社会保障工作有序，完成城镇居民基本医疗保险和新型农村合作医疗两项制度的整合工作，全年全区城乡居民医保参保率为98%、城乡居民基本养老保险参保率为97.66%。救助等民生保障到位，全年累计发放低保金1207万多元，惠及城乡困难群众3.5万多人次；发放特困人员供养金、城乡居民临时生活救助金、城乡特困群众医疗救助金等360多万元，覆盖2700多人次。注重社会福利事业发展，实现每千名60周岁以上老人拥有养老床位近33张。扎实开展新形势下“双拥”优抚安置工作，巩固发展“双拥模范城区”创建成果。力创等12个社区积极创建综合减灾示范社区，区划地名普查工作有序推进。

【教育　卫生和计划生育　文化体育】 2017年，象山区义务教育均衡发展督导评估工作通过市级复核和自治区检查验收。加大教育基础设施建设项目投入，改扩建将军桥小学、南溪山小学及其环西分校，完成翠竹小学的并购和置换，对区属所有学校校园校舍和运动场进行维修和改造，投资约5000万元建成的崇善龙光小学于秋季学期开学投入使用，完成教育信息化“三通两平台”建设。全区普惠性幼儿园覆盖率达63.5%。统筹推进“三名工程”(名校、名校长、名师)培训、“草根名师”带教培训、新教师培训等三级培训，提高教师队伍教学水平。全面开展教师交流工作，2017—2018学年度，区属公办学校共113人参加交流轮岗，促进师资均衡。课题、奖项等教育科研亮点绽放，“文明班级”等主题德育活动常态化开展，“一校一

2017 年 9 月 21 日，象山区举行“象山水月”文艺会演　　区委宣传部　供图

品”新格局显现。卫生和计划生育服务优质推进，深入实施防治艾滋病攻坚工程，艾滋病防治知识城镇、农村居民知晓率分别在 90%、85% 以上。全面推进诚信计划生育优质服务，稳步实施全面二孩政策，全年全区人口自然增长率为 7.85‰。全面开展 12 类基本公共卫生服务，提高居民健康素质。加强乡村医生业务培训，全面完成乡村卫生服务一体化管理。社区卫生服务中心（站）启动家庭医生签约服务，平山社区卫生服务中心被评为 2017 年全国百强社区卫生服务中心。文化体育活动广泛开展，全年开展“周末大家乐”、壮族“三月三”等 10 多项大型群众文艺演出活动，组织戏曲进校园活动 11 次，围绕中共十九大、创建全国文明城等主题开展歌咏比赛、侗情水庄专场文艺会演系列活动，彰显“象山水月”群众文化品牌，承办第六届全国九城艺术联展、全市矿物晶体鸡血玉大型展览等特色活动，举办“龙光·普罗旺斯”杯超级越野摩托场地赛，圆满完成环广西公路自行车世界巡回赛桂林站赛、桂林国际马拉松赛等大型赛事保障工作。开展体育产业普查活动，重点扶持瓦窑工社、纸的时代等 4 家文化产业企业。

【公共安全】 2017 年，象山区开展校车、校外午托机构、校园及其周边环境整治等各项安全检查，实现校园环境平安和谐。积极开展人民调解专项活动，全年共调解案件 689 件，涉及人数 2366 人，调解成功率达 98%。稳步开展劳动监察执法“百日行动”专项活动和农民工工资清欠工作，追讨回工资 200 多万元。加强文化市场管理，累计检查文化类经营单位 662 家次，立案 12 件，结案 12 件，结案率 100%。全区安全生产工作形势总体稳定好转，全年各类生产安全事故起数、死亡人数同比双双下降。全区食品药品安全形势平稳，没有发生系统性、区域性重大食品药品安全事故。加大打击传销、规范直销、消费维权工作力度，象山区被认定为 2014—2016 年度广西无传销县（区），五美、虹桥、将军桥等 6 个社区为无传销社区，成功调解 92 件消费纠纷并挽回经济损失 13 万多元。全区社会信用体系建设工作加快推进，已建成“信用象山”平台并实现与桂林市信用信息共享交换平台互联互通，已通过平台归集录入行政许可和行政处罚“双公示”信息约 5000 条。社会治理创新工作亮点呈现，以圆桌会议活动为载体，优化社区治理服务；扎实推进“七五”普法，开展全面从严治警“五查五整顿”专项行动；加大天网工程投入，建设一键报警系统，开展社区民警回归社区行动，深化社会治理网格化管理模式，不断提高群众安全感满意度，创建平安象山。

（刘　莉）

党政机关、团体及其领导人

中国共产党桂林市象山区委员会

书　记：唐小忠
副书记：蒋永刚
　　　　王　飚
常　委：庄英群（任至 11 月）
　　　　梁　红
　　　　骆文兵
　　　　经翠艳
　　　　邓纪才
　　　　潘波平
　　　　韦普健
　　　　黄　文
　　　　李芳真（挂任）
　　　　秦　涛（挂任）

区委工作部门

区委办公室（挂督查室、保密办、机要局）
主　任：邓纪才
副主任：刘忆辉
督查室主任：刘尧清
副主任：陈祖贵
保密办副主任：石宗强
机要局副局长：胡悦星

区委组织部（挂非公有经济组织和社会工作委员会、老干部局）
部　长：韦普健
副部长：唐钟慧
　　　　朱兴国
　　　　陈丽萍
非公有经济组织和社会工作委员会副书记：肖登华
非公有经济组织和社会工作委员会纪工委书记：肖登华（任至7月）
老干部局工委书记：陈丽萍
老干部局局长：陈丽萍
党史办主任：黄义峡
区委宣传部（挂文明办、社科联）
部　长：经翠艳
副部长：李开林
文明办主任：
　　王茂林（6月任）（副科长级）
文明办副主任：王茂林（任至6月）
社科联主席：李开林
社科联专职副主席：张德平
统战部
部　长：潘波平
副部长：龙　建
　　　　廖战玲
区委政法委（挂综治办、防范处理邪教办、维稳办、国安办）
书　记：骆文兵
副书记：孙迪湘
维稳办主任：孙迪湘
综治办副主任：曹令伍
610办主任：谭　鸣（任至4月）
防范处理邪教办主任：
　　谭　鸣（4月任）
国安办专职副主任：刘其忠
机构编制办公室
主　任：唐钟慧
信访局
局　长：伍润生
副局长：李东伟
机关工委
书　记：谢家强
副书记：覃志平
纪工委书记：覃志平（任至7月）

中国共产党桂林市象山区纪律检查委员会

书　记：黄　文
副书记：李顺华　罗　亮
纪检监察室主任：刘卫平
党风政风监督室主任：秦　巍
纪委办公室主任：赵　勇
纪委驻区委办公室纪检组组长：
　　胡小虎（7月任）
纪委驻区政府办公室纪检组组长：
　　李秀福（7月任）
纪委驻区检察院纪检组组长：
　　刘　湘（7月任）
巡察办主任：胡志龙（6月任）
绩效办主任：杨好俭（任至6月）
　　　　　　王桂祥（6月任）
副主任：陈忠文（6月任）

桂林市象山区人民代表大会常务委员会

党组书记：徐维升
副书记：黄　晖
主　任：徐维升
副主任：黄　晖
　　　　谢　东
　　　　聂桂华
　　　　李勇江

人大法制与内务司法委员会
主任委员：姜　宇
人大财政经济委员会
主任委员：李建春
人大常委会办公室
主　任：吴家安
副主任：钟　毅
人大常委会教科文卫与民族工作委员会
主　任：韦碧留
人大常委会农业农村街道与环资城建工作委员会
主　任：宋剑文
副主任：邱志军
人大常委会选举联络工作委员会
主　任：申　辉

桂林市象山区人民政府

党组书记：蒋永刚
区　　长：蒋永刚
副区长：梁　红
　　　　经翠艳
　　　　张宁生
　　　　周　灿
　　　　林　莉
　　　　崔海健
　　　　秦　涛（挂职）
　　　　李芳真（挂职）

政府工作部门
政府办公室（挂区民族宗教事务局、区法制办公室、区政务服务管理办公室、督查办）
主　任：艾美勇
副主任：唐小雪
民族宗教事务局局长：陶文姝
法制办副主任：
　　赵国诚（任至6月）
　　陈振兴（12月任）（正科长级）
政务服务管理办公室主任：唐小雪
督查办副主任：王郗华
地方志办公室副主任：甘鸿文
发展和改革局（挂国防动员委员会办公室）
局　长：陈　萍（任至10月）
　　　　何　平（10月任）
副局长：刘　莉
工业和信息化局
局　长：秦振福
副局长：粟雪兰（任至9月）
　　　　陈　蒙（9月任）

教育局
党委书记:唐华镁
局　长:唐华镁
副局长:李春护(9 月任)
　　　夏　莺(挂任)
纪委书记:夏　莺(9 月任)
科学技术局(挂知识产权局)
局　长:何　学
副局长:吴保根
知识产权局局长:韦志军
监察局(与纪委机关合署办公)
局　长:李顺华
副局长:胡志龙(任至 6 月)
　　　贡乐伦(6 月任)
纪检监察室主任:刘卫平
民政局(挂拥军优属拥政爱民工作领导小组办公室)
局　长:李华明
副局长:尹　博
　　　胡小虎(任至 7 月)
双拥办公室主任:江滨海
副主任:唐　毅
司法局(挂调解处理土地山林水利纠纷办公室)
局　长:张万岭
副局长:陈　斌
处纠办副主任:钟兴武
财政局
局　长:谢　标
副局长:刘　霓
土地房产工作局
局　长:邓泽付
副局长:黄立忠
人力资源和社会保障局
局　长:朱兴国
副局长:李莉雅
公务员局局长:李莉雅
城乡建设局
局　长:林　娟
副局长:薛继锋(6 月任)(正科长级)
交通局
局　长:张成书
副局长:韩新秀(任至 6 月)
　　　黎新化(6 月任)
农村工作局
局　长:万晓宾
副局长:赖瑞彬(任至 9 月)
　　　蒋祝群(9 月任)
商务旅游局
局　长:陈　萍
副局长:李春喜
投资促进局
局　长:李彦妮
副局长:周祖念
卫生和计划生育局(挂爱卫办)
局　长:钟洁珍
副局长:葛香兰
爱卫办副主任:尹卫华
审计局
局　长:徐艳辉
副局长:李秀福(任至 7 月)
文化体育局
局　长:戴一平
副局长:贡乐伦(任至 6 月)
　　　赖瑞彬(9 月任)
安全生产监督管理局
局　长:冯清武
副局长:刘　奇
　　　黄柏杭
食品药品监督管理局(食品安全委员会办公室)
局　长:蒋正凤
副局长:周　艺
食品药品监督管理局副局长兼卫生和计划生育局副局长:
　林志红(6 月任)
食品药品安全委员会办公室主任:
　蒋正凤(6 月任)
副主任:唐拥军
统计局
局　长:邓小松
副局长:黄细秀
城市管理局(挂城市管理综合行政执法局、人民防空办公室)
局　长:魏勇华
副局长:石泽武
城市管理综合行政执法局副局长:
　黎新化(任至 6 月)
　黄钦裕(6 月任)
人防办主任:胡玉枝
工商行政管理局(下设:经检大队、西门工商所、城南工商所、瓦窑工商所)
局　长:罗　倩
副局长:盛燕平
　　　李英才
　　　李春护(任至 9 月)
纪检组组长:于　劲(任至 7 月)
经检大队大队长:蒋文成
西门工商所所长:曾　轶
城南工商所所长:董　翔
瓦窑工商所副所长:蒋桥富

中国人民政治协商会议桂林市象山区委员会

党组书记:眭铂生
党组副书记:钟庭盛
主　席:眭铂生
副主席:钟庭盛
　　　农　军(任至 2 月)
　　　赖慧云(5 月任)
　　　李雅劼
　　　罗秋云

政协工作部门
政协办公室
主　任:丰宏亮
副主任:傅保华
政协经济科技联谊和委员联络委员会
主　任:赖爱群
副主任:贺　兵
政协提案社会法制和教文卫体委员会
主　任:谢顺才
副主任:古卓君(正科长级)

象山区人民法院

党组书记:黄　强
党组副书记:石文军

院　长:黄　强
副院长:石文军
　　　龙　英
　　　粟卫红
审判委员会专职委员:
　廖　莉
　李　莉(4月任)
　贺　亮(4月任)

象山区人民检察院

党组书记:佘学龙
党组副书记:侯俊富(任至3月)
检察长:佘学龙
副检察长:林忠保
　　　　蒋和林
　　　　程继红
检察委员会专职委员:
　万　晖
　谢　辉(4月任)
　韦炳桂(4月任)

社会团体

总工会
主　席:聂桂华
常务副主席:刘　芸
中国共产主义青年团象山区委员会
书　记:蒋　蔚
副书记:喻　洋
妇女联合会
主　席:韦静燕
残疾人联合会
理事长:刘　伟
工商业联合会
党组书记:龙　建
副主席:龙　建
科学技术协会
主　席:王　坤
计划生育协会
专职副会长:陈明江
副　会　长:钱晓飞
文学艺术界联合会
主　席:秦　晔(10月任)

乡、街道机构

中共桂林市象山区二塘乡委员会
党委书记:李光祥
副书记:蔡　尧
　　　张阳军
　　　蒋　蔚(9月挂任,挂任2年)
党委委员:薛　雪
　　　　胡　毅
　　　　林祥诗
　　　　钱久胜
　　　　伍冬富
　　　　郑宽军
纪委书记:薛　雪
武装部长:郑宽军
维稳办副主任:刘文息
二塘乡人民代表大会主席团
主　席:张阳军
副主席:秦　晔
二塘乡人民政府
乡　长:蔡　尧
副乡长:胡　毅
　　　钱久胜
　　　伍冬富
　　　周书鹤
司法所所长:唐自力
南门街道
党工委书记:卢献湘
副书记:江渭漪
　　　王桂祥(任至6月)
　　　赵国诚(6月任)
　　　赵玉媛(7月挂任,挂任1年)
纪工委书记:王桂祥(任至6月)
　　　　　赵国诚(6月任)
办事处主任:江渭漪
副主任:俞山明
武装部部长:周振岳
司法所所长:李明强
综治办副主任:赖梁标
象山街道
党工委书记:李　英
副书记:曾瑞仁
　　　赖景钊
　　　廖年红(7月挂任,挂任1年)
纪工委书记:赖景钊
办事处主任:曾瑞仁
副主任:尹章武
武装部部长:李盛明(任至7月)
　　　　　罗　华(9月任)
司法所所长:黄正柱(6月任)
平山街道
党工委书记:王晓黎
副书记:袁明辉
　　　叶新友(任至6月)
　　　韩新秀(6月任)
纪工委书记:叶新友(任至6月)
　　　　　韩新秀(6月任)
办事处主任:袁明辉
副主任:阳厚道
武装部部长:朱永祥
司法所所长:田卫军

(彭友谊)

中国共产党象山区委员会

ZHONGGUO GONGCHANDANG XIANGSHAN QU WEIYUANHUI

2017 年 11 月 30 日，中共象山区第十届委员会第三次全体会议召开　　区委宣传部　供图

重要会议

【中共象山区委十届二次全会】 2017年1月10日，中共象山区委召开第十届委员会第二次全体会议。会议总结2016年全区经济社会发展取得的成绩和不足，确定象山区2017年经济社会发展的指导思想和总体要求：全面贯彻党的十八大和十八届三中、四中、五中、六中全会精神，深入贯彻习近平总书记系列重要讲话精神，围绕区第十次党代会重大部署和“加快产业聚集，提升城市功能，建设和谐宜居幸福新象山”发展目标，把握桂林国际旅游胜地建设的历史机遇，坚持稳中求进工作总基调，以提高发展质量和效益为中心，以推进供给侧结构性改革为主线，深入实施“三区统筹”，全面推进“五大攻坚”，大力发展“五大幸福产业”，全力以赴稳增长、促改革、调结构、惠民生、防风险，实现经济平稳健康发展和社会和谐稳定，以优异成绩迎接党的十九大胜利召开。

2017年1月10日，中共象山区第十届委员会第二次全体会议召开

区委宣传部　供图

【村(社区)“两委”换届工作准备会议】 2017年2月8日，象山区召开2017年村(社区)“两委”换届工作准备会议。会议传达自治区《关于认真做好2017年村(社区)“两委”换届准备工作的通知》，对换届重点工作进行部署。会议强调，换届是全区农村和街道社区政治生活中的一件大事，要站在加强基层组织建设、巩固党的执政基础这一战略全局高度充分认识这次换届工作的重大意义。会议要求：各乡(街道)党(工)委、各相关单位要认真传达学习、领会上级文件精神，切实把思想统一到上级要求上来；各单位要超前谋划，主动作为，抓紧抓实抓细村(社区)“两委”换届各项准备工作；要广泛开展“四个先行”，即调查摸底先行、财务审计先行、组织整顿先行、化解矛盾先行，夯实换届工作基础。

【落实党风廉政建设“两个责任”暨集体约谈会议】 2017年3月2日，象山区召开2017年落实党风廉政建设“两个责任”(党委负主体责任，纪委负监督责任)暨集体约谈工作会。会议对一乡三街道、区直机关各部门主要领导，公安象山分局、象山区检察院、象山区法院主要领导和区纪委委员、各纪工委书记进行集体谈话。会上，区委常委、区纪委书记黄文部署落实“两个责任”有关工作，区委书记与二塘乡党委书记、各街道工委书记及区机关各工委书记、党组书记及纪工委书记分别签订党风廉政建设“两个责任”责任书。区委书记唐小忠就如何抓好贯彻落实“两个责任”，进一步推进全面从严治党提出四点要求：一是要强化永远在路上的战略定力，落实管党治党“两个责任”；二是要巩固作风建设成果，驰而不息纠正“四风”；三是要力度不减、尺度不松，保持惩治腐败的高压态势；四是要以问责督促责任落实，推动管党治党走向严紧硬。

【象山区纪委派驻机构成立暨授牌仪式会议】 2017年7月26日上午，象山区召开区纪委派驻机构成立暨授牌仪式会议。区四家班子领导，区机关正科职以上领导干部，区人民法院、区人民检察院主要领导，全体纪检监察干部等参加会议。会议宣读《关于全面落实象山区纪委向象山区一级党和国家机关派驻纪检机构的方案》、宣布3家派驻纪检机构人员任职名单，并举行派驻机构授牌仪式。

会议指出，推进派驻机构全覆盖，是落实党章规定、强化党内监督的一项重大举措，也是深化党的纪律检查体制改革的重点内容之一。这次改革实现了派驻监督全覆盖，把监督执纪的触角延伸到各个部门和单位，填补党内监督“真空地带”，使所有党组织和党员干部受到应有的监督。

会议强调，派驻机构要围绕党

风廉政建设和反腐败斗争，聚焦监督执纪问责，充分发挥派驻监督在全面从严治党中的作用。要突出政治属性，明确职责定位，强化政治监督。要突出“派”的权威和“驻”的优势，提高发现问题能力。要讲究工作方法，切实增强监督实效。

会议要求，派驻机构要加强自身建设，要“忠”字立本，保持政治定力；要“敢”字当头，做到实干担当；要“廉”字托底，增强监督底气，用实际行动树立派驻干部忠诚干净担当的良好形象。

【提升群众安全感满意度】 2017年8月15日，中共象山区委书记唐小忠主持召开十届区委常委会第23次会议。会议通报第二季度全区群众安全感满意度工作。会议强调，要强化责任落实，采取果断有效措施，坚决遏制住安全感满意度断崖式下跌的势头。会议明确，开展有针对性的宣传引导，提升群众的知晓率、参与率和支持率；实施电话调查预检制度，预先做好部分群众、群体诉求的解决、解答和解释工作；加强网络舆情监控引导，主动正面回应舆情问题，弘扬主旋律，激发正能量；政法部门要精准打击违法犯罪行为，采取邀请群众参观的形式，开展阳光政务、阳光执法，对报案处警情况及时回访，定期发布相关信息，努力提升群众安全感满意度。

【全区领导干部大会】 2017年9月14日，象山区召开全区领导干部会议。传达贯彻落实自治区、市领导干部会议精神，分析当前经济形势，部署下一阶段经济工作，研究部署社会稳定、创城迎检和意识形态等工作，为中共十九大胜利召开营造良好环境。

会上，区委常委、常务副区长梁红分析部署全区经济运行、重大项目推进工作；区委常委、区委政法委书记骆文兵分析部署全区信访维稳工作；区委常委、区委宣传部部长、副区长经翠艳分析部署创城迎检及意识形态工作；区长蒋永刚传达全市领导干部大会精神，要求紧盯全年目标，确保圆满完成各项任务指标，全力冲刺，确保创建全国文明城市工作圆满完成，并认真抓好安全和稳定工作。

区委书记唐小忠强调，做好2017年下半年工作要着重抓好四个方面：一是树立“四个意识”，注重提高政治能力。二是突出“四大攻坚”，做好抓重点、补短板、强弱项文章。三是把握七个关键，努力提高工作效能。四是严肃工作纪律，狠抓督查检查，促进工作落实，以优异成绩迎接中共十九大胜利召开。

【辖区部队全面停止有偿服务】 2017年9月21日，中共象山区委书记唐小忠主持召开十届区委常委会第25次会议。会议传达学习市委关于成立驻桂林部队全面停止有偿服务工作领导小组的通知精神。会议强调，部队全面停止有偿服务是党中央、中央军委和总书记习近平着眼强军目标作出的重大战略决策，要切实提高政治站位，从推进改革强军、军民融合发展的高度，深刻认识部队全面停止有偿服务工作的重大意义。辖区驻军部队所涉万福广场、红街广场等军地融合项目，对促进象山长期繁荣发展和商业业态调整有着深远的影响。会议决定，成立驻象山区部队全面停止有偿服务工作领导小组，按市委、市政府部署安排和时间节点，加强军地协调配合，全面推进万福广场地块置换等系列工作。

【中共象山区委中心组学习会】 2017年10月26日，中共象山区委召开理论中心组（扩大）学习会议，专题学习中共十九大精神。会议强调，领导干部要带头学原文、学深入，以中共十九大精神为指引，全力推进各项工作，加速推进和谐宜居幸福新象山建设。

会上，全体与会人员原文学习《中国共产党第十九届中央委员会第一次全体会议公报》《关于十八届中央委员会报告的决议》《关于中央纪律检查委员会工作报告的决议》《关于〈中国共产党章程（修正案）〉的决议》。

区委书记唐小忠强调，学习宣传贯彻中共十九大精神，是当前和今后一个时期首要政治任务。一要提高政治站位，高举习近平新时代中国特色社会主义思想伟大旗帜，强化“四个意识”。二要深刻学习领会、把握十九大精神的丰富内涵和精神实质。深刻学习领会中国特色社会主义进入新时代的新论断；深刻学习领会中国社会主要矛盾发生变化的新特点；深刻学习领会分两步走全面建设社会主义现代化国家的新目标；深刻学习领会党的建设的新要求。三要精心组织安排，在全区迅速掀起学习践行十九大精神热潮，认真组织好十九大精神宣传教育、学习培训，在实际工作中学习践行十九大精神，凝心聚力推动象山经济社会各项事业取得新的更大成绩。

【中共象山区第十届委员会第三次全体会议】 2017年11月30日，召开中共象山区第十届委员会第三次全体会议。区委书记唐小忠代表区委常委会向全会作工作报告。

会议充分肯定区委常委会2017年的工作。一致认为,区委常委会坚持以习近平总书记系列重要讲话精神为统领,在市委、市政府的正确领导下,以喜迎和学习宣传贯彻十九大精神为强大动力,加快"三区统筹",实施"五大攻坚",发展"五大幸福产业",奋力干事创业,全面从严治党,有力推动全区各项事业取得新的进步。

会议指出,要认真落实中共中央、自治区党委、市委关于深入学习宣传贯彻十九大精神重大决策部署,结合象山实际,提出系统安排和系列举措,通过形成《决定》的形式,迅速掀起学习宣传贯彻落实热潮。

会议强调,要把党的政治建设摆在首位,坚决维护以习近平为核心的党中央权威和集中统一领导;要把握新时代新思想新征程,切实在学懂弄通做实上下功夫;要着力换观念换动能换机制,重振象山大区强区雄风;要找准出发点切入点落脚点,奋力实现新时代象山人民美好生活;要从严抓思想抓队伍抓执纪,推进全面从严治党向纵深发展。

会议号召,全区各级党组织、广大共产党员和各族人民群众,更加紧密地团结在以习近平为核心的党中央周围,深学笃用习近平新时代中国特色社会主义思想,不忘为民初心,牢记肩负使命,立足改革创新,勇于克难攻坚,为决胜全面建成小康社会、为实现新时代象山人民美好生活努力奋斗!

【学习中共十九大精神专题培训会议】 2017年12月7日,象山区组织全区238名科级以上领导干部在桂林市委党校举办科级领导干部学习中共十九大精神专题培训会议。象山区党员干部教育训练基地同日揭牌。培训班主要围绕《学习宣传贯彻党的十九大精神专题报告》《提升党员干部意识形态能力,把握意识形态工作主动权》两大课程展开,旨在加深象山区党员干部队伍对十九大精神、特别是对习近平新时代中国特色社会主义思想的认识和理解,促进培训人员紧密联系本单位、本部门的工作实际,不忘初心,牢记使命。区委书记唐小忠作动员讲话,指出:全区各级领导干部要深化理性认识和理论思考,切实加强党性锻炼;要着力增强"三大本领",自觉提高执政为民的能力和水平;要珍惜学习机会,努力在党性修养和素质提升上取得新进展。 (石芩瑛)

重要决策

【成立区文学艺术界联合会】 2017年1月5日,中共象山区委书记唐小忠主持召开中共象山区第十届委员会常务委员会(简称十届区委常委会)第12次会议。会议决定:同意向市编办申请成立象山区文学艺术界联合会(简称区文联),机构列入区群团序列,级别为正科级,全额拨款事业单位,核定编制2人(从区环境卫生管理站调剂),设主席1人(正科长级)。会议强调,区文联要充分认清自身职责和使命所在,主动服务大局,体现时代担当,努力在全区科学跨越发展进程中贡献力量、展现作为。

【城区国土资源管理分局职能整合】 2017年3月29日,中共象山区委书记唐小忠主持召开十届区委常委会第16次会议。会议审议《关于城区国土资源管理分局职能整合委托事宜的请示》,原则同意该请示提出的交叉任职、工作职责分工、人员整合、办公地点、经费保障等事项和《职能整合协议书》。会议强调:国土资源管理分局职能整合委托是上级简政放权,转变职能,提高办事效率的一件好事,要高度重视,落实到位。坚持专业化原则,分步补齐整合后的人员空缺。召开专门会议,明确任务目标,突出土地收储工作,形成合力,发挥好整合委托后国土资源管理机构作用。

【通过意识形态工作有关制度】 2017年5月26日,中共象山区委书记唐小忠主持召开十届区委常委会第18次会议。会议审议并原则通过《象山区落实意识形态工作责任实施方案》《象山区委意识形态工作联席会议制度》《意识形态工作问责机制》《意识形态工作督查制度》《重大意识形态领域舆情事件应急处置机制》。会议强调,意识形态工作是党的一项极端重要的工作。在经济社会转轨转型期,巩固马克思主义在意识形态的指导地位,如何加强对网络媒体的管理和引导,适应新形势实现思想政治工作方法和管理体制的创新,已经成为维护意识形态安全和国家安全的重大课题。要加强工作的针对性、时效性,抓好系列制度的贯彻落实。探索建立新闻发布制度,掌握话语权,弘扬主旋律,传播正能量。对发生的舆情事件,要主动发声,果断处置。

【村(社区)"两委"换届选举工作】 2017年6月23日,中共象山区委书记唐小忠主持召开十届区委常委会第19次会议。会议审议并原则通过《2017年全区村“两委”换届选举工作实施方案》和《2017年全区社区“两委”换届选举工作实施方案》。要求各乡(街道)和相关部门要高度重视,认真尽职履职,扎扎实实抓好整顿和换届相关工作。把握好换届工作的时间节点,村(社区)党组织换届要在7月底前完成,村(社区)自治组织换届要在8月下旬前完成。严格“两委”固定补贴人员职数配备,2017年村(社区)“两委”换届具体职数,原则上与上一届持平,视村(社区)服务人口数适当个别增加。严把任职资格条件,保证基层干部队伍先进性、纯洁性,同时对作风正派、敢于担当、敢于负责的干部要有容错纠错机制,鼓励一线干部干事创业。落实好换届工作经费,保证“两委”换届顺利开展。建立区四家班子领导联系“两委”换届选举工作制度,加强教育宣传和舆论氛围营造,以铁的纪律抓好村(社区)换届工作,确保换届工作风清气正。

【区纪委派驻机构改革】 2017年6月23日,中共象山区委书记唐小忠主持召开十届区委常委会第19次会议。会议审议通过区纪委派驻机构改革实施方案。会议决定:根据自治区《关于推进市县纪委派驻机构改革的指导意见》和市纪委的要求,设置驻区委办公室纪检组、驻区政府办公室纪检组、驻人民检察院纪检组3个纪委派驻组,每个派驻组配备3名行政人员,分别配副科长级组长1名,同时撤销区工商行政管理局纪检组、区人民检察院纪检组、区人民法院纪检组、机关工委纪工委、“两新”工委纪工委。会议要求,按照方案要求,加快人员配备,按时间节点抓好方案落实。

【学习贯彻落实中共十九大精神】 2017年11月10日,中共象山区委书记唐小忠主持召开十届区委常委会第27次会议。会议传达学习中共桂林市委《关于学习宣传贯彻党的十九大精神的通知》。决定下发区委关于学习贯彻落实十九大精神的通知,融入全区学习宣传贯彻“九个一”和县处级领导干部“三个三”主题实践活动安排,系统明确学习宣传贯彻要求;区委理论中心组要列出计划,分专题学习,并安排科级领导干部到市委党校专题学习;四家班子领导带头宣讲,围绕七个讲清楚、五个聚焦,深入村、社区、企业宣讲中共十九大精神;做好典型的发现、培育和宣传;在做实上下功夫,抓好各项工作落实,全面完成年度目标任务。

【推进区监察体制改革】 2017年11月27日,中共象山区委书记唐小忠主持召开十届区委常委会第28次会议。审议《象山区深化监察体制改革试点工作方案》,原则通过并要求严格执行好该工作方案,扎实有序推进监察体制改革试点工作。抓住组建、转隶、融合等重点任务和动员、选举、挂牌等关键节点,列出时间表,落实责任人,确保改革试点工作任务圆满完成。严肃工作纪律,区检察院党组要配合做好职能划转、人员转隶、线索移交等工作。强化工作协调,密切相互沟通,及时请示汇报,形成推进区监察体制改革试点工作的强大合力。会议决定,11月29日召开动员大会,2018年1月底前召开“两会”选举产生区监察委主任、任命监察委副主任及委员,2018年2月底前完成区监察委挂牌。(刘富二)

纪检 监察

【概况】 中共象山区纪律检查委员会(简称象山区纪委)和象山区监察局合署办公,2017年,在岗人员13人;派驻纪检组3个,在岗人员6人。2017年,象山区纪委监察局扎实开展“两学一做”专题教育,学习《中国共产党问责条例》《关于新形势下党内政治生活的若干

2017年2月6日,中国共产党象山区第十届纪律检查委员会第二次全体(扩大)会议召开
吴亮云 摄

准则》《中国共产党党内监督条例》等党内法规，筑牢全区党员干部的思想防线。年内，纪检监察机关共立案55件，结案51件，给予党纪政纪处分48人，组织处理3人，涉案金额45万元，挽回经济损失3.96万元。

【中共象山区第十届纪委第二次全体(扩大)会议】 2017年2月6日，召开中共象山区第十届纪委第二次全体(扩大)会议。全会学习贯彻中共十八届六中全会、十八届中央纪委七次全会、自治区纪委十一届二次全会和桂林市纪委五届二次全会精神，落实全面从严治党新部署新要求，回顾2016年全区党风廉政建设和反腐败工作，部署2017年象山区纪律检查工作。审议通过区纪委书记黄文代表区纪委常委会所作的《推动全面从严治党向纵深发展，为加快建设和谐宜居幸福新象山提供坚强纪律保证》工作报告。区委书记唐小忠在全会上作重要讲话，充分肯定2016年象山区从严治党取得的成效，对深入推进党风廉政建设和反腐败斗争提出明确要求。

【反腐倡廉教育】 2017年，象山区各级纪委监察机关组织观看《永远在路上》等警示教育片6场次，观众520人次。象山区纪委对全区20名新提拔干部进行廉政知识测试，开展任前廉政谈话49人。及时点名道姓公开曝光11期33起典型案件，用身边案例教育身边人，起到较好警示震慑效果。9月底，组织全区180多名副科以上党员干部到桂林市廉政教育基地参观，通过重温入党誓词等活动，提高领导干部明明白白做人、干干净净做事的意识，时刻绷紧廉政这根弦。春节、端午、中秋等重要节点，向全区党员干部发送廉政短信共5000多条次，在全区营造浓厚的廉政文化氛围。积极向上级媒体报送纪检监察信息，反映象山区的纪检监察成果和亮点，先后在自治区级媒体刊发信息21条(篇)，在市级各类媒体刊发信息65条(篇)。

【执纪监督】 2017年，象山区紧盯元旦、春节、壮乡"三月三"、五一、端午、中秋、国庆等节假日"四风"新形式、新动向，以领导干部为重点，查处公款吃喝送礼、公款旅游、违规发放津贴补贴等突出问题。发挥、用好象山区纪委信访举报网站和"最美象山"微信公众号功能作用，坚持全天候24小时受理"12388-16"信访举报电话，及时核查处理群众举报、媒体反映、监督检查中发现的违纪违规线索。全年开展作风纪律督查12次，下发督查通报6期，纠正公车使用等方面存在问题8件，梳理"四风"问题线索3条，立案查处违反中央八项规定精神问题11起，给予党政纪处分11人，退缴违纪款3.44万元。

2017年9月29日，象山区组织全区副科职以上党员干部到桂林市廉政教育基地参观学习，接受廉洁从政教育　　吴亮云　摄

【完善制度】 2017年，象山区纪委监察局组织全区各部门对中共十八大以来贯彻落实中央八项规定精神相关制度制定情况和适用情况进行全面检查梳理。修订《象山区财务管理办法》《象山区机关干部职工请销假有关规定》等制度及规定8项，出台《象山区科级非领导职务干部管理办法(试行)》《关于支持改革创新建立容错纠错机制的实施办法(试行)》《象山区机关公务接待报账管理办法》《象山区公务车辆管理规定》等制度15项，坚持制度面前人人平等、执行制度没有例外。成立以区委书记和区长为组长的领导小组，严格按照市委和市纪委确定的时间表和线路图，抓紧、抓实、抓好八项规定"回头看"工作。全区调整超标准使用办公用房27间，解决和整改问题99个，清退违规金额42万多元，立案查处私车公养案件3起。2017年全区"三公"经费平均下降20%。

【纪律审查】 2017年，象山区坚持以纪律为准绳，强化纪法衔接，做到有腐必反、有贪必肃，努力用纪律管住大多数。根据问题线索，共立案55件，结案51件，给予党纪政纪处分48人，组织处理3人，涉案金额45万元，挽回经济损失3.96万元。在扶贫领域，围绕贪污挪用、截留私分、虚报冒领民生资金，以及在“三资”管理、民生惠民、土地征收等领域搞“雁过拔毛”、吃拿卡要、强占掠夺、优亲厚友等问题，开展专项检查。对全区17个涉及扶贫领域单位的35项专项资金，9个建设类项目进行单位自查与专项工作组抽查，全区梳理扶贫领域问题线索15件，完成初核15件。该批问题线索转立案23件，给予党政纪处理22人，组织处理1人。

2017年11月29日，象山区召开深化监察体制改革试点工作动员部署会　吴亮云　摄

【派驻纪检体制改革】 2017年，象山区纪委完成派驻纪检体制改革。按照自治区《关于推进市县纪委派驻机构改革的指导意见》（桂纪发〔2016〕7号），象山区组建3个派驻纪检组，实现对全区41个单位监督全覆盖。推进监察体制改革。按照中央、自治区和市委工作部署，成立象山区监察体制改革试点工作小组，先后4次召开区委常委会议，专题研究试点工作相关事项。区纪委对涉改部门人事、编制进行摸底统计，并就整合相关部门职能、划转编制和领导职数、机构设置等有关事项与区检察院、区委组织部、区编办等相关单位对接。至年底，按照上级规定时间完成改革试点工作任务。

【落实党风廉政建设责任制】 2017年，象山区各级党组织和纪检监察机关坚守责任担当，夯实管党治党责任。一是认真履行纪委监督专责。积极探索和实践党内监督条例，出台《中共象山区委员会关于落实党委主体责任和纪委监督责任的实施意见》，制定《中共象山区委巡察工作五年规划（2016—2020年）》《中共象山区委关于加强巡察工作协作配合的实施意见》，整合派出派驻人员力量，切实发挥“监”的作用和“督”的效果。年内，各派出派驻机构列席部门党委（党组）重要会议，参与“三重一大”（重大决策、重要干部任免、重要项目安排和大额度资金使用）事项监督11次，开展作风和纪律检查11次。二是层层压实党委主体责任。区委以上率下，先后13次召开区委常委会研究党风廉政建设工作，23次听取区纪委、其他班子成员汇报分管领域党风廉政建设和“一岗双责”工作。年初，区委、区纪委分别与乡（街道）和区直各部门单位党委（党组）签订《党风廉政建设责任书》，年中进行监督检查，年终进行综合检查考核。形成一级抓一级、层层抓落实的责任和压力传导机制。三是不断加大追责问责力度。贯彻落实党内问责条例，对失职失责的领导班子、领导干部严肃问责，对发生重大腐败案件和严重违纪行为的单位实行“一案双查”。2017年，问责党员干部6人次，通报批评15人次。　（王　磊）

组织工作

【概况】 2017年，中共象山区委组织部（简称象山区委组织部）有挂牌机关2个：老干部局、两新组织党工委。有在岗人员17人，其中聘用12人。年内，象山区组织工作以推进“两学一做”学习教育常态化制度化，学习贯彻中共十九大精神为主线，加强干部队伍建设，实施基层党建“五基本六规范”工程，推进“人才强区”战略，提升基层党组织服务能力。2017年，全区共有党组织584个，其中党委27个，党组6个，党工委9个，党支部542个。基层党组织中，村（社区）党组织42个，机关党组织62个，事业单位党组织22个，“两新”党组织111个（非公有制经济组织党组织97个，社会组织党组织14个），全年共发展党员99名，其中“两新”组织61

名。年末,全区共有党员13110名。

【干部队伍建设】 2017年,象山区以管思想管作风管纪律为突破口,从严监督和管理干部,打造忠诚干净担当的高素质干部队伍。一是择优选拔培养干部。严格按照中共中央《党政领导干部选拔任用工作条例》和《桂林市干部选拔任用全程纪实办法》,提交区委研究干部事宜14次,调整任免干部51人次,其中正科职干部5人(提拔3人,挂职1人,免职1人),副科职干部46人(提拔任用17人,转任8人,挂职11人,免职10人)。干部队伍整体素质全面提升,全年没有出现"带病提拔"问题。二是从严监督管理干部。严格落实领导干部个人有关事项报告、干部任前档案审核、"带病提拔"倒查、领导干部因私出国(境)证件集中保管和出(国)境审批等制度。291名领导干部如实填报《个人有关事项报告》。审核干部任前档案30份,对新提拔的20名科级干部、经济指标不达标的7个部门主要负责人以及党风廉政建设负领导责任和监督责任5名负责人进行谈话。管理干部出(国)境证件130份,办理出国审批27人次(处级领导3人次,科级干部24人次),审批申请办理出(国)境证件13件。三是开展"为官不为"专项整治工作,提高干部想事干事的激情。四是加强干部跟班挂职锻炼。推荐3名优秀年轻干部到中共桂林市委组织部和市纪委等重要部门跟班,选派1名优秀选调生到二塘乡挂职,选派2名优秀副科职干部到街道办事处挂职,选派1名优秀非党干部到检察院挂职。对新提拔的8名副科职干部分3批到区信访局进行挂职锻炼,提高新任职干部处理复杂问题的能力。五是加强对各类干部培训。2017年,象山区按照"全方位、多层次、无缝隙、全覆盖"总体要求,从实教育培训干部。依托各级党校和培训基地,举办各类培训班54期,培训干部6000多人次(处级干部315人次、科级及以下干部5800人次),副科职以上干部到焦裕禄干部学院集中培训3期,参训人员160人;275名领导干部参加中组部及自治区、市委党校举办的专题培训。举办"周末大讲堂"6期,培训干部1000多人次。举办优秀青年干部读书班4期,每季度一期、每期一个主题,共培训54名优秀青年干部。对处级干部、科级干部、科级后备干部、新任职干部、选调生、大学生村干部、非党和少数民族干部、妇女干部、青年干部和"两代表一委员"等10类干部2000多人次分别进行针对性培训。

2017年6月16日,象山区举行中共广西德丰实业投资集团(万福广场)支部委员会成立暨揭牌仪式 区委组织部 供图

【党员教育】 2017年,象山区紧紧围绕全区经济社会发展大局,把党员教育培训工作作为基层党建一项基础性和战略性任务来抓,增强党员党性观念、培育党员主体意识、提高党员技能和综合素质。全年共培训党员7000多人次,其中举办村(社区)党组织书记、村(社区)"两委"干部培训班各1期,培训村党组织书记42人次、村两委成员350人次;举办党员骨干培训班2期,培训党员骨干700人次;举办农村党员技能培训班4期,培训创业就业技能310人次;举办党性教育示范班2期,依法执政、依法行政教育示范班2期,道德品行教育示范班2期,共培训党员3000多人次。培训内容主要有党的十九大精神、社会管理创新、改善民生等。

【基层党建"六规范"工程】 2017年,象山区实施基层党建"六规范"建设工程,全面抓实基层打好基础,实现基层党建全面进步、全面过硬。一是规范"责任落实"工程。构建区、乡(街道)、村(社区)党建责任体系,推行责任清单、任务清单、问题清单制度,实行目标责任管理。3月,召开全区组织工作会议,下发象山区2017年基层党建工作计划、组织工作要点和村(社区)服务场所升级达标工作方案。7 月,对区属党(工)委落实党建责任清单情况进行督查,并将存在问题进行通报。12 月中旬,自上而下、分级开展基层党建述职评议考核,组织区属各党(工)委书记围绕基层党建重点任务进行述职。二是规范"阵地建设"工程。全年投入村(社区)服务场所升级改造资金 1700 万元(村 700 万元,社区 1000 万元),新建滥塘村、四合村、北芬村 3 个村级服务场所,均达到 1000 平方米以上;对全区 34 个社区服务场所升级改造,31 个社区达到 300平方米以上,其中 24 个社区达到 500 平方米以上,4 个社区达到 1000 平方米以上。三是规范"基础保障"工程。重点抓好基层党建的基础性、经常性工作,及时落实基层组织运转、报酬待遇等经费保障。按每年每人 1000 元落实"两新"党组织书记工作津贴,新组建"两新"党组织按每个 2000 元落实启动经费。按照农村党员年人均 100 元、社区党员年人均 50 元标准落实党员活动经费。四是规范"支部建设"工程。3 月,下发《象山区机关党组织开展"党支部规范化建设"活动实施方案》,对机关党支部组织生活、支部管理等相关制度进行规范。7 月,出台象山区开展"村党支部建设年"活动方案和《党员先锋指数考核管理办法(试行)》,对农村党组织"三会一课"、主题党日、党员先锋指数考核管理进行规范。五是规范"品牌创建"工程。3 月,区委组织部确定二塘乡"红心向党·筑梦二塘",象山街道"党旗领航·城徽先锋",南门街道"南门情·志愿行",平山街道"'三进三问'促发展·'活力平山'党旗红",区机关"机关家园·服务先锋",区"两新"组织"先锋联盟·活力两新"9 个区级党建品牌。六是规范"两新提升"工程。按照"集中排查、集中组建、巩固提升"三个阶段开展"两新"组织党建工作,新组建桂林江西商会、侗情水庄、万福广场、玉禾田桂林分公司 4 个"两新"党组织。全区非公经济组织党组织覆盖率达到 86.18%,社会组织党组织覆盖率达到 86.21%,均比 2016 年提升 0.5 个百分点。桂林江西商会党支部以"党旗领航,联动发展"、侗情水庄党支部以"党旗领航·乐游侗寨"、万福广场党支部以"党旗领航·诚信万福"为品牌开展系列活动,提高"两新"组织党组织的凝聚力战斗力。

【村(社区)"两委"换届】 2017 年,象山区村(社区)党支部(总支)委员会、村(居)民委员会(简称"两委")任期届满,进行换届。在中共象山区委统一领导下,坚持先整顿软弱涣散党组织后换届,先排查调处矛盾纠纷后换届,先审计后换届原则。下发《2017 年象山区村"两委"换届选举工作实施方案》和《2017 年象山区社区"两委"换届选举工作实施方案》,举办村(社区)"两委"换届选举工作培训班。按照"宜兼则兼、宜分则分"原则配备村"两委"干部,村民委员会由主任、副主任和委员共 3—7 人组成;社区居民委员会班子职数原则上按照每 350—700 户配备 1 名确定,一般配置 5—9 名。从德能勤绩廉 5 个方面,对村(社区)干部进行全方位考察,并在广泛走访征求党员干部、村(社区)知名人士意见的基础上,确定好村(社区)干部后备人选。同时,从农村致富带头人、退伍军人、大学生村干部和社区党建组织员等优秀分子中公开选拔村(社区)干部。换届过程,严格操作程序、规范选举环节、实行"五公开"(公开对党组织成员候选人进行推荐提名,公开村、社区党员名单和不能参加选举的五种人情况,公开党组织成员候选人预备人选,公开党员大会选举过程,公开选举结果)、把好"四关"(选民登记关、候选人资格条件制定关、候选人提名关、投票选举关),实行全程签字制度,确保换届工作依法有序进行。7 月 25 日—28 日,42 个村(社区)党组织集中换届,均以召开党员大

2017 年 7 月 28 日,中共象山区将军桥社区总支部委员会召开换届选举大会

区委组织部　供图

会的形式直接差额选出书记、副书记、委员。8个建制村选举产生新一届村党总支(支部)成员41人(男性34人,女性7人),平均年龄46岁。新当选的村党总支(支部)书记8人(其中高中及以上文化程度5人),平均年龄46岁,较上届减少2岁。34个社区选举产生新一届社区党委(总支)成员240人(男性92人,女性148人),平均年龄49岁,大专以上学历150人,中专及高中学历58人,初中及以下学历32人;新当选的社区党委(总支)书记34人(男性6人,女性28人),年龄为55岁以下,平均年龄42岁,较上届减少2岁;大专以上学历32人,中专及高中学历2人。“两委”换届结束后,10月底,组织全区160名村(社区)“两委”成员在桂林铁路疗养院进行3天封闭式集中培训,提高新当选村(社区)“两委”成员履职能力。

2017年11月23日,象山区举办两新组织党组织书记学习中共十九大精神暨党建业务知识培训班　　区委组织部　供图

【漓水象山·党员工作室】 2017年,经中共桂林市委审定,确定“漓水象山·党员工作室”党建品牌为象山区城市党建品牌。象山区成立“漓水象山·党员工作室”创建工作领导小组办公室,乡(街道)党工委成立“漓水象山·党员工作站”,村(社区)成立“漓水象山·党员工作室”。在红光村、文新社区、翠竹路社区、将军桥社区先行试点。红光村侧重于惠民工作,文新社区侧重于服务居民,翠竹路社区侧重于解决居民困难,将军桥社区侧重于社区治理,打造各具特色的党员工作室。基本建立起规范运行、内部管理、激励保障“三个机制”,党员工作室进入常态化运行。7月6日,桂林市县(区)联合调研组对象山区城市党建品牌进行专题调研,给予高度评价。10月,中共将军桥社区党委在自治区城市基层党建工作经验交流会上作党建品牌建设经验介绍。12月,桂林市召开全市城市基层党建工作经验交流座谈会,与会人员到将军桥社区参观学习。年内,创建城市党建品牌工作已在全区34个社区全面铺开。

2017年8月1日,完成升级改造的翠竹路社区党员工作室、居民服务中心

区委组织部　供图

【人才工作】 2017年,象山区深化人才发展体制改革,实施“人才强区”战略。一是齐抓共管,建强人才工作机制。制定象山人才发展规划和高层次人才引进和培养办法,建立领导干部联系优秀人才制度;区财政每年落实人才发展基金200万元。二是注重分类管理,科学培养和使用人才。加大党政人才的培养和引进力度,全年提拔党政人才20人,岗位交流55人;接纳军转干部7人,招录公务员23人;

选派到乡镇基层和信访等部门挂职锻炼干部23人。组织180多名党政干部到河南焦裕禄干部学院学习培训，提升干部综合能力；选派75名领导干部参加上级党校培训班学习。招录教育、医疗、法律专业等专业技术人才共57名；推荐第九批自治区优秀专家人选2名。区教育局组织155名教师参加自治区深蓝工程、市名校长工程、市名师工程培训，评出象山“草根名师”23名。对企业负责人实行分层分类培训，年内培训企业经管人员8期200多人次。辖区企业有享受国务院特殊津贴专家1人，享受自治区政府津贴专家2人，广西优秀专家2人，正高级职称工程师4人，副高级职称工程师34人。农村18名致富能手进入村“两委”班子，农村创业培训4人，农技培训5期150人次。三是以优势产业，聚集人才。依托桂林市工艺美术创意产业园区，成立桂林市工艺美术协会，汇聚中国工美行业艺术大师2人（关永华、张利梓）、省级工艺美术大师46人（帅立功、黄硕夫等）。依托“桂林市鸡血玉行业商会”，汇聚玉石行业人才150多人，其中有亚洲玉雕大师1名，国家级根雕大师3名，高级工艺美术大师1名，广西工艺美术大师3名，根雕大师12名，有效促进企业发展。依托书法绘画市场，汇集国家级和广西级知名书画家55人，其中国家一级美术师10人。（肖登华）

宣传工作

【概况】 中共象山区委宣传部（简称象山区委宣传部），主要负责辖区理论学习及宣讲、对内对外宣传、舆情监控，群众性精神文明建设等工作。2017年，在岗人员8人，其中借调3人。年内，象山区宣传思想工作以学习贯彻落实中共十八大、十八届三中、四中、五中、六中全会精神、十九大精神、中共中央总书记习近平系列重要讲话精神为主线，开展“两学一做”教育，弘扬主旋律，传播正能量，推动象山区经济社会各项事业发展。区委宣传部获桂林市2017年度宣传思想工作目标责任制考评二等奖、宣传思想工作创新一等奖，被评为2017年度桂林市宣传思想文化战线先进集体。

【理论学习】 2017年，中共象山区委理论中心组学习《中国共产党工作机关条例（试行）》《党委（党组）理论学习中心组学习规则》、习近平视察广西时重要讲话精神、习近平关于意识形态工作系列重要讲话精神、《中华人民共和国宪法》《中国共产党第十九届中央委员会第一次全体会议公报》、习近平就新华社《形式主义、官僚主义新表现值得警惕》一文的重要批示精神等，结合象山区“两学一做”学习教育开展专题学习9次。开展“理论政策面对面”群众性宣讲教育活动，组织理论专家及象山区理论宣讲员进社区、进乡村、进学校、进企业、进机关，用百姓的视觉、百姓的语言，百姓的切身感受，与基层干部群众面对面宣讲，心贴心交流，通过分层次、多形式、通俗化、广覆盖集中宣讲，使党的方针政策和十九大精神家喻户晓、深入人心。全年组织“理论政策面对面”群众性宣讲教育活动100多场，受众1万多人次。结合“两学一做”学习教育，围绕象山区“三区统筹”“五大攻坚”“五大幸福产业”发展目标，针对事关全局的重大问题，群众关注的热点和难点问题，开展一系列专题调研，推出一批有深度、有力度、有价值、有水平的调研成果。区委常委撰写心得体会、调研文章10多篇，为象山区经济社会发展提供了理论参考。

【宣传报道】 2017年，象山区委宣传部对内部刊物《象山工作》进行改革创新，加强与区机关各部门，区属各指挥部、重点工作组、重点

2017年4月25日，中共象山区委理论学习中心组（扩大）学习会议，学习《中国共产党工作机关条例（试行）》 区委宣传部 供图

部门、二塘乡政府、各街道办事处沟通联系，采取与部门联合办刊的形式及时将各部门的重点、亮点工作、最新动态准确展现出来，以专刊形式将区委、区政府的重点工作宣传出去，强化内宣的作用和效果，使内宣工作更全面，更均衡。全年累计发刊4期，其中专刊1期。开通“最美象山”微信公众号，每天报送信息6—8条，用新兴媒体手段讲述象山新故事。充分利用宣传橱窗、宣传板报等宣传阵地，及时、全面宣传象山区经济社会发展取得的成果。外宣工作围绕“两学一做”学习教育、重点项目建设、城市管理机制创新、创建全国文明城以及义务教育均衡发展等重点工作内容，开展系列宣传报道，提高舆论引导能力，展示象山新形象，提升象山区的知名度和影响力。加强与《广西日报》《桂林日报》《桂林晚报》、广西电视台、桂林电视台、广西电台、桂林电台等主流媒体合作，做好对外新闻宣传工作。全年在《桂林日报》《桂林晚报》、桂林电视台等传统主流媒体共刊登稿件700多条，其中桂林日报头版23条、专版8个。人民网、新华网广西频道、红豆网、桂林生活网、桂视国际网等网络媒体累计刊登稿件300多条。召开第三届万福广场啤酒嘉年华、2017中国·桂林“龙光·普罗旺斯”杯超级越野摩托车场地赛新闻发布会，为提升象山区的知名度，提升桂林旅游文化影响力产生积极作用。

【舆情监管】 2017年，象山区完善网络舆情监督管理机制，及时收集和整理各类舆情，内容涵盖国内外重大方针政策及反响、时事政治、热门话题、辖区重大事件、市民建议投诉、突发事件等。完善网络发言人和网评员队伍建设，网络发言人和网评员达到60多人。加强与各类媒体的联系和合作，做好舆情、舆论正面宣传引导工作，掌握舆论、舆情宣传主动权。按照早发现、早处置，网上网下联动原则，充分利用媒体的力量，做到事前舆论引导、事中全程报道、事后全面跟踪，始终让舆论公平公正，让负面报道无缝可袭。年内，在象山区中小学教师绩效工资发放、西城步行街大楼承重柱爆裂、“10·12瓦窑批发城火灾”等事件中，象山区委宣传部主动作为，积极协调沟通，妥善回应媒体、网民关注，确保社会和谐稳定。

【文化宣传】 2017年，象山区宣传文化部门联合有关单位在二塘乡开展文化、科技、卫生“三下乡”活动，给村民赠送春联200多副，免费为群众提供政策、法律咨询近百人次，发放中共十九大宣传资料1000多份。结合春节等传统节日或开展大型活动时机，先后组织开展“周末大家乐”专场文艺演出，象山区创建全国文明城市“侗情水庄”专场演出、“三月三”传统节日大型活动(3场)、“火热二塘”“魅力南门”“相约桃江”“活力平山”“喜迎十九大　感恩祖国”歌咏比赛、象山区第29届象山水月文艺会演等大型文化品牌活动共计10场，观众达2万多人次。承办“龙光·普罗旺斯”杯超级越野摩托车场地赛暨机车女郎选拔赛、德天矿物晶体、鸡血玉大型展览、第六届全国九城艺术联展(书画展)、象山区中小学师生书法大赛暨传统文化进校园、戏曲进校园、瓦窑工社道艺杨帆画展等一系列大型文化活动，丰富市民业余文化生活。组队参加第38届“漓江之声”演出，获优秀组织奖，选送节目获一等奖2个、二等奖5个、三等奖2个。文化馆全年组织免费声乐、健身操(舞)、美术、书法等培训13期，培训时间共30天，参加培训或免费观览1100多人，为开展基层文体活动和市民娱乐健身培养了一批骨干人才。建成象山街道办事处文化活动中心，凯风社区、力创社区文化活动室，二塘乡综合文化站，3个村级公共服务中心，7个农家书屋，12个篮球场，15个乒乓球场，5个大型文化广场。维修、更新群众体育健身器材300多件。（秧玉付）

精神文明建设

【概况】 象山区精神文明建设委员会办公室(简称象山区文明办)是中共象山区委主管全区精神文明建设的指导部门，在编主任(副科级)1人。2017年，象山区精神文明建设工作重点是开展群众性精神文明创建活动，进一步提升市民文明素质；践行社会主义核心价值观，开展道德模范、先进人物进基层巡讲活动；组织开展创全国文明城活动，提升城市文明程度；组织开展关爱未成年人活动，净化校园周边环境；组织开展学雷锋志愿服务活动，带动全社会形成向上向善、互帮互助良好风尚。年内，驻辖区的广西电网有限责任公司桂林培训中心、桂林市中医医院被评为全国文明单位；民主小学被评为第一届自治区文明校园；桂林市自来水公司服务中心小雷义务维修队被评为自治区第二批“学雷锋活动示范点”；蒋艳国、何有亮获第四届自治区见义勇为道德模范提名奖。象山区以及象山区委宣传部、区城市管理局、区教育局、象山街道办事处、南门街道办事处、平山街道办事处被评为桂林市创建全国文明城市先进集体；唐小忠、蒋永刚、王飚、经翠艳、秦涛、尹章武、赵玮、彭瑶、卢猷湘、俞德海、莫秀娟、王晓黎、夏林、刘虹、李光祥、李开林、魏勇华、俸俊伟、蒋磊、唐华镁、戴一平、葛斌、秧玉付、李春喜、李纯洁、谢家强、李顺华、罗倩、林娟、王茂林等被评为桂林市创建全国文明城市先进个人；二塘乡王丽蔓、杨志恩家庭被评为桂林市“十星级文明户”；南溪山医院白衣天使志愿服务队、桂林市卫生学校青年志愿者服务部被评为桂林市最佳志愿服务组织；1元故事——桂林助学联合会、巾帼志愿者助学——桂林市自来水公司巾帼志愿服务队被评为桂林市最佳服务项目；同心社区被评为桂林市最美服务社区；桂林市第八中学青年志愿服务队李国豪、桂林市人民医院青年志愿服务队黄慰、桂林市卫生学校志愿服务队蒋红梅、桂林市红十字会造血干细胞志愿服务队潘淳被评为桂林市最美志愿者；象山区文明办获2017年度桂林市精神文明建设工作目标责任制考评一等奖，列全市各县区之首。

2017年3月5日，象山区组织开展学雷锋日主题志愿服务活动　区委宣传部　供图

【群众性精神文明创建活动】 2017年，象山区扎实开展群众性精神文明创建活动，制定下发《象山区关于开展“五大精神文明创建活动”实施方案》，在辖区范围内开展文明单位、文明校园、文明社区、文明乡村、文明家庭(“十星级文明户”)创建活动。组织辖区自治区级文明单位积极申报国家级文明单位，广西电网有限责任公司桂林培训中心和桂林市中医医院成功晋级为国家级文明单位，辖区内国家级文明单位数量达到5个，位居全市各县区前列。组织开展文明家庭创建活动，积极申报桂林市文明家庭，年内，聂国如家庭被评为桂林市文明家庭，受到市委、市政府的表彰奖励。组织开展“十星级文明户”创建工作，二塘乡王丽蔓家庭、杨志恩家庭被评为桂林市“十星级文明户”，并受到桂林市文明委表彰奖励。开展环境卫生集中治理，在城区开展“清洁家园”活动，在二塘乡开展“最美乡村”创建活动，落实环境卫生责任制度，实现村容整洁、乡风文明目标。在辖区各文明行业、窗口单位举办文明礼仪培训、道德讲堂活动，开展“技术大比武”“岗位大练兵”及优质服务竞赛活动。窗口行业工作人员服务意识、窗口意识、责任意识不断增强。

【践行社会主义核心价值观】 2017年，象山区坚持培育和践行社会主义核心价值观，用社会主义核心价值观引领社会思潮、凝聚社会共识，发挥精神文化育人化人的重要功能。通过宣传栏、公开栏、LED屏幕、横幅等多种形式，广泛宣传社会主义核心价值观的主题内容。动员辖区企事业单位、学校、各级文明单位利用微博、微信等新媒体，传播社会主义核心价值观，弘扬主旋律，传播正能量。在中山中路、南环路、滨江路、上海路、信义路等路段两侧，精心设计制作中国梦、讲文明树新风、社会主义核心价值观系列公益广告灯杆道旗178杆。同时，在万福广场、联达广场、红街广场以及桂阳公路黄金通道两侧，利用单位围墙、工地围挡设置“图说我们的价值观”公益广告。辖区各街道、社区(村)都制作和张贴社会主义核心价值观公益广告宣传画和宣传提示语，引导群众以实际行动践行社会主义核心价值观。辖区各中小学，坚持育人为本、德育为先，把社会主义核心价值观融入校园，形成课堂教学、社会实践、校园文化多位一体的育人平台。民主小学被评为第一届自治区文明校园，南溪山小学学生黄浩翔在2017年广西“书香校园·阅读圆梦”网络征文评选活动中获小学组一等奖，王钰文等4名学生被评为第四届“桂林美德少年”，200多人在全国、广西、桂林市第二十四届青少年爱国主义读书活动中获奖。

【创建全国文明城市】 2017年是桂林市创建全国文明城市工作大考之年，中共象山区委、区政府高度重视，成立创建全国文明城市工作领导小组，中共象山区委书记唐小忠、区长蒋永刚担任创城领导小组组长，区委常委、副区长、宣传部长经翠艳担任创城领导小组办公室主任，一乡三街道均成立创城领导小组，书记任组长，各部门主管、社区(村)书记、主任担任组员，按照创建全国文明城市工作测评体系，从基础设施建设、宣传氛围营造、外部环境整治、网络材料申报、实地考察及台账、创城入户调查等方面进行精心部署，扎实推进辖区创建全国文明城市工作。首创“红黑榜”检查评比制度。从区纪委、区创城办抽调人员组成评分委员会，每周从创城材料、实地考察和入户调查三个方面对辖区所有34个社区进行量化打分评比，对上红榜的社区每周给予1000元奖励并颁发流动红旗，对上黑榜的社区进行通报批评，区纪委约谈社区主要负责人并限期整改。成立“金点子”办公室。处理创城过程中市民投诉，至年底，共收到市“金点子”办下发的“金点子”1678件，办结933件，办结率55%。

【关爱未成年人】 2017年5月24日，象山区人大常委会、燕京啤酒(桂林漓泉)股份有限公司在力创小学举行人大代表和爱心企业“情系教育　奉献爱心”捐赠仪式。给象山区7所小学捐赠教育爱心基金20万元，给学生送去一份特殊的六一暖心礼物。5月26日，象山区妇儿工委、区妇联到二塘中心校开展庆“六一”关爱留守儿童活动，给学校捐赠学习用品价值1万元，象山区总工会、团区委分别给学校捐赠学习用品价值2000元、2500元。区妇联给贫困留守儿童赠送书籍、文体用品、学习用品一批。同时，象山区政协第五届全体委员向翠竹小学捐赠20万元，为翠竹小学农民工子弟送上节日祝福。

【志愿服务活动】 2017年，象山区继续发展壮大志愿者队伍，新增志愿服务组织3个，新增注册志愿者230人。开展志愿服务活动，3月5日，组织一乡三街道、区机关、辖区各级文明单位100多人，在联达广场开展学雷锋日主题志愿服务活动，免费为市民群众理发、量血压、推拿按摩，发放计生用品、节能灯具及节能节水宣传手册等。年内，南溪山医院白衣天使志愿服务队、桂林市卫生学校青年志愿者服务部被评为桂林市最佳志愿服务组织；1元故事——桂林助学联合会、巾帼志愿者助学——桂林市自来水公司巾帼志愿服务队被评为桂林市最佳服务项目；同心社区被评为桂林市最美服务社区；桂林市第八中学青年志愿服务队李国豪、桂林市人民医院青年志愿服务队黄慰、桂林市卫生学校志愿服务队蒋红梅、桂林市红十字会造血干细胞志愿服务队潘淳被评为桂林市最美志愿者。（王茂林）

统一战线工作

【概况】 2017年，中共象山区委统一战线工作部(简称象山区委统战部)，在岗人员3人。年内，象山区委统战部贯彻党的统一战线工作方针、政策，联系各民主党派和无党派人士，促进政党关系、宗教关系、阶层关系、海内外同胞关系和谐。开展检查调研工作，为中共象山区委、区政府提供决策依据。

【学习条例】 2017年，中共象山区委认真贯彻落实《中国共产党统一战线工作条例(试行)》和上级统战工作会议精神，将统战工作纳入区委重要议事日程，作为对区委领导班子和领导干部考核的内容。将统一战线理论、政策和知识纳入干部教育和国民教育内容。全年区委常委会召开统战工作和宗教工

2017年8月18日，参加“2017年在台广西籍大陆配偶回娘家活动”的成员走进将军桥社区　　区委统战部　供图

作会议5次，专题学习中央和自治区党委统战工作会议精神、学习中共中央总书记习近平在看望参加全国政协会议的中国民主促进会、中国农工民主党、九三学社委员时的重要讲话精神和《中国共产党统一战线工作条例(试行)》。建立健全区统一战线工作领导小组和协调小组，推动统一战线工作体制机制改革创新，解决了城区统战系统“小、散、弱”及合力不足问题。组织开展多种形式的专题教育活动：一是专题学习《中国共产党统一战线工作条例(试行)》，中央、自治区统战工作会议精神，习近平在省部级领导干部专题研讨班开班仪式上作的《高举中国特色社会主义伟大旗帜，为决胜全面小康社会实现中国梦而努力奋斗》。二是组织区委统战部干部采取集中学和自学相结合形式，学习中共十九大精神和习近平新时代中国特色社会主义思想，提升统战干部思想认识和工作能力。举办党外干部培训班，专题学习十九大精神，积极做好新时代统战工作。

【发挥民主人士作用】 2017年，象山区委统战部围绕“建设和谐宜居幸福新象山”主题，牵头组织民主党派和无党派人士“同心”联谊调研活动，撰写《象山区发挥大统战工作机制优势，让非公经济更好地融入和谐宜居城区建设》《加强象山区社区统战工作》《党外代表人士基层源头建设问题研究》等调研报告3篇。调研报告提出建议措施15项。区委统战部召开调研成果研讨会，推动区工信局等10多个部门把调研成果转化为实际工作成效。区委统战部完善民主党派参政议政工作机制。在区人大、政协两会期间，民主党派人士建言献策，提交提案议案共31件，内容涉及教育、科技、农业、工业等各个方面。

【对台与侨务工作】 2017年，象山区委统战部落实对台侨务工作专项经费，把将军桥社区打造成桂林市台办侨办定点示范联系基地。开展活动，推动交流合作，全年接待台胞、台属到访2000多人次。8月，协助桂林市台办举办“2017年在台广西籍大陆配偶回娘家活动”，在台广西籍大陆配偶带着丈夫、孩子共62人，走进将军桥社区，亲身感受家乡发展变化。11月，桂林市黄埔军校同学会成立三十周年庆祝大会在象山区举行，同学会会员或后代200多人参加活动，区委统战部负责人参会并慰问5位黄埔军校同学会会员。区委统战部不定期召开座谈会、茶话会、交心会，与台胞台属、归侨、侨眷谈心、交流，为他们在经济上解困，精神上解闷，生活上解忧。年内，慰问困难台属、归侨侨眷50多人次，送去大米、食油和慰问金近万元，看望身患癌症住院治疗的困难归侨胡文标，送慰问金2000元。搭建政企沟通的桥梁，助推台资、侨资企业发展。对已落户象山的台资、侨资企业，“以亲情、友情”凝聚人心，鼓励、支持、引导企业再上新台阶。先后走访夏绿地等台资企业，了解企业发展状况，协调解决企业发展中遇到的困难，为企业发展创造良好的政策环境和工作环境。依托台胞、侨眷的资源优势，主动沟通，引进外资，年内推荐项目2个，助推经济发展。

【党外干部配备】 2017年，中共象山区委坚持共产党领导的多党合作和政治协商制度，重视党外干部队伍建设。年内，象山区政府工作部门正职领导25人，其中党外干部2人。区人民法院领导班子配备党外干部1名、区人民检察院配备挂职党外干部1名。选派党外处级干部到自治区社会主义学院学习进修1人、党外科级干部到桂林市委党校学习2人。为党外干部挂职锻炼提供平台，年内选派党外干部到市直机关挂职锻炼1人。

（秦慧芳）

保密工作

【概况】 2013年9月，象山区设立国家保密局，在区委保密办挂牌，实行“一个机构、两块牌子”。2017年，在岗人员3人(保密办主任1人，保密办副主任(副局长)1人，保密员1人)。

【教育培训】 2017年，象山区保密宣传教育培训形式多样。一是利用象山区文化、科技、卫生“三下乡”暨十八届六中全会、自治区第十一次党代会精神宣讲进乡村活动进行保密常识宣传，发放宣传资料500多份。9月，结合贯彻《中共中央关于加强和改进保密工作的意见》和《中共广西壮族自治区委员会关于加强和改进保密工作的实施意见》，逐步落实《桂林市“七五”保密法治宣传教育规划》，组织开展机关单位保密教育全员覆盖宣传月活动，实现保密宣传教育全员覆盖。加强涉密载体管理人员的保密宣传教育。组织观看《胜利之盾》《黄宇间谍案警示录》等保密教育片，提升领导干部和涉密人员保密意识。二是开展学习培训。6月，象山区组织3名“三员”(系统管理员、安全保密员、安全审计员)参加自治区国家保密局组织的培训。通过培训进

2017年9月19日，象山区有关单位65名保密员参加自治区在雁山区举办的保密违法案例警示教育 区保密办 供图

一步提高“三员”人员的业务能力。9月19日，组织全区机关干部65人到雁山区参加自治区组织的保密违法案例警示教育巡展会。通过学习保密法律法规，增强保密意识，掌握保密技能，提升反窃密、防窃密能力和水平。同时，象山区投入2万多元，征订《保密工作》《保密科学技术》和“七五”保密法治宣传资料200多份，供机关干部学习。

【技术防范】 2017年，象山区加强涉密计算机、信息系统登记备案管理，做好涉密计算机及涉密网络保密管理。年初，投入4.7万元购置计算机终端检查系统和无线信号屏蔽器等检查检测设备各1套。年内，2次利用计算机终端检查系统对二塘乡、3个街道办事处，象山区法院、象山区检察院，区机关各部门的165台非涉密计算机和3台涉密计算机进行检查。发现个别单位领导不够重视保密工作，保密意识不强；文件、资料不按规定定密；密级文件管理不规范。针对发现问题，象山区委保密办及时通报，并责令有关单位限期整改，消除泄密隐患。12月，为全区各单位制作下发400本《涉密载体制作、发放、回收登记本》《涉密载体接收、保管登记本》，进一步规范各单位密级文件的管理。 （胡悦星）

老干部工作

【概况】 象山区委老干部局隶属区委组织部，是区委管理老干部的工作机构。2017年，有在岗人员2人。年末，象山区有离退休干部170人，其中离休干部4人，退休干部166人（处级退休干部25人，科级141人），有离退休干部党支部6个。至年底，全区老干部政治生活待遇落实到位，老干部队伍和谐稳定。

【落实老干部政治待遇】 2017年1月，中共象山区委、区政府集中对30名离退休干部开展春节慰问活动，区委、区政府领导入户对离休老干部和部分退休干部进行重点走访。年内，区老干部局看望生病住院的离休干部15人次，传统节日走访慰问46人次，并协助3名去世退休干部的遗属处理后事。4月，组织四家班子退休人员到桂林万福广场、森港家居、华夏艺术大观园、万福东路、九美桥时尚园和侗情水庄视察，中共象山区委书记唐小忠向老干部通报象山区经济社会发展情况，让老干部了解象山区经济社会发展取得的新成就。为丰富全区离退休老干部政治文化生活，区老干部局订购《中国老年》杂志170份、《老年知音》杂志33份、《中国老年报》33份、《学习参考》杂志6份，供老干部阅读、学习。

【落实老干部生活待遇】 2017年，象山区财政局、区人力资源和社会保障局等部门按时足额发放离休干部离休费和各项生活补贴，按规定据实报销医药费。区老干部局落实桂林市《关于对建国初期参加革命工作的部分退休干部在生活上给予适当照顾的通知》，协调各部门，严格审核，全区共有6名退休干部符合照顾条件。年内，按规定给予医疗补助和补发生活补助。

【老干部活动】 2017年9月，象山区老干部局组织离退休干部参加桂林市离退休干部“展示阳光心态 享受健康生活”第十三届老干部运动会和全市离退休干部“大美桂林—喜看胜地建设新成就”书画摄影展。11月，组织离退休干部115人参观侗情水庄，欢度重阳节。

【老干部作用发挥】 2017年5月25日，象山区关心下一代工作委员会（简称关工委）、平山小学开展“大手牵小手 粽情过端午 快乐过六一”活动。象山区关工委退休干部与平山小学师生一起，共同庆祝传统佳节端午节和六一儿童节。老干部和老师、学生、家长们一起包粽子、制香包、编彩绳，共同感受和体验端午节传统文化习俗的魅力。8 月 1 日，象山区老干局组织开展“象山区离退休党员干部环境卫生大清扫活动”，离退休党员干部量力而行，重点对辖区主次干道、绿化带等区域的卫生死角进行清理，以实际行动为创建全国文明城市添砖加瓦。（陈丽萍）

机构编制

【概况】 2017 年年末，中共象山区委、区人大、区政府、区政协、社会团体、政法工作机构共有 57 个。其中：中共象山区委工作机构 10 个（区委办公室、区监察委员会与区纪律检查委员会合署办公、区委组织部、区委宣传部、区委统一战线工作部、区政法委员会、区机关工作委员会、区机构编制委员会办公室、区信访局、区委巡察工作领导小组办公室）；象山区人大工作机构 4 个（人大常委会办公室、人大常委会教科文卫与民族工作委员会、人大常委会农业农村街道与环资城建工作委员会、人大常委会选举联络工作委员会）；象山区人大组成机构 2 个（人大法制与内务司法委员会、人大财政经济委员会）；象山区政府工作机构 23 个（政府办公室、发展和改革局、工业和信息化局、教育局、科学技术局、民政局、司法局、财政局、土地房产工作局、人力资源和社会保障局、城乡建设局、交通局、农村工作局、商务旅游局、投资促进局、卫生和计划生育局、审计局、文化和体育局、安全生产监督管理局、食品药品监督管理局、统计局、城市管理局、工商行政管理局）；象山区政协工作机构 3 个（政协办公室、政协经济科技联谊和委员联络委员会、政协提案社会法制和教文卫体委员会）；象山区社会团体 8 个（总工会、共青团委员会、妇女联合会、科学技术协会、工商业联合会、残疾人联合会、计划生育协会、文学艺术界联合会）。有象山区人民法院、象山区人民检察院，象山区二塘乡机关、南门街道办事处、象山街道办事处、平山街道办事处。有各类事业单位机构 52 个（含参公单位 14 个）。

【机构设置】 2017 年，根据《桂林市象山区机构编制委员会关于同意设立中共桂林市象山区委员会巡察工作领导小组办公室的批复》（象编〔2017〕2 号）设立中共桂林市象山区委员会巡察工作领导小组办公室；根据《桂林市象山区机构编制委员会关于同意设立桂林市象山区监察委员会的批复》（象编〔2017〕9 号）设立桂林市象山区监察委员会；根据《桂林市机构编制委员会关于成立桂林市象山区文学艺术界联合会的批复》（市编〔2017〕21 号），成立象山区文学艺术界联合会。

为加强桂林漓江风景名胜区管理工作，在区政府办公室内设象山区漓江风景名胜区管理办公室，在象山区城市管理监察大队加挂象山区漓江风景名胜区执法监察大队牌子，在二塘乡及南门、象山、平山三个街道党政办公室增挂漓江风景名胜区管理所，并同时增加二塘乡国土规建环保安监站编制 4 名（事业编），用于补充漓江风景名胜区综合执法员额。

根据《桂林市机构编制委员会关于桂林市象山区社会保险事业局机构设置主要职责和人员编制的批复》（市编〔2017〕34 号），桂林市象山区农村社会养老保险事业管理所更名为桂林市象山区社会保险事业局，同时将桂林市象山区二塘乡、南门街道、象山街道、平山街道社会保障服务中心成建制整合并入桂林市象山区社会保险事业局。

【行政审批制度改革】 2017 年，象山区在 2015 年、2016 年推行权力清单制度工作的基础上，政府各部门进一步清理行政权力事项，按照“一表两单”的要求，将权力清单和责任清单融为一体，实现“两单融合”，体现权责一致、紧密衔接。经过审定确认的部门权责清单，在象山区政府门户网站专栏予以完整、准确地向社会公开。共有 21 个政府部门推行两单融合，形成权责清单共 933 项，其中：行政许可 42 项、行政处罚 708 项、行政强制 30 项、行政征收 3 项、行政给付 24 项、行政检查 100 项、行政确认 13 项、行政奖励 11 项、行政裁决 1 项、其他行政权力 1 项。及时更新《象山区政府行政审批事项目录》和权责清单调整事项并在象山区政务网和各部门网站公布。召开会议对机关各部门、乡政府、街道办事处行政审批工作人员进行培训，推进行政审批工作。

【编制实名管理】 2017 年，象山区严格按照机构编制办理程序，为全区机关事业单位办理人员出入编 181 人次。其中进入编制 113 人：公开招聘录用人员入编 90 人（其中行政编制 19 人，参公事业编制 17 人，事业编制 54 人）、其他单位调入 23 人。因退休、调离象山区等原因出编 68 人。做到人员变动和编制实名制系统同时更新，促进编制信息动态化管理。

【云平台建设】 2017年7月中旬，象山区启动机构编制云平台建设工作。下发《桂林市象山区机构编制委员会办公室关于印发桂林市象山区机构编制云平台建设方案的通知》，对存档的机构编制文件和区档案局已存文件进行收集、整理、分类。根据录入要求，将机构编制文件扫描成PDF文件，再把PDF文件全部转化为WORD文档进行录入，累计录入云平台系统机构文件289份，权责清单1510条。

（唐钟慧）

信息工作

【概况】 2017年，中共象山区委办公室围绕区委中心工作及全区经济社会发展重点难点问题，开展信息工作。全年收到各单位和部门上报信息489条，上报市委办信息135条，上报自治区党委办公厅信息93条。市委办采用信息36条，自治区党委办公厅采用信息69条。2017年，象山区信息工作接受自治区检查，得分541分，排名全市五城区第二，市级得分330分，排名全市五城区第一，较前两年有明显进步。编印《象山工作动态》12期，及时提供全区经济社会发展情况信息，充分发挥信息工作“千里眼”“顺风耳”的参谋助手作用。

【信息为中心工作服务】 2017年，象山区信息工作始终围绕改革、发展和稳定大局，抓住群众关心的热点、难点、焦点问题，及时反映中央、自治区、桂林市委和区委重大决策、重要工作部署的贯彻落实情况；及时反映象山区改革发展、经济建设与社会发展等各方面进展情况、重要时期的敏感问题和重要社情民意。如：对2017年宏观经济形势的预判及对策建议、农村环境治理出现的新情况、新问题及对策；岁末年初民生领域需关注的重点问题、苗头倾向性分析及政策建议；象山区城市基层党建工作存在的困难、问题和建议；象山区环卫市场外包后政府监管工作存在的问题及建议；象山区2017年洪涝（干旱等）灾害发生后受灾地区农业生产、群众生活面临的突出困难和问题；象山区义务教育控辍保学工作主要措施、存在问题及建议等信息，充分反映了象山区经济发展主题和各阶段工作重点，为领导了解情况和科学决策提供资料。

【信息反馈快速有效】 2017年，中共象山区委办公室向上级报送的信息在突出中心和主题的前提下，围绕上级方针、政策和重大决策、重要会议以及群众关心的难点、热点问题，快速做好信息反馈。对反映群众关心的热点问题，如广大干部群众对十九大、全国“两会”、中共中央总书记习近平重要讲话、国务院总理李克强答记者问（记者会）等反响及时上报。对重大、紧急、敏感、突发事件，在规定时间及时收集、编辑和报送，没有出现迟报、漏报和误报现象。如3名外国记者到原第二炮兵某部桂林招待所拍照被予以治安警告处理、象山区西城路4号布行大楼发生承重柱爆裂、象山辖区瓦窑批发城发生一起火灾、象山区100多名环卫工人聚集桂青路请愿等影响社会和谐稳定的紧急、敏感信息报送及时、准确、全面，为区委和上级党委、政府掌握第一手资料、实施正确决策、掌握工作主动权、把问题解决在萌芽状态赢得时间，有效促进了社会的和谐稳定。

（石芩瑛）

直属机关党建

【概况】 2017年，中共象山区直属机关工作委员会（简称象山区机关工委）在岗人员3人。管理直属机关及人民检察院、人民法院、城管大队和环卫站等基层党组织，下设一个党总支、24个党支部，党员人数405人。年内，象山区机关工

2017年3月14日，象山区机关工委召开支部规范化建设工作会议

区机关工委 供图

委认真履行职责，夯实机关党建基础，狠抓党风廉政建设，全年发展预备党员6人，收缴党费29.6万元。查处违反中央八项规定的党员干部2名。

【组织建设】 2017年，根据工作需要，将中共象山区政府办公室支部委员会拆分为区政府办支部和区机关后勤服务中心支部，调整区安监局、商务旅游局、投资促进局联合支部书记和委员。继续开展“两学一做”学习教育活动，重点抓机关支部落实“三会一课”制度。象山区机关工委每季度对各支部进行一次检查，重点查召开支部党员大会、支部委员会议、党小组会议情况。创建“机关家园　服务先锋”党建品牌。象山区机关工委秉承学习、服务、创新的理念，按照走在前、作表率，发扬“创先争优、奋发有为、善谋实干”的精神，以服务聚人心，促和谐，助发展，不断增强机关党组织的凝聚力、向心力，为推动“和谐宜居幸福新象山”提供坚强的组织后盾，获象山区委“党建品牌优秀奖”。年内，共有6个党支部，发展预备党员6名，其中女性2人，少数民族1人，35岁以下5人。

【党费收缴管理使用】 2017年，象山区机关工委共上缴党费29.6万元(其中清理补交历年党费10万元)。区委组织部按比例下拨给区机关工委党建活动经费68280元。主要用于各支部开展党建活动。做到了专款专用，开支合理，审批严格，手续完备，账目清楚。

【党风廉政建设】 2017年，象山区机关工委全面落实党风廉政建设一岗双责，深化廉政文化进机关活动，严格执行中央八项规定。对于下拨给各支部使用的经费，由区机关工委对报销单据进行审核，确定用于开展党建活动和符合财务管理规定后方可报账。机关工委班子成员严格按照上级组织部门的要求如实填报个人资产和家庭成员情况。机关两部门各1名正科职党员领导干部，因违反中央八项规定，使用单位加油卡为私车加油，受到党内警告处分。　（覃志平）

信访工作

【概况】 2017年，象山区信访局有在职人员3人，其中借调1人。年内，象山区信访工作贯彻执行十九大会议精神、《中华人民共和国信访条例》以及自治区党委、自治区人民政府关于维护社会稳定的相关文件精神，改进工作思路，推进信访工作制度改革，落实“事要解决”核心，维护信访群众的合法权益。年内，象山区信访局接待群众来信来访180件人次；信访局现场解答457件1千多人次；处理信访问题296件503人次；参与协调重大疑难信访问题50多件(次)。接待处理群众集体上访18批次；进京非正常上访2人次；区四大班子领导参加公开接待来访群众72次；区四大班子领导下访51人次；象山区信访局到市信访部门接待集体访11次。

【畅通信访渠道】 2017年，象山区按照有关加强信访工作通知精神，在二塘乡和各街道办事处(简称一乡三办)建立专门信访接待室，信访接待场所的软硬件设施实现质的飞跃，构建横向到边、纵向到底的信访工作网络。加强对信访工作人员培训，全年培训100多人次，规范信访工作流程和相关文书，有效减少越级信访，缓解走访压力。使用网络信访，召集一乡三办和各职能部门办信人员参加网信培训1次，为22个部门办理网信Ukey[一种通过USB（通用串行总线接口）直接与计算机相连、具有密码验证功能、可靠高速的小型存储设备]，受理58件网上信访，极大地拓宽了信访渠道。

【信访联席会议】 2017年，象山区把落实信访联席会议制度作为做好信访工作的重要手段，每季度召开信访维稳工作会议，分析形势、研判信息，加强对社会矛盾纠纷和信访热点难点问题的排查、梳理及交办、督办工作，并发挥部门联合接访、律师接访、共同会商整体联动的积极作用，有效化解一批社会热点难点问题和特殊疑难信访问题，严厉打击非正常上访行为。对上访老户实行每户专题调查，对反应问题有道理的，全错全纠，部分错部分纠；对案件处理正确，但上访群众确实存在实际困难的，协调动员各方力量，帮助解决困难；对无理取闹的，坚持依法处理，力争从根本上解决问题。对历史遗留问题，本着以人为本、实事求是的原则，采取领导包案、一抓到底的办法，在认真调查研究的基础上，妥善解决了大部分久拖不决的历史遗留问题。高度关注热点、难点问题，采取提前介入，专题调研等形式，做到抓小、抓早、抓化解，把问题解决在基层，处理在萌芽状态。

【信访排查工作】 2017年，象山区建立矛盾纠纷和信访热点难点问题定期排查机制。重要会议、重大活动、重点节庆及敏感时期，对社会矛盾纠纷和信访热点难点问题，坚持做到街道和部门每周一排查、村委会和社区每天一排查,做到乡不漏村、村不漏户、户不漏人。对排查出来的问题,建立台账,严格落实到位。包案领导听取情况报告,到事发地调查研究,主持研究处理意见,和上访人谈话,做思想工作,及时、有效化解一批矛盾纠纷和信访热点难点问题,预防越级访、集体访和非正常上访的发生。在十九大等敏感时期,一乡三办分工到户,每日将辖区内重点人员的在位情况上报象山区信访局,防止非正常上访事件发生。加强风险评估,把稳定风险评估作为刚性程序,规定对事关民生的重要决策、重要政策、重要项目、重要改革措施必须进行风险评估,对涉及群众切身利益的事项必须公开听取群众意见。全年没有发生恶性群体性事件。（胡志云）

绩效考评

【概况】 2017年,象山区绩效办公室在职人员3人,其中聘用人员1人。绩效考评包括迎接桂林市绩效考评(自评迎考)和区本级绩效考评两项工作。在认真总结以往经验、教训,广泛征求各方面意见的基础上,象山区对《绩效管理与考评工作方案》进行修改和完善,建立绩效奖惩机制,将自评迎考结果与区本级绩效考评挂钩,区本级考评结果与经济奖励挂钩,确保全区2017年度绩效考评工作的顺利进行。

【自评迎考工作】 2017年,桂林市对象山区的绩效考评三级指标共167项(经济建设指标44项,生态建设指标16项,特色工作指标14项,党的建设指标19项,社会建设指标51项,共性指标17项,文化指标4项,法制建设指标2项)。为确保自评迎考指标圆满完成,一是分解落实指标任务,及时将指标任务分解,落实到位。二是加强监督提醒各牵头部门按照时间节点的要求,抓落实,及时查漏补缺,确保指标任务圆满完成。三是将自评迎考结果与区本级绩效考评结果挂钩。凡是牵头部门负责的自评迎考指标在上级考核中未被扣分的,在区本级绩效考评中均按一定的比例给予加分。同时,对部门(单位)牵头负责的工作获得上级表彰、奖励,或完成的绩效考评指标,在桂林市绩效考评中为象山区获得加分的,在区本级考评时,依据上级加分情况,给予双倍加分。经桂林市绩效办考核,2017年象山区自评迎考指标考核得分980.45分、公众评议得分909.01分、领导评价得分913.02分、绩效奖惩得分13.24分,综合考核结果在重点开发类(六城区)中排名第2,被评为一等奖。

【区本级考评工作】 2017年,象山区在做好自评迎考工作的同时,按照指标考核占总分65%,公众评议和领导评价各占总分15%,奖励加分占总分5%的比例,在二塘乡、各街道,区机关各部门、区法院、检察院共53个部门(单位)中开展区本级绩效考评工作,考评范围实现全覆盖。一是规范考核内容和评分细则。制定《象山区2017年度绩效管理与考评工作方案》,印发《关于报送2017年度绩效考评指标及评分细则的通知》,对考核指标及评分细则进行规范。二是考核工作分工。对乡、街道的考核,由区机关相关职能部门设置考核内容及评分细则,并负责考核评分。对区直部门(单位)的指标考核,分职能工作考核和共性工作考核两项,其中,职能工作考核分别由区委办、人大办、政府办、政协办负责组织对所属部门的考核评分。共性工作考核由共性指标设置部门进行考核评分。三是认真做好公众评议和领导评价工作。对乡、街道和区直部门的公众评议,采取问卷调查的形式进行,由区绩效办随机抽取200名村(居)干部,60名企业人士,采取问卷调查的方式集中进行评议。领导评价工作,由绩效办邀请区四家班子领导、一乡三街道党政负责人、区机关各部门、区法院、检察院主要负责人对各参评部门(单位)进行评议评分。2017区本级绩效考评结果为:

一等奖35个:政府办(含法制办、政管办、档案局、民宗局、机关后勤)、区委宣传部、区委办、区委组织部、区纪委监委(含绩效办)、区委统战部、政协办、人大办、区法院、财政局、商务旅游局、发改局、工信局、科技局、城建局、农工局、统计局、城管局、教育局、人社局、卫计局、文体局、食药局、民政局、区妇联、总工会、工商联、人大财政经济委、政协提案委、团区委、人大农业农村街道与环资城建委、人大法治与内务司法工委、政协联络委、二塘乡、平山街道办事处。

二等奖18个:区委政法委、区检察院、区人武部、机关工委、信访局、土地房产局、投资促进局、审计局、工商局、司法局(含调处办)、交通局、安监局、人大教科文卫与民族委、人大选举联络委、区科协、区残联、南门街道办事处、象山街道办事处。（陈忠文）

象山区人民代表大会

XIANGSHAN QU RENMIN DAIBIAO DAHUI

2017 年 2 月 16 日，象山区召开第十一届人民代表大会第二次会议　　区委宣传部　供图

概 述

2017年年末，象山区有区乡两级人民代表大会，其中，区人民代表大会有人大代表168名，乡人民代表大会有人大代表55名。象山区第十一届人民代表大会常设机构为象山区人民代表大会常务委员会（简称象山区人大常委会），组成人员29名，其中主任1名、副主任4名、委员24名。象山区第十一届人民代表大会设专门委员会2个：法制内务司法委员会，主任1人、委员4人；财政经济委员会，主任1人、副主任1人、委员4人。区人大常委会设办事机构1个：办公室，主任1人、副主任1人、工作人员2人；设工作机构3个：教科文卫与民族工作委员会，主任1人、工作人员1人，农业农村街道与环资城建工作委员会，主任1人、副主任1人，选举联络工作委员会，主任1人、工作人员1人。办公地点：象山区环城西二路6号。二塘乡人民代表大会常设机构为二塘乡人民代表大会主席团，主席1人，副主席1人。办公地点位于桂阳公路11公里处。年内，区人大常委会依法履职，共举行常务委员会会议7次，审议通过关于召开区第十一届人民代表大会第二次会议的决定；听取和初审象山区人民政府《2016年国民经济和社会发展计划执行情况与2017年国民经济和社会发展计划安排（草案）》《2016年财政预算执行情况及2017年财政预算（草案）》等报告及有关事项，表决通过有关人事任免议案。

（李成远）

重要会议

【第十一届人民代表大会第二次会议】 2017年2月15日—17日召开。2月15日上午，象山区第十一届人民代表大会第二次会议开幕，应到代表168人，实到代表155人。大会听取和审议象山区人民政府工作报告、象山区人大常委会工作报告、象山区人民法院工作报告和象山区人民检察院工作报告。大会充分肯定区人大常委会和区“一府两院”2016年的工作，同意2017年工作安排。大会依法选举韦碧留、宋剑文为象山区第十一届人民代表大会常务委员会委员；会议依法表决通过象山区第十一届人民代表大会法制与内务司法委员会、财政经济委员会组成人员名单。大会审查批准象山区2016年国民经济和社会发展计划执行情况与2017年国民经济和社会发展计划（草案）的报告、象山区2016年财政预算执行情况和2017年财政预算的报告，依法批准2017年财政预算。大会还表决通过上述6个工作报告的决议。

2017年2月17日，新当选人大常委会委员及法制与内务司法委员会、财政经济委员会组成人员向国徽宣誓　　区委宣传部　供图

【第十一届人大常委会会议】 2017年，象山区第十一届人民代表大会常务委员会共召开会议7次。

第3次会议　2017年1月17日召开。会议审议通过关于召开区第十一届人民代表大会第二次会议的决定；表决通过补选2名区十一届人民代表大会代表的决定；表决通过补选区十一届人民代表大会代表选举办法。表决通过有关人事任免议案，决定任命周浩为象山区人民法院执行局局长、审判委员会委员。

第4次会议　2017年2月9日召开。会议听取和初审象山区人民政府2016年国民经济和社会发展计划执行情况与2017年国民经济和社会发展计划安排（草案）的报告；听取和初审象山区人民政府2016年财政预算执行情况及2017年财政预算（草案）的报告；审议通过象山区第十一届人大二次会议代表资格审查报告；审议通过选举象山区第十一届人大常委会委员的决定；审议通过象山区人大常委会2017年工作要点；初审象山区第十一届人民代表大会法制与内务司法委员会委员、财政经济委员会委员名单；初审象山区第十一届人民代表大会议案处理办法(草案);初审象山区第十一届人民代表大会议案审查委员会成员名单(草案);审查象山区第十一届人大二次会议主要文稿材料草案。

第5次会议 2017年4月19日召开。会议听取和审议象山区人民政府关于食品药品安全监督管理工作情况的报告;听取和审议象山区人民政府关于维护劳动者合法权益工作情况的报告;会议表决通过有关人事任免议案,决定:任命肖琳、万玲红为象山区人民检察院检察委员会委员、周鑫为象山区人民检察院检察员。

第6次会议 2017年6月22日召开。会议听取和审议象山区人民政府关于工商行政管理工作情况的报告;听取和审议象山区人民政府关于农村饮水安全工作情况的报告。

第7次会议 2017年8月29日召开。会议听取和审议象山区人民政府关于2017年象山区上半年国民经济和社会发展计划执行情况的报告;听取和审议象山区人民政府关于2017年象山区上半年财政预算执行情况的报告;听取和审议区人民政府2016年区本级决算草案的报告;审查和批准区人民政府2016年区本级决算;听取和审议区人民政府关于2016年区本级预算执行和其他财政收支的审计

表2 **2017年象山区人大常委会任免干部一览表**

姓名	性别	任免职务	通过会议名称及时间
周　浩	男	任区人民法院执行局局长、审判委员会委员	2017年1月区十一届人大常委会第3次会议
李建春	男	任区人大财政经济委员会主任委员	2017年2月区十一届人民代表大会第二次会议
姜　宇	男	任区人大法制与内务司法委员会主任委员	2017年2月区十一届人民代表大会第二次会议
肖　琳	男	任区人民检察院检察委员会委员	2017年4月区十一届人大常委会第5次会议
万玲红	女	任区人民检察院检察委员会委员	2017年4月区十一届人大常委会第5次会议
周　鑫	男	任区人民检察院检察员	2017年4月区十一届人大常委会第5次会议
赵卓俭	男	免区人民检察院检察委员会委员	2017年8月区十一届人大常委会第7次会议
刘　湘	男	免区人民检察院检察检察员	2017年8月区十一届人大常委会第7次会议
李钦毅	男	免区人民法院民事审判一庭庭长	2017年8月区十一届人大常委会第7次会议
贺　亮	男	免山区人民法院立案庭庭长	2017年8月区十一届人大常委会第7次会议
李盛超	男	免区人民法院审判委员会委员	2017年8月区十一届人大常委会第7次会议
黄清波	男	免区人民法院审判委员会委员	2017年8月区十一届人大常委会第7次会议
刘先勇	男	免区人民法院执行庭副庭长	2017年8月区十一届人大常委会第7次会议
谢　颂	女	免区人民法院执行庭副庭长	2017年8月区十一届人大常委会第7次会议
刘　霓	女	任区人民检察院副检察长	2017年8月区十一届人大常委会第7次会议
杨　梅	女	任区人民检察院检察委员会委员	2017年8月区十一届人大常委会第7次会议
李钦毅	男	任区人民法院立案庭庭长、审判委员会委员	2017年8月区十一届人大常委会第7次会议
陈晓羚	女	任区人民法院审判委员会委员	2017年8月区十一届人大常委会第7次会议
钱　越	男	任区人民法院执行庭副庭长	2017年8月区十一届人大常委会第7次会议
陈一铜	男	任区人民法院执行庭副庭长	2017年8月区十一届人大常委会第7次会议
蔡　曦	男	任区人民法院行政庭副庭长	2017年8月区十一届人大常委会第7次会议
陈碧云	女	任区人民法院民事审判二庭副庭长	2017年8月区十一届人大常委会第7次会议
陈吕晶	女	任区人民法院审判员	2017年8月区十一届人大常委会第7次会议
粟雪兰	女	任区人大财政经济委员会副主任委员	2017年10月区十一届人大常委会第8次会议
邓　军	男	免区人民检察院检察员	2017年10月区十一届人大常委会第8次会议
靳艳玲	女	免区人民检察院检察员	2017年10月区十一届人大常委会第8次会议
陈　粲	女	免区人民检察院检察员	2017年10月区十一届人大常委会第8次会议
周　鑫	男	免区人民检察院检察员	2017年10月区十一届人大常委会第8次会议
黄清波	男	免区人民法院审判员	2017年12月区十一届人大常委会第9次会议

(李志远)

2017年10月27日，区人大常委会主任徐维升（前左）向新当选的人大财经委副主任粟雪兰颁发任命书　　区人大办　供图

工作的报告。会议表决通过有关人事任免议案，决定任命：刘霓为象山区人民检察院副检察长，杨梅为象山区人民检察院检察委员会委员，李钦毅为象山区人民法院立案庭庭长、审判委员会委员，陈晓羚为象山区人民法院审判委员会委员，钱越为象山区人民法院执行庭副庭长，陈一铜为象山区人民法院执行庭副庭长，蔡曦为象山区人民法院行政庭副庭长，陈碧云为象山区人民法院民事审判二庭副庭长，陈吕晶为象山区人民法院审判员；免去赵卓俭象山区人民检察院检察委员会委员职务；免去赵刘湘象山区人民检察院检察检察员职务；免去李钦毅象山区人民法院民事审判一庭庭长职务；免去贺亮象山区人民法院立案庭庭长职务；免去李盛超象山区人民法院审判委员会委员职务；免去黄清波象山区人民法院审判委员会委员职务；免去刘先勇象山区人民法院执行庭副庭长职务；免去谢颂象山区人民法院执行庭副庭长职务。

第8次会议　2017年10月27日召开。会议听取和审议象山区推进义务教育均衡发展情况的工作报告；听取和审议象山区关于《中华人民共和国环境保护法》实施情况的工作报告；听取和审议区人民政府关于象山区第十一届人大二次会议代表建议办理情况报告。会议表决通过有关人事任免议案，决定：任命粟雪兰为象山区人民代表大会财政经济委员会副主任委员；免去邓军象山区人民检察院检察员职务，免去靳艳玲象山区人民检察院检察员职务，免去陈粲象山区人民检察院检察员职务，免去周鑫象山区人民检察院检察员职务。

第9次会议　2017年12月22日召开。会议听取和审议区人民政府关于2017年度“七五”普法活动开展情况的报告；听取和审议区人民法院关于案件执行工作情况的报告；听取和审议区人民检察院关于审查起诉工作的情况报告；审查和批准象山区2017年财政预算调整的方案；表决通过关于召开象山区第十一届人大三次会议的决定；表决通过关于补选区十一届人民代表大会代表的决定；补选黄国准为桂林市第五届人民代表大会代表。会议表决通过有关人事任免议案，决定免去黄清波象山区人民法院审判员职务。　（李成远）

主要工作

【人事任免初审】 2017年起，象山区人民法院（简称区法院）审判员、庭长、副庭长、审判委员会委员（专职委员除外），象山区人民检察院（简称区检察院）检察员、检察委员会委员（专职委员除外）的人事任免，直接由区法院院长、区检察院检察长依法分别向象山区人大常委会提请任免。年内，区人大常委会在与区法院、区检察院充分沟通的基础上，制定《桂林市象山区人民代表大会常务委员会人事任免办法》（简称《办法》）及区法院、区检察院相关人事任免初审规范程序（简称“规范程序”）。按照《办法》及“规范程序”，由区人大法制与内务司法委员会依法对区法院、区检察院有关人事任免进行初审。区人大法制与内务司法委员会组织委员先后2次分别到区“两院”召开座谈会、查阅档案，了解拟任免人员思想、工作、学习、作风、业务各方面情况，并形成报告，为区人大常委会人事任免打好基础。全年，区人大法制与内务司法委员会共审核人事任免材料90多份，发现问题及时反馈。

【信访受理及监督】 2017年，象山区人大常委会督促政府部门加强信访信息平台建设，完善受理处置工作程序，畅通群众信访渠道。针对群众信访中带普遍性、倾向性的热点、难点问题，区人大法制与内务司法委员会开展经常性下访约访活动，主动上门倾听群众呼声，解决群众实际问题，把矛盾化解在基层，减少越级访、重复访、集体访现象。年内，区人大法制与内务司法委员会分别对依法治区、信访维稳、《中华人民共和国行政诉讼法》执行情况，就依法解决群众诉求、维护辖区社会稳定提出意见建议9条(份)。全年受理群众来信来访12批，27人次，先后将李伙英《关于解决生存的报告》、于德来上访系列材料、申富林信访系列材料、《关于协调处理桂林市园林植物园市场运作房项目纠纷案件的函》、韦俊杰《关于处理房屋纠纷报告》转往有关部门并督办落实。

2017年4月12日，象山区人大代表视察组现场查看农贸市场食品安全情况

区人大教科文卫委　供图

【依法监督工作】 2017年，象山区人大财政经济委员会依法初审区人民政府关于2016年国民经济和社会发展计划执行情况以及2017年国民经济和社会发展计划(草案)的报告，初审区人民政府关于2016年预算执行情况和2017年预算(草案)的报告，初审区人民政府2016年决算(草案)；听取区发改局关于2017年上半年国民经济和社会发展计划执行情况的汇报，听取区财政局关于2017年上半年预算执行情况的汇报，听取区工商行政管理局关于工商行政管理工作的汇报。并写出详细的初审报告和调研报告，为区人大常委会审议相关议题打下坚实的基础。年内，象山区人大法制与内务司法委员会先后开展执法大检查2次。其中，4月组织开展2015年以来《中华人民共和国行政诉讼法》执行情况大检查；11月组织开展《桂林市城乡规划条例》《桂林市防控和查处违法建设条例》《桂林市传统村落保护条例》的贯彻执行情况检查；12月中旬对区政府"七五"普法和区法院案件执行工作情况、区人民检察院审查起诉工作情况进行调研督查，并形成调研报告提交区人大常委会审议。

2017年5月19日，象山区人大常委会召开人大代表建议督办会

区人大选联委　供图

【代表建议办理】 2017年，象山区人大常委会重视代表建议的办理工作。1月，象山区人大二次会议及闭会期间收到人大代表建议39件，其中，政治类11件、财经类4件、农业农村类1件、社会管理类5件、城市管理和市政建设类15件、教科文卫类3件。所有代表建议全部转交政府及有关部门办理。期间，区人大常委会采取全面督促与重点督办相结合的方法，强化代表建议的督办工作。如针对人大代表提出的取消停车位缓解银锭路交通拥堵、解决漓江大美路口交通拥堵和解决铁西下水道不通等问题，区人大常委会及其工委协调象山区交警大队、区城市管理局等部门及时进行处理，较好地解决了问题，得到代表和居民群众的好评。至11月，区政府和相关承办单位对39件代表建议、批评和意见办理情

2017 年 9 月 20 日,象山区人大代表视察接收外来人员子女比较多的翠竹小学

区人大教科文卫委　供图

况全部给予答复,答复率 100%,代表满意和基本满意率 100%。

【人大代表履职活动中心建设】 2017 年,象山区人大常委会及其工委先后建立二塘乡、南门、象山、平山 4 个人大代表履职活动中心,投入 12 万元为活动中心配备电脑、复印机、多功能打印机、办公桌椅、文件柜,制作各项制度,完善活动功能。配有选民和代表意见箱,学习书籍和档案资料;《代表视察制度》《人大接待和处理来信来访制度》等一系列制度上墙。明确接待代表日和代表接待选民日,印制有接待意见、建议反馈簿,并建立起听取意见、整理归纳、反馈意见、及时督办、办理结果通报选民的一整套办理程序。年内,象山区人大常委会先后开通市、区代表微信平台 5 个,通过微信平台及时发布各级人大工作信息和动态。

【视察调研】 2017 年,象山区人大常委会及其相关工委组织人大代表开展专项视察调研工作 9 次,了解掌握社情民意,撰写调研报告,向政府职能部门提出工作建议。4 月,对区政府食品药品安全监管工作情况和维护劳动者权益工作情况做专题调研。调研组先后走访察看铁西幼儿园、小香槟餐馆、象山食品批发城、南门食品药品监督所、南站市场、丰收面点、桂晶晶食品生产有限公司;听取区人力资源与社会保障局的报告,查阅相关台账并赴有关单位实地查看。撰写《象山区食品药品安全监督管理工作情况的调查报告》和《关于维护劳动者合法权益工作情况的调研报告》。5 月,组织人大代表深入区工商行政管理局和西门工商所开展"人大代表进工商"视察活动,让人大代表近距离了解工商工作,了解工商工作在市场经济中的作用,听取部分企业主对工商工作的评议,掌握象山区工商工作取得的成绩和存在问题,提高代表审议政府工作质量。组织部分区人大代表对象山区开展环卫市场化改革的工作情况进行专题调研,撰写《关于象山区环卫市场化改革运行情况的调研报告》。6 月,组织代表听取区农村工作局汇报近年来农村饮水安全工作情况,同时实地查看实施改水工程的二塘乡仁头、滥塘自然村,撰写《关于农村饮水安全工作情况的调查报告》。7 月,组织人大代表深入桂林三花股份有限公司、方大印业有限公司、象山区地税局等单位和企业,了解企业生产经营情况,视察和听取汇报,掌握一手材料,为审议好区人民政府关于上半年国民经济和社会发展计划以及预算执行情况的报告打下坚实基础。8 月,组织部分区人大代表对村和社区"两委"换届以及村和社区建设工作情况做专题视察调研,撰写《关于象山区村(社区)建设和"两委"换届工作情况的调研报告》。9 月,对区政府义务教育均衡发展工作情况做专题调研。调研组先到已通过义务教育均衡发展国家验收的七星区考察学习,然后到翠竹小学(接收外来人员子弟学校代表)、二塘小学(农村学校代表)、龙光小学(新建学校代表)、将军桥小学(城区学校代表)等单位调研,并在将军桥小学召开各方人员座谈会,撰写《象山区义务教育均衡发展工作情况的调查报告》。10 月,对区政府落实实施《中华人民共和国环境保护法》(以下简称《环保法》)工作情况开展调研,撰写《关于〈中华人民共和国环境保护法〉实施情况的调研报告》。年内,象山区人大常委会还组织人大代表就健康养生养老产业发展、城市管理工作、农村土地流转、生态乡村建设、城区产业布局、公安队伍建设等多项工作进行视察。所有调研报告以大会发言或者书面报告形式,向区政府及其职能部门反馈,有效履行人大代表大会对政府工作的监督和代表的参政职能。

(姜　宇　李建春　申　辉　韦碧留　宋剑文)

象山区人民政府

XIANGSHAN QU RENMIN ZHENGFU

2017年2月28日，象山区召开经济工作暨表彰大会　　区委宣传部　供图

重要会议

【全区性工作会议】 2017年，象山区人民政府（简称区政府）召开全区性（重要）工作会议21次。

第一季度安全生产工作会议　1月20日召开。会议传达学习上级安全生产工作会议精神，总结象山区2016年安全生产监管工作情况，部署2017年安全生产监管工作，并组织收看象山区安全生产大检查多媒体材料，对第一季度安全生产工作进行重点安排。会议要求，全区各部门要提高认识，强化措施，落实责任，全力推进2017年安全生产工作。

工业经济发展工作暨安全生产工作会议　2月21日在国营长虹机械厂会议室召开。会议通报2016年工业企业经济发展情况，安排部署2017年经济工作。会议认为，2016年，象山区安全生产形势总体稳定，没有发生较大以上事故。2017年要着重做好三个方面工作：一是健全责任制度，着力落实主体责任。落实“一把手负责制”和“一岗双责制”，努力形成各司其职、各负其责、齐抓共管的工作局面。二是狠抓执法查处，着力规范生产秩序。强化安全生产检查，对重点行业、重点领域、重点企业存在的突出问题，结合重大经济社会活动，组织开展经常性的安全生产专项检查。三是强化宣传教育，提高全员安全意识。

重大项目建设工作会议　2月23日召开。中共象山区委常委、常务副区长梁红通报象山区2017年重大项目建设基本情况。区长蒋永刚强调，各责任领导和责任部门要进一步增强全区上下抓项目的责任感、紧迫感和使命感，按照区委、区政府的统一部署，全力以赴推进重大项目建设；要树立“一盘棋”思想，建立项目落实协调推进机制，加强沟通、紧密配合，齐心协力打好项目攻坚战；要明确责任，一抓到底，对2017年新开工项目要明确开工、工程进度的时间节点，提出合理的项目推进时间计划表，对前期项目要明确报建手续、征地拆迁的时间节点，确保尽早开工；要建立项目月报制度，及时汇总项目建设过程中遇到的各种困难和问题，认真落实重大项目“一月一督查一通报制度”，形成紧张、快捷、高效运转的工作模式，齐心协力把建成项目管理好，努力实现重大项目建设新突破，切实以重大项目建设促进全区经济社会发展。

2017年3月7日，象山区召开宣传思想文化工作暨创建全国文明城市推进会议

区委宣传部　供图

创建食品安全城市工作部署会　2月27日召开。会议要求，要对照分解任务表，制定相应的工作方案，形成工作推进计划；要积极汇报工作进展和存在问题；要利用电视台、报纸、网站、单位公众号、电子屏幕、户外广告、乡镇街道宣传栏等平台营造创建食品安全城市浓厚宣传氛围，发现亮点、培育亮点和宣传亮点，达到提高知晓率和满意度目的；要落实企业主体责任，结合监管工作开展对生产经营单位的培训、宣传教育和监督检查；要按照监管对象的30%以上数量筹备现场迎检点。

宣传思想文化工作暨创建全国文明城市推进会议　3月7日召开。一乡三街道及全区各部门负责人参加会议。会议就“围绕全区宣传思想文化工作主题，筑牢思想理论根基；加强宣传阵地建设，提高舆论引导水平；持续深化价值引导，全力推进文明创建；实施文化惠民工程，推动文化繁荣发展；强化管理务实担当，树立宣传思想文化队伍新形象”等五个方面工作展开研究讨论。会议要求深入开展全国文明城市创建工作，找准差距，增强创城信心和决心，在宣传造势上狠下功夫，营造浓厚氛围；在硬件建设上狠下功夫，补齐创建短板；在城市管理上狠下功夫，建立长效机制；在思想引导上狠下功夫，推动全民创建，坚决打赢创建攻坚战。

全区教育工作暨义务教育均衡发展工作会议　3月23日召开。教育局党委书记、局长唐华镁作

2016年教育工作报告，总结象山区教育工作成绩，分析研判教育工作面临的新形势、新要求，安排部署2017年教育工作重点任务。区委常委、区委宣传部部长、副区长经翠艳指出，办人民满意教育，要加强学校思想政治教育工作，抓好师德师风建设；要加强学校文化建设，深入推进“一校一品”，打造象山教育新内涵；要加强党风廉政建设，拒绝有偿家教；要加强学校项目建设步伐，争取缓解秋季招生“入学难”问题；要全力以赴做好义教均衡验收工作。区长蒋永刚在会上强调：一要肯定成绩，正视不足，进一步增强发展教育的紧迫感和使命感；二要抓住重点，强化举措，创新办学理念，加强师资建设，提高管理水平，加强行风建设，推进象山区教育事业全面创新发展；三要强化领导，健全机制，齐抓共管，通力协作，形成推动全区教育事业发展的强大合力。区委书记唐小忠就义务教育均衡发展评估工作提出四点意见：一是做好义务教育均衡发展评估验收工作，是党委、政府应尽的责任，要以奖代补，积极争取上级资金，切实优化教育资源分配；二是对义务教育均衡发展验收评估工作做正确研判，树立问题导向，正视工作中存在的问题，积极整改；三是把握义务教育均衡发展验收的基本要义，明白“一个门槛、两项评估内容、一个重要参考、四个一票否决”的内涵；四是通过“六个一”，抓好义务教育均衡发展工作，即“一个责任状、一套人马、一个气氛、一套举措、一个保障、一个纪律”，举全区之力，通过验收。会议要求各有关部门要加强组织领导，强化落实责任，营造良好氛围，确保顺利通过义务教育均衡发展评估验收工作。

城市管理工作会议　3月23日召开。会议总结2016年度全区城市管理工作情况，部署2017年度城市管理工作。区长蒋永刚强调，要加快建成区级数字化指挥中心，提高城市管理信息化水平，要切实加强队伍管理，加大工作督察力度，保障各部门各单位、责任人按要求落实好工作责任，合力做好城市管理工作。区委书记唐小忠指出，要认真学习领会中共中央总书记习近平“城市管理应该像绣花一样精细”的讲话内涵，加强调研分析象山区城市管理工作存在问题，围绕发展抓管理，根据问题抓措施，促进城市管理向信息化、智能化、精细化发展；要真抓真管，敢啃敢整治经营秩序、交通秩序、广告秩序和拆除两违建筑中的“硬骨头”，及时建立完善管理改革工作的配套措施，广泛引导发动人民群众参与城市管理，提升城市管理整体水平；要建立健全城市管理联席会议、队伍管理、保障投入和监督考核制度，严格以制度管人管事，保障城市管理长期健康发展。

农村工作和“美丽象山·宜居乡村”工作会议　3月24日召开。与会人员参观桂禾农场、侗情水庄、北芬大村新村示范村建设，区政府与二塘乡政府、平山街道办事处签订年度目标责任状。区委书记唐小忠阐述农村工作和“美丽象山·宜居乡村”重大意义，总结回顾象山区2016年农业农村工作和“美丽象山·生态乡村”工作，指出存在问题和薄弱环节，并对2017年农村工作进行全面部署。会议要求：要深刻学习领会，迅速宣传贯彻；加强研究部署，狠抓工作落实；紧抓当前重点，赢得工作主动。

全区重大项目汇报会　3月28日召开。会议贯彻落实市委书记赵乐秦考察调研象山区重大项目建设时的讲话精神，加快全区重大项目建设。会议听取瓦窑文化创意街区、侗情水庄、桂禾生态农场、北芬老村、新村和小村提升改造、万福东路、漓江记忆——龙船坪特色街区提升改造、桂林汽车客运南站搬迁工程、华夏艺术大观园、桂林国家森林公园改造提升、崇善龙光小学、桂阳公路（象山段）特色街区改造

2017年3月24日，象山区召开农村工作和“美丽象山宜居乡村”工作会议，图为参会人员参观桂禾农场生产现场　　区委宣传部　供图

工程(农村段)、桂林青莲国际旅游农业综合体、九美桥时尚园和瓦窑小镇14个项目的建设情况汇报。

人口与计划生育领导小组会 3月28日召开。会议传达市卫生和计划生育工作会议精神,通报区2016年人口和计划生育工作执行情况,研究部署2017年人口和计划生育工作主要任务。

全区民政工作会议 3月29日召开。会议全面总结2016年民政工作,研究部署2017年民政工作。2016年,区民政工作围绕“三大民政”建设、“三项改革”重点、“两项活动”保障,在抓好民生保障、创新社会治理、深化社会服务等各项工作中取得很好成绩。2017年民政工作,重点在完善社会救助制度、提升减灾防灾能力、深化养老服务改革、发展社会福利和慈善事业、加强基层自治组织建设、社会组织管理、社会工作和志愿服务、拥军优属、区划地名管理、专项社会事务管理和民政干部队伍建设等11个方面,并力争有新的突破。副区长周灿要求广大民政干部要牢记职责,奋发有为,自觉践行“四个意识”,时刻把服务人民群众放在心里,圆满完成各项民政工作任务;遵纪守法,依法行政,严格落实党风廉政建设“两个责任”;勤奋学习,积极加强民政干部业务培训,不断提高业务能力。

全区职业健康联席工作会议 4月13日召开。会议宣读象山区职业病防治联席会议制度,总结象山区2016年度职业健康监管工作情况,部署2017年职业健康监管工作。

全区防汛抗旱工作会议 4月18日召开。会议总结2016年防汛抗旱工作,部署2017年防汛抗旱各项工作。会议强调,2017年是全面深化改革的开局之年,防汛抗旱工作事关全区经济社会发展全局,事关人民生命财产安全,责任重大、任务艰巨,思想上务必高度重视,措施上务必扎实有效,落实上务必不折不扣。要以对党、对人民高度负责的精神,团结协作,扎实工作,尽职尽责,努力夺取防汛工作的全面胜利,为促进象山区经济持续健康发展和社会和谐稳定作出新的更大贡献。

农村集体土地承包经营权确权登记颁证暨深化小型水利工程管理体制改革工作会议 5月23日在二塘乡召开。会议强调,农村土地承包经营权确权登记颁证工作是一件大事、急事、难事,在思想上务必高度重视,在操作上务必蹄疾步稳,在行动上务必高度聚力。以会代训,对深化小型水利工程管理体制改革工作进行业务培训,提出了相关要求。

2017年8月24日,象山区召开文化市场专项整治会议　　区委宣传部　供图

校外午托机构整治工作会议 5月26日召开。会议研究部署校外午托机构安全隐患排查整改工作,并向160多家经营户发放《致象山区校外午托机构经营者的告知书》。

全区重大项目建设推进会 6月2日召开。会议通报1—4月重大项目推进情况,全面盘点象山区重大项目建设,着力查找差距不足、梳理问题原因,进一步明确责任。会议要求,拿出措施,真刀真枪抓落实,加快推进重大项目建设,倒逼上半年固定资产投资目标任务的完成。

全区重大项目建设汇报会 7月25日召开。会议贯彻落实自治区投资和项目建设工作会议精神;听取瓦窑文化创意街区、北芬老村、新村和小村提升改造、漓江记忆——龙船坪特色街区提升改造、汽车南站新建及总站搬迁、崇善龙光小学、华夏艺术大观园等9个项目的建设进展情况汇报。要求加快推动象山区重大项目建设进度,为实现全年项目建设任务打好基础。

全区文化市场专项整治会议 8月24日召开。会议深入学习中共十八大会议精神和各级领导对强化网吧市场管理的重要指示,要求以全面推广应用“文网卫生”网吧监管平台工作为手段,坚决取缔“黑网吧”,严禁网吧超时经营,保护未成年人合法权益和促进网吧行业合法守序经营,切实解决网吧市场管理和经营方面存在的突出问题，进一步净化象山区社会文化环境。

依法治区领导小组会议　9月13日召开。会上研究部署关于加强象山区“七五”普法宣传工作、象山区依法治区专项考评指标工作和象山区进一步落实好国家机关“谁执法谁普法”普法责任制工作，并就下一步工作提出具体要求。

全区土地征收工作业务培训会　9月22日召开。培训会由桂林市国土资源局信访办主任靳凯授课。内容有土地收储相关政策法规知识、土地征收业务知识。通过培训，规范土地征收工作流程，提高征收工作人员业务水平，为做好土地征收工作打好基础。

重大项目“百日攻坚”会　10月25日召开。会议通报全区1—9月重大项目建设情况，指出存在的主要困难和问题，并下达全区重大项目攻坚战斗指令，动员全区各级各部门齐心协力、上下用力、形成合力，打响重大项目建设攻坚战。区长蒋永刚指出，2017年象山区重大项目共有101项，各级各部门必须坚定信心、拿出恒心，举全区之力，打一场重大项目攻坚的漂亮仗。一要认清形势，切实增强重大项目攻坚工作的紧迫感和责任感；二要主动作为，抓重点、抓难点、抓协调、抓谋划，全面掀起重大项目建设热潮；三要强化保障，明确目标责任，以督考促狠抓落实，全力以赴完成目标任务。区委书记唐小忠强调：一要集中开展办公，二要列出攻坚项目时间表，三要坚持一线工作，四要奖惩分明。各级各部门要认真贯彻落实党的十九大精神，坚定信心，苦干实干，敢于担当，确保完成2017年经济目标。

2017年10月25日，象山区召开全区重大项目“百日攻坚”大会　　区发改局　供图

【区政府常务会议】　2017年，象山区第十一届人民政府召开政府常务会议7次。会议均由区长蒋永刚主持。区政府班子成员出席会议，区政府办公室及相关职能部门负责人列席会议。

第3次常务会议　1月17日上午召开。会议审议通过《政府工作报告（草案）》《关于象山区2016年预算执行情况和2017年预算（草案）的报告》，讨论通过《关于象山区2016年国民经济和社会发展计划执行情况与2017年国民经济和社会发展计划（草案）的报告》，并决定将3个报告提交区委常委会研究。原则通过《象山区2017年区领导跟踪服务推进的重中之重项目和重大项目工作方案（征求意见稿）》，经征求四家班子领导意见并修改完善后提交区委常委会研究。会议审议通过区安委会年度安全生产工作报告。会议同意《关于动用2016年年初预算预备费的请示》，同意调整机关事业单位工作人员基本工资标准和增加机关事业单位离休人员离休费。会议还研究了其他有关事项。

第4次常务会议　2月17日下午召开。会议讨论批准2017年经济工作会议实施方案及通过表彰2016年经济工作先进单位、先进个人的决定。研究同意《象山区2017年区领导跟踪服务推进的重中之重项目和重大项目工作方案及项目分工表》的请示。同意《关于解决二塘乡仁头村、溰塘村自来水安装工程资金的请示》，决定立即启动项目前期工作，要求主管部门采取向市政府和市水利局申报项目等方式争取资金，二塘乡政府要动员村民自筹部分资金，确保项目资金落实到位。会议对做好第一季度及全国“两会”期间辖区安全生产各项工作，贯彻落实国务院第162次常务会精神，做好困难群众基本生活保障等有关工作进行部署安排。会议还讨论通过有关人事和经费等事宜。

第5次常务会议　4月27日上午召开。会议讨论通过调整区政府领导工作分工事宜。原则通过《龙船坪特色街区国有土地上房屋征收补偿安置方案》的请示，该方案由龙船坪特色街区指挥部根据会议讨论意见修改完善，并经区法制办审核提出意见，即可印发组织实施。

会议决定：暂缓中石化桂林石油分公司新建象塘加油站项目。由区投资促进局牵头，区发改局、城建局、土地房产局配合，参照自治区商务厅对加油站规划选址布点要求，结合象山区土地和产业布局规划，对辖区内加油站的定点进行再研究，提出具体意见后上报区政府研究。

会议原则同意象山区环城南二路以南煤灰塘宗地移交协议。由区土地房产局、法制办联合对地块进一步梳理论证，并对协议进行审定提出修改意见，报区委常委会研究。同意“一乡三街道”各招聘1名社区戒毒康复专职工作人员。同意公安象山分局报请区政府招聘20名社区民警助理，由副区长张宁生牵头，在各社区成立戒毒康复、平安综治、纠纷调解工作站，整合各种资源负责社区戒毒、综治、纠纷调解等各项工作。原则同意象山区法院建设“法院智能庭审系统”。会议还研究有关人事和经费等事宜。

第6次常务会议　7月14日上午召开。会议讨论通过《象山区城乡基础设施建设投资有限公司与建设银行桂林分行签订贷款合同的请示》，要求区法制办对合同审核把关，区财政局完善相关手续，贷款资金使用时须列入预算后方可按规定使用。讨论通过《象山区2017年项目资金审批暂行管理规定》，要求区财政局根据会议讨论意见对规定修改完善，区政府办公室印发组织实施。会议原则同意《关于城管大队新建职工食堂和数字化指挥中心的请示》，建设方案由相关部门审核后付诸实施，食堂建成后不再发放城管大队人员误餐费。会议还研究了临时聘任教师及有关人事、绩效奖励经费等事宜。

第7次常务会议　8月1日上午召开。会议原则同意《关于确定龙船坪特色街区（码头旅游服务设施建设项目）一期工程招标方式的请示》，根据桂林市发改委、市规划局批复文件，按政府采购形式依法依规进行工程总承包招投标，由区采购办监管，尽快确定招投标代理机构，发布招标公告。原则同意《关于申请新成立龙光、润鸿两个社区的请示》，呈报桂林市民政局审批。要求区民政局与房地产开发建设单位龙光集团、北京住总集团有限责任公司沟通协调，确保各提供1000平方米的社区办公用房。

2017年8月1日，象山区政府第7次常务会议会场　区政府办　供图

会议决定：崇善龙光小学9月要如期投入使用。会后，由项目指挥部会同区发改局、区城建局与市发改委沟通，尽快完善工程竣工验收手续；项目指挥部与龙光集团对接，确保8月5日前完成扫尾工程并移交；区教育局按照开学的要求布置相关工作，尽快改造相关功能室，准备教学器材，确保9月初小学一年级2个班能正常开学。

第8次常务会议　10月20日上午召开。会上通报1—9月生产安全事故情况，分析部署第四季度全区安全防事故工作。

会议原则同意龙船坪特色街区（码头旅游服务设施建设项目）国有土地房屋征收补偿安置方案相关补偿政策的请示。原则同意签订沙河度假村项目前期工作合作协议的请示。要求区土地房产局按会议要求完善合作协议，明确开工时间及投资额度，待亿森旅游公司提交整体规划设计方案报区政府同意后，再行供地。原则同意关于与桂林市城投公司签订合作框架协议书的请示。原则同意关于签订桂林市象山区青莲国际旅游农业综合体投资项目合作协议书的请示。要求青莲国际项目指挥部督促项目业主上报规划设计方案，按照会议要求，修改调整合作协议书，并尽快完善林地报批相关手续，上报自治区林业厅，确保在12月底前完成土地“招拍挂”工作。

会议原则通过落实桂林市车改领导小组会议精神的请示。会后，由区车改办对全区公务用车进行认真梳理，提交公车处置和购买方案报区政府研究。同意关于提请审定象山区权责清单的请示。讨论审核关于桂林市南城电器城“11·24”火灾事故调查情况报告。要求区安监局对报告进行修改完善,并报区政府主要领导签发向社会公布。会议还研究讨论了经费等事宜。

第9次常务会议　12月22日上午召开。会议原则同意《关于请予审批桂林健康养生旅游项目被征地农民社会保障报批实施方案的请示》,由区财政局、土地房产局与市土地储备中心对接,结算以往项目基本养老保险补贴,区人社局负责联系安排补贴资金进入象山区社保专户。原则同意《关于请予审批桂林国际名优产品展示中心项目被征地农民社会保障报批实施方案的请示》《关于请予审批桂林国际文化创意体验中心项目被征地农民社会保障报批实施方案的请示》。

会议研究决定:同意《关于办理常家村村民第六批养老保险手续的请示》,并按《关于二塘乡常家村村民31人有缴费记录及第六批已到龄村民的情况报告》提出的建议办理。由区财政局梳理区政府在项目征地工作中垫资情况,由区法制办会同二塘乡与村民完善办理手续。

会议原则同意关于签订《侗情水庄项目委托征地协议书》的请示,要求区土地房产局按会议要求进行修改完善,征收土地经费超出金额部分,由企业兜底承担。原则同意关于签订《侗情水庄建设项目征地社会养老保险基金协议书》的请示。原则同意关于申请司法救助款的请示,由区人民法院救助委员会完善相关材料上报区政府批复,区财政局按照年初预算进行拨付。会议原则通过关于象山区人民政府职工家属区“三供一业”分离移交(框架)协议。会议还研究讨论有关项目建设、人事及经费等事宜。（唐小雪）

政务服务与信息公开

【概况】 2017年,象山区围绕国务院“放管服”改革工作和自治区政务公开工作要点,全面开展“一服务两公开”(即政务服务、政府信息公开、政务信息公开)工作。重点做好象山区行政权力运行流程优化编制、象山区人民政府门户网站信息公开等工作。全区25个单位完成行政权力运行流程优化编制工作,共编制行政事项1118项。按照“应进必进”原则,共进驻政务中心集中办理事项75项,全年共受理1404件,办结率100%。象山区人民政府门户网站共发布信息1941条,顺利通过自治区政府网站绩效考核。

【行政权力运行流程优化】 为提高行政办事效率,提升群众满意度,象山区25个单位完成1118项行政权力运行流程优化编制工作,其中行政许可65项、行政处罚666项、行政强制52项、行政征收6项、行政给付36项、行政检查115项、行政确认28项、行政奖励10项、行政裁决2项、其他行政权力138项。重点优化事项流程、缩短办事时间和明确所需材料等。经优化,象山区行政审批事项和公共服务事项平均提速60%以上。

【“应进必进”行政事项管理】 按照“应进必进”原则,象山区人力资源和社会保障局、象山区环保分局、象山区卫生和计划生育局、象山区民政局、象山区食品药品监督管理局、象山区城市管理局、象山区安全生产监督管理局、象山区财政局、象山区文化体育局、象山区教育局、象山区档案局、象山区民族宗教事务局、象山区司法局、象山区残疾人联合会等14个单位进驻象山区政务服务中心,进驻行政许可和公共服务事项共75项(不含子项)。全年办理事项1404件,其中行政审批事项1132件,占全部办理事项的80.6%;公共服务事项272件,占全部办理事项的19.4%,办结率100%。

【政务信息公开】 2017年,象山区人民政府门户网站为象山区信息发布的主要载体,共设5个大栏目,64个子栏目。分别为今日象山(含9个子栏目)、专题热点(含9个子栏目)、信息公开(含40个子栏目)、政务服务(含2个子栏目)、政民互动(含4个子栏目)。全年共处理网站健康运行问题83条,发布信息1941条。其中重点领域信息公开,如执法信息共公开156条,其中工商行政处罚决定书29条,食品药品行政处罚决定书87条,安全生产行政处罚决定书5条,文化体育行政处罚决定书12条,城市建设行政处罚决定书21条,财政政府采购行政处罚决定书1条,社会抚养费征收决定书1条;财政预决算信息公开共116条,其中象山区政府总预算3条,象山区政府总决算2条,部门预算54条,部门决算54条,“三公”经费2条,财政专项资金1条。每个季度象山区将区政府主动公开的规范性文件送至桂林市档案馆、图书馆、政务服务管理办公室和象山区档案局,供市民查阅。

（杨　娟）

机关后勤保障

【概况】 2017年,象山区机关后勤服务中心在职人员40人(含聘用

24人），其中正、副主任各1人、机关车队9人、核算中心5人、网络管理员1人、水电工2人、文印室1人、收发室1人、机关食堂8人、大楼保安员6人、保洁员5人。年内，围绕全区工作中心，按照“热情、周到、节俭、高效”服务保障要求，共动用公务车辆925台次，行驶里程6万多公里，办理车辆年审手续46台，喷绘公务车辆标识46台。食堂采购各类食材、副食品共70多万元，接待就餐人员8.1万人次。完成材料复印45万张，打印130万张。

2017年4月12日，象山区投资16万元安装的新能源汽车充电桩

区后勤服务中心　供图

【办公物资采购】 2017年，象山区机关后勤服务中心共采购各类公用物资116件（套），价值53万多元，其中办公桌9套、办公椅12套、电视机1台、打印机21台、空调机12台、电脑34台、碎纸机6台、茶几3张、沙发3套、扫描仪4台、移动硬盘3个、天融信防火墙，（用于机关大楼政务外网）、交换机（用于机关大楼政务外网）3台、传真机1台、摄像机2台、照相机1台。保证了机关办公所需。

【网络保障】 2017年，象山区机关后勤服务中心更换安装网线40多次，使用网线1650米，维修电脑210台次，维修保养交换机7台次，安装防病毒软件、办公软件366套次，完成全区网络接入政务外网等工作。

【办公场所维修】 2017年，象山区机关后勤服务中心装修改造办公用房3间，粉刷墙体4000平方米、更换门锁52把、铰链11只；检修更换灯具1123只、铺设各类管线2800多米；新装电话24门、移机27门、铺设电信管线600多米，维修空调48台次；修整办公大楼前后露天停车场700多平方米，更新花卉盆栽植物12次。

2017年，象山区投资8万多元完成的翠竹小学节水改造工程（雨水收集灌溉项目）

区后勤服务中心　供图

【节水节电】 2017年，象山区机关后勤服务中心全年共改造机关大楼照明灯具256套，更换节能水龙头48个、角阀23只、排水器具26件，争取市节能改造经费16万多元，安装新能源汽车充电桩14个，投资8万多元完成翠竹小学节水改造工程任务。2017年与2016年相比，公共机构节能单位人均综合能耗同比下降6%；单位建筑面积能耗同比下降7%；公共机构节能单位人均用水量同比下降12%。

（李艳洁）

中国人民政治协商会议
象山区委员会

ZHONGGUO RENMIN ZHENGZHI XIESHANG HUIYI
XIANGSHAN QU WEIYUANHUI

2017 年 5 月 19 日，政协象山区第五届委员会第三次全体会议召开　　区委宣传部　供图

概　述

2017年，中国人民政治协商会议桂林市象山区委员会（简称政协象山区委员会）共有委员141名，其中，中共界别8人、民革界别5人、民盟界别6人、民建界别6人、民进界别4人、农工党界别6人、致公党界别5人、九三学社界别6人、无党派人士12名、工会2名、共青团1名、妇联2名、工商联界别20人、归侨界别1名、台联界别2人、少数民族界别1人、宗教界别1名、文化艺术界别9人、科技界别2名、经济界别22人、社会救济团体界别1名、农林界别1名、教育界别5人、医卫界别3人、特邀人士10名。政协象山区委员会常务委员会组成人员28名，其中主席1名，副主席4名(2017年2月副主席农军提拔任桂林市农工党主委，辞去象山区五届政协副主席职务；2017年5月19日补选赖慧云为象山区五届政协副主席)，常委23名（中共界别5人、民革界别1人、民盟界别1人、民建界别1人、民进界别1人、农工党界别1人、致公党界别1人、九三学社界别1人、少数民族界别1人、台联界别1人、文艺界别1人、工商联界别2人、经济界别4人、医卫界别1人、教育界别1人）。政协委员会机关设政协办公室、政协经济科技联谊和委员联络委员会、政协提案社会法制和教文卫体委员会。现在编人员16人，办公地点位于象山区环城西二路6号。年内，为落实和研究有关事项，政协象山区第五届常务委员会共召开会议6次，多次组织政协委员开展调研活动，为象山区各项工作出谋献策，共提交议案105件，其中立案85件，为象山区经济社会文化建设做出应有贡献。（丰宏亮）

重要会议

【政协第五届委员会第二次全体会议】 2017年2月15日—2月17日，召开中国人民政治协商会议象山区第五届委员会（简称政协象山区第五届委员会）第二次会议。会议应到委员137人，出席委员132人。会议听取和审议政协象山区第五届委员会常务委员会工作报告；听取和审议政协象山区第五届委员会常务委员会关于五届一次会议以来提案工作情况的报告；听取委员小组发言；听取和学习中共象山区委书记唐小忠在本次会议开幕大会上的讲话。政协委员列席象山区第十一届人大第二次会议，听取和协商讨论象山区区长蒋永刚在区十一届人大二次会议上所作的《政府工作报告》和区人民法院、区人民检察院报告及其他报告。审议通过政协象山区第五届委员会第二次会议各项决议。

2017年2月16日，政协象山区第五届委员会第二次会议召开　　区委宣传部　供图

【政协第五届委员会第三次全体会议】 2017年5月19日召开政协象山区第五届委员会第三次全体会议。会议补选赖慧云为政协象山区第五届委员会副主席。

【政协五届常委会会议】 2017年，政协象山区第五届委员会常务委员会共召开会议6次，会议均由政协象山区第五届委员会主席眭铂生主持。

第3次会议　2017年1月23日召开。会议议程：审议政协象山区第五届委员会常务委员会工作报告和关于政协五届一次会议以来提案工作情况报告；确定大会常务委员会工作报告和提案工作情况报告报告人和委员小组调研报告发言人；确定召开政协象山区第五届委员会第二次会议时间、会议议程和日程等有关事宜。

第4次会议　2017年2月16日召开。会议议程：听取各委员小组讨论中共象山区委书记唐小忠的讲话和政协象山区第五届委员会常务委员会工作报告、提案工作情况及大会发言报告情况汇报；审议通过《政协象山区第五届委员会常务委员会工作报告》和《政协五届一次会议以来提案工作情况报告》的决议；审议通过《政协五届二次会议政治决议》。

第 5 次会议　2017 年 2 月 20 日召开。会议议程：传达《中共桂林市委员会关于农军免职的通知》（市委〔2017〕10 号）和中共象山区委《关于提名农军任免职的通知》（〔2017〕8 号）文件；按照《中国人民政治协商会议章程》规定，一致通过决定同意农军辞去政协象山区第五届委员会副主席及委员职务。

第 6 次会议　2017 年 5 月 12 日召开。会议议程：组织学习中共中央总书记习近平视察广西的重要讲话精神；讨论人事增补事项：会议传达《中共桂林市委员会关于提名赖慧云任职的通知》（市委〔2017〕51 号）和中共象山区委《关于提名赖慧云为政协象山区第五届委员会副主席》的文件。讨论同意市委、区委提名文件，决定 2017 年 5 月 19 召开政协象山区第五届委员会第三次全体会议，主要议题补选政协象山区五届委员会副主席。讨论捐资助学工作，同意为翠竹小学义务教育均衡发展捐资人民币 20 万元。捐资形式，各委员小组采取个人自愿捐资的方式，每个委员小组约 5 万元，直接转入翠竹小学账户。讨论决定调整政协党组、领导班子工作分工。决定设立政协 4 个工作小组：经济工作组、提案工作组、社会法制工作组、教文卫体工作组，各组实行归口管理，在象山区政协党组、政协班子的统一领导下开展工作。

第 7 次会议　2017 年 10 月 30 日召开。会议议程：组织学习中国共产党第十九次全国代表大会（简称中共十九大）主要精神。重点学习中共十九届中央委员会第一次会议公报；学习中共十九大《关于十八届中央委员会报告的决议》和《关于十八届中央纪律检查委员会报告的决议》；学习中共十九大《关于中国共产党章程（修正案）的决议》。区政协主席眭铂生领学中共十九大精神，并就下一步学习贯彻落实中共十九大精神提出了明确要求。

第 8 次会议　2017 年 12 月 28 日召开。会议议程：听取象山区政府通报 2017 年政府工作和提案办理情况，听取区纪委、区法院、区检察院通报 2017 年以来执纪、执法有关工作情况；审议政协象山区第五届委员会第四次全体会议有关事项：审议政协象山区第五届委员会常务委员会工作报告和五届一次会议以来提案工作情况报告；审议大会发言报告和书面报告；审议关于表彰 2017 年爱心捐助先进个人，2016—2017 年先进委员小组、优秀委员、2017 年优秀提案和先进提案承办单位；会议增补谢标、陈群（女）、吕元忠、周书鹤为政协象山区第五届委员会委员。

（丰宏亮）

主要工作

【成立委员工作组】 2017 年 5 月，中国人民政治协商会议象山区委员会（简称象山区政协）设立政协经济工作组、提案工作组、社会法制工作组、教文卫体工作组，各组实行归口管理。各工作组成立后，有针对性地开展视察调研和协商工作，为促进全区经济社会发展献计出力。经济工作组开展“百日攻坚”重点项目和委员企业调研活动；提案工作组开展提案征集和重点提案督办工作；教文卫体工作组开展“传承民族经典，弘扬传统文化”专题调研；社会法制工作组视察调研区人民法院、区人民检察院。各工作组经调研视察，了解相关行业工作情况，分析存在问题，提出意见和建议 18 条，收到良好效果。

【委员活动】 2017 年，象山区政协紧扣团结民主主题，调动政协委员和各界人士的积极性，充分发挥委员作用，促进社会和谐稳定发展。一是开展走访委员和委员企业活动。象山区政协领导带队，上门访谈、召开座谈会，共走访委员 50 多人次，宣传贯彻中共象山区委、区政府工作新思路、新任务和新要求，了解委员工作生活、履职情况和委员企业存在的困难问题，听取委员意见建议。二是组织政协委员开展“心系象山，奉献爱心”募捐活动，共募捐爱心资金 29.2 万元，其中 20 万元资助象山区教育事业，助力象山区义务教育均衡发展。各委员小组开展丰富多彩的活动。委员一、三小组开展创建全国文明城、城市环卫改革等视察调研和慰问活动。购买电磁炉、取暖器、电风扇等电器设备，捐赠给象山区环卫站爱心驿站，价值共 2 万多元。“八一”建军节前夕，政协文化艺术界委员到武警象山消防大队慰问，为部队官兵送去一批书画作品和价值 1.2 万元的牛奶、清凉饮料。三是开展视察调研。委员二小组视察德天文化产业和万福广场项目建设；委员四小组组织委员到凯风小学，调研义务教育均衡发展情况，走访桂林助学联合会、桂林智慧谷等单位，给被调研单位提出工作意见建议。

【提案办理】 2017 年 2 月 15 日—17 日，象山区政协五届二次会议期间，政协委员共提交提案 105 件，是象山区政协成立以来提交提案数量最多的一次。经提案委员会审查立案85件，立案率为81%，未予立案的20件作为社情民意和委员来信另行处理。政协委员提案，主要有九大方面内容：经济建设方面11件，建议区政府下大力气引导扶持根雕奇石产业的发展；建设起自己的工业园区，吸收有实力的企业到象山区投资兴业；做大做强电商产业；打造象山健康旅游品牌。城市建设和管理方面42件，建议在重要节点建设人行天桥；加快推进象山区城中村改造；加强农村违法占用水田建房的整治；加强无物业小区的管理和建设；进一步完善和改进城市基础设施。社会治安管理方面2件，建议政府加大对砸车偷盗、偷电动车、入室盗窃的打击力度；依法处置家庭暴力行为。交通秩序管理方面12件，建议加强道路人性化管理和对客运车辆违规停车载客的管理及电动车、摩托车违规违章行为处罚力度。文化体育方面5件，建议选址新建象山区文化馆；建设象山区体育运动中心；加强文物保护工作。教育事业方面4件，建议政府规范象山区校外午托班的管理；建立贫困学生帮扶机制。安全生产工作方面3件，建议推广智慧用电工程，减少用电火灾发生；加强城中村消防安全的预防。民政服务方面4件，建议大力发展居家养老服务；推行社区工作准入制度。基层组织建设方面2件，建议成立乡、街道政协工作联络点；在条件成熟的民办学校、小企业建立中共组织，吸收发展中共党员。立案提案交由中共象山区委、区政府19个承办单位办理，至2017年年末，提案全部办复完毕，办复率达100%。委员所提问题及建议已经或基本解决27件，占立案提案总数31.76%；正在解决或列入计划逐步解决的51件，占60%；因条件限制暂不能解决的6件，占7.06%；因政策规定无法解决的1件，占1.18%。提案办理效果好，政协委员满意和基本满意率达96%。如在办理政协委员提出的“关于尽快协商修缮翠竹路南巷菜市场主干道”的提案时，因翠竹路南巷属象山、秀峰两个城区管辖，区城管局多次与秀峰区协调，现场办公，于2017年8月底对该路段道路进行修缮，重新铺设沥青，改善当地居民的出行条件。办理“关于在安新北区与南区之间架设人行天桥”的提案，区城建局积极与市有关部门沟通，将安新北区与南区架设人行天桥列入市政府计划并付诸施工。办理“关于加大处罚电动车、摩托车违规违章行为力度”提案，公安象山交警大队采取加大巡逻力度，建立“教育学习点”，通过报纸、电台、微信、微博加大宣传等方式，加强对电动车、摩托车的管理，收到了良好效果，受到了群众的好评。

2017年1月19日，象山区政协书画院的政协委员到立白公司开展慰问活动

赖爱群　摄

【政协书画院工作】 象山区政协以书画联谊方式促进政协委员、民主党派人士间的团结，推进辖区文化建设。2017年春节前夕，开展政协委员新春文化下基层活动。象山区政协主席眭铂生带领书画院的政协委员书画艺术家一行20多人到南门街道银锭社区和桂林立白日化有限公司，为社区居民、企业职工和困难群众义务写春联和书画作品300多幅。召开中国人民政治协商会议第五届象山区委员会书画院第一次会议，调整组织机构，修订《政协书画院章程》，规范书画院管理机制。充实政协书画院艺术家队伍，聘请书画院高级顾问、艺术顾问、和经济顾问14名，聘请书画院院士20名。

（谢顺才　赖爱群）

民主党派

MINZHU DANGPAI

侗情水庄　　区委宣传部　供图

中国国民党革命委员会象山总支部委员会

【概况】 中国国民党革命委员会桂林市委员会象山总支部委员会(简称民革象山总支)由民革中医院支部、医卫支部、象山支部、财经支部组成,2017年年末,共有党员106名。其中具有专业技术中级职称60人、高级职称11人;担任桂林市政协委员1人、象山区政协委员7人。

【自身建设】 2017年4月15日,民革象山总支开展"观故居,走多党合作之路"专题教育活动,组织党员到桂林市木龙湖畔李济深故居参观。7月9日,中医院支部组织全体党员召开支部调研工作会议,会议讨论支部年度调研课题相关事宜,并就课题内容进行策划及部署。同时组织党员学习民革广西十三次代表大会精神及上年度市委会参政议政工作情况。11月9日下午,中医院支部组织开展中共十九大精神学习交流会。12月1日,民革象山总支参加民革桂林市委会举办的学习中共十九大精神暨民革成立70周年文艺演出,选送诗朗诵《贺民革成立70周年》,以诗歌庆祝民革70周年华诞。

【参政议政】 2017年,民革象山总支党员积极撰写提案(建议)31件,经整理后,有11件提案提交桂林市、象山区两级人大会议、政协会议。其中,《加强违法建筑治理,提升城市品质》作为民革桂林市委会集体提案提交市政协五届三次会议,并作为会议发言材料;《关于查处建干北路破坏绿化隔离带行为的建议》作为民革界别政协委员个人建议提交桂林市政协五届三次会议。《关于加大处罚电动车违规行为力度的提案》《关于加强城管执法车辆管理的提案》《关于全面整治象山区农村违法占用水田建房行为的提案》《关于主动应对"老龄化"挑战,大力发展养老服务的提案》等4件提案提交象山区政协。得到承办单位的肯定,认为提案意见中肯,建议切合实际,被评为2017年象山区政协优秀提案。

【社会服务】 2017年3月11日,民革象山总支组织部分医护人员到桂林市清风社区参与为民服务活动。在活动现场,医护人员为群众量血压,讲保健知识,对症下方给予医疗建议。5月31日,财经支部党员前往灵川县大庙小学,与学校师生欢度"六一"儿童节,给学生送去书包文具等学习用品,价值2500元。10月21日,重阳节前夕,民革桂林市委会"同心·为民"服务队组织医务人员到象山区平山养老公寓开展敬老爱老活动,慰问老人,为老人做基本医疗检查。12月5日,民革象山总支党员参加桂林蓝丝带志愿者组织在市中心广场开展的大型志愿者活动,为市民提供医疗咨询服务并现场发放糖尿病治疗宣传资料。 (伍思捷)

中国民主同盟象山区总支部委员会

【概况】 2017年,中国民主同盟象山区总支部委员会(简称民盟象山总支)下设支部7个:象山综合支部、市人民医院支部、桂林图书馆支部、桂林市中医医院支部、自治区南溪山医院支部、桂林市逸仙中学支部、桂林市第八中学支部。年内发展新盟员7人,年末共有盟员131人,平均年龄57.8岁,具有中高级职称占90.08%。民盟象山总支有自治区政协第十一届委员会委员1人;象山区第五届人大代表1人,象山区政协第五届委员会委员7人,其中副主席1人、常委1人。

【自身建设】 2017年,民盟象山总支不断加强自身建设,积极参加民盟桂林市委组织的活动。通过组织象山总支盟员参加基层骨干培训班,参观八路军桂林办事处纪念馆和湘江战役纪念馆,清明节祭扫梁漱溟先生墓,参观民盟中央美术院桂林分院成立暨民盟广西地方组织成立75周年美术作品展等丰富多彩的活动和开展理论学习实践,提高政治把握能力、参政议政能力、组织领导能力、合作共事能力和解决自身问题能力。

【参政议政】 民盟象山总支立足发展大局和民生热点,发挥专业优势,认真履行职能,响应民盟桂林市委"一总支一集体提案""一支部一社情民意信息"的号召,积极建言献策,盟员提案在自治区、市、城区政协得到立案与采纳。2017年,向自治区政协提交提案1件,向桂林市政协提交集体提案1件,向象山区政协提交提案10件,向象山区人大提交议案1件。在自治区政协十一届五次会议上,何骅的提案《关于在〈广西壮族自治区人口和计划生育条例〉中补充增加独生子女享受"护理父母假"》,被列入《广西壮族自治区实施〈中华人民共和国老年人权益保障法〉办法》,得以实施。薛柳的提案《关于安新北区与南区架设人行天桥的提案》,被象山区政协评为2017年度优秀提案奖。

【社会服务】 2017年，民盟象山总支发挥民盟医疗资源优势，关心农村居民健康状况，提高百姓健康意识。9月16日，民盟桂林市人民医院支部到阳朔县开展下乡义诊活动，免费测血糖、发放药品及健康教育处方。11月17日，民盟桂林市人民医院支部、桂林市中医医院支部、自治区南溪山医院支部到兴安县高尚镇参加民盟桂林市委组织的下乡义诊活动。下乡义诊盟员医生专业有综合内科、外科、儿科、眼科、肛肠科、针灸科、肿瘤科等。是日，为高尚镇群众义诊，医疗检测。捐资助学献爱心。在象山区政协组织的捐资助学活动中民盟界别的政协委员共计捐款3000元。

【盟员风采】 2017年，民盟象山总支主委宋星志一项新技术《脑动脉瘤出血介入与开颅复合手术治疗》，在桂林电视台《桂林新闻》节目作为新技术予以报道，《漓江周刊》以脑血管病专家带领学术团队开展脑血管病复合手术为题作专访报道。盟员何骅、黄运忠被评为2016—2017年度年度优秀政协委员。盟员饶平荣被评为象山区2017年度人大代表履职先进个人。

（林玉洁）

2017年12月23日，民建象山一支部、四支部联合召开学习中共十九大精神座谈会

民建象山总支部　供图

中国民主建国会象山区总支部委员会

【概况】 中国民主建国会（简称民建）主要由经济界人士以及有关专家学者组成、具有政治联盟特点的、致力于建设中国特色社会主义事业的政党，是中国共产党领导的多党合作和政治协商制度参政党之一。2017年，民建象山区总支部委员会（简称民建象山区总支部）下辖6个支部，共有会员127人，其中一支部21人、二支部16人、三支部23人、四支部26人、五支部24人、六支部17人。平均年龄为46.8岁；大专以上学历127人；有中高级以上职称111人；经济界人士96人；非公经济企业高级管理人员34人，年内，民建象山区总支部及广大会员围绕中共象山区委、区政府的中心工作，开展调查研究，积极建言献策，切实履行参政议政、民主监督的参政党职能，扎实做好社会服务工作，为象山经济社会发展作出了应有的贡献。

【组织建设】 2017年，民建象山区总支部和各支部班子成员配齐。其中总支部主任1名、副主任4人、委员4人；6个支部共有支部主任6人，支部副主任12人。年内发展新会员1名（本科学历、非公有经济高级管理人员、28岁）。各支部认真开展学习中共十九大精神，37名总支和支部骨干参加民建桂林市委基层组织骨干学习培训班，骨干队伍的工作能力和思想水平得到提高。

【参政议政】 2017年，民建象山区总支部会员中有象山区人大代表3人、象山区政协委员12人（其中常委1人）。年内，民建象山区总支部会员积极参与象山区政协专题调研工作，结合自身特点和优势，就如何加快象山区经济社会发展提出意见和建议。其中民建会员连忠2017年参与调研并撰写的《创新综合管理思维，促进群众安全感满意度双提升》被选为政协象山区第五届委员会第四次会议发言材料。连忠获评象山区政协2016—2017年优秀政协委员。

（秦曦璠）

中国民主促进会象山区总支部委员会

【概况】 中国民主促进会（简称民进）是以从事教育文化出版工作的高中级知识分子为主、具有政治联盟性质、致力于建设中国特色社会主义事业的政党，是同中国共产党通力合作的参政党。2017年，民进桂林市象山区总支部委员会（简称民进象山区总支），下辖第十六中学支部、橡胶厂支部、民主小学支部、宁远小学支部、综合第一支部、小学教师第一支部、中学退休教师支部、小学退休教师支部、文化艺术界第二支部等9个支部。年内新发展会员3人,年末共有会员138人。其中,具有专业技术中级职称80人、高级职称30人;担任桂林市政协委员1人、象山区人大代表1人、象山区政协委员5人。在职会员中姚海华获评2017年第十一届“地球小博士”全国地理科普知识大赛指导老师一等奖和全国优秀科技辅导员,秦桂银编写的书籍《2018新中考英语》,由吉林教育出版社出版。

【学习教育活动】 2017年,民进象山区总支组织会员开展政治理论学习实践活动,凝聚会员思想政治共识。3月9日,组织支部负责人参加在八桂路机关办公大院湖滨会议室召开的“民进桂林市委会坚持和发展中国特色社会主义实践活动”座谈会。3月17日,组织市委委员、总支会员中的人大代表、政协委员,各支部会员代表参加“不忘合作初心,继续携手前进”专题教育暨全国“两会”精神报告会;组织各支部负责人参加民进桂林市十二届三次全体委员(扩大)会议,学习2017年全国“两会”精神和中共中央总书记习近平在参加全国政协十二届五次会议的民进、农工党、九三学社委员联组会上的重要讲话精神。7月12日—18日,组织民进象山区总支的民进桂林市委委员、市(区)人大代表、市(区)政协委员参加由民进桂林市委、柳州市委在浙江大学联合举办的“不忘初心,携手同行”民进桂林—柳州市委骨干会员培训班。8月24日—25日,组织民进象山区总支的民进桂林市委委员、各支部主任、副主任、骨干会员参加“民进桂林市委会2017年基层骨干培训班”。11月3日,组织支部负责人参加“民进桂林市委会社会主义核心价值观大讲堂”,听取民进桂林市委主委白云作题为《践行社会主义核心价值观,切实履行参政党职能》的报告。

【参政议政】 2017年,民进象山区总支组织会员深入开展调查研究,反映社情民意,积极建言献策。民主小学支部主任施蔓撰写的《关于加强我市青少年心理健康教育的建议》提案,被民进桂林市委会采用,并作为集体提案提交桂林市政协五届二次会议,该提案获评市政协2017年度优秀提案和“2017年桂林市民最关注的十佳民生提案”。总支副主委谭德祥参加民进桂林市委会的2个课题调研组,到桂林市教育局、阳朔县、荔浦县、平乐县、恭城瑶族自治县等地开展调研,参与完成“推进我市县域中职教育改革,助力全面打赢脱贫攻坚战”调研课题;到桂林市文新广局、兴安县、全州县、永福县等地开展调研,参与完成“顺应广大基层群众需求,加快我市县域公共文化服务供给侧改革”调研课题。在象山区政协五届二次会议上,提交《关于打造我区旅游文化媒体的提案》《关于银锭路周边食宿环境整治的提案》《关于尽快缓解大风山一小校门口交通拥堵,解决人行过道开口问题的提案》《关于新竹社区铁西三里小区安装路灯的提案》《关于规范十六中路口交通管理的提案》5件提案,均已办结,所提建议得到有关部门采纳。民进会员、政协委员何渭清参加政协调研小组,考察安新小区、象山街道办事处,为改善社区服务提出建议;考察龙船坪特色街区、桂林溢达纺织有限公司、侗情水庄、智慧谷工业园区等重点项目,为项目建设建言献策。年内,何渭清获评象山区2017年度优秀政协委员。

2017年10月18日,民进象山总支副主委谭德祥(左四)参加民进桂林市委会重点调研课题调研报告初稿意见征求座谈会　　邓宗永　摄

【社会服务】 2017年,民进象山区总支鼓励会员,开展不同形式的社会服务活动。2月28日、8月26日,民主小学支部主任施蔓先后2次到灵川县大圩镇雄村,慰问贫困学生李美荃,送去助学金。5月31日,民进会员、政协委员林祥维、何渭清到桂林市翠竹路小学开展六一慰问活动,林祥维为学校捐赠1万元、何渭清为学校捐赠600元。5

月 26 日，民进会员、政协委员、律师谢家如，在象山区人民法院为犯抢劫罪的未成年人张某，提供法律援助；6 月 5 日，为刘筱君、刘筱华、谢培群等 3 位老年群众提供法律援助，追讨安置费用；12 月 29 日，为犯抢劫罪的年老聋哑人熊某，提供法律援助。（邓宗永）

中国农工民主党桂林市委员会象山区基层组织

【概况】 中国农工民主党桂林市委员会在象山辖区共设有 4 个基层组织（合称农工党象山区基层组织）：桂林市人民医院总支部、桂林市中医医院总支部、桂林市卫生学校支部、自治区南溪山医院支部。2017 年发展党员 4 人，年末，共有党员 136 人，其中具有专业技术中级职称 73 人、高级职称 63 人。基层党员中，共有 2 人担任自治区政协委员，4 人担任桂林市政协委员，3 人担任象山区人大代表（其中 1 人为人大常委会委员），4 人担任象山区政协委员。

【参政议政】 2017 年，农工党象山区基层组织积极组织党员开展调查研究，为桂林市及所在辖区的各项建设提出建议。经过调研，市中医医院总支部《关于桂林市中医医师多点执业管理办法早日实行的建议》提案获得农工党桂林市委会提案宣讲会二等奖，并经农工党桂林市委会转化为市委会集体提案提交市政协。在象山区政协五届二次会议期间，担任象山区政协委员的农工党象山区基层组织党员向象山区政协提交提案 4 件，分别是《关于将中医药养生保健与旅游相结合，打造象山区健康旅游品牌的提案》《关于禁止车辆在市区撒纸钱及燃放爆竹的提案》《关于开通文明路段隔离栏急救通道的提案》《关于加强保护好雉山壁石刻的提案》。农工党象山区基层组织党员向有关部门提交社情民意信息 5 篇，其中被自治区统战部采用 2 篇，市《决策参考》采用 2 篇，中共桂林市委信息采用 1 篇。

【党员风采】 2017 年，农工党象山区基层组织不断加强自身建设，积极开展“为所在单位建良言”活动，基层组织整体活力得到加强。各基层组织党员立足岗位，建功立业。市人民医院总支党员伍于斌被评为全国卫生计生系统先进工作者，市卫生学校支部党员邓芝伶获桂林市第六届教育科研教育教学优秀成果课题类一等奖、著作教材教辅类三等奖，王红梅获桂林市第六届教育科研教育教学优秀成果二等奖。（罗　文）

中国致公党桂林市委员会象山区组织

【概况】 2017 年，中国致公党桂林市委员会（简称致公党桂林市委会）在象山辖区设有 3 个基层支部（合称致公党象山区组织）：象山一支部、象山二支部、南溪山医院支部。有党员 122 名（象山一支部 53 人、象山二支部 44 人、南溪山医院支部 25 人）。党员中有市人大代表 1 人、市政协委员 2 人；象山区人大代表 2 人、象山区政协委员 5 人。年内，致公党象山区组织共发展党员 4 名，其中具有研究生学历 2 名，大学本科学历 1 名，中级职称 1 名。

【参政议政】 2017 年，致公党象山区组织围绕政府中心工作以及市民关心的热点问题，发动党员发挥自身优势和专长，认真履行参政党职能，建言献策，撰写“一人一议”，参与致公党桂林市委会重点调研课题调研。年内，致公党象山区组织有 20 人次参与致公党桂林市委会提交致公党自治区委会和市政协的重点调研课题工作，向致公党桂林市委会提交“一人一议”12 篇，3 人向象山区政协五届二次会议提交提案 4 件；致公党象山区组织南溪山医院支部党员陈勇昌撰写的《关于调整医院药占比的建议》被致公党桂林市委会

2017 年 6 月 15 日，致公党象山辖区党员参加桂林乡村治理模式调研组调研　秦丽华　摄

采用为集体提案提交市政协五届三次全会。

【社会服务】 2017年，致公党象山区组织持续关注民生、民意，积极开展社会服务工作，参加致公党桂林市委会“同心·致福”打造活动，组织党员两次赴龙胜县西腰银桥希望小学进行社会服务活动。党员钟承润被评为致公中央社会服务工作先进个人、秦丽华被评为致公中央社会服务工作优秀组织工作者。（陈慎修）

2017年11月16日，九三学社桂林市委调研组及九三学社象山区基层组织的政协委员调研象山区重点建设项目　九三学社桂林市委会　供图

九三学社桂林市象山辖区基层组织

【概况】 2017年，九三学社桂林市象山辖区基层组织有4个：桂林量具刃具有限责任公司支社、象山一支社、象山二支社、象山三支社。年内发展社员5名，调入社员2名。年末共有社员104人，其中：具有本科以上学历占73%；研究生及以上学历占13%；具有中、高级以上职称占93%。担任桂林市政协委员6人（其中常委2人）、城区政协委员7人（其中副主席1人，常委1人）；当选桂林市青年联合会第四届委员会常委1人、桂林市社科联第四届委员会委员2人、象山区科协第四届委员会委员5人。

【参政议政】 2017年，九三学社桂林市象山辖区基层组织中的政协委员立足本职，深入调研，了解社情民意，认真履行参政议政、民主监督职能，分别向桂林市政协提交《关于适当放宽小学入学年龄限制的建议》《关于出台我市机关事业单位假期开放体育设施指导性意见的建议》《关于在中小学校周边增设人行天桥的建议》提案3件，向象山区政协提交《关于迁移铁西垃圾中转站的提案》《关于加强交通基础设施建设，缓解象山交通出行环境的提案》《关于成立乡、街道政协工作联络组的提案》《关于举办象山区国际奇石根艺珠宝艺术节的提案》提案4件。各支社通过调研，撰写并提交4件提案参加九三学社桂林市委提案宣讲评比活动。其中，象山三支社《关于解决大风山一小校门口交通拥堵问题的建议》获三等奖。

【思想建设】 2017年，九三学社象山辖区基层组织积极组织社员学习中共十九大精神、习近平新时代中国特色社会主义思想、九三学社第十一次全国代表大会会议精神，提升民主党派成员履职能力。积极参加九三学社桂林市委举办的“爱在九三·重温社史，社员科技讲坛（第二讲）”“巾帼社员喜迎十九大·学习历史和传统文化”“四个怎么”大讨论、学习中共十九大精神暨2017年提案宣讲会等主题活动，加强基层组织思想建设。

【组织建设】 2017年，九三学社桂林市象山辖区基层组织共发展新社员5名，调入社员2名。7人中，有博士3人；医卫界人士4人、公务员2人、新的社会阶层人士1人。全年辖区支社组织活动20多次，内容包括调研、参观、扶贫、助学、联谊、慰问75周岁以上和生病住院社员等。九三学社象山辖区基层组织选送10名骨干社员分别参加桂林市党外代表人士培训班、九三学社桂林市委2017年骨干社员培训班、“社员之家”平台推广暨宣传思想骨干社员培训班，提高社员履职能力。

【社会服务】 2017年，九三学社桂林市象山辖区基层组织社员积极开展社会服务。其中，部分社员参加“2017保护漓江生态环境我行动”活动启动仪式，并在解放桥下放生鱼苗，用实际行动向社会各界发出保护漓江生态环境倡议。象山二支社为兴安县2名贫困学生捐助学金6000元。象山三支社到永福县永福镇泡口村吴家屯资助贫困户1户。

（黎　冰）

社会团体

SHEHUI TUANTI

侗情水庄迎宾广场　　　　区旅游局　供图

象山区总工会

【概况】 2017年,象山区总工会在岗人员7人(其中聘用5人),主席由区人大常委会副主任兼任。全区共有基层工会组织979家,会员99590人,建会率达98%,其中农民工入会率达71%。2017年新增建会企业132家,新增会员2910人。年内,象山区总工会获桂林市工会工作目标任务考评特等奖。辖区广西三正国际拍卖有限公司拍卖师谢玉华获全国五一劳动奖章;桂林骏达运输股份有限公司观光1号船被评为全国工人先锋号单位;广西壮族自治区区域地质调查研究院、广西壮族自治区桂林水文工程地质勘察院获广西五一劳动奖状;广西建工集团第四建筑工程有限责任公司副总工程师奉桂芳、桂林三花股份有限公司销售业务员邹小燕、桂林市宁远小学校长蒙艳、桂林银行股份有限公司网络工程师周阳锋、广西壮族自治区桂林水文工程地质勘察院副总工程师莫运松、桂林市排水工程管理处上窑污水处理厂副厂长获广西五一劳动奖章;广西电网公司桂林供电局输电管理所被评为广西工人先锋号单位;桂林建筑安装工程有限公司抹灰工祝平辉被评为“广西工匠”。

【学习宣传中共十九大精神】 2017年,象山区总工会把学习贯彻中共十九大精神与工会工作结合起来,推进党的十九大精神进机关、进校园、进社区。11月15日,区人大常委会副主任、区总工会主席聂桂华到安新社区,给社区党员上党课、组织职工学习中共十九大精神;区总工会召开工会系统干部学习党的十九大精神专题报告会,学习领会十九大精神特别是总书记习近平重要讲话精神和新思想、新理念,全区基层工会近百人与会。11月24日,区总工会联合区委组织部、团区委、区妇联举办象山区“十九大”精神知识竞赛,7支代表队参加竞赛。12月18日,象山区总工会组织各级劳模召开学习宣传贯彻党的十九大精神座谈会。座谈会上,各级劳模畅谈学习十九大精神体会,并结合自身工作以实际行动学习好、宣传好、贯彻好党的十九大精神。

2017年11月15日,象山区总工会召开工会系统干部学习中共十九大精神专题报告会
葛馨 摄

【基层组织建设】 2017年,象山区开展“加强基层工会建设年”活动,把非公企业建立工会组织和吸收农民工加入工会作为全年工作重点,主要在农民工集中的行业、区域加强工会组建工作。加强宣传,发动农民工自觉加入工会,确保工会组建全方位覆盖,最大限度地吸收农民工入会。全区共有基层工会组织979家,会员99590人,建会率达98%,入会率达95%以上,其中农民工入会率达71%。新增建会企业数132家,新增会员2910人。同时,落实桂林市总工会《关于下发〈桂林市基层工会法人资格登记管理实施细则〉的通知》,全面做好辖区基层工会法人资格登记管理工作。至12月31日,全区有79家企事业单位工会取得了工会法人资格证书。

【工会改革】 2017年9月,象山区总工会启动工会改革工作。成立工会改革工作领导小组,召开全区工会改革动员大会,要求各级工会组织主动适应新形势、新任务,创造性地开展工会工作,确保按时按质完成改革工作任务。区总工会利用2个月时间,走访调研50多家基层工会和企业,听取基层工会干部和一线职工对工会改革的意见和建议,制订工会改革工作方案。12月25日,中共象山区委办公室转发了《象山区总工会改革实施方案》。

【工资集体协商】 2017年年初,象山区总工会召开会议,要求一乡三街道加强对基层工会签订工资集体协商的指导工作,在规定的时间内完成工资集体协商的签订工作。5月,桂林市总工会举办专职工会工作者及工资集体协商专职指导员培训班，象山区总工会选派桂林市勾味王餐饮有限责任公司、桂林市大四川火锅城2个企业单位作为工资集体协商工作典型代表演示工资集体协商流程，得到市总工会领导和培训班学员的肯定。6月，象山区总工会举办有辖区基层工会主席和工会干部60多人参加的工资集体协商培训班，解读《广西壮族自治区企业工资集体协商条例》，不断加强对工资集体协商指导员队伍的培训力度。全年完成签订集体合同、工资专项集体合同3599家，签订率达89%，覆盖职工116693人。其中，25人以上企业数375家，签订率达92.75%，覆盖职工90648人；区域性集体合同签订71份，覆盖企业单位3094家，覆盖职工24958人。

2017年11月20日，象山区总工会举办电子商务培训班　　罗　虹　摄

【维护职工合法权益】 2017年，象山区总工会积极配合区人力资源和社会保障局开展用人单位遵守劳动用工和农民工工资拖欠问题专项检查活动。召开有“三方四家”（代表政府的区人力资源社会保障局、代表职工利益的区总工会、代表用人单位的企业家协会、工商联）参加的协调会议，重点对农民工工资拖欠问题专项检查情况和劳动关系中遇到的重大问题进行深入探讨，充分发挥三方协调会议的整体资源优势，维护广大职工的合法权益。全年开展农民工工资支付专项检查156家，涉及职工7800多人，其中农民工4300多人，查处拖欠农民工工资企业4家，责令支付工资15.2万元。象山区总工会与广西象山律师事务所建立法律援助服务站，为全区职工、农民工提供专业、便捷、优质的法律服务和法律援助，解决困难职工和农民工因困打官司难问题。全年，法律援助服务站办理职工、农民工劳务纠纷维权案件共3件，全部结案，切实有效的维护职工、农民工的合法权益。

【职工帮扶活动】 2017年，象山区继续开展“春送岗位”“夏送清凉”“金秋助学”“冬送温暖”活动。“春送岗位”，举办“春风行动”招聘会，176家企业参加，为辖区下岗职工、农民工、大学毕业生提供就业岗位上千个。“夏送清凉”，慰问辖区交警、城管、环卫一线职工，赠送绿豆和红糖一批，价值8万元。“金秋助学”，为解决困难职工家庭子女上学难，区总工会帮扶25名困难职工子女，发放助学金6万元。“冬送温暖”，对辖区46名在档困难职工和3名因患重病导致生活困难的职工实施临时帮扶，发放慰问金共11.8万元。举办电子商务培训班，时间10天，培训辖区困难职工、下岗职工、农民工35人，培训内容有电子商务概述、淘宝开店流程、网店日常管理、物流配送、售后服务、网店运营工具的选择及使用等。开展关爱农民工子女活动，暑假期间，组织翠竹小学20名学生及其家长，到临桂新区参观，领略桂林城市发展新变化。给学生捐赠学习用品用具，价值1.65万元。

【职工医疗互助保障】 2017年，象山区继续推进广西职工医疗互助保障工作，区总工会举办全区职工医疗互助保障业务培训班，组织辖区教育工会、一乡三街道、城管、环卫以及各社区的工会主席50人参加培训。发放职工互助保障宣传资料，做好宣传动员工作。9月—10月，区总工会到辖区各基层工会开展调研，宣传动员基层工会做好职工医疗互助保障工作。至12月31日，全区参加广西职工医疗互助保障共6737人。

【劳动竞赛活动】 2017年，象山区组织工会干部、职工开展劳动和技能竞赛活动4次。广泛开展“践行新理念，建功‘十三五’”主题劳动和技能竞赛以及职工技术创新活动。其中象山区总工会举办的基层工会干部“三能”（沟通能力、写作能力、办事能力）技能竞赛活动，31名基层工会干部参加竞赛，提升了工会干部的综合业务素质和能力。

2017 年 12 月 13 日，象山区总工会开展基层工会干部“三能”技能竞赛活动

区总工会　供图

法德利包装有限公司开展以“热爱劳动，提高技能”为宗旨的包装技能竞赛活动，108 人参加竞赛。象山区教育工会举办首届幼儿教师基本功大赛，辖区 60 所幼儿园 171 名幼儿教师同台竞技。全区基层卫生应急技能竞赛活动，有 15 名医务人员参加。　　（葛　馨）

共青团象山区委员会

【概况】 2017 年，中国共产主义青年团桂林市象山区委员会（简称共青团象山区委）在岗人员 3 人，其中西部志愿者 1 人。下辖 59 个基层团组织（其中团委 2 个，团工委 3 个，团总支 1 个，团支部 53 个），有共青团员 1308 名，其中 2017 年发展 30 名。年内，共青团象山区委被评为“桂林市五四红旗团委”，文新社区团支部被评为“桂林市五四红旗团支部”；有 2 人被评为“桂林市优秀团干”、2 人被评为“桂林市优秀共青团员”。

【基层团组织建设】 2017 年，共青团象山区委不断加强基层团组织建设，严格督促各级团组织落实“三会两制一课”制度，健全团的组织生活，召开团员大会 236 次，团支部大会 708 次，团小组会议 1000 次，集中上团课 708 次；严格团员教育管理，做好团员发展工作，按照新版入团志愿书对新入团团员进行编号管理，年内共发展团员 30 名；严格按团中央要求控制中学生入团比例，至 12 月底，辖区初中生团员占青年团员总数 5%。加强团员基础管理工作，严格组织关系转接和团籍档案管理，推进基层团组织规范化建设。严格执行《中国共产主义青年团章程》有关团费收缴、管理和使用规定，健全团费收缴、管理和使用的规章制度，做到团费专人管理，专款专用。年度内，按团市委要求按时上缴团费 600 元，完成团费上缴任务。加强非公有制企业团组织建设，年内，在有党组织的非公有制企业新建团组织 2 个，并支持新建团支部打造团建基地。推进青少年综合服务平台建设，全年共创建各类青少年综合服务平台 8 个。

【主题团日活动】 2017 年 11 月 10 日，象山区启动“研读十九大报告　八桂青年话使命”——象山区各界青年代表学习宣传贯彻党的十九大精神主题团日活动，通过研读党的十九大报告，畅谈青年使命，不断提高新时代象山青年的政治觉悟和政治定力。在主题团日活动期间，桂林骏达运输股份有限公司团委组织 39 名团员青年开展“不忘初心　牢记使命”十九大精神宣传进企业活动，共青团象山区委举办“青春引

2017 年 12 月 6 日，共青团卓远艺术培训学校总支部委员会成立并召开选举大会

团区委　供图

擎”培训班,组织70多名共青团干部到廉政教育基地参观,接受党性修养教育。组织共青团干部参观象山区重大项目建设,开展象山青年议发展专题研讨,增强大家立足岗位做奉献的信心和决心。

2017年6月23日,共青团象山区委携手桂林助学联合会在力创小学开展“科技进校园 爱心助成长”主题公益教育活动 团区委 供图

【关爱留守儿童】 2017年“六一”国际儿童节期间,共青团象山区委以“送一个书包,献一份爱心”为主题开展关爱留守儿童慰问活动,区团委给45名学生捐赠新书包并组织开展主题班会活动。暑假期间,共青团象山区委携手桂林助学联合会在象山区力创小学组织72名农民工子女开展“科技进校园 爱心助成长”主题公益教育活动。通过阿尔法机器人的街舞表演、“梦想家园”动手实践活动和手工泥塑塑造爸爸妈妈在自己心目中的艺术造型,并用小卡片写下一段送给爸爸妈妈的话等活动。让孩子们拓宽视野,体验科技的魅力,增强动手能力,在孩子们心中种下热爱科学种子,将少年儿童德育工作融入课堂教学。中秋节,共青团象山区委组织力创小学、将军桥小学50名品学兼优、家庭困难的学生到临桂“乐8小城”儿童体验馆进行职业体验,通过体验人民警察、国旗手、消防兵、模特、甜点师等职业活动,了解留守儿童的需求,培养学生自信心和团队合作精神。

【预防青少年违法犯罪】 2017年6月15日,共青团象山区委召开象山区重点青少年群体服务管理和预防犯罪工作推进会,解读《象山区重点青少年群体服务管理和预防犯罪工作实施方案》,明确各成员单位工作职责和工作目标,部署加强“服刑在教人员未成年子女、不良行为青少年、闲散青少年、农村留守儿童、流浪乞讨青少年”等五类重点青少年群体的服务管理与预防犯罪工作。一乡三办、区教育局共青团组织认真做好重点青少年群体排查摸底工作,全区有重点青少年13人(其中不良行为青少年2人,闲散青少年3人,服刑人员未成年子女3人,农村留守儿童5人)。由社区工作者、社区志愿者、社区主任及楼门长等组成的社区闲散青少年帮教工作队伍,对青少年实施扶助型、引导型、监督型、帮教型等分类管理,并对有不良行为、心理和人格缺陷的青少年主动进行“一对一”“多对一”专门走访、帮教和回访。常态化开展关爱留守儿童工作,象山区共建立8个青少年活动中心,为青少年提供公益服务,提供实践教育活动阵地。同时,共青团象山区委以“学校、社区、农村”为主阵地,广泛开展青少年权益保护与预防未成年违法犯罪、法制宣传教育、禁毒、防艾等宣传活动。

【少先队工作】 2017年,共青团象山区委围绕少先队组织根本任务,开展组织教育、自主教育和实践活动,增强少先队组织活力和少先队员的荣誉感。6月2日,组织民主小学少先队员开展“巧乐慧”陶吧活动,让大家体验中国传统文化陶艺的乐趣;7月31日,组织南溪山小学少先队员在漓江边开展“小手拉大手,共创文明城”暑期创建文明城活动,引导少先队员从自身做起,影响带动家长、家庭,积极参与到创建文明城活动中,提升文明素质,共建文明城市;10月15日,少先队象山区工作委员会(简称象山区少工委)响应团区委号召,组织民主小学、崇善小学鼓号队代表象山区参加桂林市“领巾飞扬 鼓号响亮”少先队鼓号队比赛,民主小学“神音小象”鼓号队以最高分获特等奖,崇善小学获一等奖。10月18日,组织辖区少先队员开展“喜迎十九大 我向祖国妈妈献礼”活动。其中民主小学开展“喜迎十九大 红歌颂中华”爱国主义歌曲比赛,崇善小学开展“喜迎十九大——少先队员看校园新变化”,宁远小学开展“我和国旗花样合影”,

用各自方式表达对祖国的祝福和热爱。其他各校都开展了相关活动。2017年，象山区少工委下辖24个大队，517个中队，有少先队员3700人。平山小学覃川被评为全国“百名美德少年”、广西“最美乐于助人少年”、桂林市“美德少年”；崇善小学段懿轩被评为桂林市“美德少年”。（李　媛）

象山区妇女联合会

【概况】 2017年，象山区妇女联合会（简称象山区妇联），在职人员1人。区妇联辖1个乡、3个街道妇女联合会，有行政村妇女联合会8个，社区妇女联合会34个，企事业单位妇女委员会19个，机关妇女委员会4个。街道、村（社区）和企事业单位兼职妇联干部69名。2017年，象山区妇联全面推进妇联组织和妇联工作改革创新，开展妇女思想引领、巾帼建功、家庭文明建设、妇女儿童维权、强基固本“五大行动”，团结动员广大妇女为建设和谐宜居幸福新象山发挥积极作用。年内，象山区妇联被自治区妇联评为广西维护妇女儿童权益先进集体。象山区教育局副局长夏莺被自治区妇联评为广西实施2010—2020年妇女儿童发展规划先进个人。民主小学被评为桂林市三八红旗集体，象山区委组织部副部长唐钟慧、东安社区居委会副主任莫秀娟被评为桂林市三八红旗手。

【象山区妇女第八次代表大会】 2017年12月25日，召开象山区妇女第八次代表大会。辖区机关、乡、街道、公检法、城管环卫、企业等单位100名妇女代表、20名特邀代表参加会议。会议听取并审议韦静燕代表区妇联第七届执行委员会所作的《凝心聚力　砥砺奋进　为建设和谐宜居幸福新象山而努力奋斗》工作报告，各代表团分组讨论工作报告内容。会议选举产生象山区妇联第八届执行委员会委员15名，并表决通过《工作报告的决议》。区妇联八届一次执委会选举产生区妇联常委7名、主席1名、副主席2名（兼职）。

【妇联改革】 2017年，象山区在2016年将军桥社区妇代会改建妇联工作试点任务完成后，在全区全面铺开村（社区）妇代会改建妇联工作。成立象山区村（社区）妇代会改建妇联工作领导小组，精心组织实施村、社区“两委”换届工作中妇代会改妇联各项工作。至9月，象山区42个村（社区）全部完成妇代会改建妇联工作。新增兼职副主席101人，新增执委382人。达到每个村（社区）“两委”班子有1名以上女干部，村（社区）妇联主席100%进入“两委”班子。有力推动象山区基层妇联组织建设改革创新，拓宽妇女参政议政渠道。

2017年12月25日，象山区妇女第八次代表大会召开　　区妇联　供图

【培训基层干部】 2017年，象山区继续深化“巾帼建功行动”和“巾帼成才行动”，加大对妇女干部、妇女先进代表、妇联执委、女企业家、城乡女能人培训，提升基层妇女干部业务技能和自身修养。全年开展各类培训52期，培训妇女骨干2800多人。其中11月23日，象山区妇联在二塘乡红光村召开“巾帼心向党　建功新时代”象山区村“两委”女干部暨农村妇女“领头雁”培训班。乡（街道）、村妇联主席、副主席，象山区城乡女能人联谊会会员及机关、农村妇女代表40多人参加培训。12月14日，象山区举办基层妇女干部培训班，乡（街道）、村（社区）、学校、机关事业单位近100人参加培训。参观桂林市廉政教育基地，观看《习近平总书记的成长之路》电视片，区委副书记王飚专题授课。

【关爱妇女儿童】 2017年，象山区继续开展六一关爱留守儿童慰问活动。5月26日下午，象山区妇儿工委、妇联到二塘中心校捐赠学习用品价值2500元，给贫困留守儿童赠送书籍、学习用品一批。9月29

2017年9月23日，二塘乡阳家村召开第一次妇女代表大会，选举产生村妇联主席、副主席、执委　　区妇联　供图

日，区妇联、团区委组织力创小学、将军桥小学品学兼优、家庭困难的50名学生到临桂“乐8小城”儿童体验馆进行职业体验。春节、三八妇女节，慰问辖区贫困妇女、患“两癌”（乳腺癌、宫颈癌）妇女、困境留守儿童30人。

【示范性儿童家园建设】 2017年，象山区追加“儿童家园”经费6万元，保证7个儿童家园创建经费。9月底，完成象山街道文新社区、五美社区，南门街道翠竹路社区、金竹社区、东安社区，平山街道大风山社区、同心社区等7个儿童家园创建工作，并完成本级验收。11月，通过自治区验收，获得奖补资金7万元。至2017年底，象山区历年共建有儿童家园19个。

【家庭教育】 2017年，象山区34个社区全部建立家长学校，建立健全有关制度，宣传普及家庭教育，加强家庭教育师资队伍建设，创新拓展家庭教育知识传播渠道。全年在社区、学校开展“家庭教育大讲堂八桂行”活动7场次，参加讲座学生家长700多人次。4月21日、5月25日，象山区分别在将军桥小学、南溪山小学举办家庭教育讲座。卓越父母国际学院、父母研究院专家授课，讲授《如何唤醒孩子内在学习动力》《用爱和智慧陪伴孩子，父母是一切的根源》。7月25日，象山区妇联携手广西师范大学，组织18名大学生志愿者到二塘乡上沙河村儿童家园，开展家庭教育大讲堂暨暑期大学生志愿服务儿童家园活动，组织开展安全讲座、亲子互动、趣味竞答等活动，帮助儿童掌握出行安全及预防拐骗等知识。

【妇女维权】 2017年，继续开展“百万妇女学法律，弘扬法治促和谐”大行动和“七五”普法进村（社区）活动。“三八”国际劳动妇女节、“6·26”禁毒日，象山区以《中华人民共和国反家庭暴力法》和妇女土地权益为主要内容，以发放资料、有奖问答、专题讲座为手段，在广大妇女中开展普法宣传活动。运用妇联信访接待室、妇女儿童维权工作站等平台，及时了解妇女需求，妥善解决合理诉求。全年接访43件，办结率100%。（韦静燕）

象山区科学技术协会

【概况】 2017年，象山区科学技术协会（简称象山区科协）有在职人员1人。下辖乡（街道）科学技术协会4个（二塘乡、南门街道、象山街道、平山街道）。有乡科协主席1人、各街道办事处科协负责人1名，一乡三街道共有科协委员29人。辖区有企业科学技术协会4个。

【农村科普】 2017年，象山区先后独立或与农业企业科协等相关部门开办生猪养殖、蔬菜、葛根种植等技术培训班5期，累计培训农村科技人员300多人次，象山区科协及所属企业科协开展科技下乡活动3次，组织科技工作者深入田间地头送科技1500人次，发放宣传资料1.5万份，为群众提供技术咨询200人次。象山区科协结合文化科技“三下乡”活动，为二塘乡村民送去慰问品价值人民币2000多元，发放宣传资料1000多份。

【社区科普】 2017年，象山区科协组织全民科学素质行动工作领导小组成员单位的科技人员300多人次，通过“十月科普大行动”、食品安全宣传周、公民科学素质知识200问、安全生产日宣传等形式，深入街道社区发放食品安全科普资料2万多份，展出科普展板30多块，义诊咨询3场次，参与群众2000多人次。

【青少年科普】 2017年5月，中共象山区委宣传部、象山区教育局、象山区科协联合举办青少年“鸡蛋撞地球”、航模等科普大赛，1000多人参加竞赛。年内还组织中小学生参加桂林市、自治区级的科普活动，增强了青少年的探求科学的兴趣。

【科协换届选举工作】 2017年11月28日，召开象山区科学技术协会第四次代表大会，参加会议代表59人。大会听取并审议通过了王坤代表象山区科学技术协会第三届委员会作的《同心同德发挥优势为建设幸福和谐新象山而奋斗》工作报告，选举产生了象山区科学技术委员会委员、常委、主席、副主席、秘书长。主席：王坤，副主席：李开林、何学、杨青。

【基层科普行动计划】 2017年，象山区科协认真组织实施基层科普行动计划，积极创建全国、自治区级科普示范基地，充分发挥示范社区和基地的示范引领作用，继续推广葡萄种植、柑橘种植等新技术，完善天鹅社区、西城社区、将军桥社区3个全国科普示范社区功能建设。2017年，象山街道文明社区获得中国科协和国家财政部下拨基层科普行动计划建设资金10万元，用于提升基层科普行动计划的能力和创建全国科普示范社区。

（王　坤）

象山区工商业联合会

【概况】 2017年，象山区工商业联合会（简称象山区工商联），在职人员1人。象山区工商联下辖象山电器城行业协会、桂林市鸡血玉行业商会、象山区宝玉石根艺联合会3个同业商会。年内，新增工商联合会会员40个（人）。至年末，象山区工商联有会员110个，其中企业会员54个、个人会员56人。个人会员中，有市、区级人大代表5人、政协委员18人。

【非公党组织建设】 2017年，象山区工商联着重抓辖区企业非公党组织建设。区委统战部与区委组织部联合部署，构建由区委统战部、区委组织部牵头，区“两新组织”（即非公经济组织、社会组织）党工委、区工商联主抓，以“党旗引航”为主题，打造新型非公党建品牌。桂林江西商会开展“党旗领航·联动发展”，引领党建强、商会兴；卓远艺术文化学校设立“党员示范岗”，开展“党旗领航·良心教育”，助推学校建设；侗情水庄开展“党旗领航·乐游侗寨”活动和万福广场开展“党旗领航·诚信万福”主题活动。广西德丰实业投资集团（桂林万福广场）是象山区工商联会员企业，2016年起，围绕中心工作，以“党旗领航·诚信万福”为主题，以万福广场为主阵地，以商业诚信为突破口，组织开展党员“亮身份·践承诺·铸品牌”主题活动，并提出“三个十”（即10个党员先锋岗、10个党员示范店、10个诚信经营门店）、“十个一”（即一个党员导游、一张温馨卡、一个放心监督站、一支治安巡逻队、一个母婴室、一块党建宣传阵地、一个诚信讲堂、一个创业基地、一次绿色健康就餐、一次难忘的旅程）品牌建设工程和诚信经营公约，把党建工作与企业发展有机结合，构建“党建+街区+旅游”新格局，努力打造集购物、娱乐、餐饮、休闲和度假等多功能为一体的万福广场·休闲旅游城和党建特色非公企业。

【非公经济服务平台建设】 2017年，根据中共桂林市委统战部《关于做好广西非公经济服务平台建设相关工作的通知》，象山区由区委统战部牵头，区工商联主抓，开展广西非公经济服务平台专项建设工作。召开象山区非公经济服务平台建设专项工作部署会，制定下发开展广西非公经济服务平台注册认证通知，明确工作目标、任务和要求。开展培训，区委统战部组织专人参加自治区非公有制经济服务平台注册培训，同时，聘请专业人员培训社区和非公有制经济工作领导小组全体成员，强化电脑

2017年11月28日，象山区召开广西非公经济服务平台专项工作会议

区工商联　供图

网络相关知识,提高操作平台 APP 技能,并为已经注册认证的非公经济人士答疑解惑,提供优质服务。宣传推广,通过上门宣讲、制作宣传板报、组织专场文艺演出等形式提高广西非公经济服务平台知晓率。与区工商局、税务局联合开展“一站式”服务,区工商局、税务局在办证窗口摆放宣传手册,有专人负责向非公经济人士宣传服务平台并引导其注册。至 2017 年 12 月 31 日,象山区在服务平台上注册认证的非公经济人士已达到工商部门登记注册私营企业数的 82%,完成了 2017 年工作任务。

【企业大走访大调研】 2017 年,桂林市工商联、象山区工商联联合走访调研驻象山辖区企业 14 家。其中,机械制造企业 3 家(桂林橡胶机械厂、桂林机床电器有限公司、桂林海威船舶电器有限公司)、来料加工贸易企业 5 家(桂林市金铃服装有限责任公司、桂林威迈壁纸有限公司、巴斯波(桂林)皮件有限公司、桂林市奇昌洗车饰品有限公司、桂林市环城金属材料有限公司)、化工企业 1 家(桂林立白日化有限公司)、生物食品制造企业 3 家(桂林月桂面业有限责任公司、广西桂林桂龙生物技术有限公司、桂林三花股份有限公司)、印刷企业 1 家(广西方大印业集团有限公司)、建筑行业企业 1 家(桂林市永固混凝土有限责任公司)。调研组深入工厂、车间,与企业负责人及高管进行座谈交流,听取他们对促进桂林市非公经济发展的意见和建议,企业在发展中遇到的困难和问题,了解部分企业党建、工会工作开展情况及企业参与脱贫攻坚情况等,对部分企业提出的一些问题现场作了解答。（翟俐莎）

象山区残疾人联合会

【概况】 2017 年,象山区残疾人联合会(简称象山区残联),在职人员 5 人(其中聘用 3 人)。年内,象山区残联以残疾人根本利益和现实需求为导向,以创新优化残疾人服务和保障体系建设为主线,以解决残疾人生产、生活困难为重点,在全区扎实有效开展残疾人康复、教育、就业、扶贫及维权等方面工作。开展持证残疾人基本服务状况和需求专项调查。截至 12 月 31 日,全区第二代残疾人系统持证人数为 3279 人。其中:肢体类别残疾 1715 人,视力类别残疾 281 人,听力类别残疾 249 人,言语类别残疾 31 人,智力类别残疾 376 人,精神类别残疾 555 人,多重类别残疾 72 人。

【残疾人专项调查】 2017 年,象山区残联被中国残疾人联合会列为全国残疾人专项调查抽样试点单位。5 月—8 月,象山区残联根据国家和自治区第二次全国残疾人专项调查工作安排,组成 100 多人的专项调查组,深入村、社区和残疾人家庭,开展残疾人基础数据动态更新信息采集工作,建立完善持证残疾人动态数据库,共实名制录入信息 3267 人,收集残疾人调查资料 4000 多份。

【残联换届】 2017 年,象山区圆满完成残联系统换届工作。二塘乡、3 个街道先后召开乡(街道)残疾人联合会大会,选举产生乡(街道)第三届主席团委员和出席象山区残联第六次代表大会代表,推举产生残联理事长、理事。12 月 21 日,象山区残联第六次代表大会召开,参加会议代表 78 人。大会选举产生象山区残联第六届主席团委员和出席桂林市残联第五次代表大会代表,选举产生新一届主席团和理事会班子,主席团主席:周灿,理事长:刘伟(兼副主席)。

【扶贫助残】 2017 年,象山区残联切实推动落实各项助残惠残政策,保障和改善残疾人民生。年内,象山区政府慰问辖区残疾人 867 户,发放慰问金及慰问品共约 14 万元。继续开展“党员扶残温暖同行”活动,二塘乡各村党支部与 8 户贫困残疾人户结对帮扶,为残疾人发展

2017 年 12 月 21 日,象山区残疾人联合会第六次代表大会召开　　区残联　供图

农业生产提供资金、技术等方面支持，每户发放扶持资金1000元。全面核查辖区84名适龄段残疾人儿童，确保每位残疾少儿接受适合的教育。全年为441名贫困残疾人子女及残疾学生申请、发放助学补助金共21.66万元。发放贫困精神病人药费补助340人共6.8万元。继续实施“阳光助残扶贫基地”项目，全年投入20万元，通过辐射带动农村残疾人发展养殖生产，为101户农村残疾人发放种猪(仔猪)101头，并为帮扶对象提供免费培训、咨询、技术等服务。配合民政部门实施困难残疾人生活补贴和重度残疾人护理补贴制度，做好残疾人申请“两项补贴”的审核工作。

2017年5月17日，自治区听力关怀项目辅助器具中心专家到象山区为听障残疾人验配助听器

区残联　供图

【残疾人就业】 2017年，象山区通过全面落实就业扶持政策，多举措帮助残疾人实现就业创业。年内，举办残疾人就业技能培训班1期、农村残疾人实用技能培训班3期，帮助残疾人掌握就业技能，促进残疾人就业创业。全年共新增残疾人就业55人，其中：按比例就业13人，灵活和居家就业40人，公益性岗位安置2人。为城镇残疾人个体工商户和灵活就业人员发放基本养老保险补贴60人共7.32万元；发放残疾人燃油补贴资金102人共26520元。鼓励残疾人参加就业援助月、残疾人专场招聘会，多渠道帮助残疾人实现劳动就业。

【残疾人康复】 2017年，象山区开展精准康复服务工作，为有康复需求的残疾人提供基本康复服务。一是按时发放残疾人辅助器具和做好残疾人康复项目筛查工作。其中：为视力残疾人发放助视器、盲杖、盲表等辅助器具共52件；向重度肢体残疾人发放轮椅、护理床、移乘板等辅助器具共20件；二是积极争取自治区听力关怀项目名额，为有康复需求的听障残疾人32人验配助听器，并发放相应配件，自治区辅助器具中心专家先后3次到桂林为受助者提供跟踪回访服务；三是做好残疾人精准康复需求调查、配置服务工作，并完成建档立卡工作，对300多名残疾人进行支持性康复服务工作。

【“阳光家园计划”项目】 2017年，象山区推进为残疾人提供托养服务工作，抓好“阳光家园计划”项目。年内，象山区“阳光家园计划”托养对象226人，其中：居家托养169人，日间照料57人。年内为托养残疾人发放生活补贴共22.6万元。通过购买社会服务，为居家托养残疾人开展康复、医疗、生活等托养服务共计11.3万元。日间照料机构继续开展庇护性就业活动；象山区残联组织开展阳光家园趣味游园、与学员们一起欢度春节、为工疗站学员过生日等娱乐、人文关怀活动。

【残疾人法律维权】 2017年，象山区积极开展《中华人民共和国残疾人保障法》及相关法律法规宣传活动，年内利用“助残日”“三下乡”“爱耳日”等残疾人节日和活动进行残疾人优惠政策、法律法规宣传，共发放资料5000多份。通过开展残疾人法律救助工作，加大相关政策的教育宣传力度，严厉打击各种侵害残疾人权益的违法犯罪行为。做好残疾人信访维稳工作，象山区残联主动“接访、下访”，妥善解决残疾人“爱心亭”经营管理遗留问题。做好重大节日期间的信访维稳工作。全年共接待来信来访400多人次，集中接访5次。

（陈为燕）

法　　治

FAZHI

2017 年 10 月 1 日，公安象山分局摩托车骑警巡逻至火车桂林站广场　　公安象山分局　供图

政法委和综合治理

【概况】 2017年,中共象山区委政法委挂象山区社会治安综合治理委员会办公室、防范和处理邪教问题领导小组办公室、维护稳定工作领导小组办公室、国家安全人民防线工作领导小组办公室。有在岗人员12名,其中聘用人员4名。政法委是党委领导和管理政法工作的职能部门,其主要职责是宏观指导、协调、监督、检查人民法院、检察院、公安机关、司法行政机关等部门开展工作,维护社会稳定。2017年,象山区认真贯彻落实中央、自治区和桂林市综治平安建设工作会议精神,狠抓各项工作落实,圆满完成以维护党的十九大等敏感节点时期社会政治稳定为主的各项政法、综治和维稳工作任务,实现市委政法委提出的"一无、两降、三提升、六个坚决防止"工作目标。年内象山辖区没有发生重大群体性事件、没有发生重大安全责任事故、没有发生影响社会稳定的重大刑事案件、没有发生暴力恐怖事件和群体性事件,没有发生集体进京赴邕非访事件,社会大局总体和谐稳定。2017年度被自治区评为"平安县(市、区)",被桂林市国家安全局评为"二级防线办"。

【打击刑事犯罪】 2017年,象山区以实现"发案下降、打击上升、严格公正、群众满意"为目标,深入开展"神剑"系列专项行动、缉枪治爆、打击"两抢一盗"、整治"黄赌毒"和传销等治安顽疾,辖区社会治安状况得到明显改善,辖区人民群众的安全感显著提升。象山辖区总警情为22101起,比2016年26899下降4798起,下降18%,比2015年33024起下降10923起,下降34.3%;刑事警情为3653起,比2016年4022起下降369起,下降9%,比2015年5870起下降2217起,下降37.8%;刑事案件立案3687起,比2016年下降1168起,下降24.1%,比2015年下降3495起,下降48.7%。象山区人民检察院共受理提请批准逮捕案件531件686人,受理移送审查起诉案件490件612人。象山区人民法院共受理各类案件6440件(旧存135件,新收6305件),审结6343件,结案率98.49%,其中,受理各类刑事案件425件(旧存10件,新收415件),审结417件,结案率98.12%;受理各类执行案2408件(旧存22件,新收2386件),审结2387件,结案率99.13%。

2017年9月,象山区在将军桥社区召开"圆桌会议"现场观摩会,在全区推广该社区的经验做法　　区委宣传部　供图

【推广"圆桌会议"】 2017年4月,象山区平山街道办事处将军桥社区根据辖区老旧小区多、矛盾纠纷多的现状,探索创新工作模式,率先推行"圆桌会议"制度。每月定期召开1次"圆桌会议",由街道办事处、社区居委会、辖区派出所、辖区单位、社区居民派代表参加,听取社区居民对社区管理和社会综合治理的意见、建议和需求,现场解决或调处居民提出的实际问题或纠纷。第三季度将军桥社区各类问题处理率达85.7%,偷盗案件下降56.3%,居民普遍叫好。2017年9月,象山区在将军桥社区举办现场观摩会,向全区各社区推广"圆桌会议"经验做法,区委书记唐小忠出席会议并作重要讲话。

【开展"问计于民,共建平安象山"活动】 2017年11月,象山区开展"问计于民,共建平安象山"市民进言献策活动,充分发挥群策群力作用,共建平安象山。活动印制征求意见表10万份,入户宣传单15万张,发动一乡三办、42个社区(村委)及区综治委全体成员单位2000余人,对辖区9.6万家庭户开展进村入户"大走访",征求群众意见建议。区委常委、区委政法委书记骆文兵带领区综治办、维稳办等部门工作人员,对活动开展情况进行全面检查督导,了解影响群众生产生活突出的治安问题和矛盾纠纷。活动收回意见表6.7万份，解决影响群众生产生活问题31件(次)，调解矛盾纠纷11起。

【矛盾纠纷排查化解】 2017年，象山区采取三项措施，化解各类矛盾纠纷。一是落实排查责任。坚持社区(村)每周排查、乡(街道)每半月排查、区综治办每月排查分析制度，排查出较大矛盾纠纷37件，有效化解36件，化解成功率97%，年内，辖区没有新增重大矛盾纠纷。二是做好历史遗留重大矛盾纠纷化解工作。辖区排查出的矛盾纠纷中，有24件是由于历史原因暂时难以化解的重大矛盾纠纷。象山区在力争不引发新的重大矛盾纠纷的同时，积极做好历史遗留矛盾纠纷的化解工作，年内成功化解历史遗留重大矛盾纠纷2起。三是开展涉法涉诉信访案件排查化解。2017年，象山区政法部门共查出涉法涉诉信访案件11件，有效化解11件。市委政法委交办案件1件，能做到及时办理、及时回复。

【执法监督检查】 2017年，象山区落实中央八部门《关于党委政法委员会对政法部门执法活动进行监督的规定》，扎实开展执法监督检查活动。成立由22名专家、学者组成的执法监督检查小组，每半年对政法各部门执法情况进行监督检查，全年开展执法监督检查活动2次。9月，市委政法委组织案件评查活动，象山区被抽检案件3件，其中被评为优秀案件1个、合格案件2个。年底，区委政法委对政法系统各部门案件自评情况进行抽查，共检查案件47件，没有发现错案。 (滕五四)

政府法制

【概况】 2017年，象山区法制办公室在岗人员3人，其中兼职1人，借用2人。全年依法办理行政复议申请4件，厘清政府各类权责事项978项，提前做好投资决策合法性审查以及相关文件政策出台，有效提高象山区法治政府建设。

【接受法律监督】 2017年，象山区政府认真做好行政复议和行政应诉工作，加强制度和人员建设，健全依法化解纠纷机制，配备专业人员，积极履职，做好行政复议案件受理和行政案件诉讼工作。全年区政府收到行政复议申请4件，均全部办结。以区政府为被告行政诉讼案件3件，其中一审2件、二审1件，均实现“零败诉”，行政机关负责人出庭应诉率达到100%。

【推行权责清单制度】 2017年，象山区政府制定并公布政府权责清单，明确政府职责，推进政府机构、职能、权限、程序、责任法定化，使每一审批事项的依据和条件更加明确。推进行政体制改革，加快政府职能转变，强化权力运行监督和约束、权责清单的制定和严格执行，切实做到“法定职责必须为、法无授权不可为”。象山区共在21个政府部门推行权责清单制度，厘清各类权责事项978项，并在象山区政府门户网站将《象山区人民政府关于公布区保密局等21个部门权责清单的通知》向社会公布。

【合法性审查工作】 2017年，象山区政府法制办公室探索建立法制审查前置、分级审查、重大项目风险评估、合同送审、限时审查等五项工作机制。全年对青莲国际旅游农业综合投资项目、碧桂园股份有限公司战略投资协议、桂林龙光铂骏有限公司黄村项目等政府项目涉及的重大决策合法性审查6件次，对各类请示、通告、合同等文稿100件进行合法性审查，提出法律意见和建议，在法律层面上确保区政府重大决策、措施及各种文件制定出台的合法性和合理性。

【行政执法人员资格考试】 2017年，象山区政府严格实行行政执法人员持证上岗和资格管理制度，做好行政执法人员资格考试工作。全年共组织50名行政执法人员参加自治区行政执法人员资格认证考试，通过率62%。

【行政执法工作】 2017年，象山区政府针对辖区“两违”建筑(即违法用地、违法建设的建筑)问题突出以及群众反映强烈的城市脏乱差问题，由区城管局、区工商局、区城建局等部门联合组建动态巡查执法队伍，深入开展城乡建设专项整治活动。对群众意见比较多、反应比较大的违章建筑、违法用地做到快速反应、迅速立案、果断行动。2017年7月—8月，对桂林市第十七中学学校周边、铁西市场、铁西小区一里、二里、青竹路等路段违法搭建的门面、铁架棚房实施强制拆除，拆除面积共4万平方米，有效解决学校周边及铁西小区环境差、道路堵问题。年内，全区共拆除违法建筑351处、清除占道停棚356个，拆违面积达46.6万平方米。开展执法单位行政执法案卷自评自查工作。印发《象山区人民政府办公室关于开展2017年度执法案卷评查的通知》，组织相关单位组成案卷评查组开展行政执法案卷评查，对各执法单位涉及行政许可、行政处罚的案卷进行逐一评查。评查组对部分单位案卷存在的案卷装订不完整、法律文书制作不规范等问题进行纠正和指导。

（胡新明）

公　安

【概况】 2017年，桂林市公安局象山分局（简称公安象山分局）内设纪律检查委员会、办公室、人事教育科、法制大队、预审大队、情报大队、治安管理大队、治安巡逻大队、人口管理大队、禁毒大队、经侦大队、国内安全保卫大队以及第一、二、三、四责任区刑警大队，下辖阳桥、南门、桂青、安新、将军桥、平山、二塘7个公安派出所。共有民警301人，工勤编4人、辅警177人。年内，公安象山分局强化各项打防管控措施，不断提升服务管理水平，实现警情、刑事立案持续下降，破案率持续上升工作目标，维护了辖区社会治安大局持续稳定。全年，象山辖区总警情为22101起，比2016年26899起下降4798起，下降18%，比2015年33024起下降10923起，下降34.3%；刑事警情3653起，比2016年4022起下降369起，下降9%，比2015年5870起下降2217起，下降37.8%；立刑事立案件3687起，比2016年下降1168起，下降24.1%，比2015年下降3495起，下降48.7%。

【安保维稳工作】 2017年，公安象山分局广泛收集各类情报信息482条，上级采用253条，为党委、政府和上级公安机关掌握动态、消除社会不稳定隐患、防止人民内部矛盾激化提供可靠的决策依据。围绕为中共十九大召开创造安全稳定的社会环境，扎实履行维稳责任，先后辗转北京、武汉、深圳等地调查取证，对无理取闹、多次进京非访的重点人员李某、梅某依法刑事拘留，并执行逮捕，严厉打击非访案（事）件。圆满完成中央电视台春节联欢晚会桂林分会场、环广西公路自行车世界巡回赛、第二届桂林国际马拉松赛等各项重大活动安保任务125次，完成警卫任务12次。公安象山分局被桂林市委、市政府联合授予“央视春晚筹备工作先进集体”。

2017年10月1日，象山区副区长、公安分局局长张宁生（左四）在象山公园检查国庆安保工作　　　公安象山分局　供图

【严打犯罪行为】 2017年，公安象山分局开展“神剑”系列专项行动，保持对各类违法犯罪活动的高压态势和凌厉攻势，运用多警种合成作战机制，先后成功破获“8·16”金店特大抢夺金项链案，与桂林市公安局禁毒支队捣毁1个在桂林市象山区、临桂区制造、贩卖毒品氯胺酮团伙，抓获犯罪嫌疑人3名，缴获制毒原料一批、毒品成品40多公斤，协助杭州市警方开展公安部“6·15”专案集中收网行动，打掉违法犯罪团伙5个，抓获团伙成员95人；深入开展“打击职业犯罪破串案”专项行动，串并案14串，破案82起，抓获犯罪嫌疑人25人。对患有艾滋病等重大疾病或吞食异物逃避打击的“特殊群体”犯罪继续保持零容忍打击态势，2017年将30名此类人员送往南宁茅桥中心医院治疗羁押，2016年、2017年共将72名艾滋病等重大疾病犯罪嫌疑人送茅桥医院羁押，火车桂林站、桂林汽车客运总站一带社会治安状况明显好转。全年共提请批准逮捕违法犯罪嫌疑人475人，其中提请批准逮捕侵财类犯罪嫌疑人226人，涉毒犯罪嫌疑人82人；抓获外省市或历年逃犯60人。破获各类刑事案件1128起，刑事案件破案率由2015年的17%上升至2016年的26%；2017年刑事案件破案率达到了31.2%。

【防控体系建设】 2017年，公安象山分局继续完善摩托车机动巡逻机制，实现对辖区主要街道、重点部位的全天候防控。加大对可疑人员、可疑物品的盘查力度，最大限度挤压犯罪空间。年内，象山辖区“两抢”警情120起，比2015年412起下降292起，下降70.9%，比2016年200起下降80起，下降40%。充分解放派出所警力，让社区民警和社区警务助理真正回归社区，工作重心真正回归基础，全区共选派41名民警到辖区34个社区，8个村委担任社区民警，并在原有基础上，新招聘20名辅警作为社区警务助理，达到每个社区有1名社区民警、1名警务助理共同开展社区警务工作。广泛发动“红袖标”群防群治，共同参与社会治安防控，化解矛盾纠纷，不断提高社区、居民安全防范的能力。全区共有“红袖标”人员15227人。“红袖标”队伍在派出所社区民警的带领下，辅助公安机关开展巡防工作。一方面不断提醒路人及商家时刻注意，另一方面，通过邻里守望、看家护院，有效地震慑各类违法人员。年内，“红袖标”队员提供线索并协助公安机关破获各类案件18起，协助抓获各类违法人员29人。2017年象山辖区命案发案1起，被成功侦破，为象山区命案发案量最少的一年。对辖区“敲客宰客”“黄赌毒”等治安案件持“零容忍”态度，先后多次开展治安重点区域集中清查整治统一行动。全年共查处吸毒人员461人，强制戒毒80人、其他行政处罚381人；查处涉黄涉赌人员239人，销毁赌博游戏机1047台。责令停业整顿3家，取缔敲客宰客店铺1家、涉黄休闲按摩中心1家。

2017年10月4日，公安象山分局巡逻大队民警在南溪公园巡逻

公安象山分局 供图

【科技强警】 2017年，公安象山分局实施科技强警战略，向科技要警力，不断提升驾驭复杂社会治安形势的能力，联合北京神州数源科技有限公司共同研发防控反恐报警系统——“智慧守护者”。该系统集主动预警、一键报警、视频显示、实时对话、区域封锁、人员定位等功能于一体，具有快速响应、准确定位、视听全面、有力震慑的特点。该系统直接连接至各派出所指挥室。当发生警情时，报警人只需轻轻一按系统上的按键，即可实现报警，减少了通过110指挥中心接警了解案情后，重复转述案情给派出所，再指令出警的程序，节省出警时间5—7分钟以上，有力提升处警效率和实效性。派出所值班民警可通过上下两个360度全景摄像头实时采集视频图像，直观地掌控现场动态，并通过语音对讲与报警人进行对话，了解案情，第一时间调派附近路面巡逻警力赶往现场进行处置。对正在发生的不法分子侵害行为，值班民警还可通过系统上安装的高音喇叭，先期对违法人员进行口头震慑，防止违法人员对报警人造成二次伤害。该系统的使用得到各级领导高度评价，公安部第三研究所将该系统纳入公安物联网防控体系建设，并在深圳市2017年全国公安安保器材展销会上展出。年内，公安象山分局加快派出所指挥室建设，在南门派出所新建集指挥调度、情报研判、视频巡查为一体的综合指挥调度室1栋，建筑面积260多平方米，将辖区内天网视频监控、“智慧守护者”并网联网至指挥调度室，着力打造全天候全方位全覆盖的警务指挥“一张图”治安防控体系。（袁文桥）

检 察

【概况】 2017年，象山区人民检察院（简称象山区检察院）编制55人，实有54人。内设侦查监督科、公诉科、反贪污贿赂局、反渎职侵权局、职务犯罪预防局、民事行政检察科、控告申诉检察科（含举报中心）、案件监督管理办公室、办公室、政工科、人民监督员办公室、法警大队。年内，依法打击各类刑事犯罪，查办和预防职务犯罪。全年受理提请批准逮捕案件531件686人。受理移送审查起诉案件490件612人。受理贪污贿赂、渎职侵权等职务犯罪案件线索27件，立案侦查

案件24件24人，移送审查起诉24件24人，为国家挽回经济损失500多万元。象山区人民检察院先后有20人(项)次获得自治区、市级表彰奖励，案件监督管理办公室被评为自治区检察机关案件管理示范岗，政工科立集体三等功1次，公诉科被评为桂林市维护妇女儿童权益先进集体。政工科科长万玲红、侦查监督科副科长唐艳撰写的论文均获广西侦查学研究优秀成果三等奖，政工科副科长粟海玉撰写的论文获第十七届广西检察官理论研究年会优秀成果奖。

【批捕和起诉】 2017年，象山区检察院依法打击各类刑事犯罪，全年批准逮捕犯罪嫌疑人533人，起诉413件492人。认真贯彻宽严相济的刑事司法政策，对轻微刑事案件，且无社会危险性的，决定不捕26人；对犯罪情节轻微，依法不需要判处刑罚的，不起诉37人。对过失犯罪、亲友邻里纠纷、民事纠纷引发的轻微刑事案件，加大矛盾调解力度，促进刑事和解。2017年，共促进刑事和解7件9人，均取得良好的法律效果和社会效果。针对社会治安重点、难点问题，结合办案实际，及时提出检察建议10件，推动管理主体依法服务和科学管理。完善司法救助制度，救助生活困难的刑事被害人及其亲属4人，发放救助金8000多元。建立健全“轻刑速裁”工作机制，与象山区人民法院会签《关于建立象山区轻微刑事案件快速办理工作机制的意见》，对于案情简单、事实清楚、证据确实充分、被告人认罪的轻微刑事案件，打包起诉并集中开庭审理，平均10分钟审结一个案件，提高简案办理效率，为繁案办理腾出更多时间和精力。全年，依据轻微刑事案件快速办理工作机制，办理“轻刑速裁”案件234件260人，取得良好的办案效果。

【查办和预防职务犯罪】 2017年，象山区检察院坚持有案必查、有腐必惩，以“老虎”“苍蝇”一起打的高压态势，努力营造“风清气正”的政治生态环境。共受理贪污贿赂、渎职侵权等职务犯罪案件线索27件，立案侦查案件24件24人，移送审查起诉24件24人，为国家挽回经济损失500多万元。采用“请进来”“走出去”、预防职务犯罪讲座、预防调查、下发检察建议等传统形式与微信、微博、客户端等新媒体相结合，深入开展职务犯罪预防工作。结合办案实际，邀请桂林市口腔医院、广西电网公司桂林培训中心人员到检察院开展职务犯罪预防活动，同时象山区检察院人员走进桂林市自来水公司、广西广电网络桂林分公司、广西电网公司桂林培训中心、工商银行西城支行等单位开展预防职务犯罪警示教育活动。制作预防职务犯罪公益广告，在南门桥头、中山中路维也纳酒店等市中心繁华地段以LED广告屏形式滚动播放，进行反腐倡廉宣传。依托“人民检察院案件信息公开网”全面、及时、规范发布较大社会影响职务犯罪案件、社会广泛关注刑事案件、重大专项业务工作信息、典型案例等各类重要案件信息92篇，法律文书386份。共受理律师各类申请249件次，其中电子阅卷154次。积极促进市场主体廉洁，树立诚信经营、守法经营的理念，优化招投标环境，保障经济的高质发展，共受理行贿档案查询2656次。

2017年8月19日，象山区人民检察院与公安象山分局召开专项立案监督联席会

区检察院　供图

【维护司法正义】 2017年，象山区检察院对应当立案而不立案的，督促侦查机关立案16件20人；对不应当立案而立案侦查的，督促侦查机关撤案4件；应当起诉而未移送起诉的，依法追诉53人，追诉漏罪24起。坚持监督与支持并举、抗诉与息诉并重，共受理各类民事行政申请监督案件4件，提出再审检察建议1件，已作案件终止审查处理1件。开展社区矫正人员脱管漏管专项检查、财产刑执行监督等，制发检察建议1份获采纳，1起财产执行检察案例获评桂林市精品案例。

（陆原左）

2017年3月29日，象山区人民检察院到桂林市自来水公司开展预防职务犯罪警示教育活动　　陆原左　摄

法　　院

【概况】 2017年，象山区人民法院（简称象山区法院）下设刑事审判庭、民商事审判第一庭、民商事审判第二庭、执行局、行政审判庭、审判监督庭、办公室、政工科、纪检组、法警大队、立案庭等11个机构。行政编制81人，在职72人；工勤编制4人，在职4人。年内，共受理各类案件6437件，位居桂林市基层法院收案数量第一位；结案6342件，结案率98.52%，收结案与2016年比（简称同比）分别上升19.7%、21%。员额法官人均结案198件，高出全市均值（103件）92%，人均结案排名全市第一。获得自治区、市、区表彰奖励32人（项）次。年内涌现“全国优秀直播法官”苏玢等先进法官群体。2017年3月27日，自治区高级人民法院在象山区法院召开全区法院大力提高审判质效、党风廉政和队伍建设现场会。象山区法院向与会代表作“象山模式”创新工作经验介绍，繁简分流机制、刑事“简案快审”、智能庭审系统、执行“一案一账号”“1法院+N法院”异地执行等工作经验受到自治区高级人民法院院长黄克赞赏，并向自治区辖法院推广。全年共有16个外省、市、区（县）级法院及自治区内19个中、基层法院组队到象山区法院考察学习民商事繁简分流和智能庭审系统使用工作经验。

【刑事审判】 2017年，象山区法院共受理刑事案件423件，审结416件，判处罪犯528人，结案率98.35%。贯彻“宽严相济”的刑事审判政策，依法惩处各类刑事犯罪，全面推进量刑规范化，判处拘役84人，缓刑43人，3年以下有期徒刑320人，3年以上有期徒刑81人。依法审结涉案金额达1.32亿元的东方祥龙等五公司及李艳非法吸收公众存款案、公安部与国家烟草专卖局联合督办的桂林市近年最大一宗涉烟草犯罪案，维护市场经济秩序。依法审理原桂林骏达运输股份有限公司董事长张某受贿案等职务犯罪案件11件，推动反腐败斗争深入开展。审慎审结引发社会关注的11人团伙涉8名未成年人故意杀人案，对未成年人犯罪起到良好的警示教育。严厉打击盗抢骗等危害社会治安犯罪，审结233件，判处269人。严厉打击毒品犯罪，审结76件，判处85人。实行“简案快审”机制审理轻微刑事案件，由1名法官和1名书记员集中打包审理，每个案件平均审理时间由原来的30—50分钟左右，缩短到5—10分钟。2017年，适用“简案快审”机制集中审结轻微刑事案件307件（348人），占刑事结案数的73.6%，当庭裁判率100%，无一件案件上诉。“简案快审”机制作为典范在全市法院推广。扎实推进以审判为中心的刑事诉讼制度改革，9月，象山区法院与辖区公安机关、区人民检察院联合签署《关于刑事案件警察出庭作证实施办法》，率先在广西建立刑事案件警察出庭作证工作机制并形成常态化，促进司法行为更加规范。

【民商事审判】 2017年，象山区法院共受理民商事案件3466件，审结3403件，结案率98.18%。一是构建多元化纠纷解决机制。积极与社区、人民调解组织、金融机构、行政机关、行业组织等构建联动长效机制，开展诉前联调工作，将群众矛盾化解在源头。联合桂林市公证处率先在广西建立诉讼与公证协同服务机制，双方互设诉调对接工作室并派员开展公证和调解服务。在象山区工商局设立消费纠纷调解中心，对消费纠纷进行诉前调解。设立驻社区和辖区金融机构法官工作室，对简单金融案件进行上门就地调解。推行律师调解制度，设立律师驻法院调解工作室，邀请律师作为“特邀调解员”参与纠纷化解。2017年，完成诉前调解、诉前联调共计762件,占全院民商事简单案件30.7%,有效减少矛盾纠纷进入诉讼程序。二是全方位推行民商事案件繁简分流。从各部门选配7名具有法学本科以上学历的骨干法官,组建速裁团队集中审理民事简单案件。全年通过案件繁简分流共化解民商事简单案件2485件,占同期民商事收案数的74%,速裁法官人均审理案件355件,结案率为99.66%,调撤率为62.5%,平均审理天数为25天,服判息诉率为98.8%。其中采用小额诉讼程序审理金融、物业纠纷案件910件,调撤案件683件,调撤率为75%,案件平均审理天数仅为15.2天。

【行政审判】 2017年,象山区法院全年行政案件结案率96.7%。支持行政机关依法行政,裁定不予受理3件,驳回原告起诉和诉请41件。保护行政相对人合法权益,支持原告诉请12件。诉前,推行庭前会议制度。组织当事人、行政机关召开庭前会议,就案件审理程序、证据质证等问题进行沟通了解,化解官民矛盾,当事人自愿撤诉9件。诉中,推行行政机关负责人出庭应诉机制。让具体行政负责人直面群众需求,辖区市属行政机关部门出庭应诉26件,达到基本出庭应诉效果,树立政府机关依法行政的良好形象。诉后,推行司法建议常态化机制。及时向行政部门发出司法建议,有效促进行政机关依法行政。2017年共向桂林市国土局、桂林市人社局、桂林市规划局、公安象山分局发出司法建议5份,得到被建议单位的积极回应和认可。

【执行案件】 2017年,象山区法院共受理执行案件2408件,同比增长45.98%,结案2387件,同比增长46.67%,结案标的79523.39万元,同比增长23%,结案率99.13%。收案数、结案数、结案率三项指标均排名全市第一。在广西法院首先使用"一案一账号"执行款物管理体系,实现每个执行案款精准管理,确保最短时间兑现执行申请人的胜诉权益,该项体系在自治区辖法院推广使用。建立"1法院+N法院"异地执行协作共赢平台,有效整合各地法院司法资源,提高异地执行工作效率,获得最高人民法院肯定,在《人民法院报》及"中国执行"微信公众号平台作为工作亮点向全国推广。开展"春雷行动""秋季执行""冬季风暴"拘传"老赖"(即失信被执行人)专项活动,加大对"老赖"的打击力度,促其自动履行义务。全年共依法拘传"老赖"239人,司法拘留36人,促使172名被执行人自动履行义务或达成和解协议。加大力度打击拒不执行生效裁判等犯罪行为,以涉嫌拒执罪和非法处置财产罪向公安机关移送2件2人,其中1人已被有罪判处拘役六个月。率先在全市法院开展司法网络拍卖,并与相关辅助机构和银行签约合作,率先启动网络司法拍卖辅助模式及网拍银行贷款机制,有效提高拍品成交率。年内,通过淘宝、京东等平台发布网拍212件,成交总金额7018.18万元,成交金额在全市基层法院最多。10月,成立广西首个"执行工作辅助中心",设立"立案接待""查询控制""拍卖辅助""款物管理"4个职能窗口,形成完整的立案接待—查询控制—拍卖辅助—案款发放的执行事务一站式流程,达到执行过程和结果双重透明的"阳光执行",有效提高执行效率。至年末,辅助中心开展"点对点"网络查询和"总对总"网络查询3万多次,实时控制被执行人存款558多万元,成功执结简易案件55件,发起网络司法拍卖63件,成交标的金额4909.63万元。

2017年4月26日,象山区法院邀请区人大代表、政协委员现场监督"春雷行动"
区法院　供图

【司法为民】 2017年,象山区法院对诉讼服务中心进行升级改造,完全具备导诉接待、立案审查、诉前调解、救助服务、查询咨询、材料收转、判后答疑、信访接待等功能模块。率先在全市法院系统开通支付宝、微信缴纳诉讼费服务功能，同时构建“互联网+”诉讼服务工作模式，当事人通过手机便可获取法院最新资讯、庭审诉讼信息和立案诉讼指导等，免除群众奔波之苦。创新送达方式，实行外包物业公司送达模式，并实行“周末送达”“夜间送达”“电子送达”等方式，送达成功率由原来的60%提升至80%。积极开展司法救助工作，发放救助金19.2万元，缓减免诉讼费45万多元。年内，象山区法院强化判后答疑和信访维稳工作，使5起有可能上访的案件，被处理在萌芽状态，信访投诉率为零，全市排名第一，全年无一赴京、赴省、赴市三级非访案件发生。2017年共上门立案8件、午间立案182件。

2017年10月30日，象山区法院“执行工作辅助中心”挂牌成立　　区法院　供图

【信息化公开】 2017年，象山区法院在开通法院政务网、阳光司法网、官方微博、微信公众号的基础上，成立新媒体团队，全年共有200多篇宣传文章被中央、省级媒体采用；编发信息120期、情况反映14期，其中75篇被桂林市中级人民法院采用，20篇被自治区高级人民法院采用。做到“两微一端一网”每日更新，制作推送法院信息、资讯2169条，市民反映良好。年内，中央电视台、广西电视台、桂林电视台先后到象山区法院现场采访，制作节目在电视台播放。其中一刑事案件的审理，由自治区高级人民法院选送到中央电视台第二套《经济与法》栏目制成节目播出，起到良好的普法效果。象山区法院采取走出去+请进来相结合模式开展普法活动，举办公众开放日，邀请社区群众、老师、学生、家长等走进法院了解法院工作，感受法律威严。组织法官送法到社区、企业、学校，开展法制宣传活动，增强辖区群众法制意识，提升群众对法院工作满意度。全年共开展“公众开放日”活动8次，接待学生、市民2000多人次旁听庭审；开展送法活动9次，发放法律资料1.6万多份。重视庭审直播和裁判文书上网工作，488件庭审在中国庭审直播网上直播，排名全市第二，2907件裁判文书上中国裁判文书网。

2017年9月22日，象山区法院、检察院、公安分局联合签署《关于刑事案件警察出庭作证实施办法》，在广西法院系统率先建立刑事案件办案警察出庭作证机制　　区法院　供图

【审结公安部督办案件】 2015年8月—11月18日，被告人王某立、毛某星、张某滨、左某、林某清伙同他人以非法牟利为目的，在没有取得相关许可证的情况下非法生产、加工烟草专卖品，已销售烟草产品金额人民币69万元，尚未销售的伪劣烟丝、烟叶货值人民币160.14万元。该案是桂林市近10年来最大的一宗涉烟草案件，系公安部与国家烟草专卖局联合督办的重大案件。2017年，象山区法院依法审理该案，王某立等五人犯生产、销售伪劣产品罪，被判处两年至八年不

等有期徒刑，并处两万元至三十万元不等罚金，有力惩治被告人造假行为，维护市场经济秩序。

（胡秋兰）

司法行政

【概况】 2017年，象山区司法局（简称区司法局）有在岗人员5人（其中聘用人员1人，借调1人）。设乡（街道）司法所4个，有工作人员9人。全区有乡（街道）人民调解委员会4个，村（社区）人民调解委员会42个，专职调解委员会11个，在册人民调解员231人。象山区司法行政工作重点是开展人民调解、法制宣传、社区矫正及安置帮教、法律援助工作。全年共调解案件689件，涉及人数2366人，排查矛盾纠纷463次，成功调解453件，成功率98%。设区法律援助中心1个，有律师1人。全年提供法律援助199件。做好刑释解教安置帮教工作，全年新接收刑释解教121人，全区有在册刑释解教人员160人，无重新犯罪情况发生。辖区有律师事务所15个，共有律师133名（其中象山区管1个，有律师12人）。

【“七五”普法】 2017年初，象山区制定下发《2017年象山区普法依法治理工作要点》，对全区各部门、各单位普法工作进行安排部署，落实“七五”普法规划，开展系列法制宣传教育活动。先后组织开展“法律进社区”“法律进校园”“法律进景区”“法律进乡村”活动。坚持“谁执法，谁普法”原则，在窗口单位和窗口岗位增加法治宣传教育功能，普及《中华人民共和国宪法》《中华人民共和国环境保护法》《中华人民共和国消防法》《中华人民共和国治安管理处罚法》《中华人民共和国刑法》《中华人民共和国刑事诉讼法》《中华人民共和国民事诉讼法》《中华人民共和国婚姻法》等法律法规。全年，全区举办社区法治讲堂5场次，法律咨询服务千余人次，设置法制宣传版、栏500多块，宣传条幅500多条，发放宣传资料15万份，法制宣传手册8万多册。

【社区矫正监管】 2017年，象山区继续开展“社区矫正基层基础建设加强年”活动和全面开展“岗位练兵争当能手”活动，不断增强社区矫正队伍整体素质，提升社区矫正整体工作水平。各司法所统一规范社区矫正档案，完善教育、劳动纪实和请假、汇报登记台账。抓关键环节，加强集中教育训诫。规范入矫、解矫操作流程。加大技术监管设备投入，上半年，象山区为各司法所增配刷脸指纹考核机，用于采集脸部、指纹信息。加强销假见面考核和网上行踪考核，堵塞管理漏洞，避免脱管漏管现象发生。对在矫正期间不服从管理，不遵守法律法规和矫正制度的矫正对象，根据每月、每季计分考评结果予以一定惩处，达到警示矫正对象的目的。2017年，司法局对矫正人员警告处分26人次，组织集中教育196人次，个别谈话教育63人次，组织社区服务286人次，有效防止脱管、漏管现象，遏制社区矫正对象重新犯罪。

【法律援助与服务】 2017年，象山区健全法律援助工作机制，扩大法律援助覆盖面。坚持“应援尽援，应援优援”，全年共办理法律援助诉讼案件57件，接待群众法律咨询640多人次。开展法援宣传工作。1月19日，在二塘乡万福村委上銮塘村开展“象山区法律援助进万村宣传活动”活动，发放《征地拆迁100问》《农民工法律知识读本》和法律援助宣传围裙等法律宣传资料。实行接待登记制度。对来信来访群众，做到热情服务，有问必答、有信必复，事事有回音有着落。引导律师参与公共服务和村（居）法律顾问工作，推动律师志愿服务。全年，象山辖区律师参与区、村（居）集中法律咨询活动36次，举办法律讲座8场次，受益人员6000余人。

（伍彦梅）

2017年12月4日，象山区司法局在桂林市中心广场开展普法宣传活动

区司法局　供图

军　　事

JUNSHI

2017 年 6 月 21 日，象山消防大队官兵在羊角山油库进行消防演习　　韦宇龙　摄

人民武装

【概况】 2017年，象山区人民武装部（简称象山区人武部）按照“服从改革、政治清醒、夯实基础、稳步开局、守住底线、开拓创新”的工作思路，在讲政治、保稳定、抓落实、促发展上持续用力，团结和带领全体干部职工，狠抓各项工作落实，较好完成年度各项工作任务，全面建设保持良好发展态势。区人武部副部长刘晖被广西军区评为优秀基层干部。平山街道办事处武装部部长朱永祥被桂林市评为征兵工作先进个人。

【政治思想工作】 2017年，象山区人武部党委深刻理解把握中央军委主席习近平决策部署，坚持把开展“维护核心、听从指挥”“两学一做”常态化制度化教育活动作为年度重大政治任务抓紧抓好。严格按照“抓在日常、严在日常”要求，突出党委班子和领导干部这个重点，认真组织开展承诺践诺，坚持思想教育、组织生活、清理整治、立规执纪相结合，扎实开展“维护核心、听从指挥”主题教育和“两学一做”常态化制度化教育活动，做到“规定动作做到位，自选动作有特色”，达到预期目标。坚持把政治理论学习放在首位，严格落实党委中心组带机关理论学习制度，用党的创新理论武装头脑。党委中心组带机关理论学习按计划完成。制定年度理论学习实施计划和党委班子个人自学计划，规定学习时间、内容，提出要求，做到每个专题有学习计划、有领导授课、有学习笔记、有讨论发言、有体会交流、有检查讲评。

【军事工作】 2017年，象山区人武部根据任务调整等情况，及时对各类战备方案和应急预案进行修改，提高方案的针对性和可操作性。坚持抓实战备训练、国防动员和后备力量建设工作，牢固树立战备训练和国防动员工作在全面建设中的中心地位。4月，组织60名民兵开展水上救护训练，针对防区抢险救灾特点，组织实施橡皮艇组装与拆卸、水上搜救等基础课目训练，组织水上搜救实案化演练，提高民兵防汛救灾能力。7月上旬，象山辖区发生洪涝灾害，区人武部累计出动水上救护分队4批25人次，转移受困群众156人，运送各类救灾物资500多件，奋战2昼夜配合友邻单位实施抗洪抢险，圆满完成警备区下达的任务。7月中旬，根据计划安排，区人武部负责对新修订的《军事训练大纲》中《应急应战业务》课目进行试训论证。受领任务后，不等不靠，积极协调外请南京陆军指挥学院2名教授到现场指导，高标准完成新大纲试训论证任务。11月，民兵应急分队训练扎实开展，进行3000米跑、队列动作、单兵战术、医疗救护、防暴队形变换、森林灭火行动演练等科目训练，在警备区组织的评比性考核中取得较好成绩。

2017年4月25日，象山区征兵办公室在桂林市第八中学开展征兵宣传活动

区人武部　供图

【民兵预备役建设】 2017年，象山区人武部以带兵打仗的观念狠抓民兵预备役建设，确保民兵预备役工作在人武部年度工作中的中心地位。2月25日—4月30日，开展民兵整组工作。根据象山区民兵工作实际，民兵编组本着“有利于组织领导、有利于提高质量、有利于执行任务”的原则，按照“稳定一块、压缩一块、扩展一块”的工作思路，科学确定民兵组建范围。对基干民兵进行灵活科学编组，农村基干民兵在以行政村为主建立民兵组织的基础上，在有条件的地区把基干民兵集中编组在乡村企业；人口稀少、居住分散的地区，以乡（街道）为单位集中编组基干民兵。民兵组织在布局和数质量方面有较大提升，民兵组织建设落实到位、编排合理、装备齐全配套。

【征兵工作】 2017年，象山区征兵工作首先抓实适龄青年兵役登记工作，把它作为完成好年度征兵任务的基础。征兵工作严格按照宣传发动、组织准备、体检政考、复查定兵、欢送新兵入伍5个阶段开展。7月27日召开征兵工作动员大会，专题部署征兵工作。会上表彰2016年征兵工作先进单位和个人，象山区政府副区长、区征兵领导小组副组长周灿代表区政府与中共二塘乡党委书记、中共南门、象山、平山街道党工委书记签订征兵工作责任状。区属各单位亦相应召开征兵工作会，把征兵工作安排和有关要求落到实处。各单位均由主要领导亲自挂帅，专武干部抓落实，使全区征兵工作做到层层有人抓，事事有人管。区人武部坚持每天有检查、每周有讲评、每月有情况通报。在组织准备宣传发动阶段每天派专人负责走街串巷进行巡回宣传，各企事业单位利用单位内部广播、网络、板报和微信群等方式进行征兵宣传。为增强征兵宣传工作针对性，首次面向适龄青年开设“象山征兵”公众号，发布征兵相关信息，为青年答疑。总检采取封闭式管理，凭“三证”（身份证、兵役证、体检证）入场，编号盖章，实行双盲检查，保证体检的严肃性和准确性。政考工作，将体检合格人员名单交公安象山分局进行联审，了解掌握体检合格人员及其父母有无违法犯罪情况。召开各派出所负责人和“一乡三街道”相关负责人家访协调会，明确辖区各派出所的走访任务和责任区分。定兵工作，严格按照各级各类院校应届毕业生为主体，同等条件下，优先征集学历高、专业技术强的青年入伍的原则定兵。坚持“阳光征集”，严格落实廉洁征兵的各项制度规定，做到公开、公平、公正、透明。没有发生违规违纪行为。9月8日，象山区召开新兵批准入伍大会，区长蒋永刚给新兵颁发《入伍批准书》并与新兵合影留念。象山区圆满完成2017年夏秋季新兵征集任务，入伍新兵人数中，大学生占总征集人数74%。

2017年8月，象山区人武部组织“双合格”应征青年开展为期7天的新兵役前集训

区人武部　供图

【役前集训】 象山区人武部为确保实现“两个归零”（退兵归零，廉洁征兵归零）和“三个满意”（让区委、区政府满意，让青年家长满意，让人民群众满意）的目标，在全市率先探索组织役前集训路子。8月28日—9月3日，组织全部“双合格”应征青年开展为期7天的役前集训。集训按照部队新兵连编制模式编组，按条令落实一日生活制度，实行正规化封闭式管理，开展队列训练和思想政治教育，为即将步入军营的新兵打好思想基础。该做法得到广西军区副司令员屈绍刚和桂林警备区首长肯定，经验在自治区推广。

2017年12月30日，中共象山区委召开区委人民武装委员会暨国防动员委员会会议

区人武部　供图

【安全管理】 2017年，象山区人武部以迎接中央军委国防动员部安全工作大检查为契机，以中央军

委国防动员部颁发的《安全工作检查考评暂行细则》为依据，坚持把安全稳定工作作为区人武部建设发展的保本工程来抓。成立区人武部安全委员会，负责人武部和民兵预备役工作中安全工作的组织实施与监督检查。坚持把安全风险评估纳入工作筹划的重要环节，在定期进行安全风险评估的基础上，先后就民兵水上救护分队训练、民兵应急分队训练等大项活动进行安全风险评估，及时制定防范措施。年内，开展各项民兵活动，未发生安全事故。

【国防动员】 2017年，象山区国防动员委员会开展国防动员潜力调查，收集各种资料和数据，掌握全区国防动员资源的数量、质量和分布情况，为战时动员提供依据。人民武装动员建设主要抓修订、完善各种作战预案和配套方案，加强作战分队、勤务保障分队、应急分队训练，提高完成多样化任务能力。对退伍军人、地方与军事专业对口技术人员进行预备役登记，掌握退伍军人数量、质量和分布情况，储备一批服预备役的军官。政治动员建设，重点是修订、完善政治动员方案，开展政治动员潜力调查，建立政治动员人才数据库。加强舆论战、心理战、法律战的攻关和准备。国民经济动员建设，重点抓国民经济动员潜力调查，建立国民经济动员潜力综合信息数据库。推动军民两用技术、军民兼容产品和民用高新技术的军事应用，提高平战转换能力；储备汽油、柴油、原粮、食油、副食品等10多种作战支前物资。人民防空建设，重点抓人防指挥所和民用建筑的地下室以及公共人防工程建设，建立健全人防指挥控制、通信保障等信息系统，提高应急保障能力；修订城区防空袭预案、人口疏散和接收方案以及疏散地域配套建设方案；对人防专业队伍进行针对性训练，提高战时消除空袭后果和应急救援能力；进一步落实重要目标伪装、防护、抢修、消防等措施。交通战备建设，进行交通运输潜力调查，掌握全区民船、客货车辆的种类、数量及分布情况，制定动员征用计划，建立国防交通信息管理数据库，实现动态跟踪管理。（李力军）

陆军特种作战学院

【概况】 2017年，根据中央军委命令，中国人民解放军陆军特种作战学院由原特种作战学院和桂林综合训练基地合并组建，属高等教育院校，分布在广西、广东、湖南3省（自治区），桂林、广州、株洲、衡阳4市，总面积882.06公顷。学院主要承担特种作战和侦察情报指挥专业生长军官、现职军官、研究生、士官和外军留学生培训，特种兵新兵训练，军事体育教员骨干、驻港澳干部培训任务，以及海军陆战队、空降兵部分指挥生长军官本科基础教育等任务。组建以来，学院党委针对合并建院跨度大、开学开训时间紧、转型转岗困难多、起步建设任务重的实际，坚持改革实施与教学训练同步展开，开局起步与长远规划一体推进，鲜明提出“建一流院校、育一流人才”奋斗目标，立起“抢先一步、领先一路”建设理念，强化首任首为的使命感责任感紧迫感，迎难而上、主动作为，狠抓思想融合、资源整合、力量聚合，各项工作和建设有序展开、全面推进、平稳起步。

【思想政治建设】 2017年，陆军特种作战学院坚持把学习贯彻中共十九大精神为主线加强思想政治建设，用习近平新时代中国特色社会主义思想铸魂育人，落实党委中心组学习制度，扎实开展“坚决维护核心、坚定听党指挥”和“两学一做”常态化制度化主题教育和理想信念、光荣传统、战斗精神等专题教育，跟踪抓好教学训练和遂行任务中的思想政治工作。召开党委扩大会专题研究中共十九大精神进教材、进课堂、进头脑，推进习近平新时代中国特色社会主义思想课程启动并在全军院校率先开课。

2017年8月9日，陆军特种作战学院举行挂牌仪式　　陆军特种作战学院　供图

扎实推进全院调整改革教育，严格按要求推进各项改革任务落实，学院党委按照上级统一部署和学院官兵思想实际，把改革教育贯穿于调整改革全过程，适时开展思想调查，切实掌握思想动态，加强针对性教育，组织专家赴各营区开展改革教育宣讲，在全院集中进行“交出改革大考合格答卷”专题党课教育，确保全院官兵积极投身改革，坚决服从改革。

【教学训练】 2017 年，陆军特种作战学院党委坚持一手抓改革、一手抓教学，千方百计克服诸多困难，保证教学训练任务高标准完成。制订完善 4 个培训层次 14 本教学大纲、16 个专业人才培养方案、7 类培训对象 76 个教学实施计划和课程安排；开展教学改革思想大讨论，明确各层次教学理念，确立“以学为本、全面发展、注重质量、前瞻引领”的教学思路。本科学历教育合力抓好新训，突出政训为主，打牢军政文基础，着力实现“两个转变”；专项任职培训以实践性教学为主，强化综合技能和组织指挥训练，着力提升任职能力；某先训后补试点任务以共同科目、体能技能、战技术应用训练为主，锻造合格特种兵，着力探索方法路径。以原特种作战学院和桂林综合训练基地干部教员为主体，以借用军内院校教员和聘用地方高校教员为辅助，以选调特战部队优秀基层干部和士官骨干为补充，构建本科教学基本队伍，优化专业教学师资团队，充实教学力量。

【学术科研】 2017 年，陆军特种作战学院围绕科研学术建设发展，梳理 9 大领域 52 个重点研究课题；组织转型建设专项研究，形成 44 篇研究报告；制订工作运行管理规定，推进各类项目研究，确保在研 9 类 69 项重点课题按计划实施，武器装备 4 类 20 余项科研项目按计划结题。2017 年先后完成 3 项军事类研究生资助课题、5 项武器装备军内科研项目、2 项武器装备技术基础项目、10 项院级科研课题结题，7 项成果获军队科技进步三等奖，4 项成果分获第六届军事科学优秀成果一、二、三等奖。《特种作战分队战术》被评为军队级优质课程，《特种作战理论教学体系创新》研究成果获得军队教学成果一等奖，《某仿真训练系统》研究成果获得军队科技进步一等奖，《某训练教材》被评为第十届全军优秀教材一等奖。

【军民共建】 2017 年，陆军特种作战学院始终大力支持桂林市创建全国文明城市，视桂林为第二故乡，深入开展拥政爱民和军民共建活动，积极支持和参与地方公益事业建设及便民义务服务活动。积极参加桂林市公祭烈士、义务植树活动，与广州市天河区沙河小学、桂林市象山区将军桥小学结为军民共建单位，支持打造军事特色品牌学校。精准对接做好全市扶贫工作，先后 4 次到永福县大罗村开展扶贫帮困，为贫困家庭发放慰问金和慰问品，在学院开展为大罗村“捐资助学”活动，累计投入 10 余万元。2017 年全年共承担广西师范大学、桂林电子科技大学、桂林理工大学等 5 所高校 20500 余人的军事技能训练和军事理论教学任务，7 月—8 月，组织完成广东、广西和湖南 3 省（区）9 所签约高校 500 余名国防生暑期基地化集训任务。

（张 卫）

95795 部队

【概况】 2017 年，中国人民解放军空军空降兵学院（2013 年由解放军空军高炮学院改建）改建为空降兵训练基地（代号 95795 部队，简称基地）。基地转隶组建以来，聚焦备战打仗、强力改革落编、聚力教学训练、突出顶层设计、坚守安全底线，基地建设稳步推进。

【思想政治建设】 2017 年，基地围绕学习贯彻中共十九大精神，突出主题、多措并举、强势推进，不断夯实部队维护核心、听从指挥的思想政治根基。一是持续深化党的创新理论武装。严格落实“三位一体”党委中心组学习机制，深入学习贯彻“7·26”重要讲话和中共十九大精神，用新时代中国特色社会主义思想特别是中央军委主席习近平强军思想武装官兵头脑、凝聚意志力量。先后 35 次组织中心组集中学习，5 次邀请专家教授为两级党委中心组辅导授课，收集整理和摘转汇编文件资料 200 多份，编印购买下发学习书籍 7 类 2000 多本。二是扎实抓好思想政治教育。深入开展“维护核心、听从指挥”主题教育、空降兵 10 个方面优良传统教育、“以空降兵为荣、为空降兵争光”“12 个一”专题教育实践活动，激发官兵“热爱空降兵、建设空降兵、献身空降兵”的激情动力；着眼合编、合心、合力，认真组织干部政策宣讲，逐人填写“拥护改革、支持改革、献身改革”承诺书，广泛开展群众性建言献策、军队历次改革成就图片展和“改革强军勇担当”主题演讲比赛等活动，固化形成以“团结拼搏、艰苦创业、求实奋进、开拓创新”为内核的“基地创业精神”。三是全面浓厚文化育人环境。聚焦“忠诚无畏、迅猛善战、团结守纪、卓越奉献”的新时期空降兵精神,大力开展纪念建军90周年、空降兵部队组建成立67周年、上甘岭战役胜利65周年等系列活动,唱响《空降兵战歌》,改版“天兵摇篮”网,创建“官之初”微信群,进一步增强广大官兵对空降兵的认知认同。更换营区内制度牌、标识牌、灯箱、展板300多块,全方位诠释天兵文化内涵。广泛开展“每月之星”“感动官兵人物”评选,通过广播、网络、橱窗等载体大力宣扬改革先进典型,引导官兵自觉投身改革大局。

【教学训练】 2017年,基地始终把军事训练摆在首要位置抓紧抓实,按照“总体统筹、分域推进、分段实施”工作思路,深入推进各项教学训练工作落实。一是加强任务统筹。针对任务集中、多点展开、两地组训实际,严格落实党委议教议训,制定《2017年下半年教学训练工作意见》《近期重点教学训练工作安排》等方案计划,统筹训练要素,明确任务重点、实施步骤、责任分工,确保各项教学训练任务有序展开、压茬推进。二是狠抓按纲施训。紧扣空降兵旅营体制下人才培养新要求,深入开展专业教学大纲和专业军事训练大纲编修,科学制定训练时间、设计训练内容、明确标准要求,配套展开人才培养方案、课程实施计划、战案例、教材讲义等编写工作,有力推进教学训练正规化建设。三是深化模式创新。圆满完成新训外训、新毕业军官补差、预提指导员培训和警卫班长集训等任务,探索形成“A地组训、B地施跳”的两地跳伞组训模式、“任务包干、骨干到班”培训模式;首次组织武装跳伞、夜间跳伞等训练科目,实施不同条件下升空实跳,训练更加贴近实战。四是突出重点任务。抽组多名专业教员组成蓝军团队,参与军网上红蓝指挥对抗,与各旅同台竞技、背靠背对抗,取得5:2的成绩;紧扣当前部队训练的重难点问题,组织专家参与黄陂会议筹备,有效促进部队战斗力生成。

【后勤装备建设】 2017年,基地紧贴基地新的职能定位,理顺桂林、湖北“两片”保障运行机制,明晰机关职能部门工作关系,建立机关、保障中心、基层“三级”保障体系,充分发挥各级各类保障资源效能,确保教学培训、升空跳伞、演训演练等保障任务的圆满完成。加强经费开支、物资采购、资产管理、工程建设、停止有偿服务等敏感领域的检查督导,建立历史遗留问题“一本账”,开展法规政策宣讲21场,督导落实整改责任35项。持续深化后勤系统“三整两重”和装备系统“三严格三全面”整顿,认真抓好人员生活待遇专项清查整治、军粮供应整治“回头看”、油料系统集中专项整治、营房系统“两项清理”、医德医风专项整治,不断提高保障领域管理规范化、正规化建设水平。

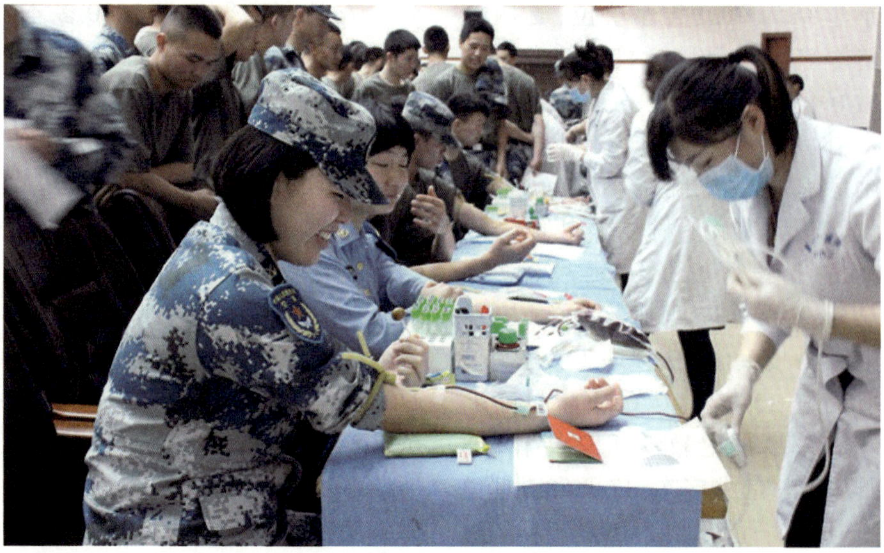

2017年4月14日晚,空降兵训练基地门诊部组织官兵无偿献血

空降兵训练基地　供图

【正规化建设】 2017年,基地始终按照中央军委主席习近平“四个坚持扭住”“三个要过硬”要求抓建基层,不断夯实基层建设基础。着力建强组织。及时研究制定《关于调整改革期间加强党委班子建设的措施》,规范党建制度落实,严格党员干部教育管理,不断强化基层自主抓建能力。精准指导帮建。以“三帮”活动为载体,严格落实“双三”工作机制,组织领导干部蹲点帮带、下连当兵、基层保卫委员和思想工作骨干集中培训,调研解决湖北片部队建设存在困难问题,为基层办实事,协调解决随军家属就业、干部子女入学择校等问题。加强正规化管理。广泛开展“学条令、知条令、用条令”和“严军纪、树形象、正秩序、促安全”活动,组织观看各类警示教育片,加强值班系统条件建设,理顺指挥管理体制,确保各项工作有序推进、高效落实。抓好安全防范。严格落实安全形势分析制度,实施“三级预防”常态化安全警示机制和风险急报、心结

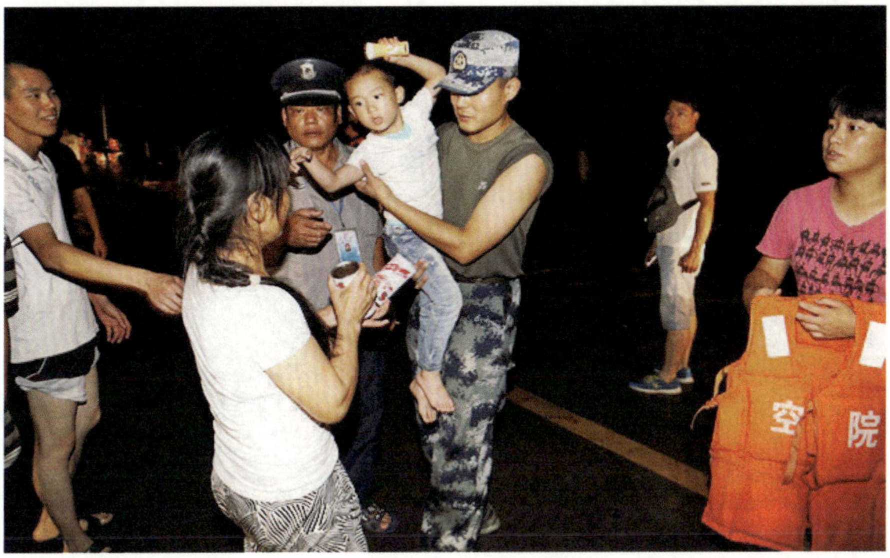

2017 年 7 月 2 日深夜，空降兵训练基地官兵转移被洪水围困的地方群众

空降兵训练基地 供图

诉解、法律援助机制。严密组织安全大检查，及时做好建账销账，把握安全工作主动权。

【军民共建】 2017 年，基地深入开展"志愿服务我先行，雷锋精神心永存"学雷锋活动，基地"学雷锋小分队"长期利用星期天、节假日深入社区开展爱民活动。教师节期间，先后对象山区教育局、桂林市第八中学、第十一中学、崇善小学、民主小学 5 个单位进行走访慰问。支持驻地城市建设，官兵参加桂林市"植树造林，美化桂林"活动，植树 300 余株。承担桂林市委党校县处级领导干部进修班、中青年培训班和乡镇长培训班、广西师范大学、德智外国语学校、桂林市第十八中学等 11 所院校的军训任务。协调组织桂林市党政机关、大中小学等 28 个单位 3600 多人到基地开展"军事日"活动，增进军地友谊，密切军政军民关系。分批组织专家、教授到桂林市及相关城区党政机关、学校等单位开展党的创新理论和国防教育宣讲 11 场次。7 月 2 日晚，基地教练营出动官兵 66 名、运输车辆 12 辆，救援艇 8 艘赴广西师范大学雁山校区开展抗洪救援行动。7 月 3 日，基地再次出动 60 名官兵，组织对广西旅游学院开展救援，转移被洪水围困师生 1500 多人。9 月 30 日，基地 40 名官兵代表参加桂林市在七星公园烈士纪念碑前举行的烈士公祭活动。年内，到临桂区镇泰蓝天小学，为学校赠送价值 3 万元的办公用品及文体器材。全年共组织官兵 318 人次到桂林中心血站及 181 医院无偿献血 114600 毫升。

（张建平）

消　防

【概况】 中国人民武装警察部队桂林市消防支队象山大队（简称象山消防大队）下辖象山消防中队、瓦窑消防中队。2017 年，象山消防大队全面开展消防安全大排查、大宣传、大培训、大练兵活动，推进应急救援平台建设，全面提升部队灭火和抢险救援能力。全年接警 500 起，出警 535 次（含参加抢险救援、增援 35 次），出动消防官兵 7609 人次、消防车 1087 辆次，解救被困人员 43 人，疏散人员 157 人，因灾死亡 0 人，抢救财产价值 2342.7 万元。辖区发生火灾 210 起，抢险救援 107 起，社会救助 183 起。

【模拟实战训练】 2017 年，象山消防大队所属中队开展整建制中队实战化训练。一是开展灭火演练。灭火救援演练 120 次，文书档案建设走在支队前列。以"能打仗、打胜仗"为目标，大力开展执勤岗位大练兵，按照辖区火灾事故类型，选择高层建筑、人员密集场所、化工物品装置、废旧物品存放处、水域、山崖等作为实战化训练场地。将操场设施训练转变为单位模拟训练，将训练场搬到"战场"，以此提高官兵实战能力。在实战化训练中，紧贴灭火救援实际任务要求，有针对性地设置训练科目和内容，做到战训一致。二是开展辖区六熟悉活动。即：熟悉消防队责任区的交通道路、水源情况；熟悉责任区内重点单位的分类、数量及分布情况；熟悉责任区内主要灾害事故处置的对策及基本程序；熟悉责任区内重点单位建筑物使用及重点部位情况；熟悉重点单位内部的消防设施情况；熟悉重点单位的消防组织及其灭火救援任务分工情况。全年共修订重点单位灭火救援预案 60 份，组织官兵到责任区及重点单位开展走访调查、实地查验等"六熟悉"活动 179 次。

【安全管理】 2017 年，象山消防大队开展消防安全工作专项治理。其中有中小旅馆消防安全专项整治，电动车、临时出租屋消防专项整治，易燃易爆危险品场所、人员密集场所专项整治及夏季消防大检查，冬春时节火灾防控专项行动等。同时将消防安全网格化管理纳入综治系统，各消防安全网格员共检查居民小区37个，城中村3个、其他居民小区65个。全年共发现火灾隐患5383处，整改火灾隐患4921处，处罚95家，责令三停（停止施工、停止使用、停产停业）41家，临时查封29家，罚款103.35万元。象山消防大队共办理消防设计备案项目32个，验收备案项目27个，组织建筑装修材料送检21项，办理行政许可42个。年内，完成“2017年春节联欢晚会桂林分会场”“中国－东盟博览会旅游展”“2017环广西自行车赛—桂林赛段”消防安全保卫任务。

2017年10月12日，象山消防大队官兵在瓦窑旅游批发城火灾现场灭火

韦宇龙 摄

【消防宣传】 2017年，象山消防大队协调相关部门和单位在电视媒体、网站开展消防安全宣传，在辖区户外视频、LED屏滚动播出消防安全提示或季节性用火、用电、用油、用气以及安全燃放烟花爆竹知识100多次。利用微信公众平台，不定时向群众发送消防安全小常识，提高群众消防安全意识。在“119”消防宣传月期间，组织开展社区消防培训和演练6次，发放宣传资料3万多份。全年组织消防站对外开放178次。举办派出所消防工作分管负责人及专兼职消防民警消防业务培训25期，参训民警150人。开展重点单位消防培训，受训人员3000多人次。不定期组织社区（村）、学校、人员密集场所、社会单位人员开展消防安全培训，宣传消防安全常识和逃生自救知识。

【“10·12”消防战】 2017年10月24日16时48分，中队接到桂林支队指挥中心调度，象山区瓦窑批发城D座四楼发生火灾，瓦窑中队3车（1辆城市主战车、1辆水罐泡沫车、1辆抢险救援车）17人于16时57分到场。经过侦察和询问知情人发现，D座商场四层西北角有浓烟冒出，有一名群众求助，疑似有亲人被困四楼。瓦窑中队指挥员立即向支队报告，请求增援。瓦窑中队立即组织2支枪单干线分别在火场北侧和火场东北侧楼梯进入四楼，火场北侧水枪用于驱散蔓延至楼梯内的浓烟，火场东北侧水枪出水灭火，并掩护搜救组搜索被困人员，期间还利用室内消火栓出一支水枪灭火。17时06分，增援的象山中队1辆水罐车、1辆泡沫车、1辆抢险救援车、17名官兵到达现场。象山中队成立2个搜救组协助搜救被困人员，并成立2个疏散小组对1—3楼进行疏散，共疏散群众30余人。17时21分，东江中队2车12人到场，在D座一层外部扩大警戒范围，派出一个内攻组轮换瓦窑中队在北面四层楼梯口内继续实施排烟，并进入四层查找着火点。17时25分许，在确认现场无人员被困后，搜救1组配合瓦窑中队进行灭火，搜救2组撤出着火建筑待命。战斗至21时40分，明火被扑灭。（马珊珊）

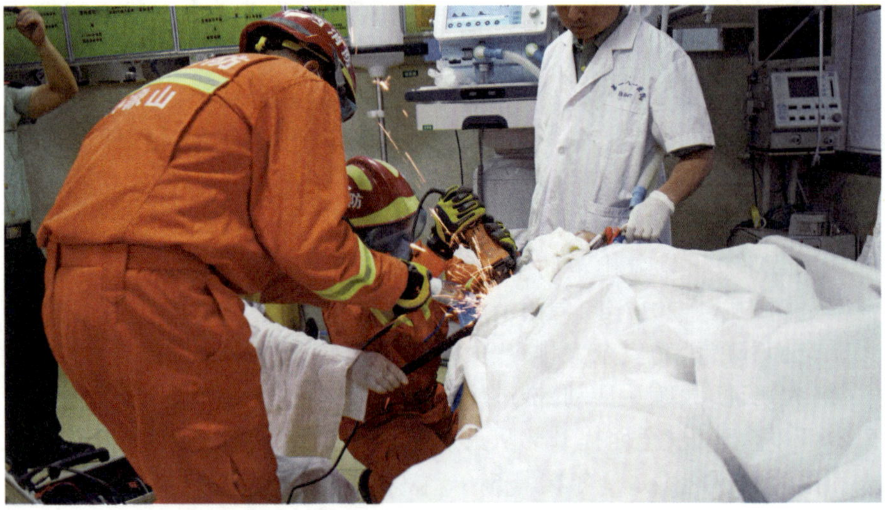

2017年8月2日，象山消防大队官兵在解放军181医院为头部受伤患者切割钢筋

韦宇龙 摄

农业　水利　农村工作

NONGYE SHUILI NONGCUNGONGZUO

侗情水庄特色民俗活动　　　　区委宣传部　供图

2017年11月2日，二塘乡下月村种植基地种植的台湾红藜(一种传统杂粮)
区委宣传部　供图

农　业

【概况】 2017年，象山区农村工作局(简称象山区农工局)在岗6人，其中聘用2人。象山区农工局负责全区种植业、林果业、畜牧业、水产业、农机、水利(含水利工程建设)管理，畜牧疫病监测与防治，农产品质量安全监测与管理，承担区防汛抗旱指挥部办公室和森林防火指挥部办公室日常工作。年内，象山区农业工作以农业提质增效和农民持续增收为目标，以调优产业结构，培育新型农业经营主体、扶持发展休闲旅游观光农业，推动一、二、三产业融合发展、壮大村级集体经济为主攻方向，深入实施“宜居乡村”活动，农业生产效益和农民人均收入水平提高。2017年，全区耕地面积1433公顷，其中，水田1302公顷、旱地131公顷；农业从业人数12284人。全年完成农林牧渔业总产值24203万元，与2016年相比(简称同比)增加1.22%。其中，农业总产值9204万元，同比增长1.03%，林业产值6万元，牧业产值11769万元，同比下降0.04%，渔业服务业产值1929万元，同比增长2.42%。完成农林牧渔业增加值13508万元，同比增长1.86%。其中，农业增加值6351万元，同比增长1.77%，林业增加值3万元，同比增长42.87%，牧业增加值5384万元，同比增长0.74%，渔业增加值1291万元，同比增长2.88%，农林牧渔服务业增加值480万元，同比增长14.43%。农村居民人均可支配收入13463元，同比增长9%。

粮食生产　2017年，象山区发放耕地地力保护补贴131万元，引导农民保护耕地、种植粮食和经济作物。全年，全区粮食播种面积1267公顷，总产量6000吨，与2016年相比略有下降，其中，水稻1033公顷，产量5700吨，其他粮食作物234公顷，产量300吨。水稻主要品种有丰田优553、深两优8386、桂育9号；杂粮主要品种有苏薯8号、中糯1号、保玉1号等。

2017年1月，中共象山区委常委、副区长李芳真(右一)到平山北村指导养殖污染整治工作
万晓斌　摄

豆类油料作物生产　2017年，象山区豆类按品种分为大豆、绿豆、蚕豆等，按季节分有春季旱地种植的春豆和水田种植的秋豆，播种面积55公顷，总产量112吨，与2016年持平。

蔬菜生产　2017年，象山区蔬菜种植面积905公顷，总产量17596吨，同比增长1.32%。品种主要有大白菜、豆角、萝卜、葛根、淮山等。种植面积较大的主要有仁头、小村、谭南等自然村。绿满地生态农业股份有限公司千亩蔬菜基地主要种植葛根、淮山、冬瓜等蔬菜，种植面积85公顷，总产量3850吨，与2016持平。象山区农产品安全监测中心全年抽样监测二塘乡绿满地生态农业有限责任公司、桂禾农场奶牛场蔬菜基地、四合葛根种植基地和仁头蔬菜基地和全区大部分蔬

2017年3月10日，象山区直属机关工作人员在漓江岸边植树　　区委宣传部　供图

菜种植散户2986个，监测蔬菜品种达45个，涉及叶菜类、茄果类、块茎类、豆类、食用菌等5大类。主要监测甲胺磷、甲基对硫酸、氧化乐果、甲拌磷、甲氰菊酯、氯氰菊酯、氰戊菊酯等农药残留指标。全年蔬菜质量安全抽检合格率99.7%，有效把好农产品质量安全源头关。

水果瓜类生产　2017年，象山区水果种植总面积16公顷，比上年减少14公顷，水果品种主要有柑橘、葡萄等品种。其中柑橘种植面积8公顷，总产量62吨，葡萄种植面积5公顷，总产量78吨。瓜类种植总面积196公顷，其中主要为西瓜，总产量4479吨，与上年持平。西瓜主要品种有"黑美人""桂西瓜五号"。

畜牧生产　2017年，象山区继续开展漓江流域畜牧养殖环境整治工作，减少污染，保护漓江。全区拆除养殖污染企业和个人养殖场(点)127家，补偿资金2012.83万元。同时象山区积极引进新型无污染养殖企业。全年生猪出栏4.2万头、牛出栏1100头、家禽出栏56.39万羽。

渔业生产　2017年，象山区水产养殖总面积155公顷，与上年持平，主要养殖品种有草鱼、鲤鱼、鲢鱼、鳙鱼等。养殖方式主要为淡水养殖。渔业总产量1968吨，同比增长2.3%。

林业生产　2017年，象山区森林面积2880公顷，以生态公益林为主，发放生态公益林补贴52.2万元。年内，全民义务植树1万珠，以桂花树为主。森林病虫害防治投入资金2万元，通过喷洒白僵菌、扑杀、杀虫灯诱杀等手段，防治松毛虫、松材线虫、松茸毒蛾。林业有害生物防治面积620公顷，无公害防治率100%。象山区获桂林市2017年森林病虫害防治优秀单位。全年发生森林火警15起，主要分布在万福、平山、四合等行政村，火警均被及时发现并扑灭。全年无重大森林火灾，森林火灾受害率为0。获得2017年桂林森林防火目标管理达标奖。

疫病防控　2017年，象山区动物疫病防控坚持"常年免疫+集中免疫"做法，注重春秋两季集中强制免疫工作，春季强制免疫猪2.3万头、牛1800头、羊1000只、家禽22万羽；秋季强制免疫猪2.27万头、牛1730头、羊1100只、家禽22.3万羽。强制免疫率100%，免疫抗体合格率70%以上。全年无重大疫情发生。

【农业机械】 2017年，象山区农机具购置补贴共29台套(微耕机16台，履带式拖拉机1台，旋耕机3台，简易保鲜储藏设备9台套)，补贴资金共34.9万元。年末，象山区拥有农业机械总动力28210千瓦(因载重车剔除出农机，所以总动力比2016年减少17901千瓦)，拥有大中型拖拉机7台，小型拖拉机122台、大中型拖拉机配套农具8台，小型拖拉机配套农具32台，农用排灌电动机22台、农用排灌柴油机788台、农用排灌其他动力机械86台、联合收割机7台，节水灌溉机械139套、插秧机2台、机动脱粒机1394台。完成机耕面积2130公顷，耕种收综合机械化水平达42.38%。

水　利

【小型水利工程管理体制改革】 2017年，象山区贯彻落实中共中央《关于全面深化农村改革加快推进农业现代化的若干意见》，明晰小型水利工程产权，明确管护主体和责任，落实公共财政对公益性小型水利工程管护经费补助政策，完成辖区内30处小型水利工程确权工作，确保工程安全运行和效益充分发挥。其中，小型水闸22处，小型农田水利工程及设备(泵站)8处。

【落实河长制】 2017年10月，按照《中共桂林市委办公室　桂林市人民政府办公室关于印发〈桂林市全面推进河长制工作方案〉的通知》(办发〔2017〕17号)，象山区制定全面推行河长制工作方案，建立健全河长会议、信息报送、信息共享、工作督察、考核问责和激励、验收、河长巡查、江河湖库保洁等工作制度。完成辖区河流名录信息调查成果，对辖区漓江(象山段)、桃花江(象山段)、牛过河、佛殿河(佛殿河支流)、南溪河(象山段)、团结渠、南湾河、宁远河等8条河流分别设置区级河长4名，乡(街道)河长11名、村(社区)河长26名，构建起覆盖区、乡(街道)、村(社区)三级河长体系，制作河长制公示牌，并选择河段河岸的显著位置安放。

【农村饮水】 2017年，象山区投资298万元，完成仁头村和滋塘村饮水安全工程的主管铺设工作，铺设主管8000米，解决818户农户共2159人的饮水安全问题。

【防汛抗旱】 2017年，象山区防汛抗旱工作主要是对辖区河道行洪安全检查、防汛机构调整、预案修订、物资准备、应急队伍培训演练、防汛值班以及抢险救灾等。年内，开展防洪抢险救灾应急队伍培训演练，共62人参加。训练内容为冲锋舟和橡皮艇的操作与使用，水上救护、防汛值班以及抢险救灾等各项工作。2017年，象山区发生较为严重的汛情，区主要领导亲临现场指挥防汛工作，共救助村民300多人。 (徐　超)

农村工作

【设立村民合作社】 2017年11月—12月，为规范农村村级集体资金、资产和资源的经营管理，促进村级集体经济发展壮大，中共象山区委组织部按照《广西壮族自治区村民合作社管理暂行办法》规定，组织全区8个行政村设立村民合作社，并选举村民合作社管理委员会(简称社管会)工作。选举工作中，严把村民合作社选举委员会成员推选关、社员和户代表登记关、候选人素质关、投票选举关，明确规定社管会社长可由村党组织书记或村民委员会主任兼任，村"两委"成员可以与社管会成员交叉任职，但不得与村民合作社监督委员会成员交叉任职；村务监督委员会成员可与村民合作社监督委员会成员交叉任职，但不得与社管会成员交叉任职。12月底，全区8个行政村均设立村民合作社，并分别选出社管会社长1名，副社长1名、委员3名，选出村民合作社监督委员会监事长1名，副监事长1名、监事1名。全区8个村民合作社均在区农工局办理登记手续。

2017年7月6日，桂禾农场工厂化生产黑木耳　　区委宣传部　供图

【发展壮大村级集体经济】 2017年，象山区推行"产业带富"模式，推动村级集体经济健康发展。区财政为每个村投入5万元服务群众专项经费，全区村集体经济收入3万—5万元的村5个，5万元以上3个，其中同心村、平山村分别达30万元。一是深挖潜力，走"产业+资源开发"的路子。引导村委采取单独经营或租赁承包经营的方式，加大资源开发力度，变资源优势为经济优势，让沉睡的资源、资金活起来。二塘乡北芬村、四合村、滋塘村地处桂阳公路两侧，交通便利、人流量大，村委办公楼面积均在1000平方米左右，一楼部分办公场所闲置，3个村将一楼改建成门面出租，村集体经济每年增收2万多元。平山街道同心村利用其地理位置的优势，新建瓦窑根雕鸡血玉市场，引进100多家商户入驻，村集体经济每年增收30多万元。二是加大投入，走"产业+项目扶持"的路子。加强招商引资，策划包装和推动落实瓦窑小镇、青莲国际旅游农业综合体等一批项目，带动平山村、北芬村集体经济收入。其中平山村集体经济收入从200万元增加到300多万元。三是做大存量，走"产业+资本运作"的路子。采取规模化、产业化、市场化发展路子，让资金在市场中流动起来。四是党建引领，走"产业+企业带动"的路子。引入"党组织+公司+村级集体资源"的产业化经营模式，引进优势企业带动发展村集体经济，实现村集体和企业的共同发展。万福村党支部引进广西桂禾生物科技有限公司合作发展黑木耳，村级负责出场地、出劳力，公司负责出菌种、出技术、包销售的办法，建立黑木耳培育基地，此项为村级集体经济创收2万多元。 (肖登华)

工商业　招商

GONGSHANGYE ZHAOSHANG

万福广场　　　　区委宣传部　供图

工　业

【概况】 2017年，象山区工业和信息化局（简称象山区工信局），有在岗人员5人（其中聘用1人）。象山区全年完成工业总产值157.60亿元，比2016年（简称同比）增长9.4%，其中规模以上工业总产值151.92亿元，同比增长9.6%；完成工业增加值53.30亿元，同比增长7.7%，其中规模以上工业增加值51.14亿元，同比增长8.0%。完成工业固定资产投资27亿元，同比下降7.5%；工业能源消费51.21万吨标准煤，同比增长4.51%；其中规模以上工业企业能源消费39.28万吨标准煤，同比下降4.85%。规模以上企业单位工业增加值能耗同比下降14.03%。规模以上工业企业对城区生产总值贡献率为27.5%，拉动城区生产总值增长1.97个百分点。2017年，象山辖区新培育规模以上企业1家（桂林市恒祥木业有限公司），至年末，全区有规模以上工业企业26家。

2017年7月29日，桂林溢达集团车间　　区委宣传部　供图

【经济运行】 2017年，随着国内经济逐步回暖，象山区工业企业生产形势随之稳步向好。一是燕京啤酒（桂林漓泉）股份有限公司加大附加值高的易拉罐装啤酒及1998棕瓶等畅销系列啤酒生产后，全年生产总值累计增幅达到6.05%。二是广西电网公司桂林供电局将城郊供电、兴安、全州等4县1区的电力供应统一合并报表后，自5月开始，连续8个月产值同比增幅达两位数，全年累计增长21.64%。辖区其他规模工业企业由于积极的市场因素，订单大增，实现正增长，其中桂林机床电器有限公司、桂林立白日化有限公司、桂林三花股份有限公司等亿元以上企业生产全年保持稳定增长，凸显出象山区工业企业向好发展势头。

2017年11月24日，广西电网公司桂林供电局负责人向象山区工信局、统计局报告年度生产情况　　陈　蒙　摄

【重点项目推进】 2017年，象山区围绕做强支柱企业，加大技改资金投入，激活中小企业的总体思路，着力推进重点工业项目建设，不断增强工业发展后劲，为全区工业发展储备量能。一是桂林溢达纺织有限公司在原投资基础上增资，年底注册资本达23410万元，全年进出口总额达5800万美元；桂林溢达九美桥时尚园项目（占地53.33公顷，总投资人民币20亿元），至年底，棉纺展示中心、成衣仓库和动力站项目建设陆续封顶，“十如”项目建设稳步推进。二是燕京啤酒（桂林漓泉）股份有限公司纯生易拉罐啤酒生产线、1998棕瓶技改生产线以及100万吨产能填平补齐工程建成后，公司产能增加，累计产值同比

增长6.05%。三是因为1998棕瓶系列产品的畅销，桂林晶盛玻璃有限责任公司投资700多万对窑炉进行提升改造，增产棕瓶供应燕京啤酒(桂林漓泉)股份有限公司，同时生产新瓶型上市，新增多个外地客户。年销量3亿多只，销售额达2亿元，年上缴利税1000多万元。四是桂林橡胶机械有限公司全年科技投入2692万元，完成EVO项目、锁环式液压硫化机等一批新产品的研发；投入技改资金390万元，新购置卧式轮轴压装机等先进设备，对生产线进行升级改造，产品得到市场认可，全年实现电商销售3100多万元，出口创汇3900万美元；投资2亿元的橡胶机械数字化绿色制造产能提升项目已启动，将进一步提升企业核心竞争力和市场地位。

2017年11月24日，中共象山区委书记唐小忠到桂林橡胶机械厂调研　陈　蒙　摄

【服务企业】 2017年，象山区制定为企业服务工作方案和区四家班子领导联系企业服务企业制度，全年走访辖区企业130多家次，积极破解企业在重大项目建设及发展过程中出现的银行融资、流动资金、项目建设用地等方面存在的困难。根据桂林市相关文件政策制定《关于加快桂林市象山区新型工业发展的若干政策》，设立工业发展引导基金500万元，用于引导社会资本进入工业领域，推进科技成果转化，培育壮大优质企业，增强象山区工业发展后劲。同时，积极组织规模以上企业代表参加桂林市招商投资促进局举办的桂林市企业家培训班。召开有关会议，让企业了解政府有关惠企政策。先后组织桂林机床电器有限公司、广西物资集团桂林储运总公司等企业申报自治区中小企业发展专项资金。通过银企对接，为方大印业、威迈壁纸等企业争取惠企贷资金上千万元。

【企业培育】 2017年，象山区先后组织投资促进局、工业和信息化局等相关部门赴浙江、广东、柳州等地招商引资，参加桂林市加工贸易产业投资商机推介会(浙江、辽宁)；成功策划并签约浙江颐高智慧科技发展有限公司、广西月神全谷物食品有限公司等企业到辖区投资，新增桂林市恒祥木业有限公司为规模以上工业企业。

【技术创新及质量品牌建设】 为确保辖区实施质量强区战略工作的有效开展，逐年提高经济社会发展的整体质量和效益，象山区结合实际，制定《象山区2017年实施质量强区战略工作计划》，积极为企业争取政策支持，组织企业开展品牌创建活动，做好各项质量提升工作。桂林三花股份有限公司、国有长虹机械厂2家技术研发中心分别通过“自治区级企业技术中心”认定；桂林建筑安装工程有限公司实用新型专利获得国家知识产权认定，桂林市“广西木根雕名城”获得自治区二轻行业特色产业区域称号，桂林溢达纺织有限公司被评为广西CEPA (Closer Economic Partnership Arrangement，内地与港澳关于建立更紧密经贸关系的安排)先行先试示范基地，桂林市量具刃具厂负责起草的行业标准《板厚千分尺》获行业标准修订一等奖；桂林橡胶(GRM产品)被评为第四批广西出口名牌。

【两化融合及信息基础设施建设】 2017年，象山区组织桂林航天电子有限公司宇航机电组件产业化建设项目、桂林橡胶机械有限公司SAP ERP系统软件平台建设项目等多个两化融合项目的申报，并组织桂林燕京啤酒(桂林漓泉)股份有限公司、桂林溢达纺织有限公司、桂林立白日化有限公司、桂林航天电子有限公司、桂林橡胶机械有限公司、桂林威迈壁纸有限公司、桂林机床电器有限公司、桂林晶盛玻璃有限责任公司等8家企业通过自治区级两化融合评估诊断和对标，进一步优化了辖区支柱产业重点企业、新一代信息技术、电子制造和软件、智能装备制造等信息化水平较高企业信息平台效用及技术提升。根据桂林市统一部署，开展电信普遍服务试点工作，支持移动公司于2017年12月顺利完成北芬村和四合村2个建制村的光纤宽带接入工作。（陈　蒙）

商贸服务业

【概况】 2017年，象山区商务旅游局有在岗人员5人，其中聘用人员3人。负责辖区商务业和旅游业的服务与管理工作。象山区被评为2017年度桂林市商务工作先进单位。

象山区是桂林市商业集中区。辖区内商业网点众多，区域商业经济发展成熟，形成以桂林百货大楼、新梦百货、苏宁电器等知名商场为主的中山中路购物商圈，以大摩联达广场、红街广场、万福广场为主，集旅游、观光、休闲、度假、餐饮、娱乐、购物、物流为一体的特色时尚购物商圈，以国际旅游商品批发城、德天商业广场、北斗商城为主的旅游商品购物商圈。辖区有颇具特色的西城路商业步行街，象山旅游商品夜市一条街；有金地球农机汽配大市场、平山钢材市场、沙河装饰市场等十余个大型专业市场；有南站市场、西门市场、瓦窑市场、铁西市场等较大型的农贸市场8个。能源、交通、物流、金融、宾馆、学校、医院以及现代住宅区等功能设施日臻完善，房地产业方兴未艾。

2017年，象山区居民消费能力进一步增强，商贸流通企业持续活跃，商品供应充足，消费品价格走势基本平稳，消费品市场呈现稳定增长态势。全年社会消费品零售总额完成162.28亿元，与2016年相比（简称同比）增长10.94%，总量在桂林市排名第一，增速位列桂林市六城区前列。

全区67家限额以上批发零售住宿餐饮（简称批零住餐）企业中，销售额同比增长的企业44家，同比下降的企业23家（批发业4家，零售业7家，住宿业7家，餐饮业5家）。批发业完成商品销售额62.18亿元，同比增长15.41%。15家限额以上批发业完成商品销售额36.1亿元，同比增长16.57%。零售业完成商品销售额168.44亿元，同比增长9.08%。19家限额以上零售企业完成商品销售额25.2亿元，同比增长7.15%。住宿业完成营业额5.65亿元，同比增长11.96%。20家限额以上住宿企业完成营业额2.23亿元，同比增长12.55%。餐饮业完成营业额36.08亿元，同比增长14.30%。13家限额以上餐饮企业完成营业额2.6亿元，同比增长16.92%。2017年象山区外贸进出口任务7.84亿元，实际完成9亿元，完成年度任务的114.79%，同比增长25.06%。加工贸易进出口任务1亿元，实际完成9814万元，完成年度任务98.14%，同比增长7.20%。

象山区商贸业存在问题：一是消费外流现象日趋严重。随着桂林市区城市架构不断扩大、商业综合体和商业广场的迅猛发展，市场竞争更加激烈，可供居民群众选择的购物范围越来越大；电子商务快速发展，交通运输日益便捷以及人民群众消费需求差异化，导致象山区商场购物和大宗消费外流严重。二是商贸服务企业大而不强，总体发展水平偏低。象山区社会消费品零售总额总量在桂林市排名第一，但辖区内商贸企业在规模、档次、经济效益上与发达地区相比有较大差距；交通运输、批零贸易、住宿餐饮等传统服务业仍是象山区服务业的主导行业，新兴服务业所占比重相对较小，如信息咨询服务业、计算机应用业、社区服务业等尚处于起步阶段，规模小、发展不充分，缺乏竞争力。

【商贸业档次提升】 2017年，象山辖区万福广场、百年荟广场建成开业，带动城南片区的商贸繁荣；联达广场、红街广场根据市场行情不

2017年8月25日，万福广场举办第三届“啤酒嘉年华”活动　区委宣传部　供图

断提升业态，国内知名品牌以总经销、总代理等现代营销方式开店设点，商场业态逐步丰富，市场逐步繁荣；以桂林百货大楼、华荣超市、新梦百货为代表的属地商贸连锁企业发展迅速，商业品牌得到消费者广泛认可。在节假日开展系列促销活动，吸引市民参与，拉动消费，促进销售额增长和业态繁荣；万福广场举办第三届“啤酒嘉年华”活动，聚集人气，产生一定商业效果。

【为商贸企业服务】 2017年3月，中共象山区委、区政府召开全区经济表彰总结大会，表彰象山区十佳批发零售企业，十佳住宿餐饮企业。在春节、五一、中秋等节假日期间，组织辖区百货大楼、苏宁电器、梦之岛、联达广场、红街广场、华荣自选等商贸企业开展一系列促销活动，拉动消费，促进销售额增长和业态繁荣。年内，象山区政府为桂林百货大楼、人人乐超市、宝路通商贸有限公司、椿记公司申请自治区“百店大促销奖励”资金，共获奖励资金50万元；为2016年新增的9家限上批零住餐企业申请自治区、桂林市奖励资金，共获45万元奖励。加强商贸企业安全教育管理，象山区商务旅游局协助企业抓好建章立制和安全防范工作，节假日和重要活动期间，协调消防、安监、街道办事处等单位对辖区大型酒店、商场、餐饮店和旅游景区进行安全大检查，消除安全隐患，确保企业稳步向前发展。

【商场餐饮酒店选介】 2017年，象山辖区有大中型商场3家，大型商业广场5家，大型餐饮企业4家，三星级以上宾馆酒店17家。

桂林百货大楼股份有限公司　位于象山区中山中路14号。是以百货零售业务为主的桂林市著名商业品牌和大型商业企业。自1993年4月改组为股份有限公司后，本着稳步扩张的发展战略，实现了由单店经营向综合经营的转变。先后开发王城商厦、桂林微笑堂(2008年经桂林市国资委资产拆分后剥离桂林百货大楼股份有限公司)、桂林百货大楼B楼、青狮潭桂百培训中心、金鹿养殖场，收购桂林新凯悦大酒店50%股份，总经营面积约14.55万平方米。至2017年，已成为以百货业态为主，超市、餐饮、养殖场等多种业态协同发展的大型现代化商业综合型企业。公司曾获“全国五一劳动奖状”，全国最佳效益零售商店，全国首批百城万店无假货示范店、广西首批和谐企业、文明单位、诚信企业等荣誉。2017年开展“桂百文化购物节，三店同庆享实惠”消费促进活动，通过迎新购物节、三八粉红购物节、五一婚庆淘金节、百货大楼三十周年大庆、国庆双节同庆、双11购物狂欢节等活动，促进经营业绩增加，2017年公司销售额5亿多元。

广西桂林新梦百货　位于中山中路20号。营业面积1.7万多平方米，硬件设施配套完善，主营时尚百货，一层为黄金珠宝、化妆品，潮流男、女鞋，时尚男、女包，超市及服务总台；二层为星巴克、屈臣氏、时尚女装及配饰；三层为淑女女装、男士休闲装及正装；四层为体育运动服饰；五层、六层为KTV—佰迪乐；负一层为大型地下停车场。桂林新梦百货曾获评“桂林市十佳诚信单位”，桂林市和广西区“价格诚信单位”。2017年公司对商场重新进行规划和布局，调整卖场设置，精选货品，实施差异化经营，年营业额超过7000万元。

桂林苏宁云商销售公司　2006年9月12日，经桂林市工商行政管理局登记注册成立。经营业务范围：家用电器、摄像器材、日用百货、电子产品、办公用品及设备、通信产品(无线电发射及卫星电视广播地面接收设施除外)及配件的销售和服务，废旧家电回收与销售，制冷设备及配件、家用电器(中央空调除外)安装、维修；计算机软件开发、系统集成；商品展览服务、企业形象策划、经济信息咨询服务。2015年初起，桂林苏宁云商销售公司陆续在三、四级市场设立推出一大批集销售、物流、售后、客服、招商等功能为一体的苏宁易购直营店。

2017年10月31日，桂林百货大楼　伍爱华　摄

苏宁易购直营店商品涵盖日用、百货、家电、食品酒水、母婴美妆等多个品类。2017年，通过加强苏宁易购直营店建设，苏宁云商销售公司深入全市乡村，发展“农村电商”平台，突破农村电商最后一公里，通过专业经营采销体系，把大量优质商品带到农村，同时启动农产品直采、农产品众筹等项目，利用苏宁易购的网络平台，把桂林大量优质农副产品、特产销往全国各地，走向更大市场，全年公司营业额超过2.5亿元。

大摩联达商业广场 位于象山区环城西一路152号。2005年10月开工建设，2008年5月16日营业。建筑面积9万平方米，是桂林市首家集购物、休闲、娱乐、餐饮于一体的园林景观型商业中心区。分外街、内街，有大摩百货、大型卖场及超市（屈臣氏，星达家电，人人乐超市等）、梦露影城、1001乐园、梦幻都市KTV、卡乐美食广场、各种专卖店、餐厅、咖啡厅等购物、休闲、娱乐、餐饮场所。2017年，公司以桂林市全力争创全国文明城为契机，对商场整体布局进行调整，将一楼西面和南面外侧违规搭建的小木屋予以拆除，美化商场购物环境，提升商场购物品质和体验，取得了较好的营业成绩。

红街商业广场 位于崇信路43号。由桂林市恒通投资开发有限公司投资建设，占地面积3.33公顷，步行街区376米长，建筑面积约6.05万平方米（其中项目一期建筑面积约4.45万平方米，二期建筑面积约1.6万平方米）。红街商业广场分沿街与内街购物广场，集娱乐、餐饮、休闲、购物于一体，有影城、量贩式KTV、肯德基、电玩、大中小型餐饮、特色餐厅、茶馆、咖啡厅、酒吧、书吧等多种商业形式。2017年在桂林市商业综合广场竞争加剧的情况下，公司积极寻找商家进行合作，公司经营呈现稳步发展的势头，年末有40多家合作商。

万福广场 位于凯风路90号。万福广场由广西德丰投资有限公司投资8亿元倾力打造。占地面积8公顷，总建筑面积约17万平方米，停车位2000多个。区域划分：A区市民消费，B区休闲娱乐、C区商务消费，后街则为旅游配套区。有国际购物时尚MALL、美食文化街、休闲娱乐体验项目等，同时引进了星级酒店群、城市候机楼、高铁售票中心、游客服务中心及城市交通站点等一系列旅游相关配套设施，是桂林市规模最大、功能最全、业态最丰富的国际商业中心和国际规模的旅游集散地。万福广场在建筑风格上引入了大量的灰空间概念，一步一景的购物空间，不同于传统消费环境。万福广场2015年2月开业，2017年年底有商户85家。公司积极开展各类活动，积聚人气，其中8月举办第三届啤酒嘉年华活动，吸引众多游客及市民参加，促进了商场的繁荣。同时将商贸和旅游完美结合，成功打造成为广西第一家以商贸为主的国家AAA级旅游景区。2017年上缴税费近800万元。

曾三饮业有限责任公司 总店位于象山区信义路10号。1996年设立，名曾三家味馆，2000年成立曾三饮业有限责任公司。该公司有5家连锁中餐品牌门店（西门店、观音阁店、红岭店、雉山店、七星店），营业面积4400平方米，餐位1800多个。公司获“2015中国桂菜十大名店”，“曾三麻包鸡”获自治区商务厅“广西桂菜名菜”，“曾三麻包鸡”和“曾三跳水鱼”获桂林市地标美食等荣誉。公司2017年积极推出新菜品，同时新开一家油茶馆，促进消费增长。2017年顾客接待量40万人次，营业额超过1500万元。

桂林市勾味王餐饮有限责任公司（喜宴店） 位于象山区环城西一路，桂林园林植物园大门旁，有餐位580个，经营面积近2000多平方米，主营中式餐饮。2013年6月，为满足市民不断增长的消费需求，勾味王特聘香港名厨主理，开展经营正宗早午茶业务，得到消费者认可。公司先后获得“桂林市诚信经营公司”、桂林市“十佳”优秀餐饮公司荣誉。2017年顾客接待量超过12万人次，营业额超过400万元。

金龙寨饮业有限公司 公司总部和总店位于桂林市文明路8号。1997年5月，“桂林市金龙寨食铺”开业，2000年，金龙寨饮业有限公司正式成立。该公司是集桂菜、粤菜、湘菜、川菜为一体的具有山寨装修风格和情调的饮食文化集团。十年来，公司以独具特色的饮食文化塑造品牌形象，积极开拓国内市场，加快连锁经营的拓展步伐，现已在广西多个地市拥有21家金龙寨品牌成员，年接待宾客上百万人次。先后被中国烹饪协会、中国市场监测中心，广西烹饪餐饮协会、桂林市消费者协会、中国饭店协会、桂林市政府等单位评为“中华餐饮名店”“中国餐饮名店”“全国绿色餐饮企业”“诚信单位”“中国质量服务信誉AAA级企业”“商务流通企业先进单位”。2017年公司每月定期推出新菜品，强调顾客消费体验，开展超值午餐等多种促销活动，2017年顾客接待量超过35万人次，营业额接近2000多万元。

2017 年 10 月 31 日，桂林香江饭店　　　伍爱华　摄

桂林宾馆　位于象山区榕湖南路 14 号榕杉湖景区内。占地面积 9050.8 平方米，建设面积 34004.88 平方米。宾馆有总统套房、豪华套房、标准套房、豪华间、商务间、标准间共 480 间，提供非吸烟房和残疾人客房。中小型多功能会议厅 20 个。一楼漓江餐厅有各地美食美点和桂林特色佳肴；七星厅有粤菜、川菜；沁园咖啡厅提供各式欧陆、亚洲风味佳肴。宾馆二楼有装修豪华的金桂宴会厅和 4 个中小多功能厅，可安排各类展览会、大小型会议、宴会和鸡尾酒会。2017 年公司以桂林春晚南方分会场带来的游客剧增为契机，积极改变营销策略，企业经营呈现稳步发展势头。2017 年顾客接待量超过 7 万人次，营业收入 6000 多万元。

桂林维也纳酒店中山店　位于中山中路 3 号，中山中路与南环路交汇处。是维也纳酒店集团 33 家商务连锁酒店之一。距漓江、象鼻山旅游度假区、汽车站约 500 米，火车桂林站 1000 米。酒店 2008 年开业，楼高 10 层，有客房 258 间（套），每间房平均面积 30 平方米以上。有商务中心、停车场。二楼设有餐厅，可同时容纳 300 人进餐。2017 年改变营销策略，推出钟点房、午夜房、特价房等产品，酒店入住率常年维持在 90% 以上，全年顾客接待量超过 5 万人次，营业收入 4000 多万元。

桂林丹桂大酒店　位于象山区中山南路 77 号，南门桥南端。曾是桂林市第一家中外合资三星级酒店。酒店占地 11010.1 平方米，建筑面积 23486.93 平方米，共 14 层，有豪华及标准客房 212 间，设有中西餐厅、酒吧、多功能会议厅、商务中心、健康中心、浴足中心、露天游泳池、美发廊及购物商场等。中餐厅以经营广式早茶、粤味佳品为主，可容纳 300 人同时就餐。2017 年顾客接待量超过 1.8 万人次，营业收入 900 多万元。

桂林香江饭店　位于环城西一路 141 号。饭店主楼占地 913 平方米，建筑面积 19536 平方米，主楼高 67.8 米，共 20 层，是桂林唯一的圆柱形标志性建筑。有客房 259 间，其中标准间 225 间，豪华商务房、套房 34 间，房内备有现代化办公设备。顶楼有桂林市唯一的旋转餐厅。饭店还设有商务中心、多功能会议厅、风味厅及桑拿、KTV 等接待设施，配置大型停车场。2017 年顾客接待量 1.6 万多人次，营业收入 600 多万元。　（李春喜）

招商引资

【概况】 2017 年，象山区投资促进局在职人员 4 人，其中聘用 2 人。主要负责象山区对外贸易促进、经济协作、管理、协调，指导全区招商引资和投资投诉服务工作，规范从项目推介、手续办理、开工建设到开业运营的招商机制。对重点项目提前介入、全程参与、全方位服务，建立健全项目信息呈报备案、重大项目公开承诺、项目联席会议等制度。成立由区领导任指挥长的重点项目指挥部，对重点项目实行区领导协调督办和部门联办制度，对投资推介会签约项目定领导、定时间、定工作进度，营造“人人都是投资环境，事事关系招商引资”的良好氛围。年内，围绕建设“和谐宜居幸福新象山”定位开展招商引资工作，引进项目 9 个，引入广西区外到位资金人民币 27.18 亿元，完成年目标任务 27 亿元的 100.67%，实际利用外资金额 4528 万美元，完成年目标任务 4500 万美元的 100.62%。

【第十四届中国－东盟博览会签约】 2017 年 9 月 11 日 —14 日，象山区成立以区委书记唐小忠、区政府区长蒋永刚为团长的代表团，参加在南宁举行的第十四届中国－东盟博览会。会上，象山区共签约 4 个项目，签约总金额 102.8 亿元

2017年9月13日，象山区区长蒋永刚（前排右一）与厦门万绿城集团项目方在第14届中国－东盟博览会上签约　　区投资促进局　供图

人民币，分别是拟投资20亿元的颐高·新经济产业园项目、投资70亿元的龙光旅游特色小镇项目、投资6.8亿元的凯风广场项目及投资6亿元的碧桂园棚户区改造项目。涵盖文化双创、旅游、健康养生、商业地产等多个领域，进一步丰富了辖区的产业构架。

【储备招商项目】 2017年，象山区将22个项目列入重点跟踪服务项目，全力做好服务项目工作。年内，青莲公司、莱茵生物科技公司项目地块共76公顷的土地收储工作接近尾声。年内，象山区与北京华易兴文旅有限公司、太平养老集团有限公司、重庆德川旅游开发有限公司、杭州颐高集团有限公司、华润（集团）有限公司等企业就体育、文化创意、旅游、养生养老、智慧医疗等项目投资进行多次洽谈，企业拟入驻象山辖区。

【在建投资项目】 2017年，象山区有在建投资项目9个：溢达九美桥时尚园项目厂房整体已全部完成，机器设备已进驻，处于安装调试阶段；德天广场二期、万福广场五星级酒店等均在稳步推进；龙光·普罗旺斯、象山博望园等均在加紧施工；森港国际家居购物公园已初具规模；北芬侗情水庄于5月1日正式开园营业；文化特色小镇瓦窑小镇正在加紧建设。

【招商推介】 2017年，象山区按照“请进来、走出去”的思路，主动出击，将泛珠三角、北上广、江浙等发达地区作为潜在投资客商的重点区域，有针对性走访、交流。5月15日—17日，副区长林莉率区投资促进局、商务旅游局等部门人员前往浙江杭州、温岭等地开展专题推介和考察活动，重点考察学习浙江的互联网经济、特色小镇及高端民宿等产业建设，并专题推介象山区的投资环境。10月20日，象山区组织招商推介组赴广东东莞开展桂粤合作招商大行动，共参观考察12家企业，考察团成员通过实地查看、座谈交流等方式，重点对象山区“加快产业聚集，提升城市功能，建设和谐宜居幸福新象山”的发展战略、区位优势、生态优势、人文景观、优势产业、投资环境进行推介，对万福路康体养生区、桂阳公路休闲观光区、平山瓦窑片特色文化展示区进行重点介绍。考察团对珠三角地区的产业转型优化、着力特色科技、注重环保高效有了切身体验。　（周祖念）

2017年9月12日，象山区副区长林莉（前排右一）与杭州颐高集团项目方在第14届中国－东盟博览会上签约　　区投资促进局　供图

旅 游 业

LVYOUYE

甑皮岩国家考古遗址公园　　区委宣传部　供图

概　述

桂林市象山区千峰环立，一水抱城，山清水秀，洞奇石美，享誉天下，古扑执着的象鼻山更是巧夺天工、令世人赞叹。以象鼻山而得名的象山区位于主城市南部，辖区内自然风光秀丽、文物古迹众多，自然景观和人文景观交相辉映，美丽的漓江绕区而过，闻名遐迩的国家AAAAA级旅游景区象山景区和国家AAAA级旅游景区南溪山景区以及再现一万年前新石器时代人类文明的甑皮岩古人类洞穴遗址，使象山区成为风景旅游历史文化名城桂林的重要景区。2017年年末，象山区有国家AAAAA级旅游景区1个(两江四湖—象山景区)，AAAA级旅游景区1个(南溪山景区)，AAA级旅游景区1个(万福广场休闲旅游城景区)，市、自治区、国家重点文物保护单位15处，国家级森林公园1个(原龙泉林场)；自治区星级农家乐2个(三星级侗银古寨休闲农庄、二星级象山区骆家寨休闲生态园)。有国际、国内旅行社73多家，各类宾馆、饭店、招待所、旅社684家，有星级宾馆22家，其中四级级宾馆1家，三星级宾馆16家，二星级宾馆5家。2017年，象山区国内游客人数522.42万人次，同比增长15.91%，国内旅游收入58.54亿元，同比增长0.11%，非星级酒店住宿设施共接待入境旅游者7.92万人(次)，同比增长25.69%，接待入境旅游收入达4714.85万美元，同比增长14.03%，旅游产业地位不断提高。

主要景区

【象山景区】 位于桂林市区漓江与桃花江交汇处，占地面积11.88万平方米。国家AAAAA级旅游景区，集奇山、秀水、异洞、美石于一身，有丰富的摩崖石刻、佛像及诸多历史文化遗迹。1995年桂林市政府将象山定为桂林市城徽标志。2002年被评为AAAA景区。2013年、2014年、2016年三次被中央电视台评为全国十佳最美赏月地。2017年10月景区承办中央电视台《寻找刘三姐》、东盟“太极一家亲”等大型活动。2017年中央电视台春节联欢晚会南方分会场落户象山景区，1月27日除夕之夜，该分会场演出的2个节目，由央视向全国直播。2月，象山景区被评为国家AAAAA级景区。全年，象山景区共接待游客179万人次，门票每人每次70元(桂林市民除外)，象山传奇门票每人260元，旅游总收入4857万元。

2017年1月30日，央视春晚桂林分会场(象山景区)游人如织　　区旅游局　供图

【南溪山景区】 景区位于中山南路2号。占地19公顷。1975年对外开放，1982年国务院批准为“国家漓江重点风景名胜区”，2010年公布为国家AAAA级景区。南溪山主要景点有白龙洞、白龙井、观音岩、刘仙岩、樱花园、南溪山摩崖石刻等。南溪山巍然两峰，并耸溪边，山水相映，景色秀丽，故称“南溪玉屏”。自唐代以来，文人墨客在此留下摩崖石刻145件及三清石雕像3件，2001年公布为全国重点文物保护单位。2017年，南溪山景区共接待游客42万人次，每人每次门票35元(联票75元)(桂林市民除外)，旅游总收入96万元。

【甑皮岩国家考古遗址公园】 公园位于桂林市象山区甑皮岩路26号。公园前身为1978年建立的桂林甑皮岩洞穴遗址陈列馆，2001年改名桂林甑皮岩遗址博物馆，2013年被国家文物局公布为甑皮岩国家考古遗址公园，成为华南唯一一家挂牌的国家考古遗址公园。

甑皮岩遗址包括主洞、矮洞和水洞，占地面积约300平方米。遗址1965年发现，1973年、2001年进行了两次考古发掘，出土上万件石器、骨器、蚌器、角器、牙器和陶器碎片；并发现中国制作最原始的陶器和新石器时代洞穴遗址最早的石器加工场。通过考古发掘和研究，甑皮岩遗址被认为是华南及东南亚史前考古最重要的标尺和资料库之一、是中国制陶技术重要的起源地之一、是现代华南人和东南亚人古老祖先的居住地之一、是距今12000年以来最适合人居的地方之一。甑皮岩遗址有“史前明珠”之誉，是展示桂林史前文化的重要窗口。

公园占地9.5公顷，包括入口服务区、遗址保护区、文物展示区和模拟考古乐园等4个功能区，主要参观旅游项目有甑皮岩遗址现场、“桂林·山水家园”文物展示馆、桂林史前考古展示长廊、独山登高、模拟考古乐园等，配套设施有公园大门、讲解服务中心、售票房、停车场、公厕等。甑皮岩国家考古遗址公园现已成为桂林国际旅游胜地的一张新的文化名片。

2017年10月25日，桂林园林植物园举办金秋赏桂系列活动　　区旅游局　供图

【桂林园林植物园】 位于桂林市中心西南隅，环城西一路117号。园林植物园占地47.9公顷。园内南溪河自西向东贯通全园，公园入口处的黑山因石灰岩山石经风化之后呈墨黑色而得名。整个植物园以园林植物为造园骨架，掘土为池，构木为亭，园区内分别建有茶花园、春华秋实园、棕榈园、榕树园、木兰园、银杏枫香园、大草坪、桂花博览园（苏苑、杭州苑、上海苑、包公亭、天香台阁苑）、水杉林、梅花园和珍稀植物园等精品园区，还有巧借山形地貌构筑的盆景园、下沉式广场、樱花园（日本园）、欧洲园（法国园）、相思泉等景观式亭台楼阁。园林植物园内山环水绕，古木参天，植被丰富，种类繁多，以桂林乡土树种高大乔木为骨架，以彩叶树种和珍稀植物为亮点，按照“先保护，后开发”的原则，在有效保持原有植被基础上，引进栽培的各类亚热带植物，植物种类达1000多种，品种达2200多种。特别是桂花博览园收集了桂林所有的优良桂花品种，并引种了四川、浙江等地10多个优良品种，共有桂花品种80多个，是国内外同类园区桂花品种最多，也是银桂品种最多的桂花园，是全国3个“中国桂花品种繁育中心”之一，第二届中国桂花博览会的主会场，为中国取得桂花国际登录权作出了特殊贡献。珍稀植物区森林茂密，曲径通幽，有国家一级保护植物桫椤、金花茶等珍稀植物，也有国家二级保护植物金钱松、柔毛油杉、黄枝油杉、福建柏、兴安楠、蝴蝶果、鹅掌楸、马尾松、花榈木等乔木。全年接待市民60万人次，接待游客19万人次，门票每人每次32元（桂林市民除外），门票收入38万元。

【万福广场休闲旅游城】 桂林万福广场位于象山区凯风路90号，

万福广场入口　　区旅游局　供图

占地8公顷，总建筑面积约17万平方米。停车场总面积超过6万平方米，停车位2000多个。由德丰实业投资集团旗下广西德丰投资开发有限公司投资8亿元建设。该景区由四大主题功能区组成：国际时尚购物MALL、商业步行街区、星级酒店群、国际演艺中心，是集购物、娱乐、餐饮、休闲以及度假等多种功能为一体的国际商业中心。万福广场在建筑风格上引入了大量的灰空间概念，一步一景的购物空间，自由灵活的消费体验，让顾客每一次购物都成为享受。2017年11月23日被评为国家AAA级旅游景区。

【桂林侗情水庄】 位于二塘乡北芬村118号。由桂林北芬侗族旅游观光有限公司投资经营。该公司把侗族民居、民俗、手工艺术制作等民族文化移植到北芬村发展旅游业。占地约6.5公顷，建筑面积为1.5万平方米，建筑极富桂北民居特色，本着"建旧如旧"的设计理念，既体现了侗族木结构楼房特点又糅合了大村古民居青砖黛瓦建筑元素，主体建筑所用古青砖90%从附近县乡收购。侗情水庄于2015年开建，至2017年12月，共投资2.5亿元，建成风雨桥、民族风情古民居楼、侗家对歌台、侗家农具屋、侗家钟乳石厅、侗乡水上舞台、侗银工坊、传统美食服务区、祠堂及综合服务楼、迎宾广场、侗家大道等建筑。基本形成一个集侗民族表演、古民居和民族工艺欣赏、休闲娱乐、吃住购为一体的多民族文化旅游示范区。2017年4月试营业，至12月，共接待游客6.98万人次，营业收入934万元。

旅游开发与建设

【瓦窑小镇】 桂林"瓦窑小镇"位于桂林市象山区平山村平山北路以南，桂海铁路以北。由桂林市皓博置业投资有限公司投资建设运营。规划占地总面积22公顷，建筑总面积约18万平方米，预计总投资3亿元。是一个以体验桂林手工艺历史文化、"工匠精神"文化为主题的大型文化旅游景区项目。规划建设有麒麟匠园景区、游客接待中心、桂州窑文化园、匠心博物馆、展览馆、戏台、艺术品街区、青年文创公社、特色美食街、民宿酒店等功能业态。集产业功能、旅游功能、文化功能和社区功能于一体。2016年开工建设麒麟匠园景区、匠心博物馆、展览馆、木艺大师楼、特色美食街、民宿酒店。2017年投资9600万元。已建成麒麟匠园景区、展览馆。

【北芬生态旅游名村项目】 北芬生态旅游名村项目位于象山区二塘乡北芬大村，距离象山中心城区不足10公里，紧邻桂阳公路西侧。项目计划总投资6.35亿元，项目从2016年启动，计划利用3年时间完成，项目建设以新村人居环境示范区、古村落保护区、民俗文化旅游区——侗情水庄、特色农业观光区——桂禾生态农场和连通以上四区的环村观光示范路为重点，打造"一路四区"生态旅游名村，有效盘活农村资源，改变大村旧貌。产业运作采取"政府引导、企业出资、村民参与、共同致富"的模式，将闲置土地连片规划，使桂阳公路现有旅游产业连点成片，实现了一、二、三产生融合发展。

旅游节庆活动

【樱花节】 2017年3月20日，南溪山景区举办"第十四届樱花节"。组织开展樱花树认养、樱花科普展、文艺演出、美食一条街、樱缘动漫show、"樱华风会"书画爱心义卖、樱花樱情单身交友会、时装秀表演、樱花女神摄影、市民钢琴演奏会、市民管弦乐演奏会等活动。樱花节吸引入园赏花、参加活动市民及游客近30万人次。

【中央电视台春节联欢晚会桂林分会场】 2017年1月27日农历除夕，在2017年中央电视台春节联欢晚会上，桂林分会场——象山

2017年8月6日，夕阳下美丽的侗情水庄　　区旅游局　供图

景区，惊艳亮相，精彩呈现“央视春晚，桂林最美！”当晚，桂林城徽象鼻山山下流光溢彩，熠熠生辉。象山水月的美景间，如清水涟漪般的水舞台与举世闻名的漓江融为一体，整体舞美造型与周围的山水实景浑然天成，显示桂林山水的秀美和灵动。桂林春晚分会场展现桂林的山水之美，让世人进一步了解桂林，爱上桂林，春晚结束后，象山景区作为春晚分会场举办地，游客数量和旅游收入大幅度上升。

【市民赏桂系列活动】 2017年10月25日，桂林园林植物园举办桂花节旗袍秀摄影、“桂花进万家”免费赠送桂花苗木、桂花大讲堂、现场品尝桂花糕、桂花糖及桂花糕和桂花糖义卖等活动，义卖所得资金全部捐献给“3元计划”爱心工程。25日晚，在桂林园林植物园百花舞台举办赏桂晚会，晚会节目9个，有民乐合奏、歌伴舞、电声合乐等，形式多样，观演人数1000余人。

【万福广场啤酒狂欢嘉年华】 2017年8月25日—8月28日，万福广场举行为期4天的啤酒狂欢嘉年华活动。嘉年华以纽约环球之旅为主题，设置小丑狂欢大巡游、全球美食展、百老汇歌舞秀、桑巴热舞、著名DJ电音趴等娱乐项目。节目互动不断，精彩纷呈。游客既欣赏到精彩的表演，又享受了啤酒和美食。啤酒狂欢嘉年华吸引游客近20万人，提高了万福广场的人气和知名度。

表3　**2017年象山区星级宾馆(饭店)一览表**

酒店名称	星级	客房(间)	床位(张)	地址	电话
桂林宾馆	4	268	536	榕湖南路14号	2823950
丹桂大酒店	3	361	722	中山南路77号	3834300
台联酒店	3	168	310	中山中路12号	2892888
香江大饭店	3	259	495	西环一路141号	2266666
新凯悦大酒店	3	282	550	中山南路72号	2158888
东明大酒店	3	149	267	临桂路8号	2869818
京都大酒店	3	135	266	翠竹路8号	3559998
新桂大酒店	3	131	260	银锭路1号	2169988
桂花香大酒店	3	206	388	中山南路78号	2153666
烟贸大酒店	3	171	357	瓦窑西路21号	3612028
鸿景大酒店	3	159	317	中山南路74号	2151888
中山大酒店	3	117	233	中山中路2号	2882999
好利来大酒店	3	118	230	翠竹路15号	3866999
郦峰饭店	3	100	201	雉山路108号	3556683
教育宾馆	3	115	211	雉山路7号	3816098
翠竹大酒店	3	225	426	翠竹路19号	3871555
贵客0773酒店	3	110	208	文明路31号	2283388
华侨大厦	2	108	216	中山南路13号	3832026
临桂大酒店	2	121	240	中山南路78号	3835662
泰和饭店	2	50	115	中山南路65号	3835504
粮贸大酒店	2	140	282	中山中路1号	2891697
铁道饭店	2	73	143	上海路22号	2153000

表 4　　2017 年象山区旅行社一览表

许可证编号	旅行社名称	经营业务	注册地址
L-GX-CJ00003	中国国旅(桂林)国际旅行社有限公司	国内旅游业务　出境旅游业务　入境旅游业务	桂林市滨江路 11 号
L-GX-CJ00036	桂林招商国际旅行社有限责任公司	国内旅游业务　出境旅游业务　入境旅游业务	桂林市南环路 5 号 19 栋桃园大厦 10 楼
L-GX-CJ00038	桂林航宇国际旅行社有限公司	国内旅游业务　出境旅游业务　入境旅游业务	桂林市象山区建安路 8 号
L-GX-CJ00047	港中旅(桂林)国际旅行社有限公司	国内旅游业务　出境旅游业务　入境旅游业务	桂林市中山南路 77 号
L-GX-CJ00052	桂林市牛牛国际旅行社有限责任公司	国内旅游业务　出境旅游业务　入境旅游业务	桂林市象山区南环路 3 号二层 2 号办公
L-GX00007	桂林市明园旅行社有限责任公司	国内旅游业务　入境旅游业务	桂林市环城西 2 路金竹街 2 号 2 栋
L-GX00044	桂林市金天下国际旅游有限公司	国内旅游业务　入境旅游业务	桂林市象山区环城南二路 111 号德天商业广场 12 栋 2 楼
L-GX00061	桂林市漓旅国际旅行社有限公司	国内旅游业务　入境旅游业务	桂林市南环路 5 号 19 栋
L-GX00062	桂林诚龙国际旅行社有限公司	国内旅游业务　入境旅游业务	桂林市民主路 34 号(交通银行的楼上)
L-GX00076	桂林市美景国际旅行社有限责任公司	国内旅游业务　入境旅游业务	桂林市中山南路 65 号
L-GX00082	桂林市教育国际旅行社	国内旅游业务　入境旅游业务	桂林市银锭路 3 号旅游公寓 7-9-1 号
L-GX00083	桂林市龙发国际旅行社	国内旅游业务　入境旅游业务	桂林市中山南路 126 号
L-GX00087	桂林市桂湖国际旅行社有限责任公司	国内旅游业务　入境旅游业务	桂林市西城路 24 号
L-GX00088	桂林市佳之旅国际旅行社有限责任公司	国内旅游业务　入境旅游业务	桂林市中山南路 50 号
L-GX00093	桂林市冠之旅国际旅行社有限责任公司	国内旅游业务　入境旅游业务	桂林市中山中路 10 号自由时代 6-7、6-8 室
L-GX00098	桂林桂之旅国际旅行社有限公司	国内旅游业务　入境旅游业务	桂林市象山区中山南路惠龙城 2 栋 3 单元
L-GX00114	桂林市台联国际旅行社	国内旅游业务　入境旅游业务	桂林市中山中路 8 号
L-GX00117	桂林市桃源国际旅行社有限责任公司	国内旅游业务　入境旅游业务	桂林市象山区南环路 5 号桃园大厦 7 楼
L-GX00124	桂林市清新国际旅行社有限公司	国内旅游业务　入境旅游业务	象山区中山中路 8 号 2 栋桂茗大厦北写字楼 8 楼
L-GX00130	桂林华航国际旅行社有限责任公司	国内旅游业务　入境旅游业务	桂林市南环路桃园大厦新城小区(桃源大厦 5 楼)
L-GX00136	桂林市桂冠国际旅行社	国内旅游业务　入境旅游业务	桂林市南门桥一号楼
L-GX00146	桂林市彩虹国际旅行社有限公司	国内旅游业务　入境旅游业务	桂林市中山南路 25 号汇通广场 4-11-2
L-GX00151	桂林市风情旅行社	国内旅游业务　入境旅游业务	桂林市象山区安新北路 727 号 2-3 层 1 号
L-GX00152	桂林江山国际旅行社有限责任公司	国内旅游业务　入境旅游业务	桂林市象山区安新北路 727#2、3 层 1 号
L-GX00153	桂林市九洲观光国际旅行社有限责任公司	国内旅游业务　入境旅游业务	桂林市中山中路 6 号

续表

许可证编号	旅行社名称	经营业务	注册地址
L-GX00156	桂林景秀国际旅行社有限责任公司	国内旅游业务　入境旅游业务	桂林市上海路26号5栋(枫丹丽苑5单元)
L-GX00159	桂林城市国际旅行社有限公司	国内旅游业务　入境旅游业务	桂林市中山南路75号
L-GX00161	桂林榕湖国际旅游有限责任公司	国内旅游业务　入境旅游业务	桂林市南环路5号桃园大厦8楼
L-GX00164	桂林成功国际旅行社有限责任公司	国内旅游业务　入境旅游业务	桂林市中山中路3号维也纳酒店4-13-1号
L-GX00167	桂林民族国际旅行社	国内旅游业务　入境旅游业务	桂林市民主路106号-1单元
L-GX00168	桂林天鹅国际旅行社有限公司	国内旅游业务　入境旅游业务	桂林市中山南路35号经贸大厦17-1
L-GX00212	桂林大正国际旅行社有限责任公司	国内旅游业务　入境旅游业务	桂林市象山区崇信路47号
L-GX00216	桂林华隆国际旅行社有限公司	国内旅游业务　入境旅游业务	桂林市中山中路4号
L-GX00223	桂林市南北假日国际旅游有限责任公司	国内旅游业务　入境旅游业务	桂林市象山区中山中路13号金马大厦2单元-6楼4号、5号、6号
L-GX00269	桂林市山水铭源国际旅行社有限公司	国内旅游业务　入境旅游业务	桂林市象山区民族路14号3层304号
L-GX00278	桂林市新华旅行社有限责任公司	国内旅游业务　入境旅游业务	桂林市中山中路13号金马大厦3单元504号
L-GX00315	桂林市新桂旅行社	国内旅游业务　入境旅游业务	桂林市银锭路1号
L-GX00375	桂林市汇通国际旅行社有限责任公司	国内旅游业务　入境旅游业务	桂林市中山南路25号汇通广场4-15-2
L-GX00395	桂林南湖国际旅行社有限公司	国内旅游业务　入境旅游业务	桂林市象山区中山中路7号女人世界2层C230商铺
L-GX00409	桂林市意通国际旅行社有限公司	国内旅游业务　入境旅游业务	桂林市铁西三里兴进·曦镇10-5、10-6号
L-GX00414	桂林中飞国际旅行社有限公司	国内旅游业务　入境旅游业务	桂林市象山区中山中路8号桂名大厦南楼1-8-2号
L-GX00470	桂林市创景国际旅行社有限公司	国内旅游业务　入境旅游业务	桂林市中山中路6号五洲大厦1-6-3
L-GX00484	桂林程安国际旅行社有限公司	国内旅游业务　入境旅游业务	桂林市中山中路13号金马大厦2单元1201室
L-GX00493	桂林市易游国际旅行社有限责任公司	国内旅游业务　入境旅游业务	桂林市象山区雉山路21号金和大厦1栋706室
L-GX00497	桂林广游国际旅游有限公司	国内旅游业务　入境旅游业务	象山区环城南二路111号德天商业广场12栋2楼
L-GX00507	桂林广旅国际旅行社有限公司	国内旅游业务　入境旅游业务	桂林市象山区五松潭巷3号
L-GX00526	桂林捷程国际旅行社有限责任公司	国内旅游业务　入境旅游业务	桂林市上海路7号港湾雅居301室
L-GX00561	桂林市和平国际旅行社有限公司	国内旅游业务　入境旅游业务	桂林市西城路81号5楼
L-GX00564	桂林市椰晖国际旅行社有限公司	国内旅游业务　入境旅游业务	桂林市象山区中山南路25号汇通广场商住楼3-11-1号
L-GX00567	桂林百盛国际旅行社有限公司	国内旅游业务　入境旅游业务	桂林市象山区上海路7号3栋1-2-31号房
L-GX00569	桂林广源国际旅行社有限责任公司	国内旅游业务　入境旅游业务	桂林市文明路与滨江南路交叉口东北角象山国际公寓3层17号

续表

许可证编号	旅行社名称	经营业务	注册地址
L-GX00573	桂林市林海国际旅行社有限公司	国内旅游业务　入境旅游业务	桂林市象山区中山南路25号汇通广场商住楼3-7-1号
L-GX00577	桂林嘉美国际旅行社有限公司	国内旅游业务　入境旅游业务	桂林市象山区上海路7号3栋1-2-23号公寓
L-GX00580	桂林市大捷国际旅行社有限公司	国内旅游业务　入境旅游业务	桂林市象山区民主路5号桃花江南岸
L-GX00599	桂林环游国际旅行社有限责任公司	国内旅游业务　入境旅游业务	桂林市象山区南环路5号19栋1-5号门面
L-GX00604	桂林蓝天国际旅行社有限公司	国内旅游业务　入境旅游业务	桂林市象山区上海路26号枫丹丽苑C栋一楼
L-GX00613	桂林市万达国际旅游有限责任公司	国内旅游业务　入境旅游业务	桂林市象山区南环路5号桃园新城19栋第4层
L-GX00616	桂林吉祥国际旅行社有限公司	国内旅游业务　入境旅游业务	桂林市中山中路15号2栋4-1
L-GX00635	桂林迈途尔国际旅行社有限公司	国内旅游业务　入境旅游业务	桂林市象山区榕湖南路12-6号
L-GX00647	桂林市漓悠悠国际旅行社有限公司	国内旅游业务　入境旅游业务	桂林市象山区上海路26号枫丹丽苑1层
L-GX00679	桂林春天国际旅行社有限公司	国内旅游业务　入境旅游业务	桂林市象山区西城路81号5楼
L-GX00682	天合旅游(桂林)有限公司	国内旅游业务　入境旅游业务	桂林市象山区崇信路4栋1-3-1号
L-GX00685	桂林东润国际旅行社有限公司	国内旅游业务　入境旅游业务	桂林市中山南路68-76号综合楼(鑫桂佳苑)2幢2单元5层4号房
L-GX00695	桂林南国国际旅行社有限公司	国内旅游业务　入境旅游业务	象山区铁西三里1号兴进·曦镇12-2栋2-2-1号住宅
L-GX00696	广西顺途旅行社有限公司	国内旅游业务　入境旅游业务	桂林市象山区桃园新城20号北楼1-4-1号房
L-GX00709	桂林市万象国际旅行社有限公司	国内旅游业务　入境旅游业务	象山区中山南路25号汇通广场商住楼3-11-6号住宅
L-GX00711	桂林三好国际旅行社有限公司	国内旅游业务　入境旅游业务	象山区中山南路35号经贸广场1单元9层5号房
L-GX00717	桂林非凡国际旅行社有限公司	国内旅游业务　入境旅游业务	桂林市象山区环城南二路111号德天商业广场12栋2-16号门面
L-GX00727	桂林市壮乡情国际旅行社有限责任公司	国内旅游业务　入境旅游业务	桂林市象山区中山南路35号经贸大厦1单元16-4号
L-GX00741	广西澳之旅旅行社有限公司	国内旅游业务　入境旅游业务	桂林市象山区中山中路13号金马大厦3-6-15号房
L-GX00743	桂林旅行家国际旅行社有限公司	国内旅游业务　入境旅游业务	桂林市象山区环城西一路37号办公综合楼
L-GX00757	桂林香江国际旅行社有限公司	国内旅游业务　入境旅游业务	桂林市象山区环城西一路141号
L-GX00770	桂林省心国际旅行社有限公司	国内旅游业务　入境旅游业务	象山区中山南路25号汇通广场商住楼3-11-2号

（李春喜　阳佳宁　伍爱华）

财政 税务

CAIZHENG SHUIWU

根雕作品巧夺天工　　　　区委宣传部　供图

财　政

【概况】 2017年，象山区财政局有在岗人员14人，其中：财政局行政编3人、支付中心参公编制7人、聘用4人，下设有象山区国库支付中心。象山区全年组织财政收入120929万元，完成预算的106.6%，比2016年（简称同比）增长7.4%，剔除烟草公司因素（2017年4月桂林烟草公司外迁），同口径增长13.0%。其中：税务部门组织税收75674万元（国税43062万元、地税32612万元），同比增长17.0%；财政部门组织非税收入45255万元，同比下降5.6%。一般公共预算总收入124839万元，其中：一般公共预算收入76808万元；上级补助收入30737万元；债券转贷收入11400万元；其他调入68万元；上年结余收入5826万元。一般公共预算总支出124413万元，其中：一般公共预算支出99030万元；债券还本支出1400万元；上解上级支出23983万元。收支相抵，年终结余426万元。2017年区政府总预算和部门预算、2016年区政府总决算和部门决算均在象山区政府官网“预决算公开统一平台”上进行集中公开。

【公车改革】 2017年1月7日，经评估后，象山区在广西三正国际拍卖有限公司拍卖大厅举行第二次公车改革取消车辆公开拍卖（即拍卖2016年公车拍卖中流拍的公务用车）。拍卖公务用车25辆，涉及斯巴鲁、东风雪铁龙、五菱等品牌及系列，车型涵盖越野车、小轿车、普通客车及小货车，起拍价1200元至7.4万元，起拍总价33.96万元。成功拍出25辆，成交率100%，成交总价48.38万元，平均溢价率42.4%，最高溢价率119%。成交价最高的是斯巴鲁森林人越野车，评估价7.4万元，成交价10万元。

【项目评审】 2017年，象山区加强政府投资项目的审计监督，保证国有资金合理、高效使用，促进科学决策。年内，区财政局全年共评审大小项目152个，主要包括象山区教育局暑期维修、新建教学楼；一乡三街道社区改造提升和村委新建办公楼；象山区城中村及无物业小区改造工程；桂阳公路（象山区段）特色街区改造提升等工程。评审财政资金10720万元，审减工程预算资金859万元，平均审减率为8.0%。其中：（概）预算项目115个，涉及资金7527万元，审定资金6929万元，审减资金598万元，审减率为7.9%；结算项目37个，涉及资金3192万元，审定资金2932万元，审减资金260万元，审减率为8.1%。

【政府采购管理】 2017年，象山区完成政府采购项目452项，采购总预算金额31971.21万元，实际采购金额29665.88万元，节约财政资金2305.33万元，资金节约率为7.2%。其中：货物类采购预算为4610万元，实际采购金额4038万元，节约率为12.4%；工程类采购预算为26490万元，实际采购金额24897万元，节约率为6.0%；服务类采购预算为871万元，实际采购金额731万元，节约率为16.1%。有效降低财政支出，发挥资金使用效益。

【政府债务】 2016年年末，象山区政府债务余额为25716万元，2017年债券转贷收入11400万元（其中新增一般债券1亿元、置换债券1400万元），债务还本支出1400万元，一般公共预算还款132万元，经过与上级核对后核销14700万元，2017年年末，债务余额为20884万元。

【公务卡结算】 2017年，象山区累计激活公务卡629张，其中当年新增公务卡306张，增长95%，公务卡结算普及较快。全区各预算单位在差旅费、招待费和零星购买等费用支出中，全年使用公务卡系统报销金额280万元（同比增长16%），全年现金提取额为379万元，公务卡结算占比为42%，较2016年提升3个百分点。

表5　　2017年象山区地方财政决算

单位：万元

项目	2017年预算	上年实际	2017年决算	比上年增加	比上年增长(%)
一、一般公共预算总收入	113667	112751	124839	12088	10.72
（一）一般公共预算收入	80703	77131	76808	−323	−0.42
1. 增值税	9439	6776	11491	4715	69.58
2. 营业税		3323	92	−3231	−97.23
3. 企业所得税	5927	5229	5173	−56	−1.07

续表

项目	2017年预算	上年实际	2017年决算	比上年增加	比上年增长(%)
4. 个人所得税	1627	1431	2271	840	58.70
5. 城维税	4453	3916	3780	−136	−3.47
6. 土地使用税	700	660	573	−87	−13.18
7. 土地增值税	1990	1818	1936	118	6.49
8. 房产税、印花税、车船税、资源税等	8645	6056	6237	181	2.99
9. 非税收入	47922	47922	45255	−2667	−5.57
(二)上级补助收入	28151	29151	30737	1586	5.44
1. 增值税返还收入	4176	5114	5337	223	4.36
2. 所得税基数返还收入	1841	1841	1841	0	0.00
3. 自治区分享四税基数返还收入	4134	4134	4134	0	0.00
4. 一般性转移支付收入	9000	8027	8208	181	2.25
5. 专项转移支付收入	9000	10035	11217	1182	11.78
(三)转贷财政部代理发行地方政府债券收入		−3163	11400	14563	−460.42
(四)待偿债置换一般债券结余		4214		−4214	
(五)上年滚存结余	4813	5345	5826	481	9.00
(六)基金调入		73	68	−5	−6.85
二、一般公共预算总支出	113077	106925	124413	17139	16.03
(一)一般公共预算支出	87919	83326	99030	15704	18.85
1. 一般公共服务	19273	19926	18825	−1101	−5.53
2. 国防	161	139	141	2	1.44
3. 公共安全	3559	3957	3871	−86	−2.17
4. 教育	11982	13332	14747	1415	10.61
5. 科学技术	111	103	72	−31	−30.10
6. 文化体育与传媒	137	139	169	30	21.58
7. 社会保障和就业	8873	5617	10718	5101	90.81
8. 医疗卫生	5854	6082	4959	−1123	−18.46
9. 节能环保	759	281	458	177	
10. 城乡社区事务	29409	30254	41841	11587	38.30
11. 农林水事务	1858	1239	1134	−105	−8.47
12. 交通运输	103	25	25		
13. 资源勘探电力信息等事务	118	616	94	−522	−84.74
14. 商业服务业等支出	9	15	12	−3	−20.00
15. 国土海洋气象等支出	5	5	3	−2	−40.00
16. 住房保障支出	1501	1116	1600	484	43.37
17. 债务付息支出	307	479	350	−129	−26.93
18. 债务发行费用支出		1	11	10	1000.00
19. 预备费	900				
20. 其他支出	3000				
(二)上解上级支出	23958	22548	23983	1435	6.36
1. 原体制上解支出	20014	18698	19981	1283	6.86
2. 出口退税专项上解支出		89	89	0	0.00
3. 专项上解支出	3944	3761	3913	152	4.04
其中:定额上解支出	854	854	854		

续表

项目	2017年预算	上年实际	2017年决算	比上年增加	比上年增长(%)
税务经费集中上解和其他上解支出	2422	2320	2492	172	7.41
城建税划转水利建设基金(15%)	668	587	567	-20	
农垦管区增量专项上解					
(三)地方政府债券还本支出	1200	1051	1400		
(四)待偿债置换一般债券结余					
三、年终滚存结余	590	5826	426		
减:专项结余	590	5826	426		
净结余	0	0			

(李玉梅)

国家税务

【概况】 2017年年末,桂林市象山区国家税务局(简称象山区国税局),位于桂林市安新北路4号,内设机构11个:办公室、财务管理股、政策法规股、税源管理一股、税源管理二股、收入核算股、纳税服务股、征收管理股、人事教育股、监察室、机关党办;有事业单位1个:信息中心;派出机构1个:瓦窑税务所。有干部职工79人。象山区国税局主要负责研究制订象山区国税税收发展和工作计划,辖区中央税、中央地方共享税等税种的征收管理和检查工作。2017年,辖区纳税登记正常户14416户,共入库国家税务总局考核口径税收收入17.85亿元,其中:增值税88740万元,消费税27743万元,企业所得税61576万元,个人所得税307万元,城建税130万元,与2016年相比(简称同比)增加1.65亿元,增长10.20%。其中:完成象山区税收任务8.6亿元,比下达任务增收1.1亿元。同时,认真贯彻落实国务院"放管服"(即:简政放权、放管结合、优化服务)工作要求,落实国家税收优惠政策,全年共办理免抵退税额8741万元,其中当期免抵税额2452万元,当期应退税额6289万元,办理出口退税企业备案1户。年内,自治区国家税务局给象山区国税局记集体三等功1次。

【深化税制改革】 2017年,象山区国税局继续推进税制改革,积极开展营业税改征增值税(以下简称"营改增")政策大辅导,全年共组织内部培训4次,培训60人次;举办"营改增"专题培训班12场次,培训纳税人600多户;入户走访送达以及邮寄发放"营改增"宣传资料4300多户次,发送宣传短信8000多条;以电话形式远程辅导纳税人1300多户次,增值税发票系统升级版推行完成率达100%。深化国税地税合作,认真贯彻落实《国地税合作规范3.0》,积极与地税部门沟通协调,加强国地税合作的组织领导,定期召开联席会议,深化各项合作措施。与象山区地税局互设办税服务窗口2个,实现办证、申报、卖票、财务报表采集等业务联合办税服务。2017年,联合办理三证合一(两证整合)税务登记3219户,变更登记4787户,办理注销登记1531户;互相代征税款,为地税代征个人所得税、城建、教育附加等税费共计369万元;"营改增"以后,委托地税局代开普通发票,在

2017年4月25日,象山区国税局召开"深化税收改革,助力企业发展"座谈会

区国税局 供图

2017年4月26日，象山区国税局开展营改增政策辅导　　区国税局　供图

象山区地税局增设5个代开窗口，发行金税设备5套，累计代征税款59.95万元；与象山区地税局，雁山区国税、地税局开展定期定额户的定额核定工作，实现个体工商户涉税信息、定额核定的信息共享。年内，共对1724户纳税人协同开展定期定额核定工作，其中新开业核定定额1461户，调整定额263户。推进商事制度改革。做到“对内整合，对外协调”：对内成立“两证整合”改革税收管理与服务工作领导小组，对外加强与工商、地税、财政、银行等部门的信息传递与数据共享。全年共办理“两证整合”登记手续1791户。2017年已与象山区工商局、象山区地税局建立季度联席会议制度，与象山区地税局建立了联合办税机制。全面推进实名制办税。成立实名办税推行工作领导小组及工作机构，配备固定居民身份证指纹采集器18台、移动指纹采集器2台。年内，为纳税人办理实名信息采集13221户，其中信息全部采集10183户，部分采集3038户。

【依法治税】 2017年，象山区国税局规范执法依据，对税收规范性文件和内部涉税管理制度、税收执法风险点进行全面清理排查。充分运用税务系统内部控制监督平台的预警监控功能，对预警提示的过错行为进行修正，为进一步规范执法行为提供有力保障。年内，共复核内控指标408条。完成金税三期税收管理系统决策二包推送的14户企业的核查，查补入库税款共1233.2万元，其中增值税0.78万元，所得税1232.42万元；入库滞纳金286.99万元；企业所得税调整应纳税所得额67.95万元、企业所得税调整应纳税额10.19万元。运用桂林市国税局自主研发的“涉税事项后续管理监控平台”管理涉税工作，按平台推送事项和指标逐户核查。全年共接收该平台推送13个指标共计9015条任务，完成核查8800条。抓好大企业税收管理。实行重点税源管理领导挂点走访制，做到重点税源户必访，重点税源台账必看，重点税源分析必晓。2017年，象山区国税局班子成员深入跟踪联系企业47户次。举办8场大企业税收知识辅导班，培训纳税人422人次。

【优化纳税服务】 2017年，象山区国税局大力推广“互联网＋税务”，推进网上办税服务和自助办税服务平台建设，形成窗口办税、网上办税、自助办税“三位一体”的办税新格局。推行“大咨询台”服务措施，增加咨询辅导服务人员，提供流动导税、咨询解答、自助设备辅导、涉税资料预审等服务。率先在全市开展安全POS刷卡机试点工作：为拓宽纳税人涉税办理渠道和税款缴纳方式，桂林市国税局纳税服务科、信心中心、收入核算科联合在象山区国税局办税服务厅开展银联安全POS刷卡机试点工作，测试安全POS运行状态，及时反馈测试数据，为全市安全POS刷卡机的推广做好前期工作。率先启动发票“网上申领、线下配送”新模式：作为桂林市首家试点单位，与中国邮政速递物流合作，纳税信用等级为A、B级的纳税人网上申请领用发票，经税务机关审核通过后，发票可通过邮政EMS专递送到纳税人手中。在象山区政府协调帮助下，设立办税服务专用停车位100个，解决纳税人电动车停车难问题，获得纳税人好评。

（赵圆圆）

地方税务

【概况】 2016年，象山区地方税务工作由象山区地方税务局（简称象山地税局）和雁山区地方税务局（简称雁山地税局）负责（雁山地税局除管辖雁山区外，同时管辖象山区一部分，本文限指象山区部分），共有纳税人13317户，其中象山地税局辖4876户，雁山地税局辖8441户。象山地税局内设股室7个，下辖税务所3个，有在职干部职工38人，其中公务员36人，事业编2

人。税收征管范围：上海路、翠竹路以北象山区辖区范围内以及上海路以南安新洲地域纳税人。雁山地税局内设股室9个，下辖税务分局4个、税务所3个，在职干部职工36人。税收征管范围为象山区地税局责任区范围以外象山区域。象山区地方税务全年组织收入58936万元（税收收入54423万元，各项附加收入4513万元）。其中象山地税局组织税收收入34591万元（税收收入30006万元，比2016年同期减少1936万元，减少5.31%，剔除“营改增”因素同口径增长2.93%；组织各项附加收入4513万元，比2016年同期减少435万元，减少8.79%）；雁山地税局组织各项收入24417万元（雁山局无法区分税收与各项附加收入），比2016年减少1318万元，减少5.13%。

【纳税服务】 2017年，象山地税局、雁山地税局持续深入推进“便民办税春风行动”，全面优化纳税服务。象山地税局全面落实《纳税服务规范》《纳税服务规范广西实施操作手册》要求，减少涉税事项198项、涉税资料176项，精简涉税环节181个；同时不断优化办税方式，落实5大类20项41条便民办税举措，确定6类16项涉税信息国地税采集共用事项；大力推行联合办税、网上办税、自助办税、微信办税、免填单办税、同城通办、二维码一次性告知等办税服务方式，办税服务全面提质增效。雁山地税局大力推行网上办税，辖区80%的纳税人开通并使用网上办税功能；全面提速登记事项办理，实现设立、变更、停复业税务登记事项“马上办”，双定户纳税人注销税务登记且已结清税款、缴销票证的即时办结；全面推行首问责任制、涉税办理“一站式”服务，实现“窗口受理—内部流转—限时办结—窗口出件”。象山地税局落实便民服务制度，根据纳税人需要主动延长服务时间，实行延时服务。

【环境保护税开征准备】 2017年，象山地税局做好环境保护税开征准备工作。一是加强学习培训。组织干部职工学习2018年1月1日将实行的《中华人民共和国环境保护税法》等相关法律法规。二是加强宣传。充分利用微信公众号、税企QQ群、政务大厅滚动屏幕等方式向纳税人广泛宣传，为环境保护税开征营造良好氛围。三是加强部门配合。与环保、财政等有关单位进行信息交换，对重点税源大户进行重点监控。

2017年7月20日，象山区、雁山区国税、地税召开联席会议　象山地税　欧丽琳　摄

【税收征管】 2017年，象山地税局抓好《全国税收征管规范(1.2版)》的落实与升级工作，按规范明确的事项，严格依法依规行政。国地税合作，象山区多次召开国地税合作联席会议，制订《桂林市象山区、雁山区国地税协同开展个体工商户税收定期定额核定工作方案》，合理配置服务厅人力资源，强化联合税务咨询辅导，开展国、地税干部挂职交流，在办税服务厅互驻窗口，实现“进一家门，办两家事”。雁山地税局大力推进税收风险管理改革，成立雁山地税局行业税收风险评估模型建设工作领导小组，深入开展税收风险数据排查清理工作。抓好股权转让个人所得税管理，加强高收入行业、高收入者个人所得税征管，组织入库雁山区地税局创建以来单笔最大金额股权转让个人所得税3870万元。

【落实税收优惠政策】 2017年，象山地税局不折不扣落实各项结构性减税政策，做到应免尽免、应减尽减，助力实体经济特别是小微企业发展。年内，辖区内享受所得税优惠政策的企业6户，其中享受文化体制改革减免企业1户，减免68.5万元，享受西部大开发减免政策减免企业4户，共减免2274.08万元，享受免征地方分享部分企业所得税减免1户，减免11.3万元；房产土地税减免企业3户，减免106.55万元，为99户盈利小型微利企业进行税收优惠减免，减免税款137.62万元，政策受惠面100%。

（杨凌云　牙廷华）

金融业

JINRONGYE

2017年3月27日，桂林银行成立20周年庆典晚会　　桂林银行　供图

中国工商银行股份有限公司桂林市阳桥支行

【概况】 2017年,中国工商银行股份有限公司桂林市阳桥支行(简称工行阳桥支行),下辖6个营业网点:阳桥支行营业室、安新支行、民族路支行、红岭路支行、信义支行、西凤支行,7个离行式自助银行(安新洲、文昌桥、交通路、西山路、联勤保障中心、茶店路空军场站、临桂创业大厦)。年内,工行阳桥支行全面推进"大零售、大公司、全机构"发展战略目标,发挥优势,取长补短,强化风险管控,提升资产质量,实现支行"内控综合考评稳中向上、同业金融服务争创一流、业务发展领先他行"目标。年末,储蓄、对公两项存款余额103.46亿元(其中储蓄存款余额20.3亿元),较2016年增长43.61亿元,增幅达68.8%,排桂林分行辖内一级支行增量第一。各项贷款余额31.5亿元,较年初增长8.3亿元,增幅35.8%,排桂林分行辖内一级支行增量第一。票据直贴量3.07亿元,在桂林四大行同业占比:直贴量第一。资产质量不断提升,个人贷款不良率0.47%。工行阳桥支行获中国工商银行"五一劳动奖状"、工行广西分行第四届文明单位,支行营业室获评2017年度广西分行贵金属业务先进网点。网点负责人伍志萍获评中国工商银行"巾帼岗位标兵"、个人客户经理黄淳获评中国工商银行2017年优秀个人客户经理。8名员工获评工行广西区分行先进个人。

【资产业务稳健发展】 2017年,工行阳桥支行根据宏观经济形势变化和信贷政策调整,及时调整信贷管理工作思路和措施,调整营销重心,提升市场竞争力,成功签署桂林市有实力的房屋开发按揭协议3个。寻找营销突破口,倾力营销个人消费贷款和个人质押贷款等贷款业务品种,对3个房屋开发项目做好住房按揭贷款配套发放。年末,个人类贷款较年初增长1.23亿元。成功发放法人贷款9亿元,票据贴现增长5000万元。个人不良贷款率0.47%,控制在上级规定的目标之内,实现支行信贷资产结构调整目标,推动资产业务快速发展。

【存款和产品营销】 2017年,工行阳桥支行坚持以市场为导向,以产品营销和个性化服务为手段,早计划早部署,进一步扩大客户群体。充分利用电子银行、LED屏广告、宣传折页发放、柜面推介、大堂经理讲解、自助设备体验、厅堂沙龙、金融知识进万家、进军营等阵地优势,大力开展存款和产品营销。年内销售三利+期次理财产品7.75亿元,排名桂林分行辖属第三;私人银行产品销售金额达5.58亿元,排名桂林分行辖属第一;销售重点基金(含资管计划)1.06亿元,排名桂林分行辖属第一。对客户实施分层次维护,做好高端客户一对一优质服务,加强私银客户的上门拜访,及时做好营销跟进。通过提升网点服务水平与客户识别推荐能力,推动四位一体的互动营销模式,运用网点无线上网服务优势,开展网银、手机银行、融e行、融e联、融e购等平台上产品的全方位营销,将网点阵地营销、自助渠道及互联网渠道有机结合,发挥线上线下全渠道优势,为稳存增存工作打下坚实基础。对公业务发展效果显著,通过组织精干营销团队深层次营销,得到桂林市政府部分单位的合作项目,使其成为工行阳桥支行优质的对公客户。积极探索军队银行合作模式,以特色服务、精心维护,传承创新,个性化服务,拓宽军银合作之路,部队成为工行阳桥支行系统贡献度最高的客户。

【风险防控】 2017年,工行阳桥支行加大风险防控工作力度,一是组织员工开展学习和业务培训,强化规章制度的贯彻落实,通过查找业务运行中的重要风险点,提升风险把控能力,增强业务运行风险的事中控制能力,把业务风险因素消灭

2017年8月7日,工行阳桥支行与驻军76140部队通信站举行军民共建联欢晚会

工行阳桥支行 供图

在萌芽状态。二是落实层级防控责任，高筑防火墙，逐级签订《责任书》，细化各层级的责任内容，明确风险防控的职责，责任到人，发现问题及时指出、整改；落实部门、网点负责人坐班制，增加现场检查、录像抽查频次，加大员工风险防范监督、检查力度，从源头上杜绝风险事件的发生。三是以查促控，通过定期检查、日常检查、突击检查方式，按月对重要岗位、重点环节、重要部位进行全面检查，实现检查、辅导、整改一体化，有效解决违规操作、屡查屡犯、屡纠不改的问题。四是加大问责力度，将风险管控与绩效挂钩，部门、员工风险防控得分参与绩效工资分配，对风险防控制度、工作要求落实不力，问题整改不到位，违纪违规、屡查屡犯行为从重处罚，对直接责任人进行岗位调整，形成失责必问、问责必严新常态，提高责任追究的警示震慑力，增强员工合规意识、风险意识和底线意识，营造不能、不敢、不愿违纪违规的良好风险管控环境。五是定期在全辖范围开展参与民间融资、高利贷、经商办企业等违规行为专项排查，突出抓好员工违规私售理财等“飞单”问题专项治理。

【服务管理全面提升】 2017年，工行阳桥支行将“服务面貌整治”活动与“创建文明城市”理念有机结合，组织学习规范化服务考核细则，做到服务精细化管理，让员工从思想上意识到服务的重要性和整改的紧迫感，化“要我服务”为“我要服务”，化“被动服务”为“主动服务”。重视客户投诉、来信来访、网络舆情所反映的情况，做到耐心倾听客户诉求，与客户积极协调并解决问题，将投诉及时、妥善处置，并做好投诉的跟踪工作，化解客户不满情绪。增强效率意识，强化服务文化，推进网点服务规范化。改善服务体验，树立良好品牌形象。（蒋忠利）

中国工商银行股份有限公司桂林市西城支行

【概况】 中国工商银行股份有限公司桂林市西城支行（简称工行西城支行），位于桂林市象山区中山南路86号。2017年，工行西城支行在象山辖区有对外营业网点9个：西城支行营业部、平山支行、瓦窑支行、大风山支行、桂青路支行、南溪山支行、苗圃支行、翠竹支行、西环路支行，离行式自助银行13个。有员工141人。年内，该行完善各项管理，努力开拓新业务，强化内控案防及安全保卫工作，有效防止案件和重大差错事故发生。各项业务协调、健康、稳步发展，实现安全运营。年末，两项存款余额43.70亿元［其中储蓄存款余额29.88亿元（含保本结构产品）］，较年初增长23217万元。其中对公存款较年初增长2.60亿元（含同业存款），储蓄存款较年初减少2815万元；各项贷款总余额为15.38亿元，比上年增加1.60亿元，经营效益稳步提升。该支行为“自治区级文明单位”。

【改造服务设施】 2017年，工行西城支行两项存款稳步增长。年内，通过明确各专业工作目标、层层推动、传导压力，充分调动全行员工工作积极性，开展多种形式营销竞赛活动，为两项存款业务拓展打下基础。一是强化服务工作基础，对营业网点内外部服务环境进行整治、强化厅堂服务、柜面服务及管理功能，促进存款业务发展。二是完成大风山支行整体搬迁工作，网点硬件、服务品质得到改善。三是以高科技手段，提升客户服务水平。年内完成9个营业网点智能化改造，方便客户自助办理离柜业务。四是做好驻桂军队改革配套服务工作，稳定军队客户。成功完成2个驻桂部队军改后落户业务。年内在平山支行等军队服务重点行，加强网点“软”“硬”环境改造，围绕专享拥军服务、专属产品配置、专有精彩活动，实施九项服务提级举措，建立长效机制，完成4个部队营区自助银行、3个军营服务延

2017年7月21日，工行大风山支行举行搬迁开业揭幕仪式　　工行西城支行　供图

2017 年 3 月 15 日，工行西城支行开展反假币宣传　　雷卫华　摄

伸区项目建设，提高对军人客户的服务水平。

【为当地经济建设服务】 2017 年，工行西城支行各项贷款业务保持良好水平。一是扶持地方政府基础建设工作，积极支持地方经济建设，完成桂林旅游学院等单位项目贷款的发放工作；二是扶持住房贷款业务，为个人住房按揭贷款客户提供服务，超额完成全年任务目标。

【内控与风险管理】 2017 年，工行西城支行进一步加强内控与风险管理，实现全年稳健经营。一是调整支行内控案防领导小组，层层签订“两个责任制”“案件防范”和“安全生产”工作责任书。把业务发展、案防、内控管理有机地结合起来，在全行营造强化责任落实，守住安全底线的观念，保障各项业务的健康发展。二是坚持员工思想动态分析会制度，开展各种类型的检查排查工作。进行“十大重点领域和关键环节”重点检查，开展对代发工资业务相关员工异常行为专项排查，通过工商注册系统筛查，每月组织开展员工违规经商办企业行为排查工作，加强对重要人员重要岗位的认真排查。三是坚持每月对办公场所及营业网点开展安全检查，开展员工安全防范教育，进行员工防抢及消防演练，加强防火防盗防抢工作，确保支行安全运营。四是开展“道德讲堂”和员工世界观、法制观教育活动，请桂林市象山区人民检察院相关人员开展主题为“珍惜幸福人生远离职务犯罪”法制教育宣传讲座。帮助员工树立正确的世界观、价值观、人生观、道德观、法制观。五是充分发挥党支部、工会及共青团职能作用，开展争先创优活动，通过开展“雷锋精神在工行”活动、创建“党员先锋示范网点”“巾帼文明岗”活动，增强员工凝聚力与向心力，促进内控与风险管理工作健康发展。　　（雷卫华）

中国农业银行股份有限公司桂林象山支行

【概况】 2017 年，中国农业银行股份有限公司桂林象山支行（简称农行象山支行），下辖营业机构 8 个（香江、南门桥、中南、瓦窑、南区、大风山、雁山 7 个二级支行及象山支行营业部），轻型网点 3 个，离行式自助银行 14 个，ATM 取款机 56 台。年内，农行象山支行落实总行“六维方略”、互联网金融服务三农“一号工程”，围绕业务经营中心工作，贯彻商业银行风险控制、资本约束和价值创造“三大理念”，采取措施抓市场营销，取得一定成绩。年末，农行象山支行人民币各项存款余额 39.05 亿元（其中储蓄存款余额 27.54 亿元），比年初增加 2.98 亿元；各项贷款余额 24.32 亿元，比年初增加 2.07 亿元。全年实现中间业务收入 1686 万

2017 年 7 月 20 日，农行象山支行组织员工开展消防灭火演练　　甄月兵　摄

元。年末,不良贷款余额171万元;其中非三农不良贷款123万元,比年初减少116万元;三农不良贷款48万元,比年初减少120万元。不良贷款管控成效显著。全行法人贷款五级分类全部为正常,无欠息无逾期。

2017年8月,农行象山支行网点营销团队走进市场进行业务营销　　孙　蓉　摄

【抓零售业务发展工作】 2017年,农行象山支行一是抓好"春天行动"开门红重点营销活动,促进零售业务综合发展。抓保险业务营销,拓宽中间业务收入渠道。二是加强网点基础客户和贵宾客户管理,做实储蓄存款日均,稳存稳增。将基础、贵宾客户分层落实到人,量化考核,提增存款。三是确定"全员行动,强化营销,努力实现业务发展新突破"工作思路。深化零售业务转型,强化轻型网点对市民影响的宣传和营销业绩。采取绩效与业绩挂钩,出台各种营销方案和激励措施。加大公私联动,综合营销。与桂林理工大学等大专院校开展紧密合作,推进零售业务发展。参加中国农业银行总行"8·20"汽车节活动和桂林分行组织的"双十一"汽车节活动,抢占市场份额。开展合作楼盘车位分期业务,在成功营销漓江郡府按揭合作楼盘的基础上。又成功营销漓江郡府等优质楼盘的车位分期。农行象山支行在农行桂林分行2017年"激情仲夏金彩生活"零售业务综合营销活动考评中排名第二。四是以轻型网点和劳动组合优化为契机,构建网点新型营销团队,同时加强网点及轻型网点人员的业务培训,实行岗位轮换制,减高增低,提高员工综合素质,提高网点服务质量,促进零售业务有效发展。

【公司业务营销】 2017年,农行象山支行继续深化推进对公业务转型,做好重大项目营销工作。年内,新增投放中铁建桂林投资有限公司项目贷款、华润置地(桂林)有限公司项目贷款、桂林市人民医院旅游综合医院项目贷款,完成对公贷款任务。对存量客户进行梳理,做好存量客户金融服务工作,拓展机构客户存款,确保对公存款有效增长。

【内控管理与风险防控】 2017年,农行象山支行加强员工行为管理,强化操作风险管控。将风险防控与党建工作融合,把员工行为管理、信贷管理、风险管理工作列入支行党委议事议程,常抓不懈。制定支行2017年案件防控工作意见,明确各部门案防职责、落实案防责任。按照总行夯实"双基",强化案防工作中抓"四重"促"四效"的要求,即:抓治理重点,提升内部控制的有效性;抓管理重心,提升基层治理的有效性;抓重点任务,提升案防风控"大排查"的有效性;抓重点环节,提升案防体系的有效性。围绕防控重点,每两个月召开案件风险防控工作会,完善风险管理、案件防控并重的案防长效机制。加强贷后管理及风险防控,做好做细不良贷款、关注类贷款管控工作,对重点户、困难户,群策群力,组织攻坚小组集中力量攻坚。加强贷款客户资金回笼管理,密切跟踪存、贷款客户资金变动情况。实时监控重点客户经营状况,做好风险预警,提前化解信贷风险。加快核销进度,全面完成桂林分行下达的年度控制计划。　　(甄月兵)

中国银行股份有限公司桂林分行

【概况】 中国银行股份有限公司桂林分行(简称中行桂林分行)位于桂林市中山中路2号。2017年,中行桂林分行从"稳质量、强内控、化不良、反洗钱、促发展、抓基础"六个方面加强全面风险管控建设,带动各项业务稳健发展。年末,本外币各项存款时点余额141.34亿元;本外币各项贷款时点余额70.42亿元;国际结算业务量为5.4亿美元,市场份额为46.56%;全年实现净利润13726.85万元。中行桂林

2017 年 5 月 25 日，中行桂林分行营业部智能柜台投入使用　　中行桂林分行　供图

分行在象山区开设的机构有分行营业部、象山支行、西城路支行、瓦窑路支行和上海路支行（合称中行象山辖区各机构），员工 252 人（含分行本部）。2017 年年末，中行象山辖区各机构本外币各项存款余额 49.38 亿元，其中居民储蓄存款余额 20.81 亿元，本外币各项贷款余额 9.14 亿元。

【风险管控】 2017 年，中行桂林分行加强风险管控体系建设，持续推进反洗钱工作。召开反洗钱领导小组会议 4 次，专题部署年度反洗钱工作和审议重点可疑案例。年内，发现并提交广西 ×× 金融服务公司交易量 15.35 亿元、桂林 ×× 金融服务公司交易量 1.26 亿元疑似地下钱庄的重点可疑交易报告，获当地人民银行和公安机关充分肯定。2014 年报送的涉恐融资重点可疑交易报告在 2017 年被中国银行总行选用为教学培训案例及管理参考资料。在反洗钱分类年度评级中，中行桂林分行获评 A 级，成为桂林辖区唯一一家连续 3 年蝉联 A 级的银行机构，被当地人民银行树为银行机构反洗钱工作标杆。

【促进网点转型】 2017 年，中行桂林分行顺应金融行业信息技术发展新形势，以“互联网 +”思维全方位推进智能化网点建设，促进网点转型。5 月，中行桂林分行营业部在智能柜台成功为客户开立首张借记卡，成为广西中行在智能柜台的首笔开户业务。智能柜台通过硬件设备的集成和软件系统的整合，流程简化，方便快捷，能够为客户提供“一站式、自助化、智能化”服务，充分展示互联网时代的场景思维感。作为“大堂新宠”，智能柜台为客户和员工带来新的体验，也为全行加快转型发展注入新动力。

【创新外汇业务】 2017 年，中行桂林分行巩固外汇业务优势，创新外汇业务。4 月，上线投产全球支付创新平台 GPI 项目，推出中银智汇产品，提高跨境付款速度、透明度、可预见性，提升客户跨境收付体验。5 月，在外汇价格波动频繁的国际背景下，叙做广西中行全辖首笔买入美元结汇期权业务，为向企业提供更丰富的债务、资产保值产品，降低资产保值风险打下坚实基础；6 月，携手广西师大附属外国语学校举办“遇见 · 未来”国际教育分享会，邀请教育专家就家长们关心的国内外教育问题进行详细分析，并让他们充分了解中行桂林分行针对出国留学客户最新推出的各类产品，树立“要出国找中行”品牌形象。

【提升服务水平】 2017 年，中行桂林分行强化网点服务管理，抓整改，提服务。9 月，按照桂林市《关于银行营业（保险、证券）网点创建全国文明城市实地考察点标准》，以创城为契机，促进各网点提高严格执行中国银行总行及桂林市银行业协会各项服务规范的责任心，为桂林市创建全国文明城市做出新贡献。中行桂林分行获桂林市“创建全国文明城市工作先进集体”奖。年内，职工韦艳飞获得全国金融五一劳动奖章。在 2016—2017 年度桂林市银行业“百佳服务明星”系列评选活动中，中行桂林分行营业部获评“文明优质服务网点”，7 名员工获评“百佳服务明星”，2 名员工被评为“优秀基层管理人才”。

【担当社会责任】 2017 年，中行桂林分行为 2017 年环广西公路自行车世界巡回赛——桂林站的各国运动员提供优质、专业金融服务；作为唯一合作金融机构，连续三年成功亮相东博会旅游展；捐助兴安县湘江战役红色基地建设；支助全州县社保服务项目恢复对外正常服务项目；参与桂林市金融足球义赛捐助“有书计划”梦想图书角公益项目；全行上下积极参与精准扶贫，为定点扶贫村捐款、捐书，帮助

2017年9月7日，中行桂林分行开展“放飞爱心，书送希望”爱心捐资助学活动

中行桂林分行 供图

平乐县平西村18户贫困户成功脱贫，充分展示了中国银行桂林分行担当社会责任的良好形象。

（蒋俊熠）

中国建设银行股份有限公司桂林分行象山辖区支行

【概况】 2017年，中国建设银行股份有限公司桂林分行（以下简称建行桂林分行）在象山辖区设有城中支行、瓦窑支行、城南支行、桂青支行、龙泉路支行、翠竹路支行、象山支行、民主路支行、文明路支行、铁西支行共10个营业网点（合称建行象山辖区支行）。年末，建行象山辖区支行一般性存款日均余额58.73亿元，比年初新增0.82亿元，其中企业存款日均余额19.07亿元，储蓄存款日均余额39.66亿元；贷款余额（包括对公非贴贷款、个人贷款）207.11亿元，实现中间业务收入0.29亿元。年内，城南支行、象山支行获评桂林市银行业“文明优质服务网点”。

【支持地方实体经济】 2017年，建行象山辖区支行助力供给侧改革，支持实体经济发展。通过合理把控信贷支持力度，压缩不符合国家产业政策规定的落后产能企业、安全技术不达标且整改无望的企业、失去清偿能力的“僵尸企业”、有恶意逃债行为的企业，加大其贷款退出力度，同时积极满足国家或省级重大实体经济项目的合理资金需求，加强对旅游、医药、汽车零部件、先进制造业、清洁能源等优质行业的支持。年内，重点加强对解放军第181医院、广西机场管理集团有限公司桂林两江国际机场、桂林市交通投资控股集团有限公司、桂林旅游股份有限公司、桂林城市建设投资发展有限公司以及桂林三金股份有限公司的支持力度。

【移动优先战略】 2017年，建行象山辖区支行依托总行“移动优先”战略，多措并举推进移动支付及移动金融业务发展。年内，开展建行移动支付自有品牌“龙支付”手机扫码促销，联合桂林众多商户开展“龙支付”情人节、女生节、米粉节活动和“龙支付”进校园活动，为民众提供更开放的用户体验、更多样的支付场景、更安全的支付环境。

2017年5月23日，建行桂林分行开展“金融知识进校园”活动　　黄文涛 摄

2017 年 12 月 8 日，建行桂林分行举办“银税合作　合力惠企”产品发布会

黄文涛　摄

推出移动支付新产品“慧兜圈”，兼容微信、支付宝、龙支付二维码及传统银行卡支付，为商户提供多渠道支付结算、多渠道复合账单管理、多层面宣传、多方式营销。加大“小微快贷”产品宣传力度，突破传统线下融资模式，运用互联网技术和大数据系统，实现 7×24 小时在线自助办理，为小微企业提供“网上贷款申请、网上贷款审批、网上签约支用”的全流程网上融资服务，有效破解小微企业“融资难、融资贵、融资慢”难题。

【金融知识宣传】 2017 年，建行象山辖区支行主动履行社会责任，积极做好金融知识宣传工作。组织全辖网点开展“3·15 国际消费者权益日”主题宣传活动，通过营业网点 LED 显示屏滚动播放宣传标语、在人流密集的街区悬挂宣传横幅并发放宣传材料、接受客户咨询、主动上门拜访客户等形式，对货币金融、个人征信、防范电信网络诈骗、金融消费者权益等金融知识进行多渠道的有效宣传。响应共青团桂林市委和桂林银监分局号召，开展“金融知识进校园”活动，在高校内发放金融知识宣传手册、折页，面对面地为大学生答疑解惑；分批次开展主题宣传日活动，利用开学季、毕业季等重要时间节点对在校学生进行宣讲，培养在校学生的金融诚信意识，推动学生信用体系建设，培植学生可持续发展的理财理念。走进百佳企业，走进百佳工厂，走访百名企业家，向近百家企业及百名企业家宣传金融政策和知识，发放宣传资料、解答企业关注的金融热点问题。　　（秦南茜）

交通银行股份有限公司桂林分行

【概况】 交通银行股份有限公司桂林分行在象山辖区共有 5 个经营单位（合称交行象山辖区经营单位）：交行桂林分行营业部、中山南路支行、瓦平支行、同心支行、安厦支行。年末，交行象山辖区经营单位本外币资产总额共 59.57 亿元，本外币各项存款平均余额共 54.97 亿元，其中，储蓄存款余额共 19.95 亿元；本外币各项贷款平均余额共 37.84 亿元。

【创新途径　拓展业务】 2017 年，交行象山辖区经营单位重点推进“系统掘金”专项行动，创新搭建分行特色平台，通过系统、平台带动存款、客户稳步提升，形成良好效益。为政府、学校、医院、大型集团客户搭建金融服务系统，批量营销客户。开展“迎新季”“回馈季”“沃德杯”广场舞大赛等大型推广活动，巩固中高端优质代发客户关系，提高手机银行签约率。探索“聚合支付”辅助校园卡新模式，以“开

2017 年 9 月 9 日，交行桂林分行举办“沃德杯”广场舞大赛　　交行桂林分行　供图

学第一课”“实习生招募讲座”等形式，拓展校园卡业务。

【支持地方经济发展】 2017年，交行象山辖区经营单位紧跟当地政府发展战略，支持地区经济建设。多渠道满足企业融资需求，重点支持教育事业、基础医疗业、先进制造业、战略性新兴产业、现代服务业。成立普惠金融事业部，减费让利助力普惠金融。加大“三农”领域的金融支持，制定客户群差异化准入策略，引导信贷资源向“三农”领域倾斜。开展农业信贷担保、“两权”抵押贷款(农村承包土地的经营权抵押贷款、农民住房财产权抵押贷款)业务，提升“三农”金融服务质效。通过政银合作、电商扶贫等多种模式，开展金融扶贫业务。围绕建档立卡贫困人口，精准对接特色产业客户的金融服务需求，带动贫困人口脱贫致富。

【风险管控】 2017年，交行象山辖区经营单位建立高效的风险防控机制，做好资产质量管控工作，全面提升各类风险管理能力。突出重点领域，着力管控九大产能过剩行业，稳妥退出“僵尸企业”，紧盯集团客户风险，高度重视流动性和市场风险管理。交行象山辖区经营单位持续开展“内控文化建设”系列活动，制定每月活动安排计划，采用主题宣讲、专题学习、内控合规大讲堂、多媒体宣传竞赛、内控合规主题辩论赛等多种形式，增强员工依法合规和遵章守纪意识，提高案件防控能力，创建“全员参与，覆盖全面”的内控合规文化，打造内控合规长效机制。

【提高服务水平】 2017年，交行象山辖区经营单位构筑以客户为中心的“大服务”体系，坚持以“一把手”抓服务，强化“后台服务前台，前台服务一线，全行服务客户”的服务理念。把服务提升与零售业务转型发展相结合，与网点转型、智能化相结合，积极探索、优化网点服务新模式。通过手机预约服务提高客户的业务办理效率，通过布设智能机具缩短客户业务办理等待时长，提升厅堂服务效率及客户体验。年内，交行桂林中山南路支行获评中国银行业协会“五星级网点”，瓦平支行获评桂林银行业协会“文明优质服务网点”。

（诸葛茜）

中国邮政储蓄银行桂林分行

【概况】 2017年，中国邮政储蓄银行股份有限公司桂林市分行在象山区设有2个支行(简称邮储象山各支行)：瓦窑路支行、中山南路支行。年内，邮储象山各支行通过加快大堂经理配置、强化服务培训、加大监督检查力度、加快推进品牌服务建设，增强网点服务能力，提升客户满意度。通过抓旺季、抓市场、抓客户服务，以活动造势，开展激情竞标、存款积分送车票、春节抢红包、客户积分馈礼等活动，实现旺季余额快速增长，规模不断扩大。年末储蓄存款余额2.73亿元，理财产品销量4030万元。

【金融知识宣传】 2017年，邮储象山各支行组织开展“金融知识普及月”“金融知识进万家”“金融知识万里行”等活动，瓦窑路支行、中山南路支行分别火车桂林站等处设立宣传台位，发放宣传资料、悬挂宣传横幅宣传反洗钱、辨假币、个人信用等金融知识，提高公众金融安全防范意识，营造全社会学金融、懂金融、用金融的良好风气，践行普惠金融的义务。

【防控结合护航发展】 2017年，邮储象山各支行开展全行非法集资、民间借贷风险专项排查活动，排查563人次，排查率100%；开展“合规大行动”，落实员工违规积分管理，持续推进合规文化建设，增强员工合规意识；开展网点案件防控预案及突发事件演练，做到演练不断、思想不松，全年演练4次，参加1200人次；增设110报警线路，维修监控探头，整理网点线路、自助银行，组织安防培训。全年无重大资金、安全事件发生。（王蜜蜜）

广西桂林漓江农村合作银行

【概况】 广西桂林漓江农村合作银行(简称漓江农合行)驻桂林市漓江路49号。2017年，全辖共有40个支行(部)、18个社区金融服务网点、85个离行式自助服务点。其中驻象山辖区有琴潭支行(翠竹路19号)、城南支行(凯风路78号)、万福支行(凯风路90号)、平山支行(环城南二路1栋18号)、瓦窑支行(瓦窑西路25号)、中山支行(中山中路10号)、南溪支行(中山南路10号)、中南支行(中山南路25号)、南站支行(中山南路94号)、象山支行(崇信路43号)、安新支行(安新北路6号)等11个支行(部)、7个社区金融服务网点和24个离行式自助服务点。

年内，琴潭、城南、万福、平山、瓦窑、中山、南溪、中南、南站、象

2017 年 8 月 30 日，漓江农合行在桂林碧玉国际酒店举行财富行动

漓江农合行　供图

山、安新等 11 个支行(部)根据漓江农合行总行“12365”(即：打造广西一流新银行和桂林最大、最好、最安全的银行。主攻农村、城市两大经济金融市场。实施“三步走”发展战略：第一步一年内提振信心、夯实基础；第二步改革创新、稳健运营，用三年左右时间，实现业务倍增；第三步打造品牌、跨越发展，实现存款、业务和效益倍增。强力推行服务、存款、贷款、管理提质增效、企业文化等“六大改革”，实现安全、稳健和又好又快发展。打造服务好、业务好、管理好、效益好、品牌好的“五好银行”，实现对客户负责、对股东负责、对员工负责、对合行负责、对社会负责的具有强大市场竞争力的地方特色银行)改革发展思路，通过“财富行动”创新存贷款营销方式，做好做实金融服务。通过实施自治区联社“五个挺进”(挺进校园，挺进专业、综合市场，挺进繁华地段，挺进机关单位，挺进社区、园区、商区、景区)工程，落实“四个深耕”(深耕农村，深耕社区，深耕商区、园区，深耕校区)工作，抓好基础客户和系统客户。在信贷工作中，简化信贷流程提高办贷质效；调整信贷投向，优化信贷结构；规范信贷操作，把好信贷准入关；回归“零售银行”，加大对中小客户的支持力度，全面完成“三个不低于”(小微企业贷款增长率不低于各项贷款增长率、小微企业贷款户数不低于 2016 年、小微企业贷款获得率不低于 2016 年)目标，助推地方经济发展。截至 2017 年末，琴潭、城南、万福、平山、瓦窑、中山、南溪、中南、南站、象山、安新等 11 个支行(部)各项存款余额为 43.62 亿元，比上年增长 7.98 亿元；各项贷款余额为 34.98 亿元，比上年增长 3.13 亿元；实现经营利润 1.22 亿元。

【“约‘惠’七夕”活动】 2017 年 7 月 10 日—8 月 31 日，漓江农合行为促进各个支行、金融服务点与社区居民的情感交流，拓宽中间业务手续费收入，夯实营销金融产品基础，联合桂林雪芙连日化有限公司、昊天贵金属、千家洞矿泉水等商户共同开展“约‘惠’七夕”系列活动。内容包括“爱情存单”“扫码赠送”“关注公众微信号”“限时抢购”“秒杀活动”“内部团购”等。

【财富行动】 2017 年下半年，漓江农合行为全面贯彻落实自治区农村信用联社“一个坚定、三个结合”经营发展理念，按照“抓大不放小”的市场定位，扎实抓好“五个挺进”和“四个深耕”工作，全面实施“保、抢、挖”经营策略，在发展新常态下快速转型升级，将漓江农合行打造成极具竞争力的特色银行。2017 年 8 月 30 日，漓江农合行在桂林碧玉国际酒店举行“财富行动”启动仪式。发动组织全行员工打响一场没有硝烟的金融战役。截至 2017 年 12 月末，“财富行动”取得初步成效。即：财富行动小组共拜访客户 24868 户，营销存款 4.1 亿元，新增账户 2855 户、桂盛卡 3117 张；新增代发工资 17 户，代发人数 10622 人，代发总金额 1271 万元；新增手机银行(含网上银行)1999 户、短信通用户 1996 户；营销商户联盟 8 户、贷款户 211 户、信用卡 3048 张、二维码支付(含 POS 机)1710 户；信用卡激活总客户数 3607 户，信用卡发放总收益 439.54 万元。

(邹显林)

桂林银行股份有限公司

【概况】 2017 年，桂林银行股份有限公司(简称桂林银行)共设立分支机构 80 家，小微、社区支行 156 家，控股村镇银行 7 家。其中在象山辖区设立分支机构 10 家：总行营业部、南溪支行、民主路支行、城南支行、瓦窑支行、铁西支行、安新支行、象山支行、榕湖支行、文明路支行；社区支行6家：铁西十七中社区支行、建安路社区支行、尚城风景社区支行、大风山社区支行、翠竹路社区支行、安厦世纪城社区支行。至2017年年末，桂林银行及控股村镇银行并表后资产总额2272.08亿元，与2016年同期相比（简称同比）增长16.69%；各项存款1521.03亿元，同比增长34.48%，各项贷款965.01亿元，同比增长25.60%；实现利润总额18.21亿元，同比增长18.86%。上缴各项税金11.27亿元，同比增长32.59%。

2017年12月21日，桂林银行与中国－东盟信息港股份有限公司签署“跨境金融信息服务平台”合作协议

桂林银行　供图

2017年，桂林银行总资产2122.31亿元，同比增长15.82%；各项存款1360.61亿元，同比增长35.14%；各项贷款852.58亿元，同比增长25.66%；总收入突破百亿，达到105.60亿元，同比增长31.96%；实现利润总额16.50亿元，同比增长17.69%，上缴各项税金9.56亿元，同比增长21.47%。桂林银行存款在广西、桂林辖区、桂林市区的占比分别为6.02%、24.50%和38.70%，排名分别为第7、第2和第1名；贷款在广西、桂林辖区、桂林市区的占比分别为3.78%、15.55%和22.47%，分别较2016年上升0.44个、2.27个和3.6个百分点，排名分别为第8、第2和第1名。同时，各项监管指标均达到良好银行标准：资本充足率11.76%、拨备覆盖率187.67%、流动性比例62.39%、存贷比60.81%（银监口径）、不良贷款率1.49%。

2017年，桂林银行在全球银行1000强中列第545位（比2016年提升32位），列中国服务业企业500强第343位，列广西企业100强第31位，列广西服务业企业50强第13位；被评为2016年度全国“十佳城市商业银行”、获2016年度中国银行业理财机构“最佳创新奖”和“最佳城商行奖”、2016年度“银行间本币市场最佳进步奖”、2016年度“中国银行业最具社会责任实践案例奖”，社区金融在中国《银行家》杂志组织的2017年中国金融创新奖评选中获“最佳金融创新奖”，大公国际资信评估有限公司和中诚信国际信用评级有限责任公司上调桂林银行主体信用等级到AA+。

2017年5月，桂林银行为“保护母亲河—漓江”环保基金捐赠45万元

桂林银行　供图

【服务地方实体经济】 2017年，桂林银行围绕广西产业体系探索新型融资模式、服务手段，通过资产证券化、债券投资、贸易融资等多种创新方式满足实体企业信贷需求，新增信贷投放644.22亿元。在桂林辖区贷款增量为87.49亿元，增量排名第一，全部投向支持实体企业信贷需求。年内，与广西100强企业中的75家建立合作关系，支持“一带一路”“四个一百”产业转型升级重大项目建设87个，累

2017 年 8 月 2 日，桂林银行与广西金融投资集团举行普惠金融合作签约仪式

桂林银行　供图

计提供融资近 230 亿元。响应自治区政府关于糖、铝二次创业号召，累计给予糖业关联客户融资 36.29 亿元。

【供应链金融质效提升】 2017 年，桂林银行在糖业、铝业、汽车、医药、物流等产业中推广供应链金融服务；把科技手段和金融产品融入产业链条，创新了企业资产证券化、电子银票、商票、商票保贴、保理、信用证等金融衍生产品；整合信息流、物流、资金流，形成生态闭环圈，推动行业链条内实体企业发展。年末，桂林银行供应链金融业务合计发生额 433.22 亿元，带动链属企业户数 575 户。

【社区、旅游金融】 2017 年，桂林银行社区支行存款合计 217 亿元，存贷款超 2 亿元的社区支行 61 家（其中超 3 亿元的 27 家）；小能人生活服务平台商户入驻 1.3 万户，平台销售金额近 2 亿元。同时，桂林银行加大旅游资源整合，成功召开城商行旅游金融联盟成员大会，吸纳联盟成员共 16 家，八桂旅游卡发行量突破 187 万张，旅游联盟商户 355 家，旅游联盟商户消费 2519 万元。

【普惠金融】 2017 年，桂林银行加强银税互动，不断满足小微企业金融需求，全面完成小微“三个不低于”（小微企业贷款增速不低于各项贷款平均增速；户数不低于上年同期户数；申贷获得率不低于上年同期水平）目标；成为全国第三家、广西首家与国税系统建立信息对接渠道的金融机构，创新推出广西首款全线上“以税定贷、秒批秒放”税贷产品“乐意贷”，将企业信用“折现”成银行贷款，有效解决中小企业和个体经营户因担保薄弱而难以获得银行融资的问题。年内，“乐意贷”放款 195 笔，放款金额 6291 万元。同时，桂林银行积极探索农村金融体系建设，加快县域支行网络布局，在乡镇、行政村打造农村金融服务站，年末，已运营合作式农村金融服务站 5 家；以互联网思维探索农村金融服务，在广西区内与蚂蚁金服独家合作以“大数据风控 + 定向支付”模式推出国内首款互联网助农贷款产品“桂农贷”，11 月正式上线，惠及农户超过 1.2 万户，贷款余额 1.72 亿元。

【沿边金融效益显现】 2017 年，桂林银行结合链式思维构筑“互助组 + 边民 + 企业 + 金融”边贸生态圈，推出“互市贷”“惠边贷”边贸专项融资产品，支持友谊大道、互市贸易区码头等沿边基础设施建设，成为广西首个获得越南盾现钞跨境调运资格的城商行，与中国－东盟信息港联手跨境金融信息服务平台建设，跨境收支及边贸结算

2017 年 12 月 21 日，桂林银行越南盾现钞跨境调运业务启动　桂林银行　供图

量位列广西第五，比2016年上升2位。年末，跨境收支累计32.11亿美元，同比增长567%；国际业务收入4302万元，同比增长548%；跨境人民币结算量总计151.03亿元，同比增长677%；边贸结算量131.81亿元，同比增长1113%，为沿边金融综合改革试验区建设提供信贷支持超500亿元。

【推进互联网金融】 2017年，桂林银行借力互联网技术，持续做大直销银行整体规模，与前海微众银行、京东金融、蚂蚁金服等联合推出了“微粒贷”“微车贷”“京东金条”“蚂蚁借呗”等网贷产品。年末，直销银行整体规模达149亿元，较年初增长134亿元，增幅852%；同时，创新消费信贷产品，推出“速贷”“微链贷”“企业员工贷”“桂荷包”等产品，互联网联合贷款累计放款219亿元，客户超过114万人。

【加强风险防控】 2017年，桂林银行完善监督体系，加强内部合规和风险管理，严格实施案件风险排查机制，年内开展排查项目261个，发出合规风险提示函7份，全年实现零发案；强化审计检查和问责，开展审计项目50个，被评为“广西内部审计先进集体”；实施流程银行建设，优化业务流程，年内共减少、分流网点后台人员128人；健全全面风险管理体系，持续推进金融去杠杆，强化信贷管理，加快风险资产管理和处置，不断增强防控金融风险的能力。年末，不良贷款率1.49%，比年初下降0.02个百分点。

【以客户为中心】 2017年，桂林银行新开业分行1家、支行7家、社区支行和小微支行32家，进一步扩宽服务领域；开通手机银行、微信银行、小能人生活服务平台和个人网上银行统一用户认证平台，创新支付应用场景，开发智能柜台，实现多项非现金个人业务和对公业务在智能柜台的全流程自助办理，年内布放智能柜台125台，覆盖90%物理网点，智能柜台获全国“区域性商业银行最佳智能化应用创新奖”；深入开展桂林居民健康卡项目，打造“医疗＋互联网＋金融”服务体系，上线代缴水费、燃气、城乡医保等各项民生代理缴费业务；强化6S［整理(Seiri)、整顿(Seiton)、清扫(Seiso)、清洁(Seiketsu)、素养(Shitsuke)、安全(Safety)］精益化服务管理，优化“漓水春风”服务品牌建设，客服中心获2017年广西区金融团工委“共青团先锋岗(队)”称号，8家网点获评“2017年度中国银行业文明规范服务星级营业网点”。

【履行社会责任】 2017年，桂林银行开展向漓江环保基金捐赠、捐资助学、帮扶定点扶贫村等公益活动，积极履行社会责任。其中向“保护母亲河——漓江”环保基金捐赠45元，累计捐款近336万元；向广西师范大学附属外国语学校捐赠20万元；冠名赞助桂林国际马拉松赛；向全州县东山瑶族乡白竹村拨付16.4万元资金，解决杨安岭村和大步湾村的人畜饮水问题，帮助贫困户进行危房改造等。同时，深入推进“银行＋商户＋合作社＋贫困户”的金融扶贫新模式，开展产业扶贫，使扶贫工作由“输血式”扶贫向“造血式”扶贫转变，年末，桂林银行支持精准扶贫贷款余额3.87亿元，较年初增长了1.29亿元，增幅50.11%。（秦　婷）

桂林国民村镇银行有限责任公司

【概况】 桂林国民村镇银行有限责任公司（简称桂林国民村镇银行）总行于2017年12月，由象山区中山南路75号鼎金大厦迁往临桂区世纪东路41号。2017年，桂林国民村镇银行下辖分支机构27家，包括总行营业部1家、一级支行16家，二级支行10家。其中，在象山辖区设有中山南路支行。2017年年末，桂林国民村镇银行实现资产总额29.97亿元，比年初增加5.54亿元，增长22.69%；负债总额27.77亿元，比年初增加5.15亿元，增长22.76%；所有者权益2.19亿元，比年初增加0.39亿元，增长21.87%。全年实现营业收入1.93亿元，营业支出1.54亿元，实现利润总额6568万元，净利润5438万元。

【拓展金融服务渠道】 2017年，桂林国民村镇银行开展乡村银行试点，在龙胜县龙脊镇和平街、龙胜县龙脊镇金坑大寨停车场客运站、灵川县九屋镇九市街开设离行式自助银行，拓宽服务半径，树立村镇银行服务品牌。对中山南路支行物理网点完成改造并正式对外营业，以更好的服务面貌面向客户。完成便携式自助发卡机的一、二期开发，实现自助发卡、挂失、改密、行内转账、手机银行签约、ATM转账签约、卡类管理等功能，满足网点服务和移动外拓等多场景应用，为乡镇一级客户提供更便捷、畅通、安全的金融服务。

【产品服务接地气】 2017年，桂林国民村镇银行发挥支持“三农”、小

2017 年 10 月 19 日，桂林国民村镇银行举行资助困难家庭捐款仪式

国民村镇银行　供图

微企业发展主力军作用，在产品开发、优化审批流程、服务渠道建设、减费让利等方面发力，为广大偏远地区基层群众普及金融产品，提供普惠金融服务。该行陆续优化三农贷、农户贷、支农贷等特色信贷产品，帮助农户发展种养殖业；对方便贷(dai)贷款产品进行惠民调整，下调贷款利率，让利于民。同时，简化方便贷(dai)贷款手续，缩短办贷流程，较好满足了广大群众日常生活消费需要，体验度和满意度得到进一步提升。全年利用流动银行服务车深入偏远乡镇开展业务 50 多次，开卡 800 多张，真正做到把金融服务送到农民家门口。

【强化风险管控】 2017 年，桂林国民村镇银行完善流动性风险治理体系，开展流动性风险应急演练，增强全行流动性风险意识，提高流动性风险处置能力。加强操作风险管理，开展二次柜面业务、安全管理以及自助设备等检查，有效提高柜面业务管理水平和防控风险能力。加强信贷风险管控，坚持审慎原则，做好贷款审查、审核工作。加强案件防控，开展包括防范和处置非法集资、交叉性金融产品风险排查、“三套利”（监管套利、空转套利、关联套利）“三违反”（违法、违规、违章）“四不当”（不当创新、不当交易、不当激励、不当收费）、市场乱象和信用风险排查等 13 项专项治理工作，并对支行开展一次较为全面的业务检查，检查网点覆盖率 100%。

【履行社会责任】 2017 年，桂林国民村镇银行牢记服务三农、服务地方经济发展使命，倡导奉献精神，切实履行社会责任，积极回报社会。年内，该行对接宁波善园公益基金会，向永福县、灌阳县、资源县等 6 个困难家庭给予资金帮扶 6 万多元。该行龙胜支行为龙胜县金竹壮寨捐赠爱心物资的善举被人民网、今日头条、桂林电视台报道。

（胡泽方）

2017 年 10 月 19 日，桂林国民村镇银行举行资助困难家庭捐款仪式

国民村镇银行　供图

城建　交通

CHENGJIAN JIAOTONG

龙船坪　　伍爱华　2017 年 12 月摄

城乡建设

【概况】 2017年，象山区城乡建设局(简称象山区城建局)，在岗人员12人，其中聘用人员4人。负责贯彻执行国家、自治区和市政府有关城乡规划、城市建设、村镇规划、村镇建设、工程建设的方针政策，法律法规和规章；拟定城区发展战略、产业政策和城乡规划；负责辖区规划和工程建设法治宣传。组织编制、修订辖区总体规划、控制性详细规划以及各专项城乡规划，协调组织对辖区各类建设工程规划定点等前期工作进行报审，参与行政区域内重大建设项目的选址工作并提出意见。根据市规划局的委托，负责辖区城市建设用地的规划管理，依法对农村农民建房进行联合审批；会同区土地部门做好土地储备工作。年内，象山区城建局围绕“加快产业聚集，提升城市功能，建设和谐宜居幸福新象山”工作目标，完成辖区规划编制报批、重大项目建设、基础设施建设和土地收储等方面任务。象山区全年完成建筑业产值142.46亿元，与2016年相比增长12.4%。

【规划编制】 2017年，象山区完成《龙船坪片区控制性详细规划》(规划编制面积188公顷)编制和评审工作，12月初完成公示。为推进银锭片区和汽车总站改造，同时有效利用桂林市宏伟集团公司地块，2017年重新调整《西门片区控制性详细规划》(规划编制面积70公顷)、《大风山周边地块控制性详细规划》(规划编制面积352公顷)2个片区控制性详细规划(简称控规)，并着手论证工作。象山区控规覆盖率已达90%。启动《桂林瓦窑文化旅游休闲区概念规划》(规划编制面积297公顷)编制和审批，该方案已通过专家部门评审。启动“环广西自行车赛风貌整治改造”“龙船坪特色街区提升改造工程(码头服务设施建设项目)”和“北芬大村村庄规划”等规划方案的编制或审批工作。

【重大项目建设】 2017年，象山区城乡重大建设项目101个，其中市委党校改扩建、侗情水庄等21个项目已竣工；龙船坪特色街区提升改造项目、凯风双创广场、九美桥时尚园、万福东路、龙光·普罗旺斯等51个项目正在建设中。

龙船坪特色街区提升改造项目　工程起自雉山桥，沿漓江往南，至桂林美术馆止，全长约1.3公里，主要对沿线建筑及节点进行风貌改造，并整体拆迁南溪村(拆迁面积约1.8万平方米)，打造一个具有老桂林记忆，融合旅游休闲和文化艺术的特色街区。2017年10月，工程施工正式启动，先期进行用地内土方开挖及地下室建设工程。

桂阳公路(象山段)特色街区改造工程　2017年，象山区继续实施桂阳公路(象山段)特色街区改造工程。该工程起自桂林市第八中学路口至绕城高速公路止，全长约11公里，分为城市段和农村段。工程总投资8000万元，其中城市段(八中路口至迎宾收费站)改造1600万元，农村段(迎宾收费站至绕城高速)改造1700万元，新建大风山疏导市场1000万元，北芬大村改造工程2000万元，灯光亮化工程1200万元。工程以提升城市品位、美化城市形象为目标，通过查处拆除违法违章建筑，整治街区沿线交通和市场经营秩序，规范户外招牌、广告设置，改造建筑风貌、绿化道路景观，特色街区呈现出“道路宽敞、商铺整齐、地面整洁、绿化美观”新面貌。至年底，城市段、农村段改造全部完工，大风山疏导市场竣工；北芬大村改造工程自2016年5月动工，已完成新村建筑立面风貌提升、道路、排水、景观节点绿化及部分老村建筑立面风貌提升工程，老村建筑立面风貌提升和古建筑修复工程正有序推进；灯光亮化工程完成公开招投标工作，并完成桂林市第八中学、第十一中学、桂林金地球汽车农机配件大市场等5个试点单位的设计及施工

2017年11月22日，象山区新建的大风山疏导市场　区委宣传部　供图

工作。

环广西公路自行车世界巡回赛赛道沿线风貌整治　象山区“环广西公路自行车世界巡回赛”赛道沿线风貌整治工作分为城市段和农村段，改造建筑共420栋(其中城市段200栋，农村段220栋)。主要改造内容包括提升建筑外观风貌、绿化景观节点、拆除违章建筑、整治广告招牌、美化绿化屋顶等5个方面。阳桥至桂林市第八中学路口，全长5.8公里，整治内容包括阳桥、南门桥等5个重要节点提升，采用清洗、翻新等形式对200栋建筑进行改造；桂林市第八中学路口至绕城高速公路，全长11公里，包括提升农房建筑风貌220栋、绿化景观节点6个、拆除违章建筑约27000平方米以及天面美化绿化。此工作分别于5月份、8月份启动，9月底全部完工。

【落实“金点子”建议】 2017年7月—10月，桂林市启动创建全国文明城市征集市民“金点子”建议工作，在此期间象山区城管局共承接办理建议208件，并在规定的时间内答复，及时回复率为100%；其中办结建议109件，办结率52.40%。同时，对群众反映强烈的13个社区41个地点(道路)进行路面维修，维修面积21390平方米，投入资金235万元。创城期间对西门和瓦窑2个市场进行综合整治，全面提升基础设施服务功能。

【无物业管理小区和城中村改造】 2017年，象山区完成54个无物业管理小区及2个城中村改造工作，总投资约6600万元，至2017年年底，46个无物业管理小区改造项目全面完工，其余8个无物业管理小区及2个城中村改造项目正在施工中。主要建设内容为：增加小区水管道、道路补修、路灯、监控、停车场、警卫室改造等。

【农村垃圾处理】 2017年，象山区继续开展农村垃圾处理工作。至年底，先后投入资金共193.14万元完善农村垃圾处理设施。全区农村建立垃圾池38座，购买人力垃圾清运车53辆，购置发放垃圾桶4114个，做到全区农村户有垃圾桶、村有垃圾池，农村垃圾收运处理率达90%以上。　（黄琳雯）

交　通

【概况】 2017年，象山区重点开展“四好农村公路”建设，改造二塘乡沙河路南段(电力疗养院—相人山路)、佛殿至崴村道路、相人山路、遇龙路、平山北路，总投资2674.56万元。年内，辖区续建(新建)城区桥梁工程有翠竹路香江饭店路口立交桥、漓江桥、八一桥。年末，辖区有城区路巷(路段)129条(含象山区公路局管理的4条乡村公路：相人山路、沙河路、平山北路，茶店路)。乡村公路20条，自然村通车率100%。辖区驻有桂林市公共交通有限公司、桂林骏达运输股份有限公司(桂林汽车总站)、南宁铁路局桂林站(客运站)、南宁铁路局桂林南站(货运站)、龙船坪码头(市内游)等运输企业或运输枢纽。年客运量2209.5万人次，与2016年相比(简称同比)减少8.2%，客运周转量148397万人公里，同比减少17.0%。拥有客运车辆1296辆，总客位41096个。客运班线468条。其中跨省128条、跨市68条、跨县135条。南宁铁路局桂林站日开行普速列车2对，动车组(高铁)列车52.5对，年发送旅客601.53万人。桂林南站年发送货物2.73万吨。

【“四好农村公路”建设】 2017年，象山区继续开展“四好农村公路”建设，先后投资2674.56万元，维修改造二塘乡沙河路南段(下沙河路)、上沙河路、佛殿至崴村道路、相人山路、遇龙路、平山北路等道路。

沙河路南段(电力疗养院—相人山路)　1月23日开工，4月23日竣工，改造道路全长1746米，宽5米。总投资168万元。

沙河路(沙河立交桥—电力疗养院)　9月18日开工，12月31日竣工，挖除旧路面破损部分，修补铺设混凝土、沥青，增设排水沟。大修道路全长1750米，宽约6米。总投资392万元。

佛殿至崴村道路　10月18日开工，11月6日竣工，维修改造道路全长833米，宽4.5米。总投资41万元。

相人山路　2016年12月开工，2017年10月竣工。路面改造全长1700米，宽6.5米，铺设沥青厚度0.12米。总投资240万元。

遇龙路(绢纺厂—沙河立交桥)　2017年11月20日开工，2018年1月15日竣工。升级改造道路全长1771.9米，宽7.08米，白标线长3381.81米，宽0.1米，黄标线长720米，宽0.1米，铺设沥青厚度0.1米。总投资180万元。

平山北路及瓦窑路　2017年7月动工，2018年2月9日完工。整修道路全长1.14千米，设计速度每小时30千米，道路宽16米，其中车行道宽12米，两侧人行道各宽2米，机动车与非机动车混行，单幅路形式，路面结构形式为5CMSBS改性沥青AC-16加7CM中粒式沥青砼AC-20。主要建设内容为道路整修工程、路灯工程、绿化工程，交通标示表型工程。工程总投资概算1653.56万元。

【翠竹路香江饭店立交桥】 翠竹路香江饭店立交桥，为三层立交方案，翠竹路直行（东西向）下穿，环城西路直行（南北向）上跨；东西向与南北向转向车、非机动车及行人交通在地面层。环城西路段：路线总长618.17米，跨线桥长375米，宽17米；翠竹路段：路线总长566.28米，下穿段长度353.79米，均为双向四车道。翠竹路与环城西路均为城市主干路，设计速度为每小时40千米。2015年6月24日正式动工。2016年12月28日立交桥上跨桥梁主体施工完工，桥梁为等截面钢筋混凝土预应力箱形梁。2017年7月立交桥下穿桥梁完工，10月31日立交桥建设工程整体完工，总投资2.69亿元。

【公共交通】 桂林市公共交通有限公司是桂林市交通投资控股集团有限公司下属的全资子公司，为国有企业，位于象山区环城西一路214号。内设党委办公室、行政办公室、综合发展部、营运调度部、安全服务部、技术信息部、人力资源部、财务部，下设平山场站、铁西场站、东环场站、始发站场站4个场站和新城市巴士分公司，另托管经营同属一个集团旗下的鼎翔旅游责任有限公司灵川分公司。公司主营城市公共汽车客运业务，兼营租包车业务，是社会公益性服务企业。2017年，公司有员工1180人，营运车辆774台，公交线路58条（其中34条为空调车线路）。票价：空调线路每人每次2元，非空调线路每人每次1元，IC卡在票价基础上打9折。有公交站点1004个。营运线路覆盖象山、秀峰、七星、叠彩、雁山、临桂等各城区，连接灵川县城，线路总长度843.4公里，公交500米站点覆盖率为81%，年营运里程3708.44万公里，年客运量1.97亿人次，公交出行分担率13.17%。已初步形成城乡结合、城郊一体化的运营格局。为减少机动车排气污染，改善桂林市空气质量，桂林市公共交通有限公司2017年投入8020.79万元，购买新能源汽车263辆，将所有168台黄标车和老旧公共汽车予以淘汰。新购置车辆全部投入营运，更新19条线路车辆，年减少燃油使用量约3922吨，减少温室气体（二氧化碳）排放约1.22万吨。

【桂林汽车总站】 桂林汽车总站（亦称桂林汽车客运总站）于2006年改制更名为桂林骏达运输有限公司，2015年进行股份制改造，变更为桂林骏达运输股份有限公司。公司位于桂林市中山南路65号，下辖桂林汽车总站和12个县级站。公司有在职员工1626人；其中干部160人；高级职称7人、中级职称67人、初级职称205人。2017年客运量2209.5万人（其中桂林汽车总站211.05万人），同比减少8.2%，客运周转量148397万人公里（其中桂林汽车总站43845万人公里），同比减少17.0%。拥有客运车辆1296辆，总客位41096个。客运班线468条。其中跨省128条、跨市68条、跨县135条、县内137条。

【南宁铁路局桂林站】 南宁铁路局桂林站位于中山南路39号，为南宁铁路局桂林车站管辖的办理客运业务的一等站。桂林站设软席候车室1个，普通候车室5个，有候车室面积4463平方米，能同时容纳4057人候车；设人工售票窗口14个，自动售票机12台，自动取票机8台；客运站台4座（四台6面，均为1.25米高站台），天桥、地道各1座，接发旅客列车股道7条。日开行普速列车2对，动车组（高铁）列车52.5对。2017年发送旅客601.53万人。

【南宁铁路局桂林南站】 南宁铁路局桂林南站位于环城南三路38号，为南宁铁路局桂林车站管辖的货运站。该站占地面积9166平方米，其中货场面积6098平方米，货场仓库、货运营业楼等建筑面积3068平方米。有5吨、15吨龙门吊、卸煤机、轮式装载机等大型装卸设备3台（套）。站内最大装卸能力，每昼夜人力装卸10辆，机械装卸20辆。2017年发送货物2.73万吨。

（黎新化）

行政管理

XINGZHENG GUANLI

2017 年 1 月，央视春晚桂林分会场之火树银花　　区委宣传部　供图

人力资源和社会保障

【概况】 2017年，象山区人力资源和社会保障局（简称象山区人社局）有下属单位3个：区就业服务中心、区劳动和社会保障监察大队、区农村养老保险所。共有在职人员11人，其中行政在编4人、参照公务员管理人员3人、事业编制2人、聘用2人。年内，象山区人社局主动适应经济发展新常态，推进人才队伍建设，做好就业创业工作，构建和谐劳动关系，进一步完善社会保障制度，为全区经济社会快速持续健康发展提供人力资源支持和社会保障服务。

【就业、再就业工作】 2017年，象山区人社局建立和完善区、乡（街道）、社区（村）三级就业信息网络服务平台，实现互联互通，畅通就业信息渠道，为用人单位和求职者搭建双向选择平台。全年该平台发布各类就业信息473条，接收各类业务咨询1721次，与75家用人单位建立用工及协作关系。开展“保障民工权益，促进城乡和谐”及“春风行动”等就业援助服务。共举办专场招聘会4场，组织80多个用人单位进场招聘，提供普工、业务员、行政文员、汽车驾驶员、营销员等就业岗位630个，达成就业意向371人。全年完成求职登记3867人，成功就业3156人。城镇新增就业人数3938人，完成年任务145.85%；农村富余劳动力转移就业190人，完成年任务101.6%；城镇失业人员再就业1212人，完成年任务102.28%；就业困难对象再就业567人，完成年任务137.62%。安排公益性岗位人员21名，城镇登记失业率控制在4.5%以内，超额完成上级下达的各项目标任务。

【社会养老医疗保险】 2017年，象山区人社局通过开展居民社会养老保险咨询活动，向广大市民群众详细介绍城乡居民养老保险、工伤保险、医疗保险和社会保障等相关政策。至12月末，象山区城乡居民养老保险总参保人数为8502人。2017年应缴费人数4441人，已缴费人数为3789人，续保率为85%。待遇发放人数3702人，累计发放养老金405万元，基础养老金发放率达100%。城镇居民基本医疗保险参保54204人，市政府下达象山区参保任务为5.2万人，完成年度计划任务104%。

2017年5月23日，象山区“春风行动”招聘会暨校园供需洽谈会在广西城市建设学校召开 区人社局 供图

【企业退休人员社会化管理】 2017年，象山区人社局不断完善辖区企业离退休人员社会化管理服务工作。年内，全区接收社会化管理服务企业退休人员2305人，至12月31日，全区社会化管理服务企业退休人员历年累计51385人。管理全区企业退休人员个人档案44459册。按居住地划分，个人档案分别存放在二塘乡、各街道社会保障服务中心。全年共接待档案查阅、借阅689人次，办理调出个人档案203人。协助桂林市社会保险经办机构进行领取养老金资格认证工作，全区共完成企业离退休人员人脸识别认证43487名。区、乡（街道）、社区三级社会保障机构对重大疾病、特困人员等群体提供生活帮助和开展慰问活动，共慰问6482人次，金额共195.1万元。全年组织开展夕阳红运动会、书画、摄影作品展览活动、文体表演赛等，丰富企业退休人员文化体育生活。

【人事工作】 2017年，象山区组织考核2017年度事业单位1182人，经综合评定，优秀等次182人，合格等次981人，基本合格等次4人，不合格等次1人，不定等次12人；不参加考核2人。面向社会公开招聘公务员（含参公人员）20名、事业单位人员61名（其中教师48名）；招聘社区工作者20名、“三支一扶”高校毕业生2名、党建组织员12名，续聘党建组织员1名。接收军转干部7名；外调各类人员4名；

调出各类人员 9 人，事业单位辞职 4 人，解聘 1 人。办理 14 名公务员职级并行手续和 125 名机关工作人员和 1130 名事业单位人员正常调资，办理机关事业单位人员退休审批手续 55 名；整理装订档案材料 492 份，接待借阅人员 220 人次。

【劳动保障监察】 2017 年，象山区人社局利用窗口接待、电话回答咨询，解答劳动者或用人单位问题 500 多人次；检查辖区各类用人单位 252 家，查出拖欠农民工工资企业 3 家，涉及人数 100 多人，追回拖欠工资 67.42 万元；办理 2592 家用人单位劳动用工备案登记，劳动用工备案人数 1.32 万人；处理劳动监察投诉案件 56 件，法定期限内结案率 100%，为 110 名劳动者追讨工资等待遇 70.8 万多元。完成企业书面年审 360 家，涉及人数 2 万多人；建立“一户一卡、一街一册”用人单位信息台账和“两网化”管理平台，完成 1900 多家用人单位信息采集工作，企业劳动合同签订率达 95% 以上，举报投诉案件结案率 100%。 （何　杰）

宏观经济管理

【概况】 2017 年，象山区发展和改革局（简称象山区发改局），挂象山区国防动员委员会办公室牌子，4 月起接管桂林市象山区铁路建设协调领导小组办公室工作。有在岗人员 7 人，其中聘用人员 3 人。负责研究提出全区国民经济和社会发展政策、规划、年度计划，指导全区体制改革的宏观调控和综合协调。年内，象山区宏观经济管理工作主要以发展规划编制、经济运行监测、固定资产投资、重大项目建设管理、服务业发展、体制改革等方面为重点。全年，象山区实现地区生产总值 225.76 亿元，比 2016 年（简称同比）增长 7.2%。其中：第一产业增加值 1.21 亿元，同比增长 0.7%；第二产业增加值 71.21 亿元，同比增长 6.4%；第三产业增加值 153.35 亿元，同比增长 7.7%；三次产业增加值占地区生产总值的比重分别为 0.54%、31.54%、67.92%。组织财政收入 12.09 亿元，同比增长 7.4%。固定资产投资 164.68 亿元，同比增长 16.2%。社会消费品零售总额 162.28 亿元，同比增长 10.9%。城镇居民人均可支配收入 33214 元，同比增长 7.7%；农村居民人均可支配收入 13463 元，同比增长 9.0%。万元地区生产总值能耗 0.51 吨标准煤，同比下降 5.14%；减排指标完成市下达任务。

【编制和实施年度计划】 2017 年，象山区发改局编制《关于象山区 2016 年国民经济和社会发展计划执行情况与 2017 年国民经济和社会发展计划（草案）的报告》《关于象山区 2017 年上半年国民经济和社会发展计划执行情况的报告》，分别经象山区第十一届人大第二次会议、第十一届人大常委会第七次会议审议通过。年内，坚持规划带动战略，稳步实施《象山区国民经济和社会发展第十三个五年规划纲要》（简称《纲要》），统筹建设《纲要》产业空间布局“三区”（桂阳公路休闲观光示范区、万福路康体养生先行区、平山瓦窑片特色文化展示区）并取得明显成效。配合全市开展《桂林国际旅游胜地建设规划纲要》实施中期评估工作，形成《象山区关于桂林国际旅游胜地建设中期实施情况的报告》。认真研究《桂林市城区发展空间研究》《桂林市生态文化旅游融合发展研究》等课题征求意见稿，结合象山区实际，提出客观中肯的修改意见和建议。

【经济运行监（预）测】 2017 年，象山区发改局围绕上级决策部署，积极开展经济形势分析研判，强化国民经济运行的宏观调控和管理，坚持并完善全区经济运行联席会议制度。协调区工信局、财政局、城建局、农工局、商务旅游局、统计局、土地房产局等部门，做好市发展改革委赴象山区开展季度经济运行调研工作。定期组织召开全区经济运行分析会议或调研座谈会，并及时向市发展改革委和区政府提交各季度经济运行分析报告。在肯定和提炼第一、二、三次产业发展及其质量、投资和消费增长动力等各方面成绩和亮点的同时，客观剖析经济运行中服务业发展支撑不牢、投资增长后劲不足、消费需求拉动力不强、财政收入增收难等方面的突出困难和问题。对下一阶段的形势进行科学研判，着重就如何积极发展现代服务业、强化重大项目带动、加大投资统计入库力度、挖掘消费潜力、抓紧落实“四上”（包括规模以上工业、有资质的建筑业和全部房地产开发经营业、限额以上批发零售业和住宿餐饮业、规模以上服务业法人单位）企业培育工作、优化企业服务等方面提出富有针对性的经济工作对策建议。通过采取主要指标目标任务分解落实、重大项目常态化督查、先充分摸底后深入企业培育、业务培训和走访帮扶服务、“惠企贷”金融服务进企业、上级各类专项资金或政策申报争取等主要措施，推动各季度经济平稳健康运行。加强对主要经济指标的研判监测，对年度计划实现情况、季(月)度指标运行动态及时分析监(预)测,提前研判主要指标的走势,重点针对限额以上批发零售业销(零)售额、限额以上住宿餐饮业营业额、规模以上其他营利性服务业营业收入、财政八项支出、商品房销售面积等多项基础指标开展预警以及报表期间的实时监测和应对工作,推动全区经济在各报告期健康、平稳运行,统筹相关行业(领域)下一阶段工作开展。

【固定资产投资】 2017年,象山区发改局继续牵头开展全区固定资产投资(简称固投)工作。分别以区政府办名义印发《2017年固投预期目标分解方案》《2017年固投统计工作方案》,推行月度固投数据监测、反馈或通报制度,召开固投统计专题联席会议10多次。从行政审批、政府采购、项目指挥部或业主单位、新闻报道等多种渠道捕捉整理并共享固投信息,常态化推进固投项目入库工作,保持齐抓共管固投的良好局面。全年,全区固投完成164.68亿元,同比增长16.2%,超额完成年度目标。其中,计划总投资5000万元及以上项目75个,全年完成投资79.65亿元,占全区固投总额48.4%,项目投资多次跃入自治区21个城市主城区红榜;房地产开发投资完成27.88亿元,同比增长14.6%。年内共成功入库项目210个,合计完成投资117.55亿元,占全区固投总额71.4%。

【重大项目建设管理】 2017年,象山区发改局通过广西投资项目在线联审批监管平台受理办结龙船坪特色街区(码头旅游服务设施建设项目)等企业投资项目备案60项(合计计划总投资158.82亿元),并将项目代码印制在文件显著位置。制定《象山区2017年重大项目推进工作机制实施方案》,成立象山区重大项目"百日攻坚"联合办公室并实施百日攻坚行动。全区重大项目"一月一督查一通报制度"得到较好的贯彻落实,基本上按月召开重大项目推进(汇报)会,并于10月召开重大项目"百日攻坚"大会。在日常监测重大项目动态基础上,集中于当月底至次月初期间对接项目指挥部或业主单位,实时跟踪汇总项目信息,并及时报区领导作决策参考。年内共完成自治区、市、区本级重大项目进展情况、中央预算内投资项目实施情况、自治区投资和项目建设工作会议精神贯彻落实情况"回头看"等方面督查10多次,以问题为导向督促推动项目建设进展。2017年,101项重大项目(含市级层面和市领导跟踪项目)完成投资59.12亿元,超出年度计划投资2.51亿元。其中,悦汇广场等29个前期项目稳步推进前期工作,漓江记忆·龙船坪片区提升改造项目、凯风双创广场等29个新开工项目完成投资9.57亿元,九美桥时尚园、万福东路、龙光·普罗旺斯等22个续建项目完成投资26.42亿元,市委党校改扩建、侗情水庄等21个竣工投产项目完成投资16.28亿元。

2017年4月11日,瓦窑小镇项目工艺品展示楼施工现场　　区发改局　供图

【服务业发展】 2017年,象山区成立以区长为组长、常务副区长为副组长的区服务业领导小组,负责全区服务业发展改革工作;领导小组下设办公室,设在象山区发改局。牵头统筹全区服务业经济运行工作。实行行业归口服务,由7个职能部门(区商务旅游局、文体局、工商局、人社局、工信局、土地房产局、发改局)分工负责联系28家规模以上其他营利性服务业企业。区发改局每月定期撰写上报全区服务业经济运行情况分析报告并参加全市服务业经济运行分析会,关注重点企业的月度经营情况,督促企业按月登录桂林市服务业经济运行监测平台填报相关信息。落实服务业企业培育工作,摸底整理出53家准规模(准限上)单位名录表以供入库参考。召开入库工作协调会,同时走访20家企业开展企业经营情况调查,并开展培育入库政策宣讲及对接工作。象山区发改局加强服务业信息报送工作,每月初登录桂林市服务业项目库平台填报49个服务业重大项目的

投资建设进展情况，及时做好服务业百项重点工程项目和服务业集聚区的月（季）度统计工作。组织60家服务业企业参加市服务业经济运行平台应用培训。2017年，象山区第三产业增加值完成153.35亿元，同比增长7.7%，有效支撑壮大全区综合实力，对经济增长的拉力（计算公式为：A指标对B指标的拉力即A指标拉动B指标增长的百分点=A指标对B指标的贡献率×B指标的增长速度×100）为5.0个百分点、贡献率为69.8%（某产业贡献率=某产业增加值不变价增量/地区生产总值不变价增量×100）。规模以上服务业发展态势良好，全年实现营业收入同比增长20.7%。企业培育入库分两批次开展，共成功培育桂林市振益建筑劳务有限公司、桂林北芬侗族旅游观光有限公司、桂林仙源健康产业股份有限公司等15家企业和象山区小香槟食府等9家大个体户入库服务业规模以上（限额以上）企业，超额完成市下达培育12家企业和3家大个体户的任务。（刘　莉）

工商行政管理

【概况】 2017年，象山区工商行政管理局（简称象山区工商局）在职公务员42人，机关后勤人员2人；下设工商行政管理所3个：西门工商行政管理所、城南工商行政管理所、瓦窑工商行政管理所。年内，全面落实《广西工商行政管理“十三五”发展规划》，以商事制度改革、事中事后监管、消费维权工作“三个推进”为重点，努力营造良好的市场准入环境、市场竞争环境和市场消费环境，不断集聚和释放经济发展新动能，为促进象山区创业创新、释放发展活力营造更优环境。全年共办理个体工商户名称预先核准2898户，开业登记3210户，变更登记551户，注销登记834户，换发营业执照61户，共发放两证整合营业执照3822户。办理企业名称预先核准752户，设立登记645户，变更登记1148户，换发营业执照1328户，注销登记142户，备案登记52户，档案迁移140户，共发放“六证合一”营业执照3121户。年末，辖区实有市场主体23684户，其中各类企业8441户，个体工商户15228户，农民专业合作社15户。辖区桂林市勾味王酒楼经营者刘军被评为“全区先进个体工商户”，将军桥社区、五美社区被评为“桂林市无传销社区”。

【企业登记管理】 2017年，象山区工商局重视推进工商注册便利化，实施企业登记全程电子化改革，服务由“面对面”向“键对键”转变，缩短办照时间，降低办事成本，登记注册高效便捷。一是降低准入门槛，激发市场活力。年内，进一步落实“先照后证”改革措施和企业简易注销，象山区新增市场主体3857户，新增注册资金3.75亿元。其中，新增企业645户，新增注册资金1.82亿元，新增个体工商户3210户，新增注册资金1.91亿元；新增农民专业合作社2户，新增注册资本92万元。2017年，各类市场主体为象山区新增就业岗位4688个，其中企业新增就业岗位1311个，个体工商户新增就业岗位3355个，农民专业合作社新增就业岗位22个。二是加强窗口服务和集中上门指导，促进企业和个体工商户年报工作开展。

2017年，辖区应年报个体工商户12085户，已年报8491户，年报率为70.26%；应年报企业7132户，已年报6389户，年报率为89.58%，其中象山区工商局本级登记应年报企业3235户，已年报企业3191户，年报率为98.64%；市工商局登记、象山区工商监管的应年报企业3897户，已年报企业3198户，年报率为82.06%。三是全面落实一址多照、住所托管等改革政策，依法放宽经营场所登记条件，引导互联网产业、创新产业入驻象山区。2017年新增电子商务类企业14户，注册资金510万元；文化、体育类企业32户，注册资金645.5万元；广告、动漫类企业62户，注册资金839.1万元；会展服务类企业4户，注册资金85万元；商务秘书企业1户。

【市场监管】 2017年，象山区工商局坚持依法开展市场监督管理工作，营造公平有序运行的市场环境。一是加大案件查处力度。全年共立案查处各类经济违法违章案件16件：其中产品质量案4件，登记违法案件4件，商标侵权案件4件，不正当竞争案1件，对商品作虚假宣传等欺诈消费者案2件，在禁燃区销售高污染燃料煤违反《中华人民共和国大气污染防治法》案1件。二是开展流通领域商品质量抽样检验。全年抽检儿童用品18件，日用品6件，家用电器8件，灭火器3件，红木家具4件，床垫1件，其中不合格产品6件，合格率85%。三是指导广西“守合同重信用”企业申报和公示。先后指导广西建工集团第四建筑工程有限责任公司等17家企业进行申报工作，其中16家获自治区工商局公示为广西“守合同重信用”企业。四是加大注册商标专用权保护力度。根据北京红星股份有限公司投诉线索，象山区工商局出动执法人员在龙船坪一家小餐馆查获侵犯“红星”注册商标专用权假冒红星二锅头酒10件105瓶；根据不凡帝意大利（中国）公司投诉，在象山食品批发城查处侵犯阿尔卑斯注册商标专用权的假冒糖果60.5公斤，有效保护注册商标专用权。

【消费维权】 2017年，象山区工商局创新完善消费维权机制，积极应对各类消费维权突发事件，为消费者营造和谐消费环境。全年共受理各类消费纠纷101件，其中家用电器类2件、家用机械类4件、百货类36件、房屋及装修建材10件、服务类43件；成功调解92件，挽回经济损失12.68万元；接待来访、咨询214件；支持消费者起诉4件，其中家用电器类2件、服务类2件。

【典型案例】 2017年4月6日，象山区人民政府批转象山环保分局移交案件，反映平山大村煤场污染环境，给周边居民生活造成恶劣影响。经象山区工商局查实，自2016年下半年起，桂林市广利成商贸有限公司等3家经营者分别租用象山区平山村委大村的场地，从事原煤销售，聘用当地村民从事管理及装卸作业，对环境造成一定程度污染。象山区工商局厘清案件事实，依据《中华人民共和国大气污染防治法》《桂林市人民政府关于划定高污染燃料禁燃区通告》，作出责令当事人立即改正，并限期清空经营场所的处罚决定。该案件被评为2017年度桂林市工商系统行政执法“十佳典型案例”。

表6　**2017年象山区企业行业分类统计表**

1. 内资（非私营）

行业分类	机器编号	期末实有			本期登记			本期注销户数（户）				
		合计			合计			合计	国有企业	集体企业	公司	其他企业
		户数（户）	其中：企业法人	注册资本（金）（万元）	户数（户）	其中：企业法人	注册资本（金）（万元）					
合计	1	586	481	13186.30	40	34	1089.00	24	1	1	21	1
农、林、牧、渔业	2	5	5	185.00	0	0	0.00	0	0	0	0	0
采矿业	8	3	3	41.60	0	0	0.00	0	0	0	0	0
制造业	16	35	31	820.50	3	2	60.00	2	0	1	1	0
建筑业	52	22	12	363.00	0	0	0.00	2	0	0	2	0
批发和零售业	57	186	136	3580.20	12	8	325.00	8	1	0	6	1
交通运输、仓储和邮政业	60	3	1	10.00	0	0	0.00	0	0	0	0	0
住宿和餐饮业	69	34	25	378.90	2	1	50.00	0	0	0	0	0
信息传输、软件和信息技术服务业	72	39	36	1096.00	1	1	10.00	4	0	0	4	0
金融业	76	2	0	0.00	0	0	0.00	0	0	0	0	0
房地产业	81	27	22	1350.00	0	0	0.00	1	0	0	1	0
租赁和商务服务业	83	148	137	3549.50	18	18	484.00	6	0	0	6	0
科学研究和技术服务业	86	31	28	672.00	2	2	60.00	1	0	0	1	0
水利、环境和公共设施管理业	90	6	6	240.00	0	0	0.00	0	0	0	0	0
居民服务、修理和其他服务业	94	28	27	612.60	2	2	100.00	0	0	0	0	0
教育	98	1	0	0.00	0	0	0.00	0	0	0	0	0
文化、体育和娱乐业	103	11	9	229.00	0	0	0.00	0	0	0	0	0
其他	109	5	3	58.00	0	0	0	0	0	0	0	0

2. 私营企业

行业分类	期末实有 合计			其中:本期登记				本期注销		
	户数(户)	其中:分支机构	投资者人数(人)	户数(户)	投资者人数(人)	雇工人数(人)	注册资本(出资金额)(万元)	户数(户)	其中:城镇	注册资本(出资金额)(万元)
合计	3339	277	5930	615	989	1228	17531.21	127	103	3139.00
农、林、牧、渔业	41	3	56	3	4	4	90.00	0	0	0.00
采矿业	0	0	0	0	0	0	0.00	1	0	10.00
制造业	190	13	345	37	63	74	906.00	6	5	64.00
建筑业	116	5	216	30	47	72	1193.00	4	3	130.00
批发和零售业	1290	153	2053	199	308	337	5823.10	53	38	754.00
交通运输、仓储和邮政业	4	1	4	1	1	1	49.00	1	1	50.00
住宿和餐饮业	131	39	204	14	22	30	300.00	3	3	23.00
信息传输、软件和信息技术服务业	184	8	336	50	90	94	1633.00	10	10	276.00
金融业	3	0	5	0	0	0	0.00	0	0	0.00
房地产业	120	9	263	23	33	38	390.00	6	5	170.00
租赁和商务服务业	841	27	1654	178	299	357	4910.11	32	29	1528.00
科学研究和技术服务业	158	6	307	36	53	58	973.00	5	4	61.00
水利、环境和公共设施管理业	14	0	43	0	0	0	0.00	1	1	10.00
居民服务、修理和其他服务业	180	10	299	33	51	140	793.00	5	4	63.00
教育	2	0	4	0	0	0	0.00	0	0	0.00
卫生和社会工作	5	0	7	1	1	1	200.00	0	0	0.00
文化、体育和娱乐业	49	3	111	10	17	22	271.00	0	0	0.00
其他	11	0	23	0	0	0	0.00	0	0	0.00

3. 个体

行业分类	机器编号	期末实有 合计			其中:本期登记			本期注销(户)	
		户数(户)	从业人员(人)	资金数额(万元)	户数(户)	从业人员(人)	资金数额(万元)	合计	其中:城镇
合　计	1	15228	20635	75688.64	3066	3204	18020.44	772	673
农、林、牧、渔业	2	69	105	2036.80	24	26	611.30	1	1
采矿业	4	2	42	45.00	0	0	0.00	0	0
制造业	6	394	974	5645.37	43	48	739.00	22	20
电力、热力、燃气及水生产和供应业	8	2	3	4.00	0	0	0.00	0	0
建筑业	9	26	29	199.35	15	15	159.80	0	0
批发和零售业	10	10539	12401	38760.27	1830	1886	9132.76	512	439
交通运输、仓储和邮政业	11	10	12	25.90	3	3	5.00	0	0
住宿和餐饮业	12	1954	3690	15997.81	564	590	3669.15	129	112
信息传输、软件和信息技术服务业	13	28	54	494.20	4	4	18.10	1	1
金融业	14	6	7	18.20	0	0	0.00	0	0

续表

行业分类	机器编号	期末实有			其中:本期登记			本期注销(户)	
		合计							
		户数(户)	从业人员(人)	资金数额(万元)	户数(户)	从业人员(人)	资金数额(万元)	合计	其中:城镇
房地产业	15	25	30	69.30	6	6	46.00	0	0
租赁和商务服务业	16	473	584	2527.50	159	164	989.90	20	19
科学研究和技术服务业	17	54	71	272.67	6	6	54.00	3	3
居民服务、修理和其他服务业	19	1484	2254	5869.07	384	424	2154.93	77	71
教育	20	1	1	1.00	0	0	0.00	0	0
卫生和社会工作	21	77	178	1150.10	7	11	70.00	3	3
文化、体育和娱乐业	22	80	180	2060.10	21	21	370.50	2	2
其他	23	4	20	512.00	0	0	0.00	2	2

表 7

2017 年象山区受理投诉情况统计表

项目	总计	质量	安全	价格	计量	广告	假冒	虚假品质表示	营销合同	人格尊严	其他
总计	101	17	5	6	4	4			2		63
一、家用电器类	8	2		1							5
电视机	1			1							
家庭影院											
空调类产品	1										1
洗衣类产品											
电冰箱(柜)											
厨房电器及相关设备	1										1
照摄像产品											
通讯类产品	5	2									3
其中:移动电话	5	2									3
计算机类产品											
其中:计算机											
其他											
二、家用机械类	4										4
汽车											
摩托车											
热水器											
其他	4										4
三、百货类	36	7		3	4	2					20
化妆用品											
卫生用品											
保健用品	1					1					
家具类产品	4	4									
服装鞋帽	11	2									9

续表

项目	总计	质量	安全	价格	计量	广告	假冒	虚假品质表示	营销合同	人格尊严	其他
文化体育用品											
首饰及工艺品	3										3
五金交电及化工产品类											
儿童用品类											
日用杂品											
食品	9	1		2	4						2
保健食品	2										2
药品	1			1							
医疗辅助用品											
其他	5					1					4
四、房屋及装修建材	10	4	5								1
房屋											
装饰材料	5		5								
其他	5	4									1
五、农用生产资料											
农机具											
种子苗木、化肥											
其他											
六、服务类	43	4		2		2			2		33
医疗											
美容、美发、洗浴	3	1		1							1
电信	1										
邮政											
住宿、文化娱乐、庆典	13	1		1					1		10
洗衣业	4										4
销售											
房屋装修与物业管理											
金融保险											
交通运输											
铁路运输											
旅游											
教育或培训											
互联网	3	1									
农用生产技术	2					2					
公用事业、社会服务											
咨询中介											
其他服务	19	1									18
七、其他商品类											

（秦文琴）

国土资源与房地产管理

【概况】 2017年,象山区土地房产工作局(简称象山区土地房产局)有在岗人员13人,其中聘用4人。挂象山区房屋征收办公室牌子。负责全区国土资源规划、保护和合理开发利用及集体土地上农村房屋权属管理工作。年内完成土地管理、征地拆迁及地质灾害防治等工作,发放廉租住房租赁补贴1634户297万元。

【卫片执法检查】 2017年,国土部下发象山区土地遥感监测图斑共67个(含5个矿产卫片遥感监测图斑),总面积168800平方米,其中占用耕地面积33200平方米。67个图斑中,有44个图斑变更为新增建设用地,总面积92400平方米,占耕地面积11200平方米;23个图斑为非新增用地,总面积76400平方米,占耕地面积22000平方米。经核实,2017年象山区变更的44个图斑中,合法图斑8个,总面积39400平方米,占耕地面积4333.33平方米;军事图斑2个,面积2800平方米,不占耕地;违法图斑34个,总面积50200平方米,占耕地面积6866.67平方米。2017年,象山区违法占用耕地面积占新增建设用地占用耕地总面积比例为5.6%。桂林市国土资源局象山国土资源管理分局(简称象山国土分局)共查处土地违法图斑34个,涉及25宗案件,立案25宗,结案25宗。应拆除构建物面积2.71万平方米,已落实1080平方米,拆除到位率4.0%;应没收构建物面积4.31万平方米,已全部没收;应罚没款金额67.82万元,已落实8.4万元,罚款到位率12.4%;非立案整改图斑2个,均为矿产图斑,已按照“三不留一毁闭”原则整改到位;无移交公安、纪检查处案件。

【土地征收、储备】 2017年,象山区完成奇峰纸业道路项目、万福路新建加油站项目、桂林造纸厂片区基础设施建设项目等3个项目用地预审工作。完成万福路市民服务中心、奇峰纸业道路等17个项目建设用地报国务院审批工作,国务院批复项目用地总面积116.5公顷,其中新增建设用地103.87公顷。红太阳小学、溢达会议中心、沙河休闲度假村等3个中心城区项目土地征收实施方案经上报自治区审核,已获自治区征地批文(桂政土批函〔2017〕84号)。同时完成溢达会议中心乡村批次报批工作,并获得自治区用地批文(桂政土批函〔2017〕282号)。已完成桂林市青莲国际旅游农业综合体项目79.8公顷、象山区迎宾新村西侧地块项目21.93公顷、漓江活动试验坝1.75公顷,共约103.48公顷征地工作,并全面启动万福路黄村约53.33公顷集体土地征收工作。配合桂林市国土局完成桂林汽车南站土地收储移交工作,5月24日,该地块被桂林骏达运输股份有限公司成功摘牌。

【拆迁】 2017年,象山区龙船坪特色街区改造建设项目房屋拆迁100栋,拆迁面积2.2万平方米,财政支付拆迁费1.005亿元;象山区平山北路建设项目拆除违章建筑87座,拆除违建面积48092.45平方米,对违章建筑的拆迁不予任何费用补助,保障各类重大项目的顺利实施。

【防震减灾】 2017年,象山区土地房产局配合桂林市国土局做好平山街道国家山危岩(2017年危岩)、绢纺厂龙头山危岩(2017年危岩)、南溪山公园危岩(2017年危岩)、野狗山危岩(2017危岩)、平山村委北村危岩(2017年发生危岩滚落)、白面山危岩(2017年发生危岩滚落)、风筝山危岩(2017年发生危岩滚落),二塘乡四合村四合小学后背山危岩(2012年、2014年、2015年、2017年发生危岩滚落)、仁头山危岩(2017年发生危岩滚落)、下月萝卜山危岩(2017年发生危岩滚落)、田头白虎山危岩(2017年发生危岩滚落)、塘家湾后背山危岩(2017年发生危岩滚落)、平山新村地陷隐患点(2017年)等危险地点的巡视和监测。根据现有条件,做好“三网二员”(即地震宏观测报网、地震灾情速报网、地震知识宣传网,防震减灾助理员和防震减灾速报员)体系建设工作,建立象山区地质灾害防治管理微信平台、象山区地质灾害QQ管理群,畅通象山区各级地质灾害管理部门成员联系渠道。全区有防震减灾助理员57人、防震减灾速报员19人。开展防震减灾宣传教育活动,做好社区、学校防震减灾应急演练。辖区16所小学全部开展应急演练和防震减灾宣传教育活动,5000多人参加。

【物业管理】 2017年,为规范、提高物业公司管理能力,营造和谐、安全小区,象山区土地房产局联合街道、社区开展物业综合检查14次,受理并办结物业服务公司资质申报手续6家,指导辖区10个居民小区成立业主委员会或业主委员会换届工作,协调处理3起物业公司与业主之间纠纷事件。

(朱红景)

食品药品监督管理

【概况】 2017年，象山区食品药品监督管理局（简称象山区食药监局）下辖稽查大队1个，乡（街道）食品药品监督管理所（派出机构）4个。在岗人员46人，其中聘用协管员10人。象山区食药监局负责辖区食品、药品、医疗器械、化妆品、保健食品的登记许可、日常监管、监督抽检、案件稽查和投诉举报工作，承担食品安全委员会办公室具体工作。监管辖区食品生产企业32家，生产加工小作坊70多家，大小农贸市场14个，食品流通经营户3000多家，餐饮服务企业2200多家（含学校幼儿园食堂78家，配送中心2家，游船11家），零售药店182家，二级（含二级）以下医疗机构162家，医疗器械经营企业232家，保健食品经营企业973家，化妆品经营企业30家，监管对象共计6800多家。全年办理行政处罚案件88件，罚没金额共50.35万元，守住食品安全基本线，全区没有出现重大食品药品安全事故。被桂林市食药监局评为食品流通环节工作突出单位、食品生产监管工作突出单位、食品抽检工作突出单位。在桂林市县区食品安全工作考核评议中获A等。

【行政许可】 2017年，象山区食药监局办理电子审批事项共办结984件，其中新办“食品经营许可证”审批779件，变更“食品经营许可证”审批51件，延续“食品经营许可证”审批1件，注销“食品经营许可证”审批26件，新办“小餐饮登记证”审批117件，注销“小餐饮登记证”审批1件，延续“食品生产许可证”审批8件，新办“小作坊登记证”审批1件。接待群众来访4977次、来电咨询8862人次，按时办结率达100%。审批受理办结信息实时公布在象山区人民政府网站上。6月，对食品（含保健食品）生产许可、食品（含保健食品）经营许可、食品小作坊登记、小餐饮登记4项行政许可办结时限进行优化，平均提速50%以上。缩短办事时间，提高行政效率，方便了群众。

【食品生产监管】 2017年，象山区食药监局以贯彻落实《中华人民共和国食品安全法》为主线，以全面落实“四个最严”（最严谨的标准、最严格的监管、最严厉的处罚、最严肃的问责）和“四有两责”（有职责、有岗位、有人员、有手段，落实日常监管责任和监督抽检责任）为目标，着力构建严密高效的食品安全风险防范机制和食品（含食品添加剂）生产监管体系，大力推进监管方式创新，加强食品生产综合治理。一是贯彻实施《广西食品小作坊小餐饮和食品摊贩管理条例》，组织制定小作坊食品负面清单，开展小作坊登记和日常监管工作，组织实施全区小作坊食用植物油专项抽检，对辖区2家食用植物油小作坊进行监督检查，针对存在问题，督促整改。二是加强风险防控。全面实施食品生产者风险分级管理，建立食品生产企业食品安全信用档案，制定年度日常监督检查计划，明确监管重点和监管频次，确保对食品安全风险早发现、早研判、早处置。开展大型食品生产企业食品安全风险信息交流，建立风险隐患清单，并深入排查治理。三是推行抽检监测不合格企业负责人或质量安全受权人集中约谈培训制度。对抽检监测不合格的企业实施集中约谈并加以培训，全年约谈了1家不合格企业，对辖区32家企业进行培训，增强企业食品安全主体责任意识。四是继续推进食品安全质量受权人和追溯制度建设。在食用植物油、糕点等行业生产企业推行质量安全受权制度，对质量安全受权人开展培训。督促乳制品等重点食品企业建立食品安全追溯体系，完善食品生产过程记录，加快形成食品安全信息可查询、过程可控制、责任可追究的追溯体系。五是继续使用食品生产

2017年9月20日，象山区食药监局执法人员检查燕京啤酒（桂林漓泉）股份有限公司生产车间生产过程关键控制点记录　　张　帆　摄

企业现场监督检查系统开展日常监督检查工作，覆盖率达到100%，及时公告检查结果，在检查“全覆盖”基础上落实“双随机一公开”要求，加大违法行为处罚力度。在日常检查中，象山区食药监局根据日常检查结果对2家粮食加工品生产企业进行立案调查处理，共罚款31625元，没收违法生产食品2.5吨。六是加大生产环节抽检力度。食品生产环节监督抽检的糕点、粮食加工品、茶叶、白酒、食用植物油等食品共74批次。

【南站市场获评首批广西食品安全示范农贸市场】 2017年，象山区食药监局在食品销售环节监管中，重点抓创建示范农贸市场工作。一是加强宣传引导，强化责任意识。以桂林市创广西食品安全城为契机，深入普及食品安全法律知识和科普知识，给市场制作创建食品安全城市宣板展报、宣传长廊、LED显示屏、警示标语，营造良好的氛围。二是加强指导培训，落实主体责任。多次与市场开办方召开座谈会，进行法律法规的宣传和食品安全的培训，不断提升市场开办方自我管理能力，促进食品安全管理主体责任的落实。三是规范市场管理，确保食品安全。制定市场食品安全管理等制度，指导市场建立经营户一户一档，制作统一的证照公示栏、散装食品标签标识、烧卤摊点操作规范和温馨提示、食用农产品信息公示牌、肉类“两证”公示牌。经检查评比，12月28日，象山区南站市场被评为首批广西食品安全示范农贸市场。

【餐饮环节监管】 2017年，象山区食药监局严格落实餐饮服务提供者主体责任和监管部门监管责任，不断强化事前事中事后监管，突出抓好餐饮业质量安全提升工程，严防严控食物中毒事件发生，推动全区餐饮服务食品安全形势持续向好。一是加强对学校、幼儿园食堂及校园周边食品安全和民办午托机构整治，确保学校师生的饮食安全。春秋季开学前，对辖区学校、幼儿园均开展食品安全大检查，共检查167次，出动执法人员282人次，下达责令改正通知书和监督意见书140多份，给予行政处罚（警告）120多家，辖区学校、幼儿园食堂管理水平有了较大的提升。5月，区政府组织区工商局、区教育局、区卫计局、区食药监局和区消防部门成立联合检查组，对辖区校外午托机构进行2次全覆盖检查，共检查276家次，并对95家下达责令改正通知书，二是加强对大型餐饮服务单位和各类学校食堂的监管。9月，市食药监局将大型餐饮服务单位和各类学校食堂的监管职责下放到城区。象山区食药监局专门成立检查小组对辖区170多家大型餐饮服务单位和各类学校食堂进行检查。共下达责令改正通知书和监督意见书150多份，给予行政处罚（警告）120多家。三是推行色标管理示范点工作，针对餐饮食品加工处理不同流程、加工区域、食品种类、工具等分别采用白、红、蓝、绿、黄、褐等颜色进行标注并分类进行管理。将色标管理引入部分试点学校食堂和大型餐饮服务单位，已完成曾三家味馆、铁西幼儿园和二附实验小学等8家色标管理示范点建设。四是落实农村50人以上聚餐备案。全区8个行政村均建立起食品药品监管信息员、联络员和协管员队伍，并对“三员”进行《中华人民共和国食品安全法》和50人以上聚餐备案制度的学习和培训，2017年全区50人以上聚餐备案90多次。五是积极保障重大活动。2017年央视春晚南方分会场花落桂林市象山公园，象山区食药监局抽调骨干力量成立专门食品安全保障小组，连续1个多月对象山景区周边餐饮服务单位以及央视春晚组进驻酒店进行食品安全保障工作，被中共桂林市委评为央视春晚桂林分会场筹备工作优秀组织。六是加大餐饮

2017年12月27日，象山区食药监局执法人员到桂林同沁大药房进行中药饮片检查

卜桂豪　摄

环节抽检力度。餐饮环节抽检的蔬菜、畜禽肉、水产品、蛋类等食用农产品以及熟肉自制品、发酵面制品、油炸面制品、火锅调味料、自制饮料、自制糕点、集中消毒餐饮具等产品共55批次，其中合格54批次，不合格1批次，对桂林市溪溪顺德酒楼采购并使用不合格食品原料的行为进行立案查处，给予行政处罚，并责令该单位采购原料时严格履行好查验义务，保证采购原料符合食品安全。

【药械保化监管】 2017年，象山区食药监局加大日常检查力度，实施《药品经营质量管理规范》，落实企业药品经营质量安全主体责任，确保公众用药安全有效。一是对辖区84家药品零售（连锁）企业进行跟踪检查，防止通过认证企业管理不到位、制度不落实等现象发生，全年共撤销《药品经营质量管理规范》证书4家。二是药品专项整治。先后开展药源性兴奋剂检查、特殊药品检查、含特殊药品复方制剂经营管理专项检查，校园周边、洪涝灾区、打击两非等专项检查，严防药品流弊，确保公众合理用药安全，共检查药品经营企业230家。三是监督检查医疗器械、医疗机构。对无菌、植入性高风险医疗器械经营企业、“三级监管”经营企业、经营装饰性彩色平光隐形眼镜企业等专项检查，并对三级和二级医疗机构监督检查，共95家次。四是保健食品和化妆品流通领域整治。对辖区流通领域保健食品进行全面风险排查，督促企业履行主体责任，各企业提交自查自纠报告共120多份。开展进口化妆品、“颜色行动”等专项治理行动，打击非法经营使用进口化妆品和“三无”违法行为，有效治理化妆品市场经营使用秩序。五是对不良反应监测。年内对辖区医疗器械不良事件监测24例，化妆品不良反应监测38例，均超额完成市局下达任务。

（杨　倩）

安全生产监督管理

【概况】 2017年，象山区安全生产监督管理局（简称区安监局）有在职人员6人（其中聘用人员1人）。下辖象山区安全生产行政执法大队，执法人员3人（兼职）。象山区安全生产监督管理工作主要进行安全生产大检查，监控辖区非煤矿山、危险化学品、烟花爆竹、道路交通、消防、建筑施工、工贸行业等事故危险源，遏制重特大事故发生，全区安全生产形势保持稳定。

【安全生产月活动】 2017年6月，象山区开展“安全生产月”活动。一是在红街商业广场组织开展“安全生产月宣传咨询日”活动。宣传《中华人民共和国安全生产法》《中华人民共和国职业病防治法》《中共中央国务院关于推进安全生产领域改革发展的意见》以及交通安全法律法规，为群众提供安全生产及相关政策咨询服务。二是开展“安全用电知识进校园”活动。桂林市公安局治安管理支队、象山区安监局、区教育局、桂林供电局在南溪山小学宣传安全用电，引导学生从小养成安全用电、节约用电、爱护电力设施的良好习惯。三是开展应急救援演练。由油库人员、消防官兵200多人组成演练队，出动消防车辆13台，其他救援车辆12台，开展“象山区政府2017年事故综合应急救援预案暨羊角山油库库区火灾应急救援联合演练”。四是全区各相关部门结合本行业特点开展“安全生产咨询日”“食品安全应急演练活动”“食品安全宣传周”“安康杯”竞赛、交通法律法规和交通安全知识讲座等“安全生产月”活动11场次。

【安全生产大检查】 2017年7月—10月，象山区开展为期4个月的安全生产大检查活动，全区各单位、各行业共组织检查督查组249个，参与检查1541人次，检查各类企事业单位和场所654家，发现隐患

2017年1月24日，象山区区长蒋永刚（左二）带队到安新加油站开展“节前安全生产大检查”

区安监局　供图

787 处，督促整改 782 处，整改率达 99%，有效防范较大事故的发生。

【安全生产监管】 2017 年春节前，由区安监局牵头，联合公安、消防、工商、城管等单位检查烟花爆竹零售点 35 家，查处非法销售点 14 个，责令整改 1 家，吊销零售点许可证 1 家，当场指出安全隐患 47 处，安全教育 33 人次。根据桂林市安委办要求，象山区将辖区 3 家采石场安全生产许可证注销。8 月 9 日，由区政府在政府信息网站上发布 3 家采石场关停公告。区安监局先后对 3 家采石场进行检查，并督促企业做好采石场后继治理工作。安监、公安、城管、消防、工商、街道办等部门联合对辖区加油站、羊角山油库、晟通燃气、坤旺燃气、豪创气体、城镇燃气经营点等危险化学品从业企业进行检查，对存在问题的企业负责人进行教育，并责令限期整改。同时，开展城镇燃气“打非治违”专项行动，共关停燃气非法经营点 7 家，暂扣钢瓶 84 个，传唤训诫暴力抗法人员 6 人。区政府下发《桂林市象山区职业病防治联席会议制度》，完善职业病防治工作责任制，检查企业 9 家，下达执法文书 25 份。年内，象山区以创建平安畅通区工程为主线，以辖区道路为重点，以公交车、出租车、营运车和校车为主要整治对象，深入开展道路交通安全专项整治，及时排查整改各种安全隐患。全年共出警 1800 人次，出动警车 350 台次，处理简易违章 3.2 万人次，一般违章 1.5 万人次；非现场执法 1.7 万起，查处酒驾 106 次，查处行人闯红灯、非机动车违章 2.6 万起。象山区以商场市场、宾馆饭店、学校、医院、公共娱乐场所等人员密集场所、高层、地下建筑和“城中村”“三合一”“多合一”建筑区域为重点，深入排查整治火灾隐患。全年共检查单位 3764 家，发现火灾隐患 5383 处，督促整改火灾隐患 4921 处，查封 29 家，停业（产）、停止施工、停止使用“三停”41 家，拘留 4 人。

2017 年 9 月 29 日，象山区安监局、象山消防大队报经区政府同意，关停中山南路地下街经营场所，消除火灾隐患　　区安监局　供图

【安全生产行政执法】 2017 年，象山区在安全生产行政执法过程中，严格落实“全覆盖、零容忍、严执法、重实效”的要求，全年共开展执法检查 46 次，检查企业 89 家次，下发整改通知书 20 份，责令现场整改隐患 42 处。其中，桂林市中山南路地下商业街经营场所存在重大火灾隐患，虽然其停业整顿，但一直未达到整改要求，隐患依然存在，经区政府研究决定，2017 年 10 月 15 日起，关闭桂林市中山南路地下商业街经营场所。

（韦　丽）

城市管理

【概况】 2017 年，象山区城市管理局（简称象山区城管局），下挂区人民防空办公室，在岗人员 4 人。下辖象山区城市管理监察大队、象山区环境卫生管理站。区城市管理监察大队有在岗干部职工 65 人（参公编 35 人、教育编 16 人，环卫编 7 人、非编享受正式职工待遇 7 人），聘用制城管队员 260 人；区环境卫生管理站在岗干部职工 79 人，聘用制人员 58 人。象山区城管局主要负责对辖区市容环境卫生、市政设施、园林绿化、城市公共卫生管理，查处违章运输渣土、违法占地和违法建设。

【城市管理综合整治】 2017 年，象山区成立以区委书记、区长为组长，区公安分局、交警大队、城管局、工商局、食药监局等相关职能部门主要领导为成员的象山区城市管理工作联席领导小组，以“城管 +”管理模式，组织城管、公安、交警、工商、食药、环保、消防及街道办事处开展联合执法，构建多部门联合整治的大城管格局，全年劝离流动摊贩 12.19 万多摊次，劝导超门槛经营商户 9.52 万多户次，规范疏导点 5210 多户次，清理大小活动广告牌 5060 多块、招贴小广告 5.52 万多条，受理“创城为民、创城惠民”金点子案卷 540 多件，处理数字化城管案件 11.01 万多件，拆除中山南路、雉山路等地悬挂灯箱 500 多个，拆除违规私设地锁 1300 多把，暂扣杆秤 590 多把、电子秤 980 多台，暂扣游商非机动三轮车 1160 多辆。同时，象山区城管局探索“一拆二建三管”综合整治机制，整治西门市场、铁西片区、黑山农贸市场、瓦窑市场、瓦窑小游园等重点区域市容乱象，变乱为治。2017 年 8 月，通过联合执法，查处关停铁西一里、二里违章餐饮店 60 多家，拆除安装在居民楼上的大烟囱 68 根，解决铁西片区占道经营、油烟污染及噪声扰民等问题，改善了铁西片区面貌。

【违法占地、违法建设治理】 2017 年，象山区重点开展公共空间亭棚拆除、国有土地违法建筑查处、铁路沿线违法占地违法建设治理、漓江沿岸乱搭乱建整治、万福东路控违等。推进西门市场、铁西片区、瓦窑市场、瓦窑小游园、安新南区等区域违法建筑查处拆除工作，全面拆除清理居民违建杂物房、商户私搭楼梯、钢架棚等，解决老旧小区违法建筑历时长、存量大、拆除难的问题。拆除联坤市场、鑫岳市场违法建筑，推进黑山农贸市场主体大楼排险拆违行动。推进平山北路改扩建项目、青莲国际项目拆违和龙船坪特色街区建设项目拆迁工作，全区全年立案查处违法建设 240 起，依法拆除违法建筑 351 处、清理拆除占道亭棚 326 个，累计拆违面积 46.6 万平方米。

【整治渣土违章运输】 2017 年，象山区加大露天沙场、卖沙点整治和监管力度，清理取缔八中环境监测点 2.5 公里范围内的露天卖沙场 17 个，从源头整治渣土污染问题。强化城管和交警联合执法，在万福路、321 国道、八中路口等重点路段深夜设卡查车，打击渣土运输超载、超高、撒漏等违章行为。全年开展渣土联合执法查处行动 80 多次，处罚违章车辆 300 多辆次。

【保护漓江生态环境】 2017 年，象山区设立漓江风景名胜区管理办公室，以城管部门为主体成立漓江风景名胜区执法监察大队，全面加强漓江风景名胜区（象山段）的执法保护。年内，重点开展漓江风景名胜区“四乱一脏”排查整治行动，依法拆除竹福岛、萝卜洲等漓江沿岸鱼餐馆 25 家，取缔清理养鱼网箱 38 个、收缴渔网地笼 453 条，保护漓江生态环境。

【市政建设】 2017 年，象山区城管局配合桂林市城管委完成中山南路、环城西一路、苗圃路、铁西片区等道路“白改黑”（即水泥路面改沥青路面）工程任务，辖区内由桂林市负责管护的 23 条主次干道水泥路面基本改成沥青路面；协调推进平山北路、八一桥改扩建工程，完成香江立交桥及周边区域改造工程，全区道路通行条件明显改善。象山区投入 1300 多万元集中推进铁西片区、西门市场、瓦窑市场、瓦窑小游园综合改造治理，完成天鹅巷、瓦窑路一巷道路改造工程，维修破损道路 150 多段（处），安装和维修路灯 265 盏（其中投入 10 万元安装二塘乡 8 个自然村太阳能路灯 35 盏），投入 60 万元对山美公司、南新路 107 号、瓦窑路客车厂 3 个公厕进行提升改造。更换污水井盖 150 个、雨水篦 50 个，疏通排污井 102 处、管网约 2.04 万米，处理危险树木 140 多棵，修剪树木 60 多棵。市民生活和出行条件得到改善。

【消除燃气安全隐患】 2017 年，象山区城管局结合燃气管理工作实际，在辖区开展燃气安全生产大检查，制定《象山区燃气行业联合集中整治实施方案》，成立联合集中整治行动工作小组，对辖区燃气站

2017 年 8 月 4 日，象山区城管大队依法对铁西片区违章建筑进行拆除

区城管局　供图

2017年9月25日，象山区城管大队队员在西门市场周边进行日常管理

区城管局　供图

点进行突击检查5次，发现部分燃气供应站存在安全生产制度落实不到位，液化气供应点无证经营现象。针对存在问题，区城管局和区安监局要求燃气供应点立即进行整改。暂扣一处无证经营供应点煤气罐9个，从源头上防止燃气安全事故发生。

【环卫市场化改革】 2017年，象山区深化环卫市场化改革，制定实施《象山区环卫市场化运作考核办法》，完善环卫市场化改革监管机制，严格监督外包商湖南仁仁洁、广东洁诚、深圳玉禾田3家保洁公司履职情况。3家保洁公司因履职不到位，被扣罚4.7万元。环卫承包公司工作人员实行路段包干管理，强化岗位责任。对清扫保洁路段采取每周一次抽查和随机检查相结合的评分制度。区城管局配合区人大开展环卫市场化改革调研活动，着力推动环卫外包业务续签工作。2017年落实《桂林市人民政府关于桂林市编外一线环卫工人福利待遇标准的指导意见》，为一线编外环卫工人增资到位，基础工资从2016年的每人每月1694元，上调至每人每月1844元，平均每人每月增长150元，调动了环卫工人工作积极性。

【创新环卫管理机制】 2017年，象山区环境卫生管理站利用现代科技平台，建立“象山区环卫站工作群”“日督察工作群”“渣土管理工作群”“金点子案卷工作群”，将承包公司管理层人员拉入微信工作群中，使市、区级城市管理督查案卷及环卫站督察员每天的督查问题能在第一时间以图片或文字形式上传至工作群，促使各公司迅速定位，高效解决发现的问题。平均每天接收近400个数字化案卷，案卷整改回复率100%。全年新投放垃圾桶、果皮箱3311个，深圳玉和田公司新增大型清扫车、洒水车10辆，用于桂阳公路保洁工作，实现平山街道片区清扫保洁工作机械化全覆盖。全区全年洒水作业16.1万公里(其中应急洒水1.7万公里)，机械化清扫作业8.21万公里，冲洗人行道265万平方米、清洗交通护栏4.17万米。　（何　军）

环境保护

【概况】 桂林市环境保护局象山分局(简称象山环保分局)，是桂林市环境保护局的派出机构，2017年，编制5人，在职7人。主要负责贯彻执行国家、自治区、桂林市制定的环境保护法律、法规、规章、政策和标准，负责编制象山辖区环境保护规划和计划，参与制定象山辖区社会中长期发展规划，产业发展规划。履行县级环保局审批验收权限及其污染源管理工作。组织实施各项环境管理制度，负责职责范围内排污单位的排污申报、排污费征收、排污许可证核发、污染源治理及整改、污染防治设施现场监管、环境违法行为查处、环境污染事故纠纷和信访等环境监察工作；负责辖区内农业面源污染(即农村地区在农业生产和居民生活过程中产生的、未经合理处置的污染物对水体、土壤和空气及农产品造成的污染)的管理及破坏生态事件的调处；负责辖区饮用水源保护区日常巡查，辖区环境信息报告、环境保护数据统计和环境保护宣传教育工作。2017年，象山环保分局办理各种信访件895件，其中网络投诉20件、微信投诉20件、来访15件、市12345为民服务热线转办2件、支队转办6件、12369电话投诉751件。办理金点子建议75件，其中区政府转办69件、市环保局转办8件。调处率和办理率100%，对留有联系电话的给予回复。年内落实项目“三同时”监管，共办理建设项目报告表类环评文件6件，备案23件；办理建设项目环保验收26件，房地产项目环保核查7件。办理水污染物排放许可证6家。不予受理，劝其另行选址或另选项目的 10 多家。立案查处 3 家。全年办理排污申报登记 96 家。核发排污许可证 9 家，开征排污费 45 家，征收金额 279.5 万元。

2017 年，桂林市环境质量总体维持较好水平。环境空气质量各监测项目浓度年均值（臭氧和一氧化碳为百分位数），除细颗粒物外均达到国家一级或二级标准，市区全年环境空气质量优良天数达到 308 天；地表水、地下水水质总体良好；市区声环境质量保持较好等级。（市环境监测中心站在全市声环境、水环境、大气环境所设置的监测点位，除临桂区外，所得大部分数据未区分市辖城区，因此，象山区声环境、水环境、大气环境评价数据除注明者外，其余均采用全市区相关数据）。

表 8　**2017 年象山区环境空气自动监测站点监测结果及在六城区一县排名表**

单位：μg/m^3

月份	SO_2	NO_2	PM10	CO (mg/m^3)	O_3 (8h)	PM2.5	综合指数	综合指数排名	PM10 排名	PM2.5 排名
1	15	37	98	2.3	107	78	6.03	6	6	5
2	11	34	76	1.6	108	56	4.77	7	5	4
3	13	34	55	1.4	102	38	3.93	7	5	4
4	13	31	69	1.3	135	41	4.30	6	5	4
5	13	27	61	1.2	153	38	4.09	6	4	3
6	9	24	37	1.1	87	22	2.70	6	4	3
7	10	17	41	1.0	136	22	2.88	6	6	4
8	10	20	40	0.9	105	22	2.70	5	5	3
9	14	19	63	1.0	147	37	3.81	7	6	3
10	15	21	57	1.1	142	38	3.83	6	4	3
11	17	35	72	1.3	144	53	4.88	5	5	5
12	26	43	90	1.4	118	71	5.90	7	6	5
均值	14	29	63	1.4	134	43	4.25	7	5	3

备注：数据来源于位于象山辖区的监测站站点

【水环境】 2017 年，漓江干流市区段，水质在Ⅰ类—Ⅱ类之间，水质良好，监测断面符合水环境功能区保护目标要求。象山辖区内漓江支流桃花江、南溪河、宁远河等，其中桃花江水质类别为Ⅳ，符合水环境功能区保护目标要求，其余支流无水质监测断面。位于象山辖区的集中式饮用水源地瓦窑水厂，其水源地水质除总氮和粪大肠菌群不参与评价外，其他监测评价项目全部达到国家地表水Ⅱ类水质标准。位于象山辖区的杉湖水质除总氮和总磷出现超标外，其他项目符合水环境功能区保护目标要求。

【空气环境】 市区总体（国控点）空气环境按照《环境空气质量标准》（GB3095—2012）进行年度污染物单因子评价，二氧化硫、二氧化氮、一氧化碳达到一级标准；臭氧和可吸入颗粒物达到二级标准，细颗粒物年均值超出二级标准。

二氧化硫：日均值浓度范围为每立方 4—57 微克，年均值为每立方米 15 微克，比上年下降 11.8%。

二氧化氮：日均值浓度范围为每立方米 9—83 微克，年均值为每立方米 25 微克，比上年下降 7.4%。

一氧化碳：日均值浓度范围为每立方米 0.3—2.6 毫克，年评价浓度（第 95 百分位数）为每立方米 1.3 毫克，比上年下降 23.5%。

臭氧：日最大 8 小时平均值浓度范围为每立方米 6—198 微克，年评价浓度（第 90 百分位数）为每立方米 139 微克，比上年上升 3.0%。

可吸入颗粒物：日均值浓度范围为每立方米 8—261 微克，年均值为每立方米 60 微克，比上年下降 6.3%。

细颗粒物：日均值浓度范围为每立方米 8—228 微克，年均值为每立方米 44 微克，比上年下降 6.4%。

降水：市区全年降水 pH 值范围为 4.24—7.31，年均值为 5.06，比上年上升 0.07；酸雨频率为 73.9%，比上年上升 0.6 个百分点。

环境空气质量指数（AQI）：2017 年桂林市环境空气质量优良率 84.4%，空气质量指数范围为 21—278，145 天空气质量指数为一级，163 天空气质量指数为二级，45 天空气质量指数为三级，9 天空气质量指数为四级，3 天空气质量指数为五级。与 2016 年相比，优良率上升 0.8 个百分点。

【声环境】 2017 年，桂林市区监测区域声环境质量点位 102 个，道路交通声环境质量点位 55 个，功能区声环境质量点位 10 个。

区域声环境：区域环境噪声平均等效声级为 52.2 分贝，与上年相比下降 1.0 分贝，按《环境噪声监测技术规范城市声环境常规监测》(HJ640—2012)等级划分属于二级,对应评价为较好。在监测区域中,暴露在60分贝以上的面积占总网格面积的1.0%。噪声声源构成比中生活噪声占首位,声源强度则是施工噪声占首位。

道路交通声环境:道路交通噪声平均等效声级(路段长度加权平均值)为68.5分贝,与上年相比下降1.2分贝,按《环境噪声监测技术规范城市声环境常规监测》(HJ640—2012)等级划分属于二级,对应评价为较好。超过70分贝的路段长度占监测路段总长度的20.2%,桂林市区大部分监测路段的等效声级低于国家标准控制值(70分贝)。

功能区声环境:1类区昼间、夜间达标率均为100%;2类区昼间达标率为100%,夜间达标率为95%;3类区昼间、夜间达标率均为100%;4类区昼间达标率为87.5%,夜间达标率为零。

【环境执法】 2017年,象山辖区环境违法现象主要是违反《中华人民共和国环境影响评价法》未批先建,违反《建设项目环境管理条例》未经验收擅自正式投入使用,违反《中华人民共和国大气污染防治法》未按规定采取污染防治措施等。全年立案调查20件,下达正式处罚通知14件处罚79.85万元(2015年行政处罚31件234万元,2016年行政处罚33件176.4万元);移送公安行政拘留1件1人(拘留5天)。收取行政处罚款120.44万元。

【大气污染防治】 2017年初,象山区政府出台《象山区开展道路扬尘专项整治行动实施方案》等7个大气污染防治实施方案。象山环保分局、区城管局、城建局、工信局、农工局分别作为七大专项整治行动的牵头单位,组织全区大气污染防治专项治理行动。经治理,象山辖区空气质量有较大改善。辖区2个空气自动监测点监测数值PM10及PM2.5年平均浓度由2016年的每立方米67微克和每立方米47微克下降到2017年的每立方米63微克和每立方米43微克,下降幅度达6%和8.5%,其中PM2.5下降幅度较全市多2个百分点,达到“确保全年PM10浓度下降至每立方米63微克以下”的年度控制目标。

道路扬尘控制　2017年,象山区城市管理局牵头实施《象山区道路扬尘专项整治行动实施方案》,区城市管理局按要求将列入环保目标责任制中的主要道路每天7:00—22:00洒水次数不少于6次,其他路段每天不少于4次外,将万福路、凯风路、环城南二路、三路纳入特别重要洒水降尘路段,白天增加洒水8次,晚上增加洒水6次,全天洒水次数达到20次,形成循环不间断洒水。与此同时,安排机动洒水车辆应对突发情况及车流高峰期洒水量,全年洒水作业16.1万公里(其中应急洒水1.7万公里),机械化清扫作业82080公里,冲洗人行道265万平方米、清洗交通护栏累计41660米,全面提升保洁机械化作业水平,遏制道路扬尘问题。

渣土运输管理　2017年,象山区城市管理局渣土管理办公室,定人定路段,查处辖区内建筑工地和道路运输车辆的沿途抛洒、流漏、飞扬等违法违规行为。加大频率、扩大主要路段巡查范围,清理道路撒漏渣土,避免扬尘污染。强化城管和交警联合执法,在万福路、321国道、桂林市第八中学(简称八中)路口等重点路段深夜设卡查车,严厉打击渣土车辆无证运输、超高装载、不加盖篷布运输、沿途撒漏等违章行为。全年开展渣土联合执法整治行动80多次,处罚违章车辆200多辆次,罚款金额40万元。

物料堆场扬尘控制　2017年5月起,象山区城管局根据《象山区开展物料堆场扬尘专项整治行动实施方案》,以八中周围2.5公里范围内的露天沙场为重点,开展整治行动10多次,取缔清理沙河桥、凉水井村路口、八中路口、净瓶山桥、平山路口、八一桥、南货站等区域的露天卖沙场17个,基本消除了八中周边露天卖沙现象。根据《象山区开展露天煤场专项整治行动实施方案》,取缔八中附近存在多年的3个露天煤场。平山大村露天煤场、桂林市聚旺堂商贸有限责任公司的露天煤场、桂林储运总公司露天煤场分别于5月底、7月底、8月底关闭。

农民自建房扬尘控制　2017年,根据《象山区农民自建房工地扬尘专项整治行动实施方案》,区城乡建设局牵头协调区城管局、二塘乡政府、平山街道办,强化对农民自建房扬尘控制,制定《桂林市象山区施工工地、农民自建房扬尘管理办法》,对农民自建房扬尘控制制定出具体监管要求和措施。监管单位共出动60多人次,车辆28台次对辖区阳家村委阳某某、四合村委徐某某等自建房进行巡查,对不合乎扬尘控制要求整改不及时的下发《停工整改通知书》。

生活污染源控制　2017年,根据《象山区开展生活污染源专项整治行动实施方案》,象山区城市管理工作联席领导小组制定出台《桂林市象山区禁止露天烧烤食品管理办法》,指导开展辖区露天烧烤整治工作。开展夜市、烧烤摊整治行动90多次，重点整治瓦窑片区、凯风路、环城西一路范围内的100多家夜市、烧烤摊点。8月—9月，工商、城管、环保、食药、南门街道办等部门联合开展对铁西片区油烟污染整治行动，关停铁西一里二里60家违法餐饮店，并拆除其烟囱，以清除困扰铁西居民多年的油烟污染。对辖区22家6个灶头以上的餐饮企业开展环境监察，确保油烟净化器等污染防治设施的正常运行，污染物排放稳定达标。至年末，辖区60多家餐饮经营单位和单位食堂安装了油烟净化器。

【水污染防治】 2017年，象山区在水污染防治工作中重点是取缔"十小"企业、开展畜禽养殖污染防治、漓江直排口截污。

畜禽养殖污染防治　根据《桂林市中心城区畜禽养殖污染整治工作方案》，象山区于2017年6月底，完成漓江干流500米、支流200米、西干渠200米及公路沿线200米范围内123户养殖场（户）的关停、搬（拆）迁工作，2017年12月底全部完成《桂林市中心城区畜禽养殖污染整治工作方案》要求的129户养殖场（户）的关停、搬（拆）迁、发放补偿款等工作。

漓江直排口截污　2017年，象山区配合市直相关部门开展漓江直排口截污工程周边小作坊、畜禽养殖、餐饮业排污的整理、清理、关闭和搬迁工作。2017年9月委托桂林市金天环境工程有限责任公司在漓江辖区段及其支流布设15点位进行采样监测，将分析监测结果上报市直相关部门。象山区成立漓江风景名胜区综合执法大队，全面开展"四乱一脏"排查整治工作，依法拆除漓江沿岸鱼餐馆25家，取缔清理养鱼网箱38个、收缴渔网地笼453条。

整治城市黑臭水体　2017年，象山区配合市城管委开展辖区内城市黑臭水体的治理工作，与市排水工程管理处签订漓江排污综合治理项目象山区土地征用及房屋拆迁委托协议书，拆迁补偿支付达69万元。经系列整治，据桂林市城管委《桂林市建成区黑臭水体整治情况公示》："2017年10月对南溪河……进行水质监测""监测结果显示均达标，基本消除黑臭现象"。

（宋卫国）

审　计

【概况】 2017年，象山区审计局有在岗人员5人，其中在编2人，借调1人，聘用2人。年内，象山区审计局完成审计项目5个，其中：本级预算执行审计1个，经济责任审计3个，专项资金审计调查1个。查出管理不规范金额7.68亿元；完成政府投资项目审核16个，其中：预算审核项目5个，审核金额264.2万元，核减金额55.9万元，核减率21.59%；结算审核项目11个，审核金额532.7万元，核减金额44.3万元，核减率8.32%。

【财政审计】 2017年，象山区审计局开展区本级财政预算执行和其他财政收支情况审计，审计重点主要有：一是区财政部门是否按照《中华人民共和国预算法》编制预算及根据区人大会议批准的本级预算向区各部门批复预算情况，重点审查公共预算、基金预算等预算编制是否完整、是否按预算科目细化到位，批复预算是否及时，预算调整是否经过区人大批准等。二是预算收入真实性和完整性，重点审查应纳入预算的财政性资金是否实施全口径预算管理。已实现的预算收入是否及时足额收缴入库，有无隐瞒、转移或截留，有无错收、乱收现象。三是区财政部门直接组织的非税收入征管及缴库情况。四是政府性债务资金收支是否全部纳入预算管理。五是区政府各部门"三公经费"的公开和使用情况，着重关注全区公车改革后车辆运行情况。六是财政存量资金盘活情况。重点关注财政存量资金该投未投、该用未用、使用绩效低下等问题，促进存量资金尽快落实到项目和发挥效益等。经审计，发现主要问题有：（一）财政一般公共预算收入质量不高；（二）政府采购预算编制不完整，执行不严肃；（三）虚增收入，造成财政收入不实；（四）虚列支出，造成财政支出不实；（五）非税收入未及时足额上缴国库，未做到财政收入应收尽收；（六）预备费使用不规范；（七）违规使用公车加油卡。根据上述问题，象山区审计局有针对性提出相关审计建议及整改措施。

【经济责任审计】 2017年，象山区审计局受中共象山区委组织部委托，对象山区南门街道办事处主任卢献湘、象山区商务局局长戴一平、象山区发展和改革局局长陈萍等3名领导干部进行离任经济责任审计，审计发现的主要问题有：一是往来款长期挂账；二是非税收入未做到应缴尽缴；三是动用以前年度结余资金未纳入预算；四是固定资产未及时入账；五是坐支非税收入；六是超预算开支经费；七是大额现金支付；八是报账手续不健全等。产生上述问题的原因主要是被审计单位财务人员业务能力不强，单位主要领导对各类财经法规知识了解不多，导致政策把控能力不足，依法用权的意识不强。对于审计中发现的问题，象山区审计局本着客观公正、实事求是的态度提出了审计建议。

【专项资金审计调查】 2017年3月9日—5月10日，象山区审计局对桂林市象山区卫生和计划生育局二塘乡新型农村合作医疗管理办公室开展专项审计调查。重点调查三个方面内容：一是被审单位是否按照相关医保法律法规开展医保工作；二是是否存在挪用、套取专项资金情况；三是享受新农合医保待遇人员是否符合规定范围，是否存在虚报、冒领医保资金情况。通过审计调查，未发现被审单位存在以上问题。（邹　鑫）

统　计

【概况】 2017年，象山区统计局内设象山区经济调查队，为事业单位，在岗8人，其中：聘用人员5人；经济调查队5人。象山区统计局负责全区国民生产总值核算、农业、工业、建筑业、房地产、批发零售住宿餐饮业、服务业、全社会固定资产投资、能源、城乡住户调查、劳动工资等14项专业统计工作和各种大型普查和抽样调查工作，统计范围涵盖辖区经济和社会发展各个方面。

【统计数据核查】 2017年，象山区统计局开展统计数据核查。统计人员通过实地走访、电话询问、网上查询、实地查验企业原始凭证、走访税务部门调取企业税务报表、登录网上直报平台对比核验、运用专业统计调查制度方法计算与调取企业原始台账和网上直报平台比照等多种形式（方式），对全区199家（工业24家、贸易业64家、服务业54家、房地产企业25家、建筑业企业32家）"四上"（指规模以上工业企业、资质等级建筑业企业、限额以上批零住餐企业、限额以上服务业企业）联网直报企业和39个5000万元以上固定资产投资项目企业进行数据真实性、合法性、准确性核查（抽查）。经核实，全区在库"四上"联网直报企业和固定资产投资项目真实存在，企业基本资料与相关部门信息一致，不存在关停、异地搬迁等企业单位继续报数的情况。被查企业数据来源真实有效。被查企业按照专业统计调查制度方法计算与统计台账、原始凭证、财务报表等相关数据基本相符。被查企业留存数据与上报统计局的平台数据基本一致。

【统计分析】 2017年，象山区统计局在做好数据统计基础上，加强统计分析，确保数据真实性。一是与其他部门协调，综合分析全区经济社会发展运行态势。二是与相关部门和企业联系，及时掌握一手资料，深度分析经济运行趋势。三是从政治、经济等多角度分析全区经济社会发展情况，适时为区委、区政府决策提供参考数据。全年编辑月度快报12期，提供统计分析和预警材料10份，转发上级信息快报和简报20份。

【第三次全国农业普查工作】 2017年，象山区开展第三次全国农业普查工作（简称"三农普"）。按照懂操作（懂电脑上网基本操作）、善沟通（善于与受访户沟通取得受访户工作支持）、能吃苦（能发扬吃苦耐劳连续作战的工作作风）、有担当（有一定的工作责任心，能勇于担当起所负责的工作责任）标准，选聘普查员、普查指导员（简称"两员"）110名。将全区划分为8个普查区、54个普查小区，并做好划界与制图工作。采取以会代训、全员轮训、选拔上训等形式多批次、多层次、多方式培训"两员"。按照村不漏栋、栋不漏户、户不漏人，深入访户、不走过场，逐一排查农业经营单位117个，其中确定农业经营单位普查对象47家；全区完成录入住户数5679户，确定普查对象5113户，约2.3万人口，基本摸清辖区"三农普"工作底数。元月1日起，全区强化"领导带动，上下联动，'两员'齐动，督查促动"工作措施，严格时间节点、登记指标、操作规范要求，坚持实地走村入户，深入田间地头，稳步推动入户调查登记工作落实。普查结果：2016年12月31日24时普查时间点，全区粮食播种面积15156.25亩，完成农业年报77.19%；蔬菜播种面积10755.58亩，完成年报数79.85%；生猪存栏33257头，完成年报数128.4%；生猪出栏49909头，完成年报数121.4%；家禽存栏459761只，完成年报数189.2%；家禽出栏679954只，完成120.77%；水产品养殖面积2382.55亩，完成118.56%，水产品产量1705.6吨，完成88.74%。"三农普"基础数据指标的普查任务完成。

（谢　锦）

教　　育

JIAOYU

2017 年 1 月，央视春晚桂林分会场之光耀象山　　区委宣传部　供图

概　　述

【概况】 2017年，象山区教育局有在岗人员52人，其中区行政编制4人，挂职锻炼1人，教研室编制7人，资助管理中心编制1人，环卫站借调人员1人，借调学校人员32人（含学校挂职锻炼3人），聘用人员6人。下设教研室、象山区青少年活动中心、象山区学生资助管理中心，负责辖区内除市教育局管理的中学外的中小学及幼儿教育工作。年内，象山区教育局以建设“教育强区”为目标，以办人民满意教育为宗旨，认真贯彻执行党的教育方针，落实教育发展相关政策，落实象山教育七大重点工程，做好学前教育普惠发展、教师队伍建设、立德树人等工作，全区学前教育三年毛入园率达119%、初中三年教育巩固率达98.7%；顺利通过义务教育均衡发展市级复核和自治区督导评估，提前三年完成该层面的验收工作。2017年，象山区教育教学水平不断提高，在春季学期五年级全市统考中，语、数、英三科成绩名列五城区前茅。教师个人课题立项率、结题率位于全市前列，优秀成果奖超过50%。教师参加各类比赛，获市级以上奖达100多人次，涌现出蒙艳等一批教育实绩突出、师德高尚的先进教师。学生在漓江之声、校园文化艺术节等活动中展现象山学子风采，累计获得市级奖项达1100多人次，教育综合实力明显上升。

【学校】 2017年，象山辖区有幼儿园71所，其中非民办7所（公办2所、其他单位办4所、集体办1所），民办64所；小学23所，其中公办15所，民办8所；中学9所，其中公办8所、民办1所；特殊学校2所（聋哑学校、培智学校）。

【学生】 2017年，象山辖区幼儿园在园幼儿11269人，其中，非民办幼儿园1951人、民办幼儿园9318人。普通学校在校小学生22486人，其中，公办17825人、民办4661人；特殊学校在校小学生207人。普通学校在校初中学生7205人，其中公办6563人（区管484人、市管6079人），民办642人；特殊学校在校初中生70人。在校高中学生3219人。中等职业学校在校学生14172人。特殊学校在校职训生59人。

【教师】 2017年，象山辖区中小学、幼儿园共有专任教师2708人，其中，教研室7人，幼儿园教师696人（非民办145人、民办551人），小学教师1244人（公办969人，民办275人），中学教师761人［公办714人（区管43人、市管671人）、民办47人］。中等职业学校专任教师562人。小学教师中，具有小教高级职称人数12人。区管中学教师中，具有中教高级职称人数9人。师生比分别为：幼儿园1∶16.2，小学1∶18.1，中学1∶13.5，中等职业学校1∶25.2。

【安全稳定工作】 象山区教育局始终坚持“安全第一，预防为主，综合治理”方针，建立健全各类安全制度，成立安全工作小组，明确辖区中小学、幼儿园党政主要负责人为安全管理主要责任人，构建校园安全稳定长效机制。2017年建立健全安全制度至38个，修订应急预案24个。在全区范围内开展校园安全大检查，联合食药监、消防、公安等多个部门对校车、校外午托机构、校园及校园周边环境等进行安全大排查，为全区中小学配备104名专职保安，并定期开展技能培训。在学校及周边增设交通安全标识、信号灯、警示牌等交通安全设施设备和安保器械，一键式报警装置安装率达100%。开展主题特色活动，利用“安全教育月”，通过“人防、物防、技防”，组织系列“校园师生防暴恐安防技能培训”“防溺水”“防灾减灾”等活动，充分利用校园网、校园广播、宣传专栏等途径，刻录《2017年预防溺水专题教育》光碟，加大学校、幼儿园安全教育及宣传。实现全年重大安全零事故。

【德育工作】 2017年，象山区教育系统德育工作以实施中小学生身心安康和人文素养提升为重点，规范制定年度德育计划，坚持立德树人，将德育贯彻教育教学始终，建立未成年人思想道德建设长效机制。加强中华传统文化和革命文化、社会主义先进文化教育，弘扬爱国主义精神，推动未成年人思想道德建设上台阶。开展“文明班级”“文明校园”“美德少年”评比竞赛活动。民主小学被评为自治区“文明校园”、崇善小学被评为桂林市“文明校园”，民主小学王珏文，南溪山冼楚涵、黄浩翔，铁路西小学蒋季菘等4名学生被评为桂林市“美德少年”。建立有热心、熟悉未成年人思想道德建设的专兼职工作队伍，开展丰富多彩的“读书节”“科技节”“红领巾相约中国梦”“优秀传统文化在我身边”“各族少年手拉手”“喜迎十九大”、创文明城等活动，让学生潜移默化地养成良好的行为规范和生活习惯，做到知行合一。

学校体艺教育进一步加强，开

2017 年 6 月 9 日，象山区道德模范先进人物基层巡讲走进校园。宣传传统美德，弘扬社会正能量
区委宣传部 供图

设特色校本课程，如翠竹小学彩调课、宁远小学书法课、民主小学陶艺课等。深入开展“学生阳光体育运动”，打造独特丰富的课间操，如平山小学“戏曲操”、平山二小手语操等。普及推广“足球进校园”活动，举行象山区首届小学生五人制足球比赛，辖区宁远小学、力创小学、铁路西小学、将军桥小学被评为全国校园足球特色学校。完成全区学生体质健康监测工作，推动体艺教研和测评常规化。年内，学生在桂林市漓江之声、校园文化艺术节、经典诵读、汉字听写大赛等各类活动中，累计获奖 1100 多人次，学生整体素质不断提升。继续推进校园文化建设。崇善小学的“崇德至善”、宁远小学的“三香校园”、南溪山小学的“山水文化”、将军桥小学“三风共建·育廉洁小将”、平山小学的“山文化”等都各具特色，形成“一校一品”发展格局。

（王奕文 莫姿艳 刘莉莉 苏 耿 苏力勤 黄艳芳）

幼儿教育

【概况】 2017 年，象山辖区共有幼儿园 71 所，其中，非民办幼儿园 7 所（公办 2 所，其他单位办 4 所，集体办 1 所），民办 64 所。非民办幼儿园在园幼儿 1951 人，教师 145 人，保育员 67 人。民办幼儿园在园幼儿 9318 人，教师 551 人，保育员 279 人。辖区共有自治区级示范幼儿园 1 所：桂林市机关幼儿园；市级示范幼儿园 5 所：西城路幼儿园、铁西幼儿园、第一八一医院幼儿园、95795 部队幼儿园、陆军特种作战学院幼儿园；城区示范园 20 所，城区一类幼儿园 12 所，城区二类幼儿园 23 所，城区合格幼儿园 7 所。

表 9 **2017 年 12 月象山区非民办幼儿园情况表**

名称	属性	地址	学校负责人	开办时间	幼儿人数	幼师数（人）	
						教师	保育员
桂林市西城路幼儿园	公办	西城路 87 号	周俐伶	1952.10	234	22	7
桂林市机关幼儿园	公办	榕湖南路 11 号	唐燕群	1958.7	452	37	18
31635 部队幼儿园（原 75170 部队幼儿园）	其他部门办	奇峰路 1 号	钟 平	1952.8	128	8	4
第 181 医院幼儿园	其他部门办	民主路万寿巷 9 号	李 瑛	1960.7	197	17	7
陆军特种作战学院幼儿园（原 75660 部队幼儿园）	其他部门办	崇信路 33 号	周 俊	1974.7	189	16	7
95795 部队幼儿园（原空军空降兵学院幼儿园）	其他部门办	凯风路 90 号	李小琴	1979.7	167	13	6
象山区铁西幼儿园	集体办	铁西一里 16 号	翟丽春	1985.7	584	32	18
合计 7 所					1951	145	67

表10 2017年12月象山区民办幼儿园情况表

名称	地址	学校负责人	开办时间	幼儿人数	幼师数(人)	
					教师	保育员
桂客幼儿园(目前该园改扩建,暂停办园)	净瓶路10号	梁艳芳	1958.5	0	0	0
电厂幼儿园	净瓶路5号电厂宿舍	阳小平	1958.8	211	5	5
亲亲幼儿园(原棉纺厂幼儿园)	瓦窑路一巷3号	李 燕	1964.10	372	24	5
圆圆幼儿园(原区建四公司幼儿园)	净瓶路6号	阳显元	1966	171	14	5
桂量幼儿园	崇信路59号桂量幼儿园	钟小梅	1970.5	93	8	1
毛纺织厂幼儿园	甑皮岩路1号	覃 华	1970.6	184	9	1
象鼻山幼儿园(原红十字会幼儿园)	民主路172号	赵纯淑	1987	67	4	4
黑山街新苗幼儿园	苗圃路7栋8号	于利清	1992.7	190	12	1
新艺幼儿园安新总园	安新小区	王 军	1993.7	151	8	4
立青幼儿园	银锭路36号	周 靖	1993.9	30	3	1
腾龙幼儿园	龙船坪路1号6栋	郭未莲	1997.6	139	7	4
花苑幼儿园	同心路11号漓江花园8栋3单元1-1	杨雪丹	1998.3	128	5	3
立新幼儿园	南新路铁路小区10栋立新幼儿园	文建琼	2001.7	140	4	4
小西幼儿园	铁西四里24栋	唐凌云	2001.7	89	5	3
希望幼儿园	环城南三路6号子珑润城小区一楼	骆 婕	2001.7	222	10	8
安心幼儿园	平山北路1-15号	祝元英	2001.7	44	3	1
向日葵幼儿园	上海路供电局20号	李丽萍	2002.11	241	20	9
威达花园e贝幼儿园	翠竹路24号	黄 飞	2002.11	334	20	6
贝乐优幼儿园(原旭日升艺术婴幼园)	将军路24号	秦先英	2002.11	128	9	3
新尚幼儿园	铁西三里51栋	曾四毛	2003.11	142	8	2
胖娃娃幼儿园	龙船坪5号	何 凤	2003.11	108	8	2
新世纪幼儿园	凯风路122号	韦 莉	2003.11	130	6	5
二塘幼儿园	二塘乡茶店新村138号	伍燕秀	2003.12	82	4	4
银锭幼儿园	民族里12号	黄 勤	2004.8	77	4	4
大风山幼儿园	大风山路5号	秦继顺	2004.8	184	11	3
新艺幼儿园安厦分园	崇信路30号安厦世纪城	徐玉珍	2005.10	167	12	7
明珠宝贝幼儿园	环成西一路33号	何小玲	2007.7	257	14	8
亿辰贝尔幼儿园	遇龙路130号	孙 训	2007.7	55	3	2
解西嘉园幼儿园	凯风路357号兴进嘉园小区内	庞燕英	2008.7	194	14	7
欣欣幼儿园	遇龙路2号(原沙河路162号)	陆丽芳	2009.1	132	6	6
贝思特幼儿园	环城西一路29号贝思特幼儿园	王 苴	2009.7	227	14	7
鑫鑫幼儿园	瓦窑东路一号	唐桂秀	2010.3	209	9	5
万福幼儿园	万福路(二附实验小学旁)	刘 芳	2010.6	238	12	7
春天幼儿园	环城南路二路16号	刘亚坤	2011.3	145	10	5
金帆幼儿园	凯风路341号	曾李华	2011.9	183	16	8
七色花幼儿园	遇龙路164号	梁 燕	2012.4	127	6	1
米果果幼儿园	凯风路183号	阳冬妮	2012.4	67	4	4
至德·彰泰城经典幼儿园	环城南二路115号彰泰城小区	康 秦	2012.8	244	18	9
爱心幼儿园	红光小康新村33-2号	蒋冬秋	2012.8	118	6	6
卓启幼儿园	同心路10-1号	黄晓霞	2012.10	173	7	7

续表

名称	地址	学校负责人	开办时间	幼儿人数	幼师数(人)	
					教师	保育员
造纸厂幼儿园	奇峰路9号(平山北村78号)	陈伯荣	2012.11	131	6	4
七彩阳光幼儿园	将军路一巷一号	何箭萍	2013.6	163	13	1
乐康幼儿园	瓦窑平山新村45号	莫伊拉	2013.9	58	5	4
麒麟双语幼儿园	安新小区132号	梁世巧	2013.12	179	12	7
翠竹幼儿园	翠竹北巷7号	龚宏梅	2014.1	226	14	8
喜可多幼儿园	瓦窑西路三巷158号	莫秀玲	2014.1	137	5	5
佰信幼儿园	万福路11号联达山与城小区	王 茸	2014.1	87	8	2
鑫典幼儿园	红光新村213、214号	梁雪芳	2014.1	78	4	2
知扬幼儿园	凯风路80号御林湾小区-19栋	余春英	2014.3	116	12	5
阳光宝贝幼儿园	瓦窑西路二巷2号	盘金花	2014.6	64	4	2
卡恩双语幼儿园	环城南二路18号	陈静静	2014.6	12	2	2
锦泓幼儿园	铁西路2号小区84-1	蒋海源	2015.3	249	16	2
万象幼稚园	建安路6号万象城益佳苑15栋	杨静思	2015.3	128	6	7
小豆豆幼儿园(暂停办园)	瓦窑西路三巷55号	赖国敏	2015.3	0	0	0
至德经典·臻园双语幼儿园	瓦窑路一巷1号兴进·臻园13#楼	梁 芳	2016.9	326	19	10
二附实验小学附属幼儿园	雉山路96号	李朝霞	2016.11	157	13	4
安厦尚城艺术幼儿园	环城西一路12号	韦玉文	2016.11	69	5	3
子兴幼儿园	净瓶路5号	周洪刚	2016.11	78	8	4
晨曦幼儿园	瓦窑村98号	秦黎敏	2016.11	90	6	2
万福龙腾幼儿园	二塘乡下沙河	莫 岑	2016.11	115	6	4
育贤幼儿园	二塘乡红光村委会常家村	雷智英	2016.11	110	5	5
七彩虹幼儿园	茶店路3号	莫海燕	2016.11	208	7	7
贝贝乐幼儿园	象塘路186号	滕毅琦	2016.11	198	7	8
星光幼儿园	瓦窑东路7号	谢湘玲	2017.3	146	6	4
合计64所				9318	551	279

【办学经费】 2017年,象山区公办幼儿园办园经费来源主要有两个途径:一是上级(中央财政、自治区财政及市级财政)拨款,二是收取幼儿保教费政府返还款。民办幼儿园办园经费主要来自收取的保教款,其次是通过申请多元普惠奖补资金,具体金额取决于幼儿园的在园幼儿人数。象山区教育局贯彻落实桂林市教育局《关于提前下达2016年中央和自治区支持学前教育发展专项资金预算指标的通知》文件精神,共投入财政资金367.79万元,用于机关幼儿园、西城路幼儿园、第一八一医院幼儿园、空军空降兵学院幼儿园、75660部队幼儿园、75170部队幼儿园、75160部队幼儿园等7所幼儿园。资金的80%用于各园集中采购设施设备,另外20%下拨到各园进行修缮及改善教职工福利待遇等。根据桂政办文件规定,自治区建立多元普惠幼儿园补助机制,对达到自治区一星级以上的多元普惠幼儿园,按照在园幼儿数给予生均每学年200元的补助。2017年,象山区获得自治区认定一星级以上的多元普惠幼儿园有16所,共3134名在园幼儿,共获得自治区奖补资金62.68万元。根据《广西壮族自治区人民政府办公厅关于创新体制机制加快学前教育发展的若干意见》文件规定,建立集团化办园工作激励机制,被认定为集团化办园示范幼儿园的,每年每园补助10万元。2017年,象山区集团化办园示范幼儿园有3所:桂林市机关幼儿园、象山区铁西幼儿园、象山区西城路幼儿园,共获得补助金额30万元。

【建园审批】 2017年,象山区依照《广西壮族自治区学前教育机构审批管理办法(试行)》,实行幼儿园审批登记和年检制度。2017年共有

天真烂漫的幼儿园小朋友　　甘鸿文　摄于2017年5月14日

51所幼儿园进行了年审。除此之外：有7所幼儿园到期换证；小豆豆幼儿园存在严重安全隐患问题停课整改、桂客幼儿园停办重建，均未参加年审；电厂幼儿园由市局发证不参与城区年审；公办和部队幼儿园不参与年审。2017年取消连续两年评估验收不合格的安心幼儿园办园资格。幼儿园设置按照“因地制宜、规模适度、就近入园、方便接送”的原则，并根据全区城乡建设总体规划、学前教育发展及幼儿园布局规划要求，结合人口密度、生源发展趋势、地形地貌、交通、环境等因素综合考虑，合理布局。年内，象山区审批设立幼儿园1所（星光幼儿园）。变更名称3所：75170部队幼儿园更名为31635部队幼儿园、75660部队幼儿园更名为陆军特种作战学院幼儿园、空军空降兵学院幼儿园更名为95795部队幼儿园。注销幼儿园1所：75160部队幼儿园因部队调防停止办园。

【师资培训】 2017年，象山区制定完善教师队伍培训规划，将幼儿教师培训纳入三年学前教育规划。给中青年幼儿教师搭建展示教学才艺的平台，提高幼儿教师教学能力水平，营造教师钻研教材、研究教学的氛围。年内，象山区组织幼儿园教师参加县区级培训700人（非民办120人，民办580人）、市级培训125人（非民办50人，民办75人）、自治区级培训4人（非民办2人，民办2人）、国家级培训（国培计划—示范性紧缺领域骨干教师培训项目）2人，参加培训的教师全部获得结业证书。6月起，组织幼儿园教师开展撰写教学论文活动，论文以桂林市幼儿教师学习实施《3—6岁儿童学习与发展指南》为主题，共收到教学论文193篇（非民办幼儿园73篇、民办幼儿园120篇）。参加桂林市幼儿教育学会论文评比，获一等奖39篇（非民办幼儿园24篇，民办幼儿园15篇）、二等奖64篇（非民办30篇，民办34篇）、三等奖90篇（非民办19篇，民办71篇）。参加12月桂林市教育学会论文评比，共收到论文190篇。评选出一等奖42篇（非民办26篇，民办16篇），二等奖63篇（非民办23篇，民办40篇），三等奖85篇（非民办34篇，民办51篇）。4月11日—14日，象山区教育局在机关幼儿园、西城幼儿园、铁西幼儿园、95795部队幼儿园、陆军特种作战学院幼儿园、解放军181医院幼儿园开展幼儿园户外游戏观摩活动，了解幼儿园户外活动现状，以问题为导向，研究幼儿园户外活动对幼儿学习与发展的独特价值和意义。6月，根据《桂林市教育局关于举办幼儿教师教学基本功比赛的通知》要求，象山区鼓励全区幼儿教师学习和贯彻落实《3—6岁儿童学习与发展指南》，开展教师岗位训练，提升全区幼儿教师综合基本素质。6月22日—26日，象山区教育局在博雅双语幼儿园举办2017年“最美象山　筑梦起航”幼儿园教师基本功比赛，共有60所幼儿园171位幼儿教师参加比赛。经评委严格评审，评出故事叙述比赛一等奖24名，二等奖33名，三等奖18名。舞蹈比赛：一等奖24名，二等奖24名，三等奖12名。弹唱比赛一等奖11名，二等奖17名，三等奖8名。

（汤健玲　南　芳　梁晓菊　孙美荣）

中小学教育

【概况】 2017年，象山辖区有小学23所，其中公办15所、民办8所；中学9所，其中公办8所（其中逸仙中学为自治区示范性普通高中）、民办1所；特殊学校2所（聋哑学校、培智学校）。小学及二塘初级中学属象山区教育局管理（简称区管），其余学校属桂林市教育局管理（简称市管）。小学教师1244人，其中公办969人、民办275人；小学中级教师681人、高级教师12人。中学教师761人，其中公办714人（区管43人、市管671人）、民办47人。普通学校在校小学生22486人，其中公办小学17825人、民办小学4661人。普通学校在校初中生7205人，其中公办6563人（区管484人、市管6079人）、民办642人。在校高中生3219人。特殊学校教师83人，在校小学生207人、初中生70人、职训生59人、学前生21人。全区小学学龄儿童入学率100%。区管初中毛入学率101.7%、辍学率0.83%、初中毕业生成绩A等率1.9%、毕业生升学率89.2%。辖区初中毕业生成绩A率6.5%，高中毕业生高考大学一本上线率4.7%、大学二本上线率62.2%。

2017年9月启用的崇信龙光小学　　区教育局　供图

【经费】 2017年，象山区公共财政预算（拨款）教育经费14747万元，比2016年（简称同比）增加1415万元，增长10.61%。公共财政预算教育经费支出19216万元，同比增加4791万元。总支出中，人员经费支出11445万元，商品和服务支出1764万元、基建项目支出1133万元，对个人和家庭的补助支出3714万元（其中：退休人员工资2421万元、校园保安人员工资294万元、公积金999万元），教学设备购置1160万元。

【基础建设】 2017年，象山区改扩建将军桥小学、南溪山小学和南溪山小学环西分校、翠竹小学，新建崇善龙光小学和凯风小学万福分校，对全区所有学校校园校舍和运动场进行维修改造。其中，由企业投资约5000万元、规划24个班，招收1080人的崇善龙光小学于9月交付并投入使用，缓解该片区适龄儿童“入学难”问题，同时也发挥区属名校辐射引领作用。加强信息化建设，大力实施教育信息化水平提升工程，创建标准化实验室、示范性图书室和信息化达标校园，为学校购置计算机1914台，小学生机比为11.3∶1；新建多媒体教室8间；多功能阶梯教室2间，完成“三通两平台”（即宽带网络校校通、优质资源班班通、网络学习空间人人通，建设教育资源公共服务平台、教育管理公共服务平台）建设，学校各班级多媒体教学设备配备率和校园网络覆盖率达100%。

【义务教育】 2017年，象山区坚持阳光招生，深化异校交叉招生方式，严禁择校，严控班额，秋季学期共招生2999人，增扩13个班，增加学位585个。全面加强中小学常规管理，提升现代化教育治理水平。充分发挥责任督学挂牌督导工作职能，开展招生入学、违规补课等专项督导，无任何违规现象，办学行为更加规范。

【特殊教育示试点工作】 2015年11月19日，桂林市教育局在民主小学举行桂林市残疾儿童随班就读巡回指导试点工作启动仪式，象山区成为广西唯一残疾儿童随班就读巡回指导试点工作城区。铁路西、回民、南溪山3所小学建立残疾儿童随班就读巡回指导工作室。2017年，象山区坚持贯彻残疾儿童少年确认、登记和组织入学制度，残疾儿童入学率达100%，残疾儿童随班就读在校生64人。象山区致力于打造一支专业化程度较高的特教师资队伍，为特殊群体提供更广阔的教育天地。年内，自治区教育厅举办“广西特殊教育教师课堂教学视频”比赛，象山区回民小学教师苏芝琼获桂林市选拔赛一等奖，获自治区决赛二等奖。南溪山小学教师李诗琪在桂林市特殊教育教师基本功大赛中获得随班就读组一等奖。

【义务教育均衡发展】 2017年，中共象山区委、区政府切实加强对义务教育学校均衡发展工作领导，坚持“教育优先发展”的执政理念，统筹推进义务教育均衡发展。小学、初中综合差异系数分别为0.27、0.28，均达到国家规定的义务教育发展基本均衡县评估验收标准。象山区社会各界对辖区义务教育均衡发展满意度为99.39%，符合国家和自治区规定的要求。通过自治区义务教育均衡督导评估和市级复核，受到评估组的高度赞扬。科学调整规划布局，不断改善学校办学条件。至2017年年末，累计投入10993万元，新建、改扩建学校3所，共增加学位1440个，新增校舍面积22673.8平方米，新增体育运动场地面积5888平方米，新增实验室115间，购置4713.1万元教学仪器设备，添置图书51.2万册，购置计算机2187台。悉心关爱特殊群体，切实保障教育公平公正。确保进城务工人员子女与本地生享有平等接受教育的权利，至2017年年末，共扩班37个，增加1800多个学位。全区残疾儿童少年入学率为100%。实施“两免一补”政策，对贫困家庭、城市低保家庭的中小学生减免课本费。加强教师队伍建设，促进师资校际城乡之间均衡。建立健全教师补充机制，2017年，多渠道招聘教师280人，其中，累计补充英语、音乐、美术、体育、信息技术等学科专业教师62人，有效缓解教师不足的问题。全面落实教师待遇，完善教师交流机制。出台《象山区义务教育阶段学校校长教师交流轮岗工作方案》，遵循因地制宜、合理流动、均衡配置、结构优化的原则，合理配置城乡学校师资力量。全区参加交流的校长、教师达252人。加强学校常规管理，全面推动义务教育内涵发展。全面实行“双线四包”控辍保学工作机制。全区小学、初中巩固率分别为100%、98%。

【教师队伍建设】 2017年，象山区全面加强师德建设，开展师德师风大学习、大讨论，评选“四有教师”“树立廉洁家风”等系列主题教育活动，提升师德水平。辖区优秀校长蒙艳、党员教师代表李彩虹成为象山区道德模范先进人物进校园专场基层巡讲团成员，通过讲自己的故事，弘扬社会主义核心价值观，听众千余人。重新核定公办中小学教职工编制数，盘活用好中小学教师存量，补充教师48人(其中研究生1人，大学本科34人、专科13人)。全面开展校长、教师交流轮岗工作，引导校长教师在城区中心学校与边远薄弱学校之间流动，参与人数达249人次，有效促进校际间师资均衡发展。继续以“象山教师发展中心”为平台，统筹推进“三名工程”“草根名师”“新教师培训”三级梯次人才培养，形成教师培训链。全年共开展新教师普通话、书记技能集中培训235人。“语文工作室”先后在象山、吴江两地开展集中培训2次，20名学员参加江苏省“组块单篇阅读教学专题”集中研修。“数学工作室”先后在杭州、象山集中培训2次、网络研修7次。组织辖区38名校级领导赴广州开展绩效管理、团队建设和团队凝聚力、学校管理制度和财务管理制度的专题培训。经过分级分层培训，共培养出草根名师、教坛新秀200多名，骨干教师总量占全区教师总数近25%。年内，象山区教师在市级各类比赛中获奖达100多人次；获自治区教学教研课题立项1个，市级立项12个，课题结题优秀成果奖10个。

【教育惠民】 2017年，象山区继续推进学生信用助学贷款工作政府化。按照《象山区国家生源地信用助学贷款精细化管理工作实施方案》，落实象山区政府办、区委宣传部、区司法局、绩效办、财政局、政法委、公安局、二塘乡政府、3个街道(南门、象山、平山)办事处主体责任，进一步健全象山区学生资助的立体工作网络。加强贷后管理，开展“七个一”活动(发放一套宣传资料，召开一次贷前培训会，参与一次爱心回馈活动，组织一次真情回访活动，开展一系列亲情上门服务，与受助学生毕业前进行一次电话联系，成立一个贷款催还小组)，优化细致管理服务，推动象山区信用助学贷款工作良性发展。全年签订生源地信用助学贷款合同338份，发放贷款238.25万元。全年还款162人，金额136.3万元，还款回收率达到100%，投诉率为0，其中提前回收未到期合同205份，回收本息120.3万余元，提前还款人数占全年还款人数比为43.32%，大大降低区政府债务压力和违约风险。完成辖区建档立卡贫困户子女免除保育教育费(简称：免保教费)的审核和发放工作。春季学期共19名儿童申报并得到免保教费资助，资助金额1.9万元，秋季学期共23名儿童申报并得到免保教费资助，资助金额2.3万元。全年共计资助42人次，资助4.2万元。发放高等学校毕业生学费和国家助学贷款补偿资金2.12万元。

2017年5月26日，力创小学李静老师参加桂林市师德师风演讲比赛

区教育局　供图

表 11

2017 年 12 月象山区公办小学情况表

名　称	地　址	校　长	创办时间	学生人数	教师人数	职工人数	中级教师人数	高级教师人数
崇善小学	崇善路 3 号	刘　萍	1937 年	995	65	3	53	2
二塘中心校	二塘乡二塘村	蒙　然	1937 年	1410	102	1	33	—
民主小学	民主路 13 号	农　艳	1938 年	922	56	—	46	2
回民小学	民族路 171 号	白　杜	1940 年	1057	58	1	44	—
逸夫小学	雉山路 31 号	梁韵馨	1946 年	713	35	—	24	—
将军桥小学	崇信路 16 号	雷敏荣	1953 年	2376	118	1	81	2
平山第二小学	平山北路 8 号	肖桂南	1957 年	536	28	1	16	1
南溪山小学	中山南路 42 号	龙骧嗣	1961 年	1263	68	1	54	—
大风山一小	万福路 16 号	莫玉霜	1963 年	589	30	—	22	1
平山小学	净瓶路 8 号	陈　萍	1964 年	2952	140	1	94	1
凯风小学	凯风路 72 号	龙宗义	1981 年	527	29	—	26	—
铁路西小学	铁西一里 14 号	林芷茵	1986 年	1920	97	1	71	1
宁远小学	安新北路 9 号	蒙　艳	1991 年	765	50	1	43	—
力创小学	将军路 76 号	秦秀峰	2002 年	1144	59	1	37	—
翠竹小学	翠竹路 24 号	黄桂香	2008 年	656	34	—	23	1
合计 15 所				17825	969	12	667	11

表 12

2017 年 12 月象山区民办小学情况表

名　称	地　址	学　校 负责人	创办 时间	学生 人数	教师 人数	职工 人数	中级教师 人数	高级教师 人数
凌云小学	遇龙路 108 号	陈平亮	1993.09	237	14	2	0	0
建安小学	瓦窑路一巷 3 号	唐　凯	2002	1334	55	21	8	0
仁河小学	电厂路 6 号	盘金花	2003	253	10	2	0	0
桂山小学	环城西一路	唐　芳	2006	181	12	1	1	0
博雅双语学校	万福路 4 号	卢官光	2007.05	642	53	48	0	0
国慧小学	瓦窑西路二巷 6 号	黄艾青	2013.11	405	17	7	0	0
晨阳小学	瓦窑一巷 3 号	曹　燕	2014.09	572	31	4	0	0
二附实验小学	万福路	莫玉霜	2014	1037	83	80	5	1
合计 8 所				4661	275	165	14	1

表 13

2017 年 12 月象山辖区中学统计表

	校名	地址	学校 负责人	创办 时间	专任 教师 人数	在校 学生 人数	初中生 人数	高中生 人数	大学一 本率 %	大学二 本率 %	A 率 %
区管公办	二塘初级中学	象塘路 188 号	蒙　勇	1969 年	43	484	484				1.9
市管公办	逸仙中学	中山南路尚智巷 15 号	蒋向东	1938 年	110	1443		1443	6.3	91	
	民族中学	民主路 9 号	刘树亮	1938 年	90	1322	1322	0	0	0	6.5
	第八中学	凯风路 359 号	陈永刚	1964 年	127	1895	999	896	3	59	7
	第十一中学	凯风路 343 号	陆晓东	1970 年	87	1356	1356	0	0	0	9.3
	第十二中学	翠竹路 25 号	雷小桃	1971 年	55	398	398	0	0	0	3.8
	第十六中学	将军路南巷 9 号	张克刚	1982 年	68	1072	1072	0	0	0	1
	第十七中学	西环路铁西一里 10 号	阳玉霞	1992 年	134	1812	932	880	0	36.7	2.8

续表

	校名	地址	学校负责人	创办时间	专任教师人数	在校学生人数	初中生人数	高中生人数	大学一本率%	大学二本率%	A率%
市管公办小计7所					671	9298	6079	3219			
公办合计8所					714	9782	6563	3219			
市管民办	城楠中学	凯风路341号	曹　燕	2013年	47	642	642				20
市管合计8所					718	9940	6721	3219			
总计9所					761	10424	7205	3219	4.7	62.3	6.5

注：1.A率：除掉体育成绩，初三A等成绩的学生／初三总人数 ×100%

表14　**2017年12月象山辖区特殊学校统计表**

校名	地址	学校负责人	创办时间	专任教师人数	在校学生(人)				
					总数	学前	小学	初中生	职训生
聋哑学校	象山区雉山路7号	程　斌	1942年	42	149	12	81	24	32
培智学校	象山区雉山路7号	曾立华	1991年	41	208	9	126	46	27
合　计				83	357	21	207	70	59

注：聋哑学校于2014年10月搬迁至现址。

【中学简介】 2017年末，象山辖区有中学9所，其中，公办完全中学3所、公办独立初中5所，民办初中1所。

二塘初级中学　位于象山区象塘路188号，创办于1969年，原名二塘五·七中学，1977年更名为桂林市二塘初级中学，校园面积13496平方米。配备有多媒体教学展示平台、液晶投影仪、数码展示台等先进的教学设备，拥有电教室、阅览室、微机室、理化生实验室、运动场等齐备的教学辅助设施，图书室藏书近万册，各类学科仪器配备达二类标准。2017年，有教学班12个，专任教师数43人。2017年参加中考人数127人，其中一等成绩3人，二等成绩5人；考入桂林中学(简称桂中)3人，桂林市第十八中学(简称十八中)2人，广西师大第一附属中学(简称一附中)6人。

桂林市逸仙中学　位于象山区中山南路尚智巷15号，创建于1938年，学校占地面积43500平方米，现有教学班30个，学生1443人，专任教师110人。2013年，桂林市逸仙中学(位于民主路9号)与桂林市第七中学合并，高中部迁至原第七中学校址，沿用桂林市逸仙中学名称。2015年1月，逸仙中学通过自治区示范性普通高中验收评估。2017年，高考参考人数468人，一本上线29人，二本上线426人。

桂林市民族中学　位于象山区民主路9号，创建于1938年。2013年，桂林市逸仙中学与桂林市第七中学(位于中山南路尚智巷15号)合并，初中部位于原逸仙中学校址，临时名称桂林市逸仙实验初中。2016年1月，逸仙实验初中定名为桂林市民族中学(逸仙中学与民族中学教师统一调配)。学校毗邻象鼻山。校园占地面积4.2万平方米，建筑面积近2万平方米。学校建有250米环形塑胶跑道、体育馆、教学楼、实验楼、综合办公大楼、文化长廊等。2017年，学校有教学班29个，学生1322人，教职工100人，有专任教师90人，本科学历及以上83人，中级职称及以上78人。有广西基础教育名师、桂林市首届科研带头人、市第二批学科带头人、市教学能手、市园丁工程B、C类人才、市“青蓝工程”骨干教师、市“现代教育技术”骨干教师、市名师工作培养对象、市千名骨干教师培养对象共25人。2017年中考参加人数391人，总成绩一等率6.46%，二等率12.08%，被示范性高中录取共110人，占30%，普通高中录取率为70%，上述两项指标均列市区公办初中前列。

桂林市第八中学　位于象山区凯风路359号。创建于1964年9月。自治区普通高级中学一级学校。学校占地面积约3.44万平方米，建筑面积21576平方米，校园绿化面积14448平方米，校园绿化率约42%，是桂林市首批命名的“绿色学校”“卫生学校”。2004年、2009年分别被评为“自治区绿色学校”“自治区卫生学校”。2017年，有教学班37个，其中初中班19个、高中班18个，初中生999人、高中生896人。住校生约300人。有专任教师127人，高级教师53人、中级教师60人。2017年参加高考人数301人，其中一本上线4人，二本上线162人。参加中考学生315人，其中一等成绩8人，二等成绩25人；考入桂中18人，十八中20人，一附中13人。

桂林市第十一中学　位于象山区凯风路343号，学校创建于1970年，占地面积5万平方米，校舍总面积9969平方米。2017年有教学班24个(其中9个住宿班)，学生1356名；教职工99人，其中专任教师87人。2017年参加中考人数386人，取得一等成绩37人、二等成绩40人；考入桂中19人，十八中36人，一附中12人，一等率名列市公办初中第一。

桂林市第十二中学　位于象山区翠竹路25号，创建于1971年，占地面积2.3万平方米，校舍总面积5142平方米。2017年有教学班11个，学生398名，教职工62人，其中专任教师55名。生源60%以上来自进城务工人员子弟。2017年参加中考人数150人，其中一等成绩5人，二等成绩17人；考入桂中10人，十八中6人，一附中2人。

桂林市第十六中学　位于象山区将军路南巷9号，创建于1982年秋，其前身为桂林量具刃具厂子弟学校。占地面积20042平方米，校舍建筑面积6492.4平方米。2017年，有教学班20个，在校学生1072人，专任教师数68人。2017年参加中考学生318人，其中一等成绩3人，二等成绩15人；考入桂中7人，十八中5人，一附中4人。

桂林市第十七中学　位于象山区环城西一路铁西一里10号，创建于1992年。是广西普通高级中学一级学校。学校占地面积26466.4平方米，校舍面积12618平方米。2017年有教学班36个，学生1812名，教职工143人，专任教师134人。有高级教师43人，一级教师74人。有桂林市学科带头人3人，桂林市教学能手11人。学校建有现代化录播室1个，多功能讲台37张，全新机器人工作室1个，学生电子阅览室1个。有体育馆1座，环形塑胶跑道250米，丙烯酸篮球场。2017年参加高考人数289人，其中二本上线77人；参加中考学生251人，其中一等成绩7人，二等成绩25人；考入桂中11人，十八中8人，一附中12人。

城楠中学　位于象山区凯风路341号，其前身是桂林市桂花初级中学。2013年11月经桂林市教育局批准正式更名为桂林市城楠中学。校园面积13988平方米，校舍总面积11030平方米。学校有初中教学班14个，教职工69人，专(兼)职教师47人。2017年参加中考人数130人，其中一等成绩26人、二等成绩36人；考入桂中8人，十八中7人，一附中8人。

（莫姿艳　刘　艺　熊　灵　王奕文　段静莹　黄艳芳）

中等职业教育

【概况】 2017年，驻象山辖区中等职业学校4所，共开设30多个专业，在校学生14172人，教职员工562人，毕业生3840人。建成中等职业教育训练基地7个，桂林市卫生学校获“2017年度广西八桂职教网新闻宣传优秀组织奖”，并被评为“广西医科大继续教育学院教学点教学管理先进集体”。

【桂林市卫生学校】 1962年创办，分为民主路、临桂和雁山三个教学区。学校为国家级重点中等职业学校和广西首批示范性中等职业学校、“广西中等职业学校教科研20强”学校、全国德育工作先进集体、广西和谐学校。学校严格按照教育部颁布的专业目录和专业设置管理办法开设专业，现有护理专业、助产专业、药剂专业、检验专业、制药技术专业。实验实训室70间，实训工位数2850个，实训基地面积5700平方米。2017年学校使用2016年第三批现代职业教育质量提升计划中央专项资金300万元，为民主路校区购置交互式一体机教学设备15套，改造和建立录播教室、云教室各1个，改造校园舞台，建立专业技能展演台。2017年，雁山校区项目建设投入资金1600多万元，用于基础设施建设、附属工程建设、教学设备购置和办公设备购置。2017年，有专职教师180人，在校学生6000人，各类专业毕业生1301人，就业率95%，就业地区主要有广西、广东、湖南、贵州等省(区)。年内，学校获“2016年度桂林市职业教育与成人教育先进单位”“2015—2016年桂林市学校卫生工作先进单位”“2016年桂林市学校艺术教育工作优秀单位”“2016年度桂林市教育系统普法依法治理工作先进集体”“桂林市2016年‘平安校园’”“2016年桂林市中小学安全工作先进单位”“2017年度广西八桂职教网新闻宣传优秀组织奖”“广西医科大继续教育学院教学点教学管理先进集体”等奖励。

【桂林市第二技工学校】 1978年12月创办，位于象山区象塘路266号。是自治区级重点技工学校、“农民工就业转移品牌培训基地”和

表 15　　2017 年 12 月象山辖区中等职业学校情况表

名称	地址	学校负责人	创办时间	学生人数	当年毕业人数	教职工数(人)	
						教师	职工
桂林市卫生学校	民主路万寿巷	唐耀国	1962 年	6000	1301	180	7
桂林市第二技工学校	象塘路 266 号	李金河	1978 年	2103	792	121	23
广西桂林商贸旅游技工学校	相人山路 2 号	宋成多	1979 年	1974	540	122	28
广西城市建设学校	环城南二路 121 号	陈静玲	1991 年	4095	1207	139	14
合计				14172	3840	562	72

"创业培训基地"。2017 年年末，有专职教师 121 人，其中具有高级职称 17 人，中级职称 34 人，高级技师 13 人，技师 18 人；在校学生 2103 人。学校设有机械加工、3D 打印、工业机器人、机电一体化、汽车修理与驾驶、电工电子技术、计算机应用与平面设计、电脑财会、幼儿教育、旅游服务、列车乘务等专业，其中汽车修理与驾驶专业被评为自治区示范专业。与广西师范大学、桂林电子科技大学、桂林航天工业学院联合开办成人专科、专升本函授学历教育。2017 年，完成 2997 人次技能短期培训及鉴定工作，培训及鉴定内容有维修电工、电焊工、创业培训、汽车驾驶员、育婴师、保育员等专业。年内，学校师生参加全国中等职业学校"文明风采"竞赛获二等奖 1 个、优秀奖 1 个；参加自治区中等职业学校"文明风采"竞赛获一等奖 3 个、三等奖 5 个；参加自治区技工院校文化艺术节活动获一等奖 2 个、二等奖 4 个、三等奖 6 个；参加桂林市中等职业学校学生技能比赛获二等奖 3 个、三等奖 5 个。

【广西桂林商贸旅游技工学校】 1979 年创办，原名广西桂林供销技工学校，位于相人山路 2 号。是省部级重点技工学校，自治区级文明单位，桂林市农产品经纪人十大劳务品牌培训基地，自治区农民工培训实训基地。学校占地面积 19432 平方米，校舍面积 25727 平方米。2017 年，学校有专职教师 122 人、企业兼职教师 15 人；高级讲师 12 人，高级实习指导师 2 人，高级技师 22 人，"双师型" 教师 29 人；全国饭店行业技术能手 1 人，自治区技工院校学科带头人 5 人，自治区技术能手 2 人，自治区优秀指导教师 5 人。学校获批广西中等职业教育第三批示范特色学校建设项目及现代职业教育质量提升计划中央专项资金 500 万元。年内，学校综合实训楼项目竣工，总建筑面积 3280.8 平方米。学校开设有中式(西)烹调、中西糕点制作、旅游服务与管理、导游服务与管理、幼儿教育、电脑与财会、电子商务、计算机操作与网络应用、市场营销、中华茶艺、美容美发与形象设计、酒店管理、汽车装饰与美容等十多个专业。其中中式(西)烹调、中西糕点制作、导游服务与管理、中华茶艺被评为自治区示范专业。与广西师范大学、桂林旅游学院、广西经贸职业技术学院、桂林师范高等专科学校联合办学开办成人专科、本科教育。2017 年，有在校学生 1974 人，毕业生 540 人，就业率 98%，就业地区主要在广西、广东和浙江等地。年内参加职业能力鉴定 561 人，合格率为 90%。学生参加全区技能比赛获一等奖 1 个，二等奖 4 个，三等奖 5 个，教师参加全国技能大赛烹饪专业比赛获金奖 2 个、银奖 3 个，教师周林泽参加"2017 年 FHC 中国国际烹饪艺术比赛"获三等奖。

【广西城市建设学校】 1991 年创办，学校分为桂林市环城南二路校区(环城南二路 121 号)和临桂会仙镇校区(在建中)。隶属自治区住房和城乡建设厅，属国家级重点、自治区示范特色中等职业学校，是国家教育部、建设部确定的建设行业技能型紧缺人才培养培训基地，广西建设领域初、中级专业技术和技能型人才的重要培养基地。学校开设建筑工程施工、工程造价、建筑设备安装、道路与桥梁工程施工、建筑装饰、市政工程施工、建筑表现等 7 个专业。其中"建筑工程施工专业"和"工程造价专业"为自治区级示范专业。2017 年有教职工 153 人(其中专任教师 139 人)。其中高级讲师 42 人，讲师 74 人；在校学生 4095 人(其中全日制学生 3128 人)，年内招收新生 1615 人(其中全日制普通中专生 1163 人，成人教育 452 人)。2017 年，各专业毕业生 1207 人，一次性就业率为 92%。学校设有广西住建厅职工培训中心桂林分中心、广西建设职业技能鉴定总站桂林分站、广西建设职业技术学院桂林教学实训基地、昆明理工大学桂林函授站等机构。　(苏　耿)

科技　文体

KEJI WENTI

2017 年 1 月，央视春晚桂林分会场之水月天仙　　区委宣传部　供图

科　技

【概况】 2017年,象山区科学技术局(挂知识产权局)在岗人员4人。年内,象山区充分发挥科技支撑引领作用,为经济可持续发展提供有力支持,科学技术改造等多项指标有较大突破,特色农业初见成效。按"三园一体"思路,引进桂禾农场等生态农业与观光旅游结合项目,扶持万福益通生态农庄扩建,在开发高科技农产品种植技术和拓展休闲农业经营模式上做出了尝试。加大对四合葛根、淮山等特色农产品的推广力度,四合葛根品牌稳步做大;北芬金藤葡萄园深加工生产线建设初见成效;金红德花卉示范基地规模进一步扩大,生态休闲农业初具规模。积极开展科普活动,结合"科技、文化、卫生三下乡""4·26"世界知识产权日、5月科技活动周、10月科普大行动开展科普宣传,让科学深入基层、深入群众,营造人人学科学用科学的良好氛围。强化科技管理与服务,积极为企业解决科研项目和资金上的困难,全年共为辖区企事业单位和个人争取上级科研经费591万元。加强知识产权管理,积极协助企业做好专利申请和知识产权保护工作。象山门业、昊锐汽车2家企业完成发明专利科技成果转化,蓝天科技、嘉威科技2家公司成功申报国家高新技术企业并获得认定。

【科普活动】 2017年,象山区初步形成政府主导、部门协作、社会参与的科普工作新格局。全区投入2.9万元,在社区、乡村利用广播、电视、报纸、板报,电影(60场)等形式宣传科普知识,把科学技术渗透到基层、渗透到农村。一是农村科普。坚持开展"科技、文化、卫生"三下乡、科技活动周和十月科普大行动等活动,组织科技工作者深入田间地头和街道,向人民群众宣传科技。发放科普宣传资料1万多份,为群众义诊达300多人次,受益农户1500多户。农林水产、医药等部门,开展农村适用技术培训。做好大棚蔬菜新品种试验和大棚花卉种植技术推广,传授葛根、淮山种植技术,葛根种植规模进一步扩大,达133.3公顷。二是科普进社区。围绕科技活动周、十月科普大行动,利用社区讲坛、文化广场、市民活动中心等阵地,举办科普讲座、科普展览、科普文艺、读书节等群众喜闻乐见的活动,宣传节约资源、保护生态、改善环境、安全生产、应急避险、健康生活、合理消费、循环经济等活动,参与群众1800多人次。三是青少年科普教育。开展科普讲座、科普夏令营、学生社会实践等青少年科普活动,促进科学融入教育。在学校举办青少年科技创新大赛、机器人比赛、七巧科技系列比赛、科普报告百校行、防震减灾科普知识竞赛,参与活动的中小学生超万人。

【科研项目】 2017年,象山区认真抓好科技项目申报、管理及实施工作。利用辖区资源优势,组织有关单位向上级申请科技项目,并取得良好成效。全年辖区行政、企(事)业单位共获得自治区技术研究与开发项目6项,自治区以上科技扶持资金144万元:桂林市科学技术局(知识产权局)专利执法体系建设和能力提升(承担单位桂林市科学技术局)、轮胎设备智能化关键技术专利微导航(承担单位桂林橡胶机械有限公司)、优利特临床检验产品专利导航建设(承担单位桂林市持衡专利商标事务所有限公司)、桂林航天电子微导航(承担单位桂林航天电子有限公司和桂林市持衡专利商标事务所有限公司)、房产家装家居建材产业VR网页版与AR技术应用系统(承担单位桂林爱家一购股份有限公司)、桂林市高新技术企业认定服务(承担单位桂林市科学技术情报研究所)。获

2017年12月1日,嘉威科技有限公司负责人向象山区副区长林莉(左一)讲述企业申报高新技术企业情况　　区科技局　供图

桂林市科学研究和技术开发开发项目 11 项，科技扶持资金 447 万元：橡胶及精细化工产品关键技术研究与应用（承担单位桂林橡胶机械有限公司）、人口健康安全技术开发与应用研究（承担单位桂林人民医院、南溪山医院、第一八一医院、桂林市中医院、桂林银海医院）、高新技术企业发展（承担单位广西蓝天科技股份有限公司、桂林爱家一购股份有限公司）、重点实验室及培育基地建设（承担单位第一八一医院）、生产力促进中心等公共技术服务培育（承担单位桂林市生产力促进中心）、计划管理（承担单位桂林市科学技术局）、知识产权能力提升（承担单位北京轻创知识产权代理有限公司桂林分公司）、软科学研究（承担单位桂林市委党校）。

【发明专利申请】 2017 年，桂林市下达象山区发明专利申请量 486 件。为圆满完成任务，象山区制定相应措施，安排专项工作经费，采取购买服务形式，与北京轻创桂林分公司合作，深入走访企业现场解决问题并全程提供服务。至 12 月底，全区完成发明专利申请 653 件，每万人拥有量 10.95 件，超额完成全年目标任务。　　（吴保根）

文化·体育

【概况】 2017 年，象山区文化体育局（简称象山区文体局）下设象山区文化馆、象山区文化市场综合执法大队，在岗人员共 11 人，其中文体局 2 人，文化馆 5 人，文化市场综合执法大队 4 人。年内，象山区文化体育工作围绕区委、区政府提出的建设“和谐、宜居、幸福新象山”目标，努力完善公共文化体育服务体系，开展群众文化和全民健身活动，规范文化市场秩序，狠抓文化体育各项工作落实。年内，共办理行政许可事项 25 项，其中审批设立歌舞娱乐场所 2 家、游艺娱乐场所 2 家，变更娱乐场所 2 家，娱乐场所延续换证 17 家，批准设立网络咖啡厅 1 家，变更网络咖啡厅经营场所 1 家。至年末，全区共有文化体育经营场 324 家，其中电影院 5 家、网吧 22 家、歌舞娱乐场所 19 家、游戏游艺场所 5 家、文艺表演团体 1 家、演出经营机构 1 家、艺术品市场 1 家，体育经营场所 270 家。群众健身路径 27 处。

【文体设施】 2017 年，结合创建全国文明城市活动，象山区维修、更新群众体育健身器材 300 多件，新建平山街道同心、平山 2 个行政村农家书屋，并分别购置图书、DVD 光碟和各种报纸杂志共 432 种 458 本（碟）。争取中央补助地方公共文化服务体系建设专项资金 2.4 万元，给辖区农家书屋补充更新图书 600 多册，以解决农村群众“买书难、借书难、看书难”问题。至年末，象山区文化基础设施建设日益完善，拥有象山区文化馆，象山街道办事处文化活动中心，凯风社区、力创社区文化活动室，二塘乡综合文化站，3 个村级公共服务中心，6 个农家书屋，12 个篮球场，15 个乒乓球场，5 个大型文化广场。

【公共文化建设】 2017 年，象山区文化馆电子阅览室、小型图书室、声乐、器乐、书法、美术等排练厅常年免费对群众开放，每天开放时间平均 8 小时以上，全年受惠群众约 3 万人次，丰富基层群众业余文化生活，保障基层百姓享有基本文化权益的权利，突出文化馆公益性的主体地位。10 月 26 日—27 日，象山区在将军桥小学组织太极拳和八段锦志愿者培训及三级社会体育指导员培训。年内，区文化馆免费组织声乐、健身操（舞）、美术、书法、国画、乐理、视唱练耳、化妆美容、戏曲、彩调等骨干队伍培训 34 期，培训时间 68 天，参加培训和免费观览人员达 1100 多人。

【群众文化活动】 2017 年，象山区群众文化活动丰富多彩。主要有文化、科技、卫生“三下乡”暨中共十八届六中全会、自治区第十一次党代会精神宣讲进乡村活动，“壮族三月三、和谐在二塘”民族节庆活动，“相聚龙船坪、共庆三月三”活动，“三月三”美食介绍和民族知识抢答，“三月三”山歌对唱、壮乡舞蹈表演、魔术表演、少儿模特服装走秀、竹竿舞、搏击操、少数民族歌舞独唱等民族民俗展示，桂林市“百姓大舞台周末大家乐”象山专场，“象山区创建全国文明城市侗情水庄专场文艺会演”，桂林市矿物晶体——鸡血玉大型展览，第六届全国九城艺术联展，道·艺——杨帆画展，第九届“魅力南门——喜迎十九大”群众文艺会演，“活力平山”文化会演，第十二届“相约桃江”文化会演，第五届“火热二塘”群众文艺会演，“喜迎十九大感恩祖国”歌咏比赛，“重阳敬老爱老·弘扬传统美德”文艺演出，“漓水象山情迈向新时代”象山区宣传贯彻党的十九大精神文艺会演等活动 12 场次，参演人员 790 人次、观众 8400 人次。10 月—12 月，象山区文体局、区文化馆先后组织戏曲进校园活动 12 次，普及地方戏曲基本知识，传承地方戏曲精粹，推动中小学师生学唱、爱唱、会唱、唱响家乡戏曲。

象山区组队参加桂林市第38届“漓江之声”比赛，将军桥小学原创节目《奶奶收鸡》获“小把爷专场比赛”一等奖，区文化馆选送的原创作品《我的不靠谱老爸》获“戏曲、小品专场比赛”一等奖，同时，象山区还获二等奖5个、三等奖2个，被评为优秀组织单位。

【象山水月文艺会演】 2017年9月21日，象山区在万福广场举办以“喜迎十九大、创建全国文明城”为主题的象山区第29届“象山水月”暨民族大团结文艺会演。现场近千人齐声诵读《桂林市民文明公约》。演出文艺节目12个，观众约2000人。演出节目均由区机关各部门、二塘乡、各街道办事处选送，大多数为基层原创作品，有舞蹈、小品、彩调、女子小合唱、女声三重唱、女声独唱等多种表现形式。富有童趣且极具彩调特色的《奶奶收鸡》少儿彩调歌舞表演，体现父子情深的《我的不靠谱的爸爸》小品、手与手之间灵活地表现笋儿特征的《笋儿尖尖》，瑶、壮、侗等多民族服装T台走秀等特色节目赢得现场观众一阵阵掌声。

【中央电视台春节联欢晚会桂林分会场】 2017年中央电视台春节联欢晚会南方分会场花落桂林象山景区。这是桂林第一次，也是广西首次。1月27日除夕之夜，自治区、桂林市有关领导及2000多名观众在桂林分会场观看演出。分会场舞台主视觉区域呈现的红帆、渔火是两江四湖景区内著名的人文景观的再现，将象鼻山作为舞台的背景，更是把“中国山水名片”再一次展示给全球观众。当晚，桂林分会场共演出节目12个。其中歌舞节目《歌从漓江来》《带上月光上路》由中央电视台向全国、全球直播。歌舞《歌从漓江来》，身着盛装的各族儿女敲着铜鼓，吹着芦笙，舞着灯笼，在山水舞台上欢歌纵舞。铜鼓、壮锦、芦笙、绣球、漓江竹筏等广西元素一一呈现到观众眼前。节目展现出的实景，实现桂林甲天下的山水与浓郁的民俗风情、深厚的历史文化底蕴以及现代舞台灯光艺术完美融合，给全国和全球观众以精美绝伦的艺术和视觉享受。达到中宣部、中央电视台给桂林分会场提出的“央视春晚、最美桂林”目标。1月28日，中央电视台鸡年春节联欢晚会节目收视率榜单出炉，《歌从漓江来》《带上月光上路》以36.27%的收视率，位列中央电视台春节联欢晚会42个节目收视率第五名，居4个分会场(哈尔滨、上海、凉山、桂林)之首。

【文化市场管理】 2017年，象山区出动执法人员2554人次，检查文化类经营单位662家次，立案调查12件，办结12件，罚没款3.2万元，收缴校园周边违规销售的非法印刷品儿童“彩票”1000多张、摆放在商铺门外具有赌博功能的游戏机2台，收缴侵权盗版音像制品400张，收缴商家非法销售的卫星地面接收设施50个。执法大队积极联合公安、安监、工商、消防等相关部门，采取集中整治方式，加强对文化市场的监管力度。先后开展“春节、元宵节期间文化市场集中整治行动”“非法地卫接收设施的专项行动”“暑期文化市场百日集中整治行动”“国庆节文化市场集中治理行动”“校园周边环境集中治理行动”“安全生产专项整治行动”“十九大期间安全保障专项整治行动”“扫黄打非”等专项整治行动，有力打击了违法违规经营行为，确保文化市场繁荣健康有序发展。

【书法】 2017年5月1日—3日，由《成都商报》《新闻晨报》《现代快报》《都市快报》《楚天都市报》《山东商报》《华商晨报》《华商报》等九家省会都市报共同发起成立的艺术推广平台——全国九城艺术联展(简称“九城展”)举办的第六届艺术画作展览在桂林瓦窑工社展出。桂林站展览汇聚了广西区内外72位知名艺术家的近100多件精品力作，观众约3000人次。

2017年3月30日，象山区举办“三月三”民族文化节　　区委宣传部　供图

"青年艺术100"组委会特别筛选10位青年艺术家的数十件优秀作品，包括水墨画、水彩画、水粉画随同"九城展"展出，获普遍好评。6月17日起，在瓦窑工社举办杨帆全国个人画作巡回画展，展期半个月。共展出杨帆书画作品70幅，观众达2000人次。6月26日，"书意桂林翰墨新传"象山区中小学师生书法讲座暨传统文化进校园启动仪式在平山小学举行。谢光辉教授围绕最基础的书法笔画"横"与"竖勾"为重点，以提问、演练、点评等方式与同学们展开积极的互动交流。

【文物保护单位】 2017年，象山区有全国重点文物保护单位3个，自治区级文物保护单位3个，桂林市级文物保护单位9个。

【地方志工作】 2017年，象山区地方志编纂委员会办公室（简称区志办）有专职人员4人（在职1人、借用1人、聘用2人），具体负责象山区地方志工作。年内，区志办全面推进《象山区贯彻落实〈全国地方志事业发展规划纲要（2015—2020年）〉实施细则》（简称《实施细则》）落实，完成《象山区年鉴（2016）》和《象山区年鉴（2017）》出版发行工作。其中，《象山区年鉴2017》实现当年启动当年出版，提前一年实现《实施细则》规定要求。按《实施细则》规定，年内，区志办首次开展地情资料年报工作，征集并汇编辖区机关和企事业单位2016年度地情资料共18册。全年志书年鉴交流达40册。先后在桂林地情网、志说桂林微信网发表《象山区又一个观光休闲景区建成》《临桂历史人文景观》《寻访万年前的桂林人》；曾志明撰写的论文《浅析年鉴为续志提供基础资料的依据和途径——以桂林续志和同期年鉴为例》在《广西地方志》2017年第5期发表。年初，甘鸿文获评2016年度桂林市地方志系统先进个人。

（甘鸿文）

【《中共象山区历史》（第一卷）出版】 2017年9月，由象山区党史办公室编撰的《中国共产党桂林市象山区历史》（第一卷）出版。该书全面记述中共象山区委加强自身建设、经受各种考验而不断发展壮大以及象山区人民在中共象山区委领导下进行社会主义革命和建设的曲折历程，鲜明反映象山辖区政治、经济、社会的深刻变化。是一部准确把握中共象山历史发展的

表16　**2017年象山区文物保护单位表**

序号	名　称	年　代	所在地	级别	公布时间
1	李宗仁官邸	民国	文明路4号	国家	1996-11
2	甑皮岩洞穴遗址	新石器时代	独山	国家	2001-06
3	南溪山摩崖石刻	唐—清	南溪山	国家	2001-06
	象鼻山摩崖石刻	唐—清	象鼻山		
	雉山石刻	宋—清	雉山		
	南溪山三清神像	清	南溪山玄元洞		
4	舍利塔	唐—明	万寿巷	自治区	1963
5	普贤塔	明	象鼻山顶	自治区	2000-07
6	虹桥（坝）	明	宁远河北口	自治区	2009-5
7	云峰寺	清	象鼻山西麓	市	1966
8	清真寺	清	崇善路1号	市	1982
9	圣母池	明	东安路	市	1987
10	秦霖纪念碑	民国	桂林园林植物园	市	1984-10
11	周元纪念塔	民国	桂林银海纺织集团有限公司	市	1998-02
12	罗盛教烈士陵园	1959年	75120部队营区	市	1998-02
13	象鼻山抗战遗址	民国	象鼻山	市	2013-12
14	桂林三花酒窖	明	象鼻山	市	2013-12
15	刘氏墓	清	桂林园林植物园黑山西麓	市	2013-12

主题、主流和本质的权威性党史基本著作，在资政、育人、存史方面有着一定的积极作用。全书采用编年体体裁，共30多万字。主要内容有：象山区成立以来组织机构的变迁和重要人事调整；辖区经济建设；社会主义物质文明和精神文明建设的重大成就；中国共产党组织在象山区的建设；区委贯彻执行党的路线、方针、政策和国家法律法规及上级指示的情况；其他重大事件。（黄义峡）

2017年5月21日，象山区举办"龙光·普罗旺斯"杯超级越野摩托场地赛

区委宣传部 供图

【档案工作】 2017年，象山区档案局在岗人员共3人（政府办主任兼档案局长，副局长1人，聘用1人）。年内，接收全区48个全宗单位各类档案6137件，馆藏档案达到10.38万件。新增婚姻、收养等民生档案3330件，馆藏民生档案达到4.78万件，占馆藏总量46%。对全区48个全宗单位及社区、村委档案合格率100%，其中，优秀单位25个。

2017年，象山区档案局扫描重要全宗和民生档案资料共31.31万页，累计扫描9万件，占馆藏总量87%。扫描件全部与目录数据库挂接，提高检索速度。根据档案开放相关规定，经立档单位和档案开放鉴定领导小组审核同意，馆藏1987年共19个全宗268件现行档案为象山区第六批开放档案。累计开放档案1065件。利用区政府信息平台，建立档案馆网页，供市民浏览。全年共接待查档578人次，提供利用档案747件，复印材料2988张。

2017年，象山区档案局利用现有馆藏档案，以主题汇编形式编制《2016年度桂林市象山区大事记汇编》《2016年象山区四大班子工作报告》《华南服务社公司历年职工名册（1986—1991）》。大事记和重要工作报告汇编为区志办编写年鉴起到查遗补漏作用，华南服务社职工名册汇编为该企业多名职工提供在职证明材料，给他们接续工龄提供了有力佐证。

2017年"6·9"国际档案日，象山区在翠西社区开展以"档案——我们共同的记忆"为主题的展板宣传、档案小知识有奖问答、档案法规资料发放等一系列宣传活动，旨在提高全社会档案意识，让档案工作服务社会，服务民生。年内，向自治区档案官网和刊物投稿10篇，被自治区档案刊物采用2篇，相关网站采用8篇。（冯 珺）

【体 育】 2017年，象山区按照《2017年桂林市国民体质监测工作方案》要求，承担辖区国民体质样本监测检测任务。完成样本抽测200个，其中老体协56人、二塘乡48人、南门街道32人、象山街道32人、平山街道32人。抽测样本分老年体协组、成年组。老年体协组细分为城镇人口和农村人口，年龄段为60—64岁、65—69岁。成年组分为城镇体力劳动者和城镇非体力劳动者两类，年龄段分为20—24岁、25—29岁、30—34岁、35—39岁、40—44岁、45—49岁、50—54岁、55—59岁。每个样本进行了身高、坐高、体重、胸围、腰围、臀围、上臂部皮褶厚度、腹部皮褶厚度、肩胛部皮褶厚度、安静脉搏（心率）、收缩压、舒张压、肺活量、台阶试验、坐位体前屈、握力、背力、纵跳、俯卧撑（男）、1分钟仰卧起坐（女）、闭眼单脚站立、选择反应时的检测。9月—10月，根据上级要求开展体育产业普查活动，共完成270家体育产业基本情况和财务状况调查工作，调查内容有单位的员工数、经营类型、收入情况、纳税情况等。年内，象山区先后开展或举办体育活动（赛事）3次：徒步闯关竞赛、"龙光·普罗旺斯"杯超级越野摩托场地赛、象山区职工五一气排球比赛。参加活动（赛事）400多人次。

（周 游）

社会生活

SHEHUI SHENGHUO

2017 年 1 月，央视春晚桂林分会场之群星倒影　　王德华　摄

民　　政

【概况】 2017年，象山区民政局在岗人员13人，其中，从社区借用4人；下设象山区低收入家庭经济核对中心，象山区老龄工作委员会办公室、象山区拥军优属拥政爱民工作领导小组办公室。承担社会救助、基层政权、区划地名、老龄工作、防灾减灾、抚恤优待、社团管理、婚姻登记、收养登记、拥军优属、退役军人接收安置、殡葬管理等十多项主要工作任务。年内，民政工作重点抓民生保障、创新社会治理、深化社会服务。全年救助城乡居民35579人次，发放城乡居民最低生活保障金1207.78万元，为农户办理农房保险5303户，支付保费7540元，为暴雨及火灾受灾户办理保险理赔1.5万元。全区有社会组织114家。辖区有养老院（公寓）7家，养老床位1500多张，实现每千名60周岁以上老人拥有养老床位33张。为343名各类重点优抚对象发放抚恤金和生活定期补助423.36万元。发放病故军人遗属一次性抚恤金326.64万元。接收退役士兵64人。办理结婚登记1654对、离婚登记699对。有特困人员62人，孤儿10人，发放特困人员救助供养金48.11万元，发放孤儿基本生活费7.2万元。

【村（居）委换届选举】 2017年8月23日—25日，象山区村（居）民委员会集中换届。34个社区居委会共有选民177859人，其中30个社区实行直接选举，4个社区通过召开居民代表大会进行选举。共选举社区居委会成员295人，其中男89人，女206人；居委会成员平均年龄为42岁。大专以上学历240人，中专及高中47人，初中及以下学历8人。共选出新一届社区居委会主任34人，其中男6人，女28人；年龄均为55岁以下，平均年龄42.3岁，较上届减少2岁；大专以上学历32人，中专及高中2人。8个村民委员会共有登记选民18921人，实际参加投票17921人，参选率95%，共选出新一届村委会班子成员42人。新一届村委会班子成员中，男性39人，女性3人；中专以上学历23人，30—45岁21人。

【社会救助】 2017年12月，象山区享受城乡居民最低生活保障对象（简称低保户）1971户2484人，其中，城市低保户1711户2331人；农村低保户260户517人。全年累计发放低保金1207.78万元，其中，发放城市居民低保金1084.23万元；发放农村居民低保金123.55万元。城市低保对象月人均补差372.45元；农村低保对象月人均补差191.02元。年内，开展对低保家庭专项核查工作，二塘乡政府、各街道办事处入户核查率为100%；区民政局对全区低保家庭进行抽样核查，入户核查率为30%。全年停保361户，新增低保户124户。加强社会救助动态化管理。对新申请低保、医疗救助城乡居民，区民政局依据政策规定要求申请人填写家庭经济核对授权书，授权象山区低收入家庭经济核对中心对申请人及家庭成员经济状况进行核对，象山区低收入家庭经济核对中心全年核对低保户1869户2752人（次），核查出低保差异（指申请表上填报的数据与系统核查到的数据不一致）377户410人。2017年，象山区对困难群众开展临时救助1059人，发放救助金147.63万元。对困难群众实施医疗救助541人次，发放医疗救助金161.25万元。

【防灾减灾】 2017年，象山区加强自然灾害救助精细化、规范化管理，强化区减灾领导小组综合协调职能和各成员单位的工作职责，根据灾情适时启动自然灾害救助预警响应和应急响应，及时做好受灾群众应急救助工作。规范冬春救助，落实农村住房政策性保险工作。全年为5303户农户办理农房保险，支付保费7540多元，为暴雨及火灾受灾户办理保险理赔1.5万元。7月1日—3日、8月15日—16日，分别开展洪涝灾害临时应急救助，给受灾群众发放面包、蛋糕、水、盒饭等价值7.32万元。积极创建综合减灾示范社区。2017年社区减灾准备认证按照辖区内通过自治区减灾准备认证的城乡社区不低于本辖区总数10%的要求，象山区已上报力创、龙泉、平山东、虹桥、西城、安家洲、金竹、雉山、新竹、翠西、民族、同心等12个社区，全部通过自治区认证，并按要求做好准备迎接上级检查核验。

【养老服务机构建设】 2017年，象山区有60岁以上老年人约4.5万人，约占总人口的18.56%。为适应人口老龄化需求，象山区扶持民间养老机构发展，从政策、资金等各方面扶持民间资本参与全区社会养老服务，全年为辖区养老机构发放建设扶持资金、运营补助等201.3万元。年末，辖区已建成农村敬老院、城区养老院、日间照料中心、社区养老服务中心（站）等养老机构15家（所），有养老床位1500多张，实现每千名60岁以上老人拥有养老床位33张。抓养老机构安全管理，防范安全事故发生。组织开展“安全生产月”“安全管理月”活动，协同武警象山消防大队、区安监局组成联合检查工作组，对辖区夕阳居、温馨家园、夕阳红、益寿、永康、平山老年公寓、万福吉祥老年公寓等福利机构的应急照明、防火设施、门窗设置、疏散通道、安全用火用电管理、物品存放等重点环节进行安全检查，指导养老机构对养老院消防设施等进行升级改造，组织养老机构人员开展消防安全知识培训，提高安全意识，从源头抓好养老机构安全生产工作。全年，辖区养老机构没有发生安全责任事故。

【社会组织管理】 2017年，象山区认真落实自治区民政厅《关于加强社会组织建设与管理的指导意见》，推进行业协会商会类、科技类、公益慈善类和城乡社区服务类社会组织直接登记工作。完善社会组织综合监管机制，按照“谁主管、谁负责”的原则，加强对社会组织负责人、资金、活动的监管。优化社会组织年检，对83家民办非企业、社会团体进行年检。年末，全区有社会组织119家，其中：民办非企业99家，社会团体20家。新登记民办非企业、社会团体6家，换发社会统一信用代码证81家。

【婚姻登记服务】 2017年，象山区婚姻登记机构仍设在中山北路桂林市婚育综合服务中心。依法办理婚姻登记，依据婚姻登记档案，补发结婚证、离婚证，宣传婚姻法，倡导文明婚俗。全年办理结婚登记1654对，办理离婚登记699对。补办结婚登记215对，补发离婚证书36对。结婚年龄段：20—24岁311人，25—29岁1234人，30—34岁814人，35—39岁344人，40—49岁311人，50—59岁138人，60岁以上156人。再婚739人，复婚150人。离婚登记平均年龄：男42.5岁，女38.9岁。夫妻双方性格不合，共同生活期间矛盾不断累积致感情破裂，是离婚的主要原因。性格不合占离婚总对数90%，一方或双方有婚外恋占10%。

【军人抚恤优待】 2017年，象山区有重点优抚对象343人（其中，伤残人员175人，复员和带病回乡退伍军人12人，烈士、因公牺牲和病故军人家属12人、参战涉核人员112人、60周岁以上农村籍退役人员32人）。全年共发放抚恤金423.36万元，发放医疗补助金14.79万元；发放义务兵家庭优待金197.38万元（每人1.39万元，在新疆军区服役每人2.78万元）。发放优抚对象困难补助金0.18万元。发放病故军人遗属一次性抚恤金326.64万元。元旦、春节、“八一”建军节期间，走访慰问部队和优抚对象，发放慰问金、慰问品65万元。开展重点优抚对象“一人一档”信息录入工作，完成了100多名重点优抚对象信息录入。妥善处理群众来信来访180多次。全区共有烈士墓51座，烈士纪念设施2处。

2017年4月7日，象山区开展城市流浪乞讨人员劝导和救助工作　区委宣传部　供图

【退役军人安置】 2017年，象山区共接收退役士兵（含士官）64人，其中选择自主就业58人，为5名符合政府安排工作条件的退役士兵安置工作；为1名符合政府安排工作条件的退役士兵办理自谋职业安置，发放自谋职业安置补助金4.75万元。全区退役军人安置率100%。加大自主就业退役士兵经济补助力度，为58名自主就业退役士兵发放一次性经济补助62.78万元。

【社会事务管理】 2017年，象山区利用村（居）委会务公开栏、新闻媒体、街道社区宣传板报进行殡葬管理宣传，发放宣传资料1300多份，悬挂横幅标语14条，全区城市居民死亡火化率100%。完善城市生活无着流浪乞讨人员救助管理机制和城乡一体化快速响应救助机制，明确区、乡、街道和社区工作职责。以创建全国文明城市为契机，积极采取民政、市容、公安、街道联运机制,加大对城市流浪乞讨人员劝导和救助工作。开展"寒冬送温暖"和"夏季送清凉"等专项关爱行动,为城市生活无着流浪乞讨人员提供棉衣棉被和食物等,全年开展14次大的集中整治行动,劝导流浪乞讨人员41人次,协调配合市救助站先后对27人实施救助;清理整治流浪人员集居地7处。加强未成年人保护工作。规范孤儿管理和保障金发放,提高全区城乡孤儿和困境未成年人保障水平。2017年,全区有孤儿10人,共发放孤儿生活费7.2万元;有留守儿童7名,义务教育适龄留守儿童均入学接受教育。协调宏源社工中心,通过政府购买服务形式,开展困境未成年人保护工作,组织义工、志愿者和社会爱心企业持续对困境未成年人家庭进行帮扶,全年共帮扶困境未成年人300多人次。

（陈茂贵）

"双拥"工作

【加强组织领导】 2017年,中共象山区委、区政府始终坚持把"双拥"工作纳入党委、政府的重要议事日程,纳入全区国民经济社会发展总体规划,纳入党政领导干部绩效考核的主要内容,把"双拥"工作同经济工作同安排、同部署、同检查、同落实。定期召开议军会议1次、军地联席会议1次、武装工作会议1次、"双拥"工作领导小组会议1次,研究解决"双拥"工作中存在的问题。落实"双拥"工作经费53万元、专用办公场所9平方米和专职工作人员2名,明确"双拥"工作领导小组和成员单位的工作职责、目标任务,建立健全"双拥"工作信息通报制度、领导军事日制度、定期走访慰问制度、重大事项报告制度、检查考核制度等。形成了上下一条线,纵横连成片,层层有人抓,事事有人管的"双拥"工作组织网络和运行机制。

【国防教育宣传】 2017年,象山区高度重视双拥工作的宣传,做到电视有图像、广播有声音、街道有横幅、街巷有标语、墙报有专栏。全年张挂标语横幅100多条(幅),各级新闻媒体采用军地双拥稿件20多篇。建立以"罗盛教烈士陵园""李向群纪念馆"和部队荣誉室为依托的革命传统教育阵地,在每年的全民国防教育日和清明节、"八一"建军节等重大节日,定期开展爱国主义教育活动;利用李向群少年军校组织辖区小学生分期分批开展"国防教育及素质拓展训练活动""阳光好少年夏令营"等活动,打牢小学生从小热爱国防的思想根基。

【解决部队困难】 2017年,象山区各级各部门视拥军优属为己任,千方百计为驻军解难,坚持做到"三个时刻想到",即:时刻想到为部队建设解困难,时刻想到为部队官兵排忧愁,时刻想到为部队献爱心。象山区教育部门按照《桂林市象山区拥军优属若干规定》的要求,本着就近就地的原则及时解决军队干部78名子女入学问题。区人力资源和社会保障局采取同等条件下优先录用等方式,安置19名军嫂在社区相关工作岗位就业。全年区政府向辖区部队赠送慰问金、慰问品50多万元。

【部队参与驻地建设】 2017年,驻象山辖区部队继承和发扬拥政爱民优良传统,全年辖区部队先后出动官兵300多人次,参加环境治理、植树造林、便民服务、学雷锋做好事等活动,彰显了官兵爱象山、建象山的政治责任感,形成了军民携手、共创未来的良好态势。

（江滨海）

老龄工作

【概况】 象山区老龄工作委员会办公室(简称区老龄办),在区民政局挂牌。2017年,区老龄办有兼职领导1人,兼职工作人员1人。年末,全区有百岁以上老人18人,每10万户籍人口有百岁老人7.2人,90周岁—99周岁老人533人,80周岁—89周岁老人5215人,60周岁—79周岁老人39168人,老年人占户籍总人口18.56%。全区有老年人协会60个,会员15005人。

【老年人优待服务】 2017年,象山区通过银行发放(即社会化发放)方式,发放80周岁以上高龄老人生活津贴66279人次,共242多万元。其中80周岁—89周岁每人每月发放30元,共发放60291人次180多万元,90周岁—99周岁每人每月发放100元,共发放5810人次58.1万元,100周岁以上每人每月发放200元,共发放184人次3.68万元。全年办理老年人优待证4104本。利用各种宣传工具,广泛开展尊老敬老和《中华人民共和国老年人权益保障法》宣传活动,发放宣传资料1.32万份、展出宣传板报26块。重阳节,慰问60周岁以上老年人265人,慰问品价值1.6万元。11月"敬老月"期间,开展走访慰问和为老志愿服务。给老年人发放慰问金(品)价值4万元。组织开展老年人健康教育活动,3个街道办事处免费为老年人举办老年保健知识讲座6场次,参加讲座老年人1250多人次。辖区卫生服务站坚持为老年人全年免费体检28次,900多人。辖区各级老年人管理部门全年接待老年人来信来访160件次,对老年人来信来访,及时进行答复,做到事事有回音,件件有落实。象山区将《中华人民共和国老年人权益保障法》等法律法规纳入"七五"普法规划,在普法宣传法律咨询活动中为老人解答问题450多人次,为老人维权、调解矛盾纠纷25件,维护老年人合法权益。推进养老服务体系建设。年末,全区有养老院(公寓)7个、养老服务中心5个、老人日间照料中心9个。初步形成"政府主导、政策扶持、民政主体、部门协作、社会参与、市场运作"的社会养老服务体系。

【文化生活】 2017年,象山区举办1场老年人"门球"赛,参加活动老年人100多人次。年末,象山区老年书画协会先后在象山街道、平山街道举办以宣传中共十九大精神为主题的书画展,在南门桥举办以家风为主题的书画展。受到广大市民欢迎。 (黄 柸)

民族宗教事务

【概况】 2017年,象山区民族宗教局在岗人员2人,其中借调人员1人。年内,象山区民族宗教局积极开展民族进步创建活动和民族文化活动,深入开展民族宗教政策法规宣传工作。评出民族团结工作模范集体21个、模范个人82名。南门街道银锭社区、回民小学、桂林橡胶机械有限公司、桂林市崇善清真寺被命名为"自治区民族团结进步创建活动示范单位"。象山区民族宗教局被自治区民族宗教委员会评为"全区民宗委系统信息工作先进集体"。

【民族团结进步创建进基层活动】 2017年,象山区投入24万元开展民族团结进步创建"进基层"活动。在翠竹小学、二塘中心校开展戏曲文化进校园活动,传承国粹京剧及桂剧、彩调、渔鼓等地方戏曲文化。在桂林市武警支队二大队一中队创建民族团结进步进军营示范点。在二塘乡北芬大村侗情水庄创建民族文化传承基地,传承弘扬侗族文化习俗。在社区政务中心设立少数民族人员服务窗口,设立民族团结进步宣传栏、建立社区少数民族服务平台。在文新社区、平山东社区建立民族之家。

【民族文化活动】 2017年3月20日—4月20日,象山区开展"壮族三月三"民族节庆活动和为期1个月的民族团结宣传月活动。民族节庆活动其间,万福广场和二塘乡侗情水庄分别开展佩兰赠芳、传花雅集、投壶、着汉服、席地而坐、赋诗畅饮,曲苑流觞等活动。民族艺术家和本土乐团表演苗族、壮族舞蹈,葫芦丝独奏。还有传统对歌、竹竿舞、小高跷、木板鞋、打坨螺、滚铁圈等活动。在民俗体验区有竹编、剪纸、刺绣、糖画、绣球、陶艺等民间高手献艺。此外,吹芦笙,唱侗族大歌,品长桌宴,让市民游客在享受文化盛宴的同时,品尝特色美食。在宣传月期间,广泛开展党的民族理论、民族政策、民族法律法规和民族基本常识的宣传。利用文艺演出,召开座谈会,举办培训班,悬挂横幅标语,制作宣传橱窗、板报等多种形式,宣传党的民族政策。共出宣传板报、橱窗20多期(块),悬挂横幅、滚动LED显示屏标语200多条,发放宣传折页和宣传单3000多份;开展民族知识讲座4场,知识竞答赛4场,演讲比赛1场。举办第四届小学生民族传统体育运动会,弘扬少数民族体育文化。运动会比赛内容有投绣球、滚铁环、陀螺、跳绳、高脚竞速、三人板鞋竞速、大象拔河7个传统竞赛项目。回民小学以102.5分获得民族传统体育运动会团体总分第一

2017年12月,象山区举办戏曲文化进校园成果展示会报演出 区民宗局 供图

名,南溪山小学、翠竹小学分获团体总分第二名、第三名。在辖区各小学校举办优秀民族文化经典诵读活动;利用“象山水月”文艺会演文化品牌进行民族歌舞表演、民族服饰、民俗文化展示。

【民族团结进步示范区授牌】 象山区全面贯彻执行党的民族政策,秉承象山区长期以来各民族群众共同繁荣发展的优良传统,扎实开展民族团结进步创建活动,2017年5月10日,自治区民族宗教事务委员会副主任、巡视员黄济健到象山区举行“自治区民族团结进步创建活动示范区”授牌仪式,向象山区颁发“自治区民族团结进步创建活动示范区”牌匾。桂林市民宗委及象山区四家班子领导出席授牌仪式。

【溢塘村村道硬化】 2017年,象山区获批自治区少数民族发展资金项目1个——二塘乡溢塘村委溢塘村入村道路硬化工程。该工程硬化道路长450米,总投资19万元,其中少数民族发展资金10万元,村自筹资金9万元。工程于2017年6月1日动工,7月25日竣工验收交付使用。

【民族宗教政策宣传】 2017年6月,象山区民宗局组织基层全面开展宗教政策法规学习月活动,宣传党的民族宗教政策、法律法规,增强宗教界人士及信教群众的法律意识、责任意识、爱国意识及安全意识,进一步促进社会和谐稳定。10月18日上午,组织辖区伊斯兰教界人士收看中共十九大开幕式实况直播。组织专题学习、召开座谈会,开展中共十九大精神学习宣传教育系列活动。 (唐秋萍)

卫生和计划生育

【概况】 2017年,象山区卫生和计划生育局(简称象山区卫计局)内设机构:办公室、政策法规股、发展规划与信息股、流动人口服务管理股、宣传教育股、科学技术服务股、基层卫生股、爱国卫生办公室、医政医管股、妇幼健康服务股;下属机构:区卫生计生监督所、二塘乡卫生院、大风山社区卫生服务站。在岗34人(不含二塘乡卫生院、大风山社区卫生服务站人员),其中聘用16人。辖区有基层医疗卫生机构21家,其中卫生院1家,村卫生室8家,社区卫生服务机构12家(社区卫生服务中心3家,社区卫生服务站9家),有在职人员335人(在编174人,非在编161人),其中卫生技术人员312人(执业医师128人、注册护士145人、药师或药士24人,其他卫生技术人员15人)。卫生院编制住院床位50张。全年无医疗事故。辖区驻有三级甲等医院4家(桂林市人民医院、桂林市中医医院、自治区南溪山医院、解放军181医院)、二级民营医院2家(桂林银海医院、桂林惠宁医院)、一级民营医院2家(桂林老医医院、桂林曙光医院)。2017年,象山社区卫生服务中心、平山社区卫生服务中心被评为全国优秀示范社区卫生服务中心,平山社区卫生服务中心还获全国百强社区卫生服务中心称号,区卫计局获桂林市2017年桂林市人口和计划生育工作先进奖。

2017年,全区5个办证窗口共受理夫妻生育登记2222对,其中一孩1081对,二孩1104对,三孩以上5对,受理再生育子女申请32份。2016年10月—2017年9月,全区总人口数为287448人,出生2916人,出生率为10.1‰;死亡660人,死亡率为2.3‰;自然增长率为7.85‰。出生孩次构成:一孩1315人,占总出生人数45.1%;二孩1564人,占总出生人数53.6%;多孩37人,占总出生人数的1.3%。在出生人数中,符合政策生育2913人,符合政策生育率为99.9%,其中一孩、二孩均符合生育政策,政策外多孩率0.1%。计生报表统计,出生男婴1592人,女婴1324人,性别比为120。按照考核数据桂妇儿健康服务信息管理系统性别比为115,其中,一孩出生男婴708人、女婴607人,性别比为116.6;二孩出生男婴861人、女婴703人,性别比为122.3。全区已婚育龄妇女为55726人,占总人口19.39%;全年计生系统统计女性初婚424人,其中23岁以上的人数387人,晚婚率91.27%。

【医药统购】 2017年,象山区医政医管工作立足乡村、社区,服务面向居民,全区6家医药卫生体制改革试点基层医疗卫生机构、政府投资建设的8家标准化村卫生室,15家政府办(含公立三级医院举办)医药卫生体制改革试点基层医疗卫生机构全面实施国家基本药物制度,实行国家基本药物网上采购、统一配送。9月,按照自治区统一部署,全部药品采购实施两票制(指药品从药厂卖到一级经销商开一次发票,经销商卖到医院再开一次发票,并且每个品种的一级经销商不得超过2个)。全年总计销售国家基本药物259.355万元,网上采购基本药物191.85万元。政府办基层医疗卫生机构门诊量279521人次,次均费用 33.89 元,患者在医改中切切实实得到了实惠。

【医疗联合】 按照党中央、国务院关于深化医药卫生体制改革要求,2017 年 9 月,自治区南溪山医院与二塘乡卫生院成立医疗联合体,南溪山医院专家坐诊、带教查房以及双向转诊等工作开展制度化。专家共诊疗患者 650 人次,双向转诊 50 多人次,到南溪山医院住院 10 人次,转回卫生院诊疗 2 人次。有 1 名急性心肌梗塞患者到二塘乡卫生院就诊,在南溪山医院专家指导下及时救治,通过医联体绿色通道,简化程序,第一时间急送南溪山医院实施心脏支架手术,经抢救,挽救了生命。二塘乡卫生院医疗技术水平得到提高,辖区群众在家门口享受到优质的三级医院医疗服务,一级医院收费的实惠,社会反映良好。象山区医疗联合体建设得到自治区卫计委肯定。

2017 年 9 月 22 日,二塘乡卫生院与自治区南溪山医院举行医疗联合体签约并揭牌仪式

区卫计局 供图

【基本公共卫生服务】 2017 年,象山区全面开展 14 类基本公共卫生服务,成立以区政府领导为组长,卫生、人社、发改、教育、民政、财政、建设、计生、残联、乡(街道)等相关部门为成员的基本公共卫生服务工作领导小组,并明确职责。每年督导 2 次、每半年绩效考核 1 次,并将检查结果与补助资金挂钩。2017 年,基本公共卫生服务项目资金配套标准提高到人均 50 元,统筹安排预算并拨付各级财政基本公共卫生服务项目。全年,象山区获各级财政配套资金共 1396.95 万元,全部拨付到各个相关机构,为全区城乡居民公共卫生服务提供有力保障。严格资金监管,定期对各基层医疗卫生机构的基本公共卫生服务专项资金使用和管理进行监督检查,并将资金管理规范性、使用有效性等纳入绩效考核范围,提高资金使用效率。年末,辖区累计建立居民健康档案 231708 份,建档率为 80.01%,高血压患者规范化管理率为 89.18%,糖尿病患者规范化管理率为 87.48%,已完成桂林市下达的各项任务指标。2017 年,辖区各医疗卫生机构累计出版卫生宣传专栏 181 期,举办健康知识讲座 114 次,参加人数 4244 人次,开展公众健康咨询 197 次,免费健康咨询人数 14955 人次,发放健康教育宣传资料和健康处方 27.24 万份。传染病及突发公共卫生事件报告率、报告及时率均为 100%。象山区卫计局加大重性精神病患者筛查力度,全区登记在册重性精神病患者数 866 人,检出率为 0.303%;随访稳定率 91.01%。辖区总服务人口数 289600 人,家庭医生签约服务人数为 96443 人,签约率为 33.3%,辖区贫困户、慢性病、老年人、计生家庭等重点人群为 79302 人,重点人群家庭医生签约人数为 58754 人,签约率为 74.08%。

【妇幼健康服务】 2017 年,象山区继续加强妇女、儿童保健工作,完善妇幼保健管理制度,加大培训、督查、考评力度,提高妇幼保健队伍技术水平和工作质量。辖区新生儿访视率 95.19%,新生儿产后访视率 97.4%;0—6 岁适龄儿童开展预防接种,单苗接种率均达 95%;全区孕前优生健康检查人数完成 438 对,孕前优生检查人群覆盖率达 100%;全区 42 个村(社区)完成健康检查 2190 人次。

【人感染 H7N9 禽流感防控】 2017 年,象山区继续开展防控人感染 H7N9 禽流感疫情工作。2 月 28 日,召开区政府各有关部门、火车桂林站、桂林汽车客运总站、驻辖区市直机关及有关基层医疗卫生单位会议,部署人感染 H7N9 禽流感疫情防控工作。印发《关于建立人感染 H7N9 禽流感疫情局际联防联控工作机制及成员单位职责的通知》,成立象山区预防和处置人感染 H7N9 禽流感工作领导小组,明确各成员单位工作职责。从源头、市场、流通环节、发热首诊、及时转诊、跟踪服务、信息报送等方面加强对H7N9禽流感疫情的防控。同时利用“最美象山”微信、微博、电子显示屏、宣传橱窗、宣传板报、宣传资料等多种形式向公众宣传普及人感染H7N9禽流感防控知识，引导居民理性、安全消费禽类产品，提高自我防护意识。切实做到早发现、早报告、早诊断、早隔离、早治疗。2017年全区未发现不明原因肺炎病例和流感样病例。

【落实计生惠民政策】 2017年，象山区按照“老人老办法，新人新办法”的原则，继续实行计划生育各项奖励扶助政策，启用广西计划生育奖励扶助信息管理系统，对“就医绿色通道”“特殊家庭档案”“双岗联系制度”等计划生育特殊家庭关怀扶助工作开展督查。落实国家特别扶助406人418.99万元，其中伤残家庭194人200.21万元，失独家庭212人218.78万元，落实率达100%。落实桂林市特别扶助209人51.16万元，落实率达100%。落实全国部分农村计生家庭奖扶50人7.2万元，落实率100%；落实广西部分农村计生家庭奖扶4人2880元，落实率100%。落实独生子女保健费4513人47.57万元，落实率100%。为符合条件的计生家庭子女购买自治区财政补助爱心保险335户，共使用资金16750元。为符合条件的计生家庭购买广西计划生育家庭关爱保险3359份，资金16795元。

【开展创建“幸福家庭活动”】 2017年，象山区围绕宣传倡导、健康促进、优生优育、致富发展、奉献社会等五个方面，不断提升创建计划生育幸福家庭活动的能力和水平。一乡三街道、各医疗机构在“5·15国际家庭日”期间，开展幸福家庭活动。南门街道开展以“爱家就是爱生活，用心呵护自己的家”为主题的国际家庭日主题现场咨询宣传活动，向群众传播以“文明、健康、优生、致富、奉献”为核心内容的新幸福观，让科学、文明、进步的“幸福家庭”新理念走进千家万户。将军桥社区举办“阅读——通往家庭幸福的阶梯”为主题“月末幸福书展”活动，推动社区全民阅读，提升社区成员文化素质，增进家庭幸福。

【爱国卫生运动】 2017年夏，二塘乡遭遇暴雨天气，洪水泛滥，“四害”密度回升，象山区紧急调拨除“四害”药物，免费发放到受灾严重的二塘乡北芬大村、小村、芬塘等9个受灾村屯，开展消杀工作，防止疫病发生。共计消杀消毒房屋（道路）面积5.85多万平方米，消毒被淹农村旱厕55座、被淹饮用水水井180口。根据中央全民健康素养促进行动项目资金计划，结合象山区实际，对健康素养促进行动项目资金进行分配，其中划拨到基层医疗卫生机构资金20万元，划拨到卫生计生行政部门资金29.7万元，用于开展健康素养项目活动。配合市卫计委开展“健康中国行—全民健康素养促进活动”，宣传普及健康素养相关知识与技能。全年开展健康巡讲6场，1029多人次参加，其中流动人口237人次，巡讲共计发放宣传资料、宣传品1350份。开展“5·31世界无烟日”宣传，组织基层医疗机构开展义诊、戒烟咨询服务和展出控烟板报，向群众宣传控烟知识、吸烟危害性，增强吸烟群体控烟信心，达到戒烟目的。

【艾滋病防治】 2017年，象山区建立健全防治艾滋病工作机制，乡（街道）与各村（社区），平山社区卫生服务中心、二塘乡卫生院与村卫生室分别签订《艾滋病综合防治责任状》，乡卫生院、村卫生室均有专职防艾工作人员并建立明确的工作考核制度。年初按照辖区常住人口人均1元的标准投入专项资金29.15万元用于开展宣传工作。在二塘卫生院、大风山加油站旁设立3块大型防艾公益广告户外宣传牌，辖区一乡三街道、34个社区、8个建制村、城中村及各基层医疗机构均分别在明显位置设立2块固定的防艾知识宣传板报和2块防艾宣传标语。重点关注青少年人群的防艾教育工作，围绕“携手抗艾，重在预防”这一主题，区防艾办、区教育局联合辖区社区卫生服务中心组织8所公立中学开展“防艾知识进校园”宣传活动。医务人员向学生们耐心讲解艾滋病传播的危害和防范措施，并通过有奖竞猜让学生了解艾滋病防控常识。开展返乡农民工防艾警示性宣传教育工作，春节，农民工返乡高峰，象山区在二塘乡万福村委组织开展返乡农民工防控艾滋病警示教育宣传活动，为300多名前往咨询的农民工介绍艾滋病传播途径和特点及防治知识。全年，通过各种形式举办预防艾滋病宣传专题讲座16场次。 （申　琴）

乡　街道

XIANG　JIEDAO

2017 年 1 月，央视春晚桂林分会场之红帆争艳　　王德华　摄

二塘乡

【概况】 二塘乡地处象山区南部，东与雁山区柘木镇相邻，西与临桂县临桂镇、会仙镇交界，南与雁山区雁山镇相接，北与象山区平山街道接壤，总面积63平方千米。西北部属碳酸岩石山区、东南部属丘陵及冲积平原区。西高东低，佛殿河、牛过河自西向东流入漓江。321国道（桂林至阳朔公路象山区段）穿乡而过。

二塘乡清属临桂县。民国初年为桂林县、临桂县地。民国33年(1944)属桂林市柘太区。1949年12月，属桂林市南郊区。1950年4月，划入临桂县。1952年4月，复归南郊区，并设二塘乡（辖溢塘、仁头、二塘、塘珠、陶家、骆家、茶店、阳家、潭南、李家10个自然村）、东西乡（辖常家，额头、东村、神湾里、西村、邓家、田头、南村、塘家湾、上沙河、下沙河、上銮塘、下銮塘、黄村、佛殿桥、崴村、上月山、下月山18个自然村）。1957年9月，二塘乡、东西乡并入近郊区奇峰乡。次年8月，属桂林市秀峰公社（近郊区），为二塘大队（辖原二塘乡和东西乡）。1959年4月，二塘大队拆分为二塘、红光两个大队。同年12月，红光大队黄村、上銮塘、下銮塘、塘家湾4个自然村划入桂林专区畜牧场（后改为桂林市奶牛场）。次年6月，二塘、红光两个大队划入阳桥公社，同年8月划入国营良丰农场。1961年6月复归近郊区，是年8月，二塘、红光及北芬大队合并设置二塘公社。1970年9月，黄村、上銮塘、下銮塘、塘家湾4个自然村复归红光大队。1977年12月，黄村、上銮塘、下銮塘3个自然村再划入桂林市奶牛场。1984年9月，二塘公社改称二塘乡。1990年4月，黄村、上銮塘、下銮塘3个自然村从桂林市奶牛场划出，与红光村的上沙河、下沙河、塘家湾3个自然村合设万福建制村。1996年12月，二塘乡划归象山区。

2017年，二塘乡辖溢塘、万福、红光、阳家、四合、北芬6个建制村，30个自然村，常住人口17829人。乡政府驻二塘村，北距象山区政府9千米，南距桂林环城高速公路入口6千米。2017年耕地面积1218公顷，养殖水面142公顷（比2016年减少9.3公顷，原因为溢塘、北芬养殖农户减少），林地面积1222公顷（区统计局从国土资源局取数，依据为生态公益林面积）；森林覆盖率为24.6%；境内主要企业有桂林高峰新型建材有限公司、桂林市万福竹林开发管理有限公司、桂林市永固混凝土有限责任公司、桂林美冠原种猪育种有限责任公司、桂林法德利包装有限公司，桂林迪亚木业有限公司、广西欧仕堡门窗有限公司、桂林市象山宝象门业有限公司等。

2017年，二塘乡农业总产值2.057亿元（以上年价计算），比2016年（简称同比）增长18.91%，其中农业7823.4万元、林业6万元、牧业10003.65万元、渔业1639.65万元、服务业1101.6万元。完成全社会固定资产投资15亿元；农民人均纯收入13524元，同比增长9.5%。乡本级可支配财政收入987万元，收支基本持平。全年粮食种植面积1181公顷，总产量5474吨。蔬菜播种面积705公顷，总产量1.32万吨。香瓜、西瓜种植面积177公顷，总产量4050吨，经济作物播种面积151公顷，总产量约4330吨。猪存栏2.42万头（出栏3.32万头），家禽存栏30.8万羽（出栏51.8万羽）。

2017年，二塘乡有中学小学各1所。二塘初级中学专职教师42人，其中中教高级职称9人；教学班12个，在校学生481人。二塘中心小学专职教师98人，其中小教高级职称24人；教学点7个，教学班40个，春季学期在校小学生1396人，秋季学期在校小学生1410人。是年，二塘乡小学适龄儿童入学率100%。二塘初级中学165班被评为“桂林市先进班集体”，有6名学生分别被评为“桂林市优秀学生干

2017年6月15日，益通生态农场黑木耳生产大棚一角　　黄辉宗　摄

部”“桂林市三好学生”；学生中考参考率96%，在全市名列前茅；中考共有25名学生被重点高中录取，重点高中上线率达到16.3%。卫生医疗机构有二塘卫生院及6个村级卫生所，医务人员47人，其中在职在编27人，中级以上职称11名，初级职称33名。

二塘乡机关有中共二塘乡委员会、二塘乡人民代表大会主席团、二塘乡人民政府、二塘乡纪律检查委员会、二塘乡人民武装部，下设党政综合办公室(挂应急办公室)、经济发展办公室、社会治安综合治理办公室(挂司法所、维稳办)、工会、妇联、团委、农业服务中心、社会保障服务中心、财政所、人口和计划生育服务站、文化体育卫生和广播电视站、水利林业站、国土规建环保安监站。全乡在岗干部职工83人，其中公务员23人，事业干部39人，机关工勤人员2人，大学生村干部1人，“三支一扶”人员2名，聘用干部16人。村党支部委员会、村民委员会(简称“两委”)干部共49人。中共二塘乡委员会下辖党委1个、总支部1个、支部17个。共有中共党员359名，其中预备党员4名。中共二塘乡委员会书记李光祥，乡党委副书记、政府乡长蔡尧，乡党委副书记、乡人大主席团主席张阳军。

【特色农业】 2017年，二塘乡继续做大做强四合葛根、淮山等特色农产品品牌。实现种植面积扩大至120多公顷，年产值2800多万元。与四川客商签订200万株葛根、淮山供苗协议，扩大了品牌影响力。年内，象山鲜源果蔬科技有限公司建成投产，解决了农产品不耐存储的技术瓶颈问题，公司年生产总值达700多万元。四合金红德花卉示范基地规模、环境品质进一步提升，种植面积达1.4公顷，年销售花卉4万株，产值20多万元；3.3公顷台湾红藜麦试种成功；有1万多株葡萄的北芬金藤葡萄园酿酒作坊初步建成；阳家26公顷油菜花特色种植园区；占地面积14公顷，集旅游休闲、餐饮、住宿于一体的溠塘休闲农业基地；种植观赏荷花7.3公顷的北芬桂禾生态农场等特色农业园区正在形成。

【项目建设】 2017年，落户二塘乡项目共29个，其中市级层面重大项目4个，区级重大项目3个，土地收储完成102公顷，完成80公顷青莲国际农业旅游综合体项目和22公顷界首骨伤医院项目土地主协议签订。投资20亿元的青莲国际旅游农业综合体项目进入附着物补偿收尾阶段，桂林汽车客运南站征用土地4.26公顷已交付，崇善小学龙光分校顺利开班，5718工厂0.7千米某专用道路建成通车，占地2.23公顷的大风山疏导市场开始营业。此外，溢达国际高峰论坛、3445外联路等一批项目建设进展顺利。

【乡村风貌改造】 2017年，象山区投资2600万元对二塘乡225户房屋进行风貌改造。拆除违法建筑4243平方米，改造面积共5.53万平方米。投入2.6亿元打造北芬生态旅游名村，完成北芬大村、北芬小村立面改造3.2万平方米，惠及农户150户。7月23日，桂林市县域经济年中工作现场会在北芬村召开。投入400多万元完成上沙河路、下沙河路、佛殿路、溠塘路共4.97公里沥青路面翻新；投入60万元新建北芬大村、仁头村、溠塘村门楼，提高3个村的地标辨识度。完善村规民约，与村民签订门前三包责任书，明确村民的保洁义务。溠塘村建立垃圾处理收费制度。每个自然村配备保洁员1人以上，并落实“一家一个垃圾桶、一屯一个垃圾池、一村一部垃圾车”保洁要求，全乡30个自然村实现垃圾清运全覆盖。倡导“新农村、新环保、新生活”理念，提升农村人居环境和生活质量档次。2017年完成“改厨改厕”200户，落实专项补贴45万元。

【安全生产与社会治安综合治理】 2017年，二塘乡开展安全生产集中检查和定期检查专项活动，检查企、事业单位26家，提出整改意见44条，有效消除事故隐患。开展安全生产月集中大宣传、大检查、大培训、大演练。在辖区各生产经营单位、公共场所制作、悬挂安全宣传横幅、公益广告、警示标语共计2000幅，组织活动4次，参与演练3场。加强汛期安全生产工作，“7·1”特大洪灾期间，出动救灾人员280多人次，救灾车辆18车次，发放救灾物资1200多件。举办人民调解员培训班4期，展出法制宣传板报4期，发放各种法律宣传资料2万多份，宣传覆盖全乡，接受教育群众1.8万多人次，二塘乡政府与全乡3000多个家庭签订“家庭拒绝邪教”和“不让毒品进我家”承诺书，接受教育群众达1.6万多人次，继续保持2015年创建的“桂林市无邪教乡镇”称号。以“平安二塘，你我共建”为主题，开展平安建设活动，全乡评出“平安家庭”165户，“平安家庭”示范户36户。完成4个行政村天网工程并投入使用。网格化资料录入工作全部完成，录入资料600条。

【文化活动】 2017年，二塘乡组织开展“喜迎十九大，共创文明城”为

2017年9月19日，二塘乡第五届火热二塘文艺晚会　　周黎明　摄

主题的第五届火热二塘文艺晚会，二塘乡机关全体干部、村“两委”干部以及500多名村民到场观看；举办以少数民族体育项目为主题的壮族“三月三”少数民族节庆活动，参与人数达100余人；组织“三下乡”活动，邀请书法爱好者为村民们书写春联，深受群众好评；选送小品《下班之前》参加桂林市第38届“漓江之声”，获戏剧、曲艺类节目二等奖。

【人口与计划生育】 2017年，二塘乡坚持计划生育基本国策，以实施“全面两孩”政策为重点，按照“稳妥扎实、规范有序、服务创新”的总要求，抓好生育登记、健康查体服务、奖扶政策落实、人口信息共享应用等重点工作，推进免费孕检，进一步完善计划生育服务管理工作，提高计划生育工作水平。2017年度，一孩出生88人，二孩出生141人，男女性别比为118 ∶ 100，符合政策生育率为99.6%。全乡人口与计生工作执行指标均达到预期责任目标。

【社会保障】 2017年，二塘乡新型农村养老保险参保人数5677人，新增306人；对全乡1898名领取养老保险待遇人员进行资格认证，完成认证1872人，共发放养老金204.27万元。全乡参加新型农村医疗保险15671人，筹集资金235万元，补偿15258人次，补偿金额70.66万元。发放残疾人(78人)、五保户(13户)、高龄老人(80岁以上330人、90岁以上46人、100岁以上2人)各类补助金共138.59万元。

（唐映泉）

南门街道

【概况】 南门街道位于象山区西北部，东与象山街道隔河(桃花江、宁远河)相望，西与秀峰区甲山街道为邻，南与平山街道以南溪为界，北至桃花江与秀峰区毗邻，境域面积8平方千米。2017年，下辖银锭、甘棠、民族、东安、新竹、竹林、金竹、翠竹路、翠西、雉山、尚智、天鹅、龙船坪、八一14个社区，总人口3.99万户10.3万人。中共南门街道工作委员会(简称南门街道党工委)下辖2个基层党委、12个党总支部、84个党支部，有中共党员3089人。南门街道办事处驻银锭社区南新路227-5号。辖区主要有桂林市园林植物园、南溪公园等旅游景点。驻有桂林市交通局、桂林市环保局、国税南区稽查局及象山区党政机关等行政机构；有桂林市职工大学、桂林市广播电视大学、桂林市逸仙中学(原桂林市第七中学址)、第十二中学、第十七中学、桂林回民小学、铁路西小学、翠西小学、南溪山小学、逸夫小学等学校10所及培智学校。有桂林市第八人民医院，南门社区卫生服务中心，民族、天鹅、龙船坪、翠竹路等4个社区卫生服务站。有南宁铁路局桂林站、桂林汽车总站、桂林市公交铁西车场、南方航空广西桂林分公司等交通运输企业；驻有中国工商银行支行2家，中国农业银行支行2家，中国银行桂林分行及支行(营业部)2家，中国建设银行支行5家，交通银行桂林分行及支行(营业部)2家，中国邮储银行支行1家，桂林银行总行及支行3家，桂林漓江农村合作银行支行2家；有广西万正房地产有限责任公司桂林分公司、广西荣发房地产投资有限公司、广西坚磐房地产投资有限责任公司等12家房产经营公司；有南方电网桂林分公司(原桂林市供电局)、桂林航天电子有限公司、桂林机床电器有限公司、桂林市消防器材厂、桂林市第五塑料厂、燕京啤酒(桂林漓泉)股份有限公司、桂林米粉厂等主要工业企业；桂林市大摩世贸商城有限公司、丹桂酒店等主要商业服务业企业。

【基层党建】 2017年，南门街道党工委贯彻落实党要管党、从严治党的要求，以“两学一做”学习教育常态化制度化为主线，履行基层党建工作“第一责任人”职责，谋全局、抓重点抓好基层党建工作。一是在探索实践“六学三做二融合”（六学：上门辅导学、集中交流学、方言授课学、微信讨论学、寓教乐于学、楼栋小组学；三做：做好宣传员、做好教育员、做好服务员；两融合：民族统战工作和群众安全满意度调查工作融合）的基础上，强化领导干部带动学、主题党日带动学、效果宣传带动学，力促“两学一做”融入日常做在经常。二是街道党工委全力打造“漓水象山．党员工作室”“南门情·志愿行”“党代表工作室”3个党建品牌，推进街道社区党建工作上新台阶。三是以社区“大党委”为平台，继续推进楼栋“第一书记”任职工作。全年共任命楼栋“第一书记”25人。在创建全国文明城期间，竹林社区全红梅、安海芳、骆雯等楼栋“第一书记”，积极做好违章建筑户主、无照经营门店业主、夜宵摊主等重点人员思想工作，配合象山区各职能部门联合对铁西片区整治，拆除违法建筑1.5万多平方米，取缔无证无照餐饮店129家，拆除烟囱49个，整治改造后的铁西片区焕然一新。银锭社区民族路190号楼栋“第一书记”马祥民，在社区开展安全感满意度调查工作中，主动带领少数民族党员贺国华等晚上挨家挨户上门宣传，把安全感满意度调查内容讲深、讲透，在全区安全感满意度调查34个社区红榜排名中，银锭社区排名第一。四是抓实社区“两委”换届，选优配强社区“两委”班子。南门街道党工委严格把好思想关、用人关、程序关，抓好社区“两委”换届选举工作。9月11日，社区“两委”换届圆满完成。社区党组织选举产生班子成员102人，书记14人，专职副书记10人，委员78人；其中大专以上文化61人，占59.8%，具有大专文化程度的社区党组织班子成员比上一届提高3.58个百分点；20—50岁的48人，占47.05%，年轻人在社区党组织班子任职的比上一届提高4.23个百分点。

【工会工作】 2017年，南门街道工会联合会为辖区困难职工5人建档。开展“金秋助学”活动，解决困难职工的燃眉之急，给1名困难职工子女上大学补助1500元。开展由桂林市总工会组织的企业安全生产竞赛活动，共有1445家企业参加，参赛范围达90%。年内，经南门街道工会联合会协调企业工会（乙方）与企业行政方（甲方）签订工资集体协商合同56份，涉及私营企业322家。

【维稳工作】 2017年，南门街道对辖区矛盾纠纷采取“地毯式”排查。调解民间矛盾纠纷61件，其中婚姻家庭纠纷18起，邻里纠纷24起，其他劳动争议纠纷19起，调解率100%。组建红袖标义务巡逻队，联合社区民警开展巡逻活动，维护辖区稳定、平安、和谐。开展帮扶弱势群体法律援助工作，全年共办理法律援助案件35件。共接收刑释解教人员26人，社区矫正人员15人，均无脱管、漏管和重新违法犯罪现象发生。

【民政工作】 2017年12月，南门街道有城市居民最低生活保障（简称低保）对象753户1013人，全年发放低保金共476.86万元。为87名低保户、特困人员发放医疗救济金20.45万元；2017年春节期间为低保人员和孤儿各送去新年糖果一盒、食用油一桶。同时，为辖区孤寡老人和孤儿送去春节慰问金每人200元，共计7400元。全年为年满60周岁以上老年人办理老年证644人，为70周岁以上老年人办理寿星证804人。发放残疾人子女及残疾学生助学金、个体工商户和灵活就业人员基本养老保险等20多项补贴共16.12万元。

【劳动保障】 2017年，南门街道实现实名制就业岗位1201个，完成任务107%，其中下岗失业人员就业498人，完成任务104%，“4050”人员就业170人，完成任务102%。为辖区87名失业人员申领春节补助费，补助金额2.61万元。为197人办理“就业失业登记证”，年审“就业失业登记证”126人，为辖区就业困难人员办理认定申请158人。年末，街道参加城镇居民基本医疗保险人员为21486人，其中城镇居民基本医疗保险参保缴费17995人，学生参保缴费3491人。城乡居民基本养老保险新参保58人，办理城乡居民养老保险认证544人。至2017年11月累计接管企业退休人员22092人，其中企业退休健在人数为18596名，均办理领取养老金资格认证，转出及死亡3496人。

【环境综合整治】 2017年，南门街道以创建全国文明城为契机，大力开展环境综合整治，协助象山区有关部门拆除铁西片区违法建筑1.5万平方米，查处无证占道经营摊点280多处、取缔无证无照餐饮店129家，拆除烟囱49个，清理油污80多处；协调处理噪音扰民50多次、清扫卫生死角垃圾120多车。完成苗圃路14号、园林宿舍、毛巾厂宿舍等21个无物业小区改造任务。

【计划生育】 2017年计划生育统计区间内，南门街道辖区总人口102830人。年内，办理《二孩生育登记》323人次，办理“再生育证”9人次。发放独生子女费1907户20.79万元。累计办理国家独生子女伤残死亡家庭扶助金168人次，计划生育家庭“关爱保险”1700份，办理桂林市诚信计生生育关怀公益金33户，办理非财政拨款企事业单位实行计划生育人员退休增资770人次。开展育龄妇女健康康查2次共1358人次。

【民族团结】 2017年，南门街道继续开展创建民族团结进步示范区活动。围绕“共同团结奋斗，共同繁荣发展”主题做好街道民族工作。在辖区西门菜市、铁西市场和联达广场等人流密集节点设置民族团结宣传板报，建立民族文化宣传长廊；举办“魅力南门”文艺会演，促进民族团结。街道专门成立了由少数民族知名人士、社区干部、律师和企业家等组成的少数民族志愿服务队，定期开展志愿服务活动。全年，志愿服务队共帮扶困难少数民族居民25人次，解决下岗失业少数民族居民就业问题37人次。银锭社区被评为自治区民族团结进步创建活动示范社区

【文化活动】 2017年，南门街道在桂林市园林植物园举办第九届“魅力南门”暨喜迎中共十九大文艺会演。联合辖区14个社区在百年荟·城市广场举办“浓情三月三、美食嘉年华”主题活动。活动包括民族舞蹈表演，民族知识抢答，品尝地方特色小吃，发放健康宣传手册等活动。雉山社区以“油茶会”形式开展社区党员“两学一做”学习教育活动。翠竹路社区党总支与航天电子有限公司党总支联合举办庆祝建党96周年文艺演出活动。新竹社区携手象山区妇联在辖区开展“感恩祖国、情系中秋”趣味亲子游园活动。街道与桂林市兴达、桂益地产开发有限公司在百年荟·城市广场联合举办“浓情久久、重阳敬老”为主题的群众文艺会演，14支社区文艺队300多名社区老人参加活动。演出舞蹈《欢乐中国结》《多嘎多耶》《共圆中国梦》等节目13个，文艺会演展示了社区老年人蓬勃向上、老有所乐、老有所学的精神面貌。

（付辛涛）

象山街道

【概况】 象山街道位于象山区东北部，东、南至漓江中心航线与七星区隔江相望，西至桃花江、宁远河与南门街道毗邻，北至榕湖南岸、杉湖北岸与秀峰区为邻，境域面积2.37平方千米。依境内象鼻山得名。2017年，辖文明、五美、西城、虹桥、文新、安新、安家洲7个社区，户籍人口68840人。街道办事处驻文明社区南环路15号。境内主要有象山景区、杉湖、日月双塔、舍利塔、虹桥坝、崇善清真寺、李宗仁官邸等旅游景点或重点文物保护单位。驻有桂林市人民检察院，桂林市财政局、国家税务局、地方税务局、桂林海事局等中央、自治区、桂林市直属机关单位。有桂林市卫生学校、桂林市民族中学、崇善小学、民主小学、宁远小学等学校5所；有桂林市人民医院、桂林市中医医院、解放军181医院等3所三级甲等医院及象山街道社区卫生服务中心。主要商业企业有桂林市百货大楼、梦之岛百货、女人世界商厦、苏宁电器、盛君电器。

2017年，中共象山街道工作委员会（简称象山街道党工委）下辖党委1个、党总支部6个、党支部37个(2017年撤销城管环卫党支部)，有中共党员1282人。象山街道办事处编制12人，在职12人，内设人民武装部、司法所、综治信访维稳中心、党政办公室、卫生和计生办公室、城市管理办公室、社会保障服务中心、食品药品监督管

2017年4月5日，象山街道在桂林山水大酒店举办主题党日暨党务知识培训班

丁维萍　摄

理所等机构。

【基层党建】 2017年,象山街道党工委强化党员队伍思想教育管理,坚持党员教育“学为基础”,把“两学一做”学习教育常态化、制度化,不断丰富学习形式和载体,抓党性教育和经常性培训。通过开展每月一次的支部主题党日活动、诗词诵读活动、党的十九大精神专题培训班等形式,把学习党规党章、学习中共中央总书记习近平系列重要讲话精神和中共十八大、十九大等会议精神作为党员教育的重要内容。西城社区象山诗社的党员把学习中共十九大精神融入诗词创作,以书香文化推动社区党员学习教育,提高辖区党员思想素质。街道党工委按照“区域统筹、资源整合、优势互补、共建共享”原则,联合辖区桂林市检察院、桂林市图书馆、桂林市人民医院、桂林百货大楼、桂林市卫生学校等23家单位以及7个社区共同组建街道“大工委”和社区大党委。开展“我为春晚做贡献”活动,组织区域内党员志愿者排查春晚桂林分会场周边各类安全隐患,为2017年央视春晚桂林分会场顺利举办做出积极贡献。在创建全国文明城市活动中,街道“大工委”上千名党员志愿者参与到创建全国文明城市工作当中。在社区建立“漓水象山·党员工作室”,及时解决居民反映的问题。如文新社区依托党员工作室,将辖区在职党员、退休党员、热心居民、律师、医生、艺术家等专业人士调动起来,建立7支党员亲情服务队,每月公开居民来电来访反映的各类问题和办结情况,确保居民的诉求得到解决。亲情服务队先后解决民主路22号、新桥园2号、安新北路8号等小区路面破损、下水道堵塞等问题。街道党工委按照“社区所需,党员所长”的工作原则,把在职党员按照特长和服务意向进行分类,每月至少组织1次社区活动。年内,有1748名在职党员认领8项为民服务项目,在辖区划分的20个网格内形成“组团式服务”。至年末,街道社区共建立党员志愿服务站点11个,组建党员志愿服务队21个,提供党员志愿服务项目43个,先后开展党员志愿服务活动163场次,服务群众2170人次,为群众办好事实事共119件。

【民政工作】 2017年,象山街道城市居民最低生活保障(简称低保)人员新增25户35人,停发低保金40户60人,年末有低保户266户367人,全年共发放低保金168.91万元。街道有综合减灾示范社区3个(安家洲社区、虹桥社区、西城社区),均被评为全国综合减灾示范社区。全年共为35名群众申请和发放临时困难救助金5.5万元。为23人提供医疗救助,发放医疗救助金共10.74万元。全年廉租房新申请户19户。象山街道有特困人员7人,特困基本生活补助标准为每人每月624元,全年共发放补助金4.6万元(其中包括上半年“三无”人员生活补助、下半年特困人员生活补助和护理补贴)。春节、“八一”建军节组织辖区单位到各共建部队走访慰问,送去慰问金和慰问品共1万多元。全年为年满60周岁老年人办理老年优待证221张(60周岁老年人持证可享受入市区内公园免费),为70周岁老年人办理老年优待证348张(70周岁老年人持证可享受入市区内公园免费及乘坐市区内公交车免费),为身份证属地为外省、但长期居住在桂林市的老年人办理老年优待证24张,发放老年高龄补贴金共1124人(其中百岁老人6人,90—99周岁老人105人,80—89周岁老人1013人)39.63万元,“敬老月”活动期间为老年人发放慰问金和慰问品5000元。开展敬老文化宣传教育活动11次,受教育对象669人。辖区有享受困难残疾人生活补贴人员148人,全年发放困难残疾人生活补贴共9.11万元。发放残疾人协管员岗位补贴3.36万元、残疾人子女及残疾人学生就读学费补助66人2.93万元、广西城镇个体、灵活就业残疾人参加基本养老保险补贴13人1.64万元、残疾人出行残疾机动车燃油补贴1820元、重度残疾人护理补贴197人10.69万元。

【计划生育】 2016年10月1日至2017年9月30日,辖区计生统计总人口40268人,全年出生人口466人,比2016年(简称同比)增加38人,出生率为11.60‰,同比增加0.92个千分点;死亡人数105人,死亡率2.61‰;人口自然增长361人,同比增加29人,自然增长率为8.99‰,同比增加0.71个千分点。一孩出生246人,二孩出生215人,多孩5人,符合政策生育率为100%,同比基本持平。出生婴儿性别比(女性为100)为107.11∶100,其中一孩为108.47∶100,二孩为104.76∶100。辖区已婚育龄妇女为7426人,占总人口18.44%,全年女性初婚90人,其中23岁以上人数88人,晚婚率97.78%。历年累计已婚育龄妇女采取各种节育措施6574人,综合节育率88.53%,其中长效节育措施落实率79.59%。

【劳动保障】 2017年,象山街道接收企业离退休人员398人,历年累计接收7599人,接待查阅档案147

人次。春节、重阳节期间走访慰问重病、特困、孤老、高龄企业离退休人员207人次。慰问住院退休人员91人次,慰问亡故退休人员遗属26人次。全年完成城镇新增就业人数725人,完成目标任务数的103.57%;下岗失业人员再就业人数230人,完成目标任务数的100%;就业困难对象再就业人数75人,完成目标任务数的100%;已上报待审核养老及失业保险扩面任务1505人。发挥劳动保障监察调解的职能作用,2017年6月1日起,对规模7人以上,有营业执照的用人单位开展2016年劳动保障材料年审工作,年审单位271家;开展用人单位劳动用工情况专项检查,走访登记用人单位271家。全年受理投诉举报7起,其中拖欠工资6起,追回金额9029.8元,按期结案率100%;办理及回复上级移交的劳动保障监察投诉案件,办结率100%。全年完成城镇居民医疗保险参保9723人,其中居民7668人、学生2055人。城镇居民养老保险新参保25人,全年总参保人数473人,其中正常参保211人,领取养老保险待遇262人,金额30.79万元。

【司法调解】 2017年,象山街道司法所在象山区率先规范人民调解工作,调解卷宗严格按照人民调解受理登记表、人民调解记录、人民调解协议书、人民调解回访记录、卷宗情况说明、身份证复印件六个模块一并完成。形成街道、社区二级调解网络。2017年,辖区两级调解组织共调处各类矛盾纠纷102起,调处成功率100%。无一起因调处不力引发的群体性上访、群体性械斗、民转刑案件发生。全年共接收安置帮教人员7名(其中刑满释放6人,解除社区矫正转安置帮教人员1人),年末在册帮教人员49人,帮教率100%。列入管理的安置帮教人员中没有出现脱管和重新犯罪的现象。

【平安建设】 2017年,象山街道继续以创建"平安象山"为工作目标,突出重点,全面落实维稳工作各项措施。一是加强对辖区突发事件的预防和处置。及时调整街道预防和处置突发事件工作领导小组,制定应对西城路4号承重柱爆裂公共突发事件工作预案和值班表。二是构建群防群治力量。以派出所、社区民警为骨干,社区治安联防队、义务巡逻队和单位内保人员等为主要力量,健全社区治安防控网络,做好日常治安巡防工作。三是加强对"三个敏感"(敏感人员、敏感群体、敏感事件)问题的排查和稳控工作。落实"每月一排查,每月一研判"制度,及时掌握各方面的维稳信息,及时发现,及时处理。在全国"两会"期间,掌握了解到辖区重点人员李某购买到北京的动车票,街道高度重视,及时向上级部门汇报并对其进行稳控教育,引导其按照法律程序解决问题,打消其上访的念头。落实节假日值班和对敏感人员和敏感群体相关制度,及时有效地把敏感问题化解在当地。四是开展矛盾纠纷排查调处工作。办事处各级调委会坚持"排调结合、以防为主"的工作方针,整合辖区单位、公安派出所、法律顾问等资源,定期组织排查,每月召开矛盾纠纷排查调处工作会议,明确解决办法,各社区对排查情况及时汇总、及时上报,实行"零报告"制度。全年调解民间矛盾纠纷256起,调解率100%,调解成功率98%。如:民主路14号1-2-1号住户在楼房天面私自搭建板房解决楼面漏水问题,邻居认为有安全隐患,不同意其建房,因此产生矛盾。经城管认定,住户搭建板房属于违章行为,应立即停止施工。社区建议,楼面漏水应采取防水措施,不能靠建违章房屋解决。住户接受社区调解意见。

【"相约桃江"系列文化活动】 2017年,象山街道充分利用工人文化宫资源,开展"相约桃江"系列文化服务活动:文艺演出4场、气排球比赛2场、摄影和书法美术展览2场、中医养生讲座4场、露天放映电影2场、法律咨询5次。为辖区居民群众送上一道丰盛文化大餐,丰富了市民文化生活。9月6日,以"喜迎十九大共创文明城"为主题的"文化服务快车"走基层暨象山街道第12届"相约桃江"文艺会演在南门桥小游园广场举行。演出节目有舞蹈、歌咏、彩调、快板、小品等,现场设置环境卫生综合整治相关有奖问答环节。辖区居民、中外游客、大学生志愿者、辖区小学师生以及市总工会、象山区政府负责人共500多人参加活动。

(彭　瑶)

平山街道

【概况】 平山街道位于象山区中部。境域面积14.23平方千米,东至漓江与七星区穿山街道隔江相望,西至龙头山、绢纺厂一线与秀峰区甲山街道相邻,南与二塘乡交界,北至南溪与南门街道毗邻。2017年末,辖净瓶、溪园、猴山、力创、龙泉、将军桥、同心、瓦窑、银海、平山东、平山西、凯风、大风山13个社区及同心、平山2个建制村。辖区户籍人口105499人。中共平山街道工作委员会(简称平山街道党工委)下辖基层党委3个、总支部12个、支部84个,有中共党员3980人。街道办事处驻净瓶社区净瓶路10号。辖区主要有桂林甑皮岩国家考古遗址公园、周元纪念塔等旅游景点或重点文物保护单位;驻有桂林市第二工人文化宫、广西壮族自治区区域地质勘查总院基础地质调查院、自治区桂林公路管理局等自治区、桂林市直属机关单位。有广西桂林商贸旅游技工学校、广西城市建设学校等2所职业学校;有桂林市第八中学、第十一中学、第十六中学、城楠中学4所中学;有桂林市将军桥小学、平山小学、平山第二小学、大风山一小、凯风小学、力创小学、凌云小学、建安小学、仁河小学、桂山小学、博雅双语学校、国慧小学、晨阳小学、二附实验小学等14所小学。有自治区南溪山医院、桂林银海医院、桂林长虹医院等3所医院,平山东社区卫生服务站、平山社区卫生服务中心、大风山社区卫生服务站、猴山社区卫生服务站、力创社区卫生服务站、瓦窑社区服务站等6所社区卫生服务中心(站)。主要工业企业有桂林大宇客车有限公司、桂林溢达纺织有限公司、桂林量具刃具有限公司等;主要商业企业(商业区)有桂林德天商业广场、桂林国际旅游批发城、北斗商区、红街商业广场、万福广场。2017年,溪园社区被国务院防范和处理邪教问题办公室评为"创建无邪教示范社区";中共将军桥社区委员会(简称将军桥社区党委)被评为自治区先进基层党组织、桂林市五星级党组织;中共平山村总支部委员会被评为自治区四星级党组织;中共平山东社区总支部委员会、凯风社区总支部委员会被评为桂林市三星级党组织。

【基层党建】 2017年,平山街道党工委通过开展"进社区、问民需,进农村、问民困,进企业、问民计"(三进三问)活动,突出解决影响发展、影响民生、影响稳定的实际问题,推动形成主动解决问题、化解矛盾的体制机制,结合提升群众安全感满意度、创建全国文明城市等重大活动和重点工作,每月开展一次"支部主题党日"活动,突出政治教育和党性锻炼,发挥党员先锋模范作用。全年共开展"三进三问"活动56次,解决各类问题38个,开展主题党日+活动36场次,参与活动的党员2600多人。5月10日、中共桂林市委书记赵乐秦到平山街道调研时对街道开展"三进三问"活动给予充分肯定。将军桥社区党委成立"党员工作室",以"治理"为重点,以"圆桌会"为载体,加强社会治理。9月27日,将军桥社区党委作为先进基层党组织,以"发挥堡垒作用提升治理能力建设和谐宜居幸福社区"为题在自治区城市基层党建工作经验交流座谈会上作经验交流发言。12月15日,赵乐秦在调研将军桥社区城市基层党建工作时,充分肯定了将军桥社区的做法。11月起,平山街道党工委通过开展"学习十九大共筑中国梦"系列活动——九个"精心组织",掀起学习贯彻中共十九大精神热潮。党工委班子成员到支部上党课10次,指导学习30多次,辖区60多个党支部进行了十九大知识测试,发放学习贯彻十九大精神宣传册5000多份。截至年底,发展党员9人。街道优化调整基层党组织,将军桥社区党总支升格为将军桥社区党委,基层党组织的活力进一步增强,推动发展、服务群众、凝聚人心、促进和谐的能力进一步提高。

【"圆桌会议"品牌】 2017年,平山街道做好群众安全感满意度提升工作,重点打造"圆桌会议"品牌。1月,建立综治工作联席会议制度,辖区3个派出所、公安象山分局刑侦大队及各社区居委会为联席会议成员单位。明确会议的运行机制、主要职责及任务,每季度召开联席会议一次,通报辖区社会治安综合治理工作情况,协调解决存在

2017年9月21日,象山区在将军桥社区召开平山街道"圆桌会议"经验交流现场会

平山街道办　供图

问题。及时回应和满足市民对社区治理新期盼和新需求，打造“圆桌会议”品牌。2017年，街道各社区共召开圆桌会议68次，收集各类问题146个，解决问题82个，调处各种矛盾纠纷95起。9月21日，象山区在将军桥社区召开平山街道“圆桌会议”经验交流现场会，将军桥社区在会上介绍工作经验。

【社会保障】 2017年，平山街道居民参加城镇居民医疗保险人数21873人，其中新增人数及续缴费人数18183人，辖区学校学生参加城镇居民医保人数3690人。城镇新增就业扩面数1038人；城镇新增养老保险扩面数867人；发放特困失业人员春节补贴185户5.55万元；登记失业人员40人。年内接收企业退休人员1080人，历年累计接收企业退休人员18337人，企业退休人员死亡、转移328人，年末实有企业退休人员18009人。

【民政工作】 2017年，平山街道享受城市居民最低生活保障（简称城市低保）11629人次，发放城市低保金438.46万元。发放临时救助金9300元，医疗救助180人，发放医疗救助金41.12万元。老龄工作扎实有效，全年发放80周岁以上老年人高龄补贴20344人次61.03万元、90周岁以上老年人高龄补贴1666人次16.66万元、100周岁以上老年人高龄补贴39人次7800元。

【卫生计生工作】 2017年，平山街道全面推进计划生育优质服务，截至2017年底出生人口1072人，人口出生率10.8‰，死亡人数194人，死亡率1.7‰，符合政策生育率100%，无政策外多孩。2017年度出生二孩610人，比2016年出生二孩增长35.3%。二孩政策稳妥扎实推进，抓好宣传倡导、优质服务、政策衔接等措施，落实好二孩政策。为提高辖区35岁到64岁妇女宫颈癌和乳腺癌筛查率，加大严重危害妇女健康两大癌症的防控力度，分别为辖区1291名、1318名妇女免费开展宫颈癌和乳腺癌检查。平山社区卫生服务中心分别于5月9日、5月12日、11月21日在桂林市第十六中学、第十一中学、第八中学开展《艾滋病防治知识》宣传，让青少年充分了解认识艾滋病危害性和防控知识。3月24日是第二十二个“世界防治结核病日”，平山社区卫生服务中心、将军桥社区围绕“联合起来消除结核，不让任何人掉队”主题，开展结核病防治宣传咨询活动，提高人民群众结核病防治知识知晓率。

【安全生产】 2017年，平山街道严格落实“一岗双责党政同责”安全生产责任制度，调整充实以街道党工委书记和街道办事处主任为组长，街道武装部部长为副组长，街道所辖社区、村委会负责人为成员的安全生产工作领导小组。坚持定时检查与重点抽查相结合，全面排查辖区各类安全生产事故隐患，全年开展安全生产大检查14次，出动检查人员254人次。坚持日常巡查和单位自查相结合，推进安全监管关口前移，加强安全源头隐患排查。制定全街道生产安全事故救援应急预案，不断完善救援体系，有效防范各类重特大事故的发生。开展“安全生产月”活动，展出安全生产宣传图片4次，张贴安全标语438张，刷写永久性标语21幅，悬挂横幅14幅。组织协调派出所、行业主管部门等相关单位开展安全检查监督专项行动，重点检查安全生产制度、安全生产设施和隐患自查自纠记录，自查自纠隐患31处，检查出电路等安全生产隐患11项，并进行整改。

【文化活动】 2017年，平山街道举办以“创建全国文明城，迎接党的十九大”为主题第十二届“活力平山”暨桂林市总工会“文化服务快车走基层”文艺会演，平山街道“学习十九大共筑中国梦——我身边的好党员”演讲比赛，丰富辖区群众精神文化生活。各社区（村）在各节日期间先后开展一系列有特色文化活动。将军桥社区举办首届青少年阅读马拉松赛，瓦窑社区组织开展“快乐读书悟科学发展真谛”读书月系列活动，将军桥社区在红街商业广场举办“关爱未成年人健康成长，助力全国文明城市创建”专题文艺会演，凯风社区开展“巧手大比拼，健康过端午”包粽子比赛活动，“桂林橡机力创禁毒杯”乒乓球比赛在力创社区进行，银海社区举办以“爱国、爱家、爱桂林”为主题的创城文艺晚会，平山东社区开展红色文化进社区，力创、银海、同心、平山西社区开展民族团结百家宴活动，营造了街道和谐文明的氛围。

（唐　娟）

人　物

RENWU

杉湖双塔　　伍爱华　摄

全国五一劳动奖章获得者

谢玉华 女,1961 年 11 月出生,广西桂林籍。广西三正国际拍卖有限公司拍卖师,连续 12 年被评为广西“优秀拍卖师”。2011 年 6 月,创立桂林市“周末爱心妈妈”公益品牌。至 2017 年 12 月,共带领“周末爱心妈妈”志愿服务队举办各类公益活动 200 多场,捐款捐物价值 1300 万元;志愿者人数从 100 多人发展到 1200 多人,提供志愿服务达 10 多万人次。受帮扶的困难职工、困难妇女以及孤残留守儿童、空巢老人等达 6100 多人。在服务人民和奉献社会上,她倾心倾力关爱孤残留守儿童、农民工子女、空巢老人等,是一名广为人知的“爱心妈妈”。先后获得全国、自治区“三八红旗手”“全国五一巾帼标兵”“第九届中华慈善奖最具爱心楷模奖”“全国最美志愿者”“第十四届全国职工职业道德建设先进个人”“广西劳动楷模”“全国最美家庭”“第九届全国五好文明家庭”“第十届全国五好文明家庭标兵户”等荣誉。2017 年 4 月获“全国五一劳动奖章”。

广西五一劳动奖章获得者

奉桂芳 女,1967 年 1 月出生,湖南宁远籍。广西建工集团第四建筑工程有限责任公司副总工程师。工作中开拓创新,为公司获得丰硕成果,先后获得鲁班奖、国家优质工程、国家级工法、全国工程建设优秀 QC 小组活动成果一等奖、发明专利等等。2015 年 9 月在公司工会创立的“奉桂芳先模创新工作室”中担任领军人物。她在施工管理中践行“科技、绿色、精细”的工程建设元素,严格项目管理标准,2015 年“彰泰·兰乔圣菲”商住小区工程再次荣获鲁班奖,实现公司 3 年两获鲁班奖的成绩。2017 年 4 月获“广西五一劳动奖章”。

邹小燕 女,1966 年 10 月出生,广西合浦籍,中共党员。桂林三花股份有限公司销售业务员。长期战斗在销售市场一线,根据不同的季节特点、不同区域特点,及时向终端商推出公司的产品;积极捕捉市场的商品销售信息、价格信息,向销售部反馈,为调整经营决策提供依据;根据公司的销售计划及目标,制定促销方案,了解客户的需求动态,及时处理客户异议及投诉,建立长期稳固的区域客户关系。在她的努力下,“老桂林”酒成为区域同档次白酒中销量最大的几个品牌之一,提升了“老桂林”品牌知名度及美誉度。2013 年获“桂林五一劳动奖章”,2017 年 4 月获“广西五一劳动奖章”。

蒙　艳 女,1972年2月出生,广西荔浦籍,中共党员。桂林市宁远小学校长兼党支部书记。任校长 14 年,先后获得象山区名校长、桂林市名校长的培养资格。2016 年获广西基础教育名校长领航工程培养资格。2011 年任职于宁远小学,提出学生要“像花儿一样幸福绽放”的办学理念,明确学校要走“以德立校,科研兴校,质量强校,文化润校,特色亮校”的内涵发展之路,构建一个“浸润着书香、萦绕着墨香、充满着花香”的三香校园。经过 6 年努力,学校办学特色显现,成果明显。2017 年 4 月获“广西五一劳动奖章”。

周阳锋 男,1987年7月出生,江西信丰籍,中共党员。桂林银行股份有限公司网络工程师。对桂林银行全网设备了然于心,每个季度都到各分支机构实地巡查,了解设备运转情况。设备出现故障,第一时间赶到现场,遇到复杂故障,经常放弃节假日工作直到故障排除为止。长期坚守一线,以“工匠”之心甘于寂寞,锲而不舍地钻研技术,为桂林银行数据中心正常运行提供了强有力的技术支撑。工作期间因表现优秀多次被评为“优秀员工”。2016 年 12 月,代表桂林市参加“广西技能状元”大赛获得“网络设备调试员”工种比赛冠军。2017 年 3 月获“广西五一劳动奖章”。

莫运松 男,1969 年 3 出生,广西蒙山籍,中共党员。广西壮族自治区桂林水文工程地质勘查院副总工程师。在专业领域内独立主持或参加过《桂林市基岩及其与地面塌陷的关系研究》《广西环境地质调查报告(1 ∶ 50 万)》《广西山区公路工程滑坡防护治理技术研究》《广西贵港市桥圩地热资源可行性勘查报告》等十余项大中型专题科研项目,参编《桂林地下空间结构设计导则》。2016 年 9 月在由广西地质矿产勘查开发局、广西人力资源和社会保障厅、广西总工会共同主办的广西地矿系统地质专业职业技能竞赛中,获“地质灾害治理”项目特等奖。2017 年 3 月获“广西五一劳动奖章”。

(葛　馨)

附　　录

FULU

杉湖夜景　　伍爱华　摄

坚持创新驱动 做强四篇文章 努力提升桂林国际旅游胜地的美誉度

唐小忠

近年来，在市委、市政府的坚强领导下，全市上下紧紧围绕桂林国际旅游胜地建设目标，综合施策，狠抓落实，胜地建设发展基础不断加强，现代产业体系不断完善，旅游综合实力与风向标作用显著增强，世界一流的旅游目的地正加速形成。

一、总结过去，胜地建设成就有目共睹

一是坚持抓战略，注重城市空间优化和发展转型。坚持桂林国际旅游胜地建设“一本蓝图绘到底”，加快建设新城，疏解提升老城，布局推进了临桂新城、桂林经开区、万达文化旅游城等一批重大平台项目，市委、市政府驻地已正式搬迁到临桂新城，真正拉大了城市框架。持续加大“北通南畅、东拓西联”建设力度，国道321桂林至阳朔段扩建工程主体基本完工，福利路二期建成通车，万福东路加快建设，循环互通的城市立体交通格局加速形成。实施新一轮城市总规修编和修订，推动产业发展规划、土地利用规划、生态保护规划与城乡规划“多规融合”，加快优势特色产业发展，推动了城市从外延扩张向内生增长转型。

二是坚持抓保护，注重城市特色风貌保护和品质提升。始终保持桂林山水禀赋和特色，实施了漓江保护和住家船清理、逍遥楼和正阳东巷历史文化街区新建、龙船坪等一批码头整治和特色街区改造等系列整治工程，强化城市格局保护和地域特色风貌塑造，可以说真正把城市作为了一个生命体来对待，使城市面貌焕然一新，城市品质进一步提升。

三是坚持抓整治，注重城市综合治理和精细管理。市委、市政府提出：“环境是生产力，是凝聚力，更是竞争力。打造国际旅游胜地、建设美丽桂林必须先从整治环境入手。”制定《桂林市环境卫生精细化管理实施方案》《桂林市临时摊点疏导点设置管理暂行办法》等，实施“史上最严厉的考评办法”，持续抓市容环境整治，取得明显成效。紧盯关键节点，实施香江立交、漓江桥、“白改黑”等城市道路建设，完善道路标志标线、转向限制等办法，提高道路通行效率。加大大气环境和黑臭水体治理力度，生态环境建设提升到了一个新水平。

四是坚持抓统筹，注重城乡和区域协调发展。大力推进中心城市带动、县镇村联动、各种要素互动发展，大桂林大家园格局加速形成。比如，新增广西新型城镇化示范县6个，数量占自治区近1/3。恭城莲花镇入选首批中国特色小镇，阳朔兴坪镇荣获国家投融资创新模式特色镇。在广西新型城镇化百镇示范工程中数量增至23个。开通城乡公交线路189条，城乡公交一体化“桂林经验”在全区推广。现在桂林一些县域的发展速度高于主城区，形成了城乡一体、均衡发展的新格局。

二、审视既往，一些突出问题不容忽视

桂林国际旅游胜地建设的过程，实质是一个具有独特山水韵味的旅游名城的建设过程，也是一个新型城镇化的实施过程，既有着全国城镇化过程中的共性矛盾，也面临着许多桂林发展的个性问题，主要有以下三个方面：

一是大量农业转移人口难以融入城市社会，市民化进程滞后。目前农民工、外来务工人员已成为胜地建设的重要力量，农民工及其随迁家属，在教育、就业、医疗、养老、保障性住房等方面享受城镇居民的基本公共服务还有一定差距。特别是教育方面，以象山为例，从2011年起，每年需新增逾10个班用于接收外来务工人员子弟，挤占了大量的计算机、实验、文体、特色教学等用房，到现在几乎无教室可占、无班可扩，在无法满足就学需求之外，也给经济社会发展带来诸多风险隐患。

二是城市管理服务水平不高，“城市病”问题日益突出。城市空间开放和人口过度集聚，反映在交通问题、污染问题、基本公共服务等方面，关键是受于城市管理服务水平低下的制约。重城市建设、轻管理服务的问题依然存在，城市管理运行效率不高，公共服务供给能力不足，外来人口集聚区人居环境较差。比如，象山辖区内的，平山瓦窑大村、同心村以及铁西片区等城中村、无物业片区，“脏乱差”“出行难”“停车难”“买菜难”“上学难”以及火灾安全隐患等问题还比较突出。对这些片区进行改造，又因城市总规明确的层高、容积率所限，投资与收益难以平衡，片区改造的难度很大。

三是一些城乡建设缺乏特色，山水韵味还不明显。城市建筑普遍缺乏一定的建筑风格，山水韵味不突出。一些景观结构与所处区域的自然地理特征不协调，甚

至导致桂林的自然和文化个性被破坏。城市框架拉大后，近郊地区的一些农村，出于缺乏统一规划、建房审批以及土地收储不及时等因素，农民抢搭抢建，政府拆违打压，客观上出现了一堆建筑垃圾，造成了景观破坏，导致了乡土特色和民俗文化流失。

三、面向未来，做强四篇文章不断提升美誉度

城市发展是一个持续传承的过程，也是一个不断创新的过程。这几年，桂林一直把建设国际旅游胜地，作为城市发展的目标定位，推进城市的特色发展、创新发展、绿色发展、协调发展，取得了突出成就。下一步，要巩固优势，发扬成绩，努力做强"四篇文章"，强化城市实力、活力、魅力，加快打造特色鲜明的现代宜居城市和文化品位之都，不断提升桂林国际旅游胜地的美誉度。

一要进一步做强创新文章。创新是城市持续发展的不竭动力，打造特色鲜明、有独特韵味的文化品位之都，更加需要做强创新文章。做好产业创新文章。加大经济结构调整力度，坚持新兴产业培育发展、传统产业改造转型、旅游产业提速发展"三管齐下"，加快旅游提档升级，重振桂林工业雄风，促进以全域旅游为龙头的现代服务业和电子信息、先进装备制造、医药及生物制品、生态食品等先进制造业"两轮驱动"。做好区域创新文章。在加快建设新城的同时，注重向疏解提升老城要空间，加快疏散行政办公、工业发展、大型物流、高密度居住等功能，科学规划腾出空间，重点发展品质旅游、互联网经济、楼宇经济等产业。今年，象山计划实施"三区统筹"，推进"五大攻坚"，大力发展"五大幸福产业"，即：统筹实施阳桂公路休闲观光区、万福路康体养生区、平山瓦窑片特色文化区建设，着重推进重大项目、土地收储、招商引资、龙船坪和瓦窑两个特色街区和财税融资"五大攻坚"，大力发展旅游、文化、体育、健康、养老等"五大幸福产业"，不断拓展城区发展空间，推动城区经济创新发展。

二要进一步做强文化文章。桂林历史厚重悠久、文化底蕴灿烂。文化是桂林的"根"与"魂"，是城市软实力的重要体现。要深入实施"寻找桂林文化的力量，挖掘桂林文化的价值"工程，"唱"好历史文化保护利用"三部曲"，努力把"散珠碎玉"式的历史文化串联起来，推出一批承载城市记忆、传承优秀文化的研究成果和文化产品。高度重视桂林历史文化名城的保护与开发，实施世界文化遗产申遗工作，推进漓江沿岸、靖江王城、新旧八景、革命历史纪念馆等文化遗址保护与开发，延续城市文脉。积极弘扬好优秀历史文化，把桂林优秀的文化遗产向世界推介，传承弘扬摩崖石刻、桂北民宿和书画、中医药等优秀传统文化，加快形成世界级文化遗产群。积极推进文化交流。目前，印象刘三姐、象山传奇等山水演艺已经叫响全国，形成了品牌。大力发展文化创意产业，动漫、影视等产业产品在国内区内也已形成一定的知名度和影响力。这些文化品牌要"走出去"，走向全世界。

三要进一步做强生态文章。坚持坚持生态立市，坚持"绿水青山就是金山银山"的发展理念，着重念好"保、治、管""三字经"。第一，强化"保"。把漓江沿岸、两江四湖及环境敏感区用立法的方式保护起来。第二，强化"治"。持续打好环境综合治理、大气治理、漓江及西干渠周边养殖业污染源清理整治等攻坚战。第三，强化"管"。一方面，管理执法部门严格执法，铁腕治理，另一方面全民参与，实施"河长制""路长制"，鼓励全社会参与，努力营造生态宜居的一流环境，打响生态文明之都的品牌。

四要进一步做强品味文章。近年来，桂林始终坚持以人民为中心的发展理念，受到广大市民的普遍好评。今后一个时期，着重要做好两件事情。一个方面，进一步提高群众生活品质，增强市民群众获得感。继续完善城市基础设施和公共功能配套，增加人民群众的生活便利与生活品质。通过一段时间的努力，对城中村进行分类整治，将主城区城中村打造成配套完善、生活便利、环境优美、管理有序的新型城市社区。另一方面，努力提高市民人文素质，打造品位休闲之都。"罗马不是一天建成的"，品位休闲之都是积极打造、历史沉淀的结果。品位归结起来基本具有以下五大核心元素：一是特色精神地标、政治地标、社区与公共空间。二是特色名人故居、博物馆、文化传承与教育机构。三是特色品牌美食手工、物产市集、风俗规矩、生活方式与特色企业。四是特色仪式节庆、展会赛事与相关类别上下游产业。五是特色自然景观、旅游民宿和生活体验。打造品位休闲之都，要从这五个方面着力，盯着这几个方面发力。品位还体现在城市文化和市民素质上，要进一步弘扬城市人文精神，培育开放包容、多元共融的城市文化，提升市民素质和城市文明程度，努力完善政务环境、法治环境、服务环境、社会环境，推进社会共建共治，进一步打响品位休闲之都的品牌。

四、狠抓落实，要突出统筹好四大关系

做强四篇文章，加快桂林"两个建成"，有基础、有机遇，关键在于落实，要秉持"实干就是能力，落实才是水平"的理念，深入思考、狠抓落实。当前，要重点把握好"四大关系"：

第一，如何统筹规划、建设、管理三大环节，不断增强城市综合承载力与竞争力。回顾桂林国际旅游胜地建设的生动实践，我们在规划、建设、管理以及保护、研究、经营

等方面积累了许多宝贵经验。今后一个时期，是加快胜地建设的攻坚期，更要注重统筹好规划、建设、管理三大环节。规划上要牢固树立“一张图”的理念，坚持胜地建设一张蓝图绘到底，统筹空间、规模、产业三大结构要求，努力实现城乡规划与土地利用、产业、生态等规划“多规合一”，确保空间规划落地，着力推进城市国际化与城乡一体化协调发展、经济发展方式与城市发展方式同步转型。建设上要牢固树立“一盘棋”理念，大力推进公共交通等城市基础设施建设，狠抓历史文化遗产保护、“城中村”改造提升、智慧城市以及环境承载能力建设等重点，深化城市有机更新。不断完善老城城市功能，发展新型业态，优化产业布局，大力发展楼宇经济、总部经济。管理上要牢固树立“一股绳”理念，各部门齐抓共管，心往一处想、劲往一处使，不断提高法治化、智慧化、精细化、人性化水平，厚植山水城市、历史文化名城、品位休闲之都的优势，让人民群众享有更好环境、更好发展、更好生活。

第二，如何统筹改革、创新、文化三大动力，不断增强城市创新引领发展能力。改革、创新、文化是城市发展的活力源泉。必须坚持把改革贯穿于经济社会发展各领域，把发展基点放在创新上，把特点彰显在文化中，为经济社会发展提供持续动力。改革方面，继续深化行政审批制度、财政体制制、税收征管体制改革，形成责权利对等的管理体制，切实调动县区积极性、主动性。县区一级，要深入思考深化供给侧结构性改革，如何持续推动“三去一降一补”各项政策的落地实施，如何加大项目建设、招商引资、财税融资、特色街区、棚户区改造等工作力度，不断培育新的经济增长点，强化经济发展的自主造血功能。创新方面，积极创建自治区级自主创新示范区，加强质量品牌建设，加大自主品牌知识的培育力度。人才是创新之本，特别要注重培育和引进一批高层次创新创业人才，在津贴、购房补贴、科研扶持、子女入学等方面提供全方位支持，为各类人才来桂林干事创业提供良好环境。文化方面，如今的桂林，已不再是孤独孤立的桂林，以市区为中心，周边已经形成了一个庞大无比、秀丽无比的山水名胜群，来桂林旅游，不论是向东、西、南、北哪个方向的景区行进，都会让人惊喜连连、感慨万千。这些年，市委、市政府通过国务院新闻发布会、最美赏月地、歌从漓江来、春晚南方分会场等系列宣传推介公关，大幅提升了桂林的美誉度，塑造了美轮美奂的城市形象。文化建设是个系统工程，需要上下联动、方方面面努力。县区更要在谋划实施系列文化节庆活动等方面下功夫，将文化融入社区、村庄，进入神经末梢，不断提高整体文化竞争力。

第三，如何统筹政府、社会、市民三大主体，不断推进城市治理体系和治理能力现代化。城市是现代社会进步发展的载体，也是考量政府现代治理水平和能力的大平台。现代城市治理也不再是单向度的行政管理，而应该吸引社会公众有序参与，这既是“人民城市为人民”的宗旨体现，也是实现城市治理现代化的必要途径。近些年，在城市管理方面，全市运用“大督查、大考核”机制，扎实推进环境综合整治，为彰显山明水秀的城市风光夯实了基础。探索矛盾纠纷排查、信访积案化解、摩托车巡逻、“红袖章”联防、网格化服务管理等好做法，不断加强社会综合治理，提升群众安全感满意度。要坚持“群众想什么、我们就干什么”，完善工作机制等等，推动政府、社会、市民同心同向行动，使政府有形之手、市场无形之手、市民勤劳之手同向发力、形成合力，完善共治共管共建共享的城市治理格局。

第四，如何统筹“退二进三”和“优二进三”，实现城市、经济联动转型升级。伴随城镇化的推进，老工业区变成城市的中心区，这是城市发展的必然。因为工业企业与居民区交错分布，制约城市基础设施升级改造，也影响城市总体规划的实施，这也是城市发展中现实问题。按照市里明确的退二进三规划目标，近年来我区工业企业陆续退出，从21世纪初的70余家规上企业，到目前仅剩24家。这些企业的外迁，生产场地扩大，生产能力拓展，同时到新区重新布局，带动了这些地区土地资源的发掘和利用。但对老区而言，在工业企业退出的同时，第三产业进驻、发展却跟不上，产业始终难以形成聚集发展的势头。需要统筹退与进以及退与优的关系，从规划的层面，对老城区的发展给予更大的支持，在现代服务业发展、新型工业布局、产业园区建设等产业规划上，适当给予政策倾斜和规划布点。比如：加快《万福休闲旅游度假区控制性详细规划》编制，支持沿线广西总工会工人疗养院、广西桂林电力疗养院等疗养院所改造升级，引资开发桂林龙泉国家森林公园、奶牛场地块，打造集观光、休闲、疗养、度假为一体的区域性综合旅游目的地。加快《大风山周边片区控规》编制，盘活宏伟集团、桂林客车集团、绢纺厂等老工业地块资源，保留其原工业用地性质，将该片区打造为低能耗、无污染的新兴企业孵化基地。加快《西门片区控规》等片区规划编制和审批，明确相关地块技术指标，以利于打造中心城区核心商圈，促进招商引资和相关项目规划选址、定点等前期手续办理，等等。通过真正实施“腾笼换鸟”，为老城区发展迎来新的天地。

（发表于《今日桂林》杂志2017年第03期，作者系中共象山区委书记）

强化党建引领 推动重心下移 努力打造共建共治共享的社区治理新格局

唐小忠

党的十九大报告指出，党的基层组织是确保党的路线方针政策和决策部署贯彻落实的基础。报告强调：加强社区治理体系建设，推动社会治理重心向基层下移，发挥社会组织作用，实现政府治理和社会调节、居民自治良性互动；加强社会治理制度建设，完善党委领导、政府负责、社会协同、公众参与、法治保障的社会治理体制，提高社会治理社会化、法治化、智能化、专业化水平。社区是城市的基本单元，社区治理在城区工作中举足轻重。学习贯彻党的十九大精神，要把社区治理摆在突出位置，以加强城市党建为引领，坚持共建共治共享，建立健全社区治理体系，更好地为群众提供精准有效服务和管理。

一、城市党建引领，打造社区治理的坚强战斗堡垒

加强社区党组织建设，打造高效先进的基层党组织，是强化社区治理的关键。要以提升组织力为重点，突出政治功能，把社区党组织建设成为宣传党的主张、贯彻党的决定、领导基层治理、团结动员群众、推动改革发展的坚强战斗堡垒。

（一）完善城市党建体制机制

坚持街道、社区、支部三级联动，构建“街道大工委—社区大党委—网格大支部—楼栋党小组—共产党员户”的五级组织架构，系统化构建完善城市党建体制机制。推动街道转变职能，集中精力“谋主业”，将街道工作重心聚焦到辖区党的建设和公共管理服务上来。建立社区事务准入清单制度，为社区减负，实现社区党组织职能“回归”，强化对社区内各级各类基层组织的兜底管理。在网格、楼栋普遍建立党支部，开展亮出“共产党员户”标志牌活动，形成联系群众、听取诉求、一线处置、监督服务的工作机制。

（二）规范社区党建工作秩序

深入实施“五基本六规范”基层党建提升年行动，以底线思维保基本，以标准意识抓规范，以品牌创建促提升。以尊崇党章、遵守党规为基本要求，以“两学一做”为基本内容，以“三会一课”为基本制度，以党支部为基本单位，以解决问题、发挥作用为基本目标，突出融入日常、抓在经常，推进“两学一做”学习教育常态化制度化。开展规范责任落实、规范阵地建设、规范基础保障、规范品牌创建、规范支部建设和规范“两新”党建提升为内容的“六个规范工程”，把社区党组织建设全面推向新的更高水平。

（三）创建城市党建红色品牌

深化“漓水象山·党员工作室”城市党建品牌创建，把城市党建工作融入经济社会发展大局，找准党建与社区治理互促共进的结合点，让党建真正转化成为生产力、凝聚力、竞争力。推动党建传统优势与信息技术深度融合，大力推广互联网＋党建、智慧党建等做法，为城市党建插上信息化的翅膀。定期复审、实时考核，对品牌勤“冲洗”、常“擦拭”，保持品牌“亮度”不减，以将军桥社区“服务好伙伴”、溪园社区“群众说事室”、新竹社区网格化管理等社区党建特色品牌带动，为社区治理注入源源不竭的“红色动力”。

二、社会协同共建，打造美好生活需要的邻里中心

坚持“党建＋城建”，完善坚持党的领导、政府加强监管、多社会主体共同参与的格局体系，加强城市社区基础设施建设、精神文明培育、社会心态涵养，把社区建设成为满足居民群众对美好生活需要的邻里中心。

（一）共建基础设施

无物业小区改造、背街小巷路面、路灯、绿化的保养维护以及文体设施新建等，是居民群众最关心最直接最现实的利益问题，要一件事情接着一件事情办，一年接着一年干。围绕居民生活需求，充分征求居民意见，落实改造项目、改造内容和改造资金，全面提升服务功能，让居民群众生活得更方便、更舒心、更美好。坚持政府投入与社会投入相结合，发挥政府投资公司作用，放大集成政策、集聚资源、集中资金的优势；运用PPP等方式，推进广告权、冠名权等无形资产的整合运营，引导社会资本参与城市基础设施建设。

（二）共建文明城市

深化环卫保洁市场化运作改革，加大环卫事业费投入，规范保洁、监督秩序，发挥专业企业在城市管理中的主体作用。继续聘用创建全国文明城市期间相关片区、市场、主干街道增聘的城管、环卫人员，持续强化对占道

经营、乱停乱放、违章搭建等乱象的治理。秉承创城为民、创城惠民的创城精神，继续开展好“金点子”办理，让居民群众感受城市的温度。加强核心价值观宣传教育，持续提升市民素质，引导广大市民积极参与文明城市共建。依托社区服务中心广泛开展形式多样的文体活动，注重地域特色文化建设，强化群众对桂林历史文化的认同感自豪感，促进居民交流融合，提升社区文明指数。

（三）共建心理服务体系

当前，社会上仍然存在一些浮躁、仇恨、粗俗的现象和情绪，打开互联网，暴力、粗俗语言充斥荧屏。党的十九大报告要求，加强社会心理服务体系建设，培育自尊自信、理性平和、积极向上的社会心态。要充分发挥社区党组织的引导引领作用，强化居民群众之间的日常联系，打破社会疏离的现状。积极组建专业社会工作队伍，及时帮助一些居民群众疏导情绪、端正认知。引导家庭、学校、社会、政府等各个层面共同努力，弘扬正能量，唱响主旋律，积极培育健康阳光的社会心理。

三、公共参与共治，打造党建+治理的社区治理新模式

党的十九大报告强调，加强社区治理体系建设，推动社会治理重心向基层下移，发挥社会组织作用，实现政府治理和社会调节、居民自治良性互动。要改变政府“单兵作战”方式，探索党建+治理的社区治理新模式，畅通各主体利益表达、参与治理的渠道。

（一）强化社会矛盾治理

推广将军桥社区党组织“圆桌会议”模式，坚持以街道社区为主的党政主导，坚持居民代表、物业代表、驻辖区单位等一起协商的各方参与，坚持什么问题突击就解决什么问题的问题导向，坚持有事好商量、众人的事由众人商量的依法协商，坚持小利顾全大利、局部利益服从全局利益的利益原则，搭建群众参与社区治理的经常性、制度化的交流互动平台，畅通社区居民参与社会管理、表达利益诉求、协商解决矛盾的主渠道。以律师进社区服务中心、进信访大厅、进疑难案件行动为载体，推进律师整体参与到社区治理，推动涉法涉诉矛盾纠纷化解。

（二）强化治安防控治理

针对改制企业小区多、城中村多、出租屋多、外来流动人口多，社情较为复杂，社会管理压力大的现实，发挥好楼栋支部的桥梁纽带作用，发动居民参与社会管理，延伸社会治安防控体系的基层触角。加大社区党员“红袖标”巡逻力度，引导群众都自发组织起来，打造象山版“朝阳群众”。深化社区民警回归社区行动，助力矛盾纠纷化解，震慑“两抢一盗”犯罪。坚持摩托车机动巡逻防范机制，实现全天候动态巡逻，严厉打击街面现行违法犯罪活动，维护一方的安全和谐，努力不懈地提升群众安全感满意度。

（三）强化防灾减灾治理

发动社区党员群众进行用电用气用煤安全隐患排查，加大对人员密集场所的监督检查力度，确保楼宇的消防安全。加大与市直相关部门、专业机构、救援队伍的协调合作，妥善做好南城电器城“11·24”火灾事件、西城步行街布行大楼承重柱爆裂、瓦窑旅游批发城火灾事件的善后处置。加大避灾、自救、互救的技能教育宣传，提高广大居民防灾减灾意识及应对突发灾难避险能力。

四、政府兜底共享，使社区居民更有获得感幸福感安全感

坚持以人民为中心的发展思想，是在新时代条件下对“为人民服务”这一理念的高度彰显。社区治理必须把增进人民福祉、促进人的全面发展作为出发点和落脚点，始终把人民利益摆在至高无上的地位，让城区改革发展成果更多更公平惠及全体人民。

（一）推动教育资源共享

坚持把教育放在优先发展的位置，加大财政投入保障力度，深化合作办学，鼓励社会企业民间捐资办学，特别是加大对外来务工人员子女集中社区的学校改扩建和新校建设力度，全力解决“入学难”和“大班额”问题。继续深化教学改革，开展素质教育，实施“名师名校长名校”工程，提升教育教学质量，推动优质教育资源共享。

（二）推动社会保障共享

始终把就业作为最大的民生，完善就业创业扶持政策，以创业带动就业，建立覆盖城乡的就业创业服务体系。完善社会保障体系，健全社会保障财政投入机制，全面实施机关事业单位养老保险制度改革，基本实现法定人员全覆盖。落实职业年金、企业年金制度，多渠道促进居民增收。完善城乡居民最低生活保障机制，全面完成城乡居民医疗保险制度改革工作，健全受灾群众生活救助保障制度。

（三）推动社区关爱共享

广泛开展社区党员志愿服务，为群众提供常态化、专业化、精细化的志愿服务。加大对留守儿童、留守妇女、留守老人以及残疾人、社区康复矫正人员等特殊困难群体的关爱帮扶，在解决好他们生产生活方面实际困难的同时，运用社会化的手段，加强人文关怀和心理辅导、援助，千方百计增加居民群众的获得感幸福感安全感。

（发表于《今日桂林》杂志2017年第12期，作者系中共象山区委书记）

桂林市象山区人民检察院工作报告

——2018 年 1 月 18 日在象山区第十一届人民代表大会第三次会议上

象山区人民检察院检察长 余学龙

2017 年工作回顾

2017 年,象山区人民检察院在象山区委和上级检察院的正确领导下,在象山区人大及其常委会有力监督和象山区政府、政协的大力支持下,全面贯彻党的十八大、十八届三中、四中、五中、六中全会以及十九大会议精神,深入学习贯彻习近平总书记系列重要讲话精神和治国理政新理念新思想新战略,忠实履行法律监督[1]职责,各项检察工作取得新进展。

一、积极推进平安象山建设,维护社会和谐稳定

依法打击各类刑事犯罪。紧紧抓住影响公共安全和社会稳定的突出问题,依法履行批捕、起诉等职能,打击各类刑事犯罪。全年共受理提请批准逮捕案件 531 件 686 人,受理移送审查起诉案件 490 件 612 人。

依法化解矛盾纠纷。全面落实"谁执法谁普法"的普法责任制,围绕争议焦点释法说理,既解"法结"又解"心结"。认真贯彻宽严相济的刑事司法政策,对轻微刑事案件,且无社会危险性的,决定不捕 26 人;对犯罪情节轻微,依法不需要判处刑罚的,不起诉 37 人。对过失犯罪、亲友邻里纠纷、民事纠纷引发的轻微刑事案件,加大矛盾调解力度,促进刑事和解[2]。2017 年,共促进刑事和解 7 件 9 人,均取得良好的法律效果和社会效果。

深化检察环节社会管理。针对社会治安重点、难点问题,结合办案实际,及时提出检察建议 10 件,推动管理主体依法服务和规范管理。完善司法救助制度,救助生活困难的刑事被害人及其亲属 4 人,发放救助金 0.8 万元。积极推进刑事执行检察工作,与司法行政机关建立社区矫正人员信息共享平台,实现网格化管理;办理羁押必要性审查[3]案件 32 件 32 人,依法保障在押人员的合法权益。

二、贯彻落实新发展理念,服务象山经济平稳健康发展

主动适应和服务经济发展新常态。贯彻桂林国际旅游胜地建设的决策部署,围绕建设"和谐宜居幸福新象山"的发展目标,始终坚持把检察工作放在党委政府工作大局中去谋划和推进,紧扣象山区稳增长、调结构、惠民生、保稳定的经济社会发展目标,为党委政府工作保驾护航。积极参与城乡综合环境整治、征地拆迁、综治维稳和新农村建设等中心工作,服务生态乡村、宜居乡村建设。

积极服务和保障民生。以"一站式"综合检务服务中心为依托,遵循"开放、动态、透明、便民"原则,统一办理各项对外业务,实现对外服务的集约化管理。以"一张笑脸、一句问候、一杯热茶、一颗热心"的工作态度,切实转变工作作风,以"接地气"的工作方法拉近与人民群众的距离。通过便民信箱、咨询电话、微信公众号等方式,多渠道畅通民意。建立"领导带班制",直接对群众反映的合理诉求积极协调解决。组织干警进企业、进社区、进乡村、进学校开展送法服务活动,努力做到发现矛盾在基层、解决纠纷在一线、便民服务在身边。

依法惩治危害经济发展犯罪。坚决打击集资诈骗、非法吸收公众存款、非法经营等经济犯罪,积极整顿和规范市场秩序,审查逮捕和审查起诉非法吸收公众存款、集资诈骗等破坏市场经济秩序犯罪 33 件 59 人。

三、查办和预防职务犯罪,推进反腐倡廉建设

严肃查办腐败犯罪。坚持反腐败力度不减、尺度不松、节奏不变,以"老虎""苍蝇"一起打的高压态势,努力营造风清气正的政治生态环境。共受理贪污贿赂、渎职侵权等职务犯罪案件线索 27 件,立案侦查 24 件 24 人,其中大案 9 件 9 人。移送审查起诉 24 件 24 人,通过办案为国家挽回经济损失 500 余万元。

加强职务犯罪预防。与辖区桂林市金红旗文化传媒有限公司合作,制作预防职务犯罪 LED 公益广告,在桂林市中山中路繁华地段滚动播放,把清正廉洁的理念传递给社会公众,让社会公众成为反腐败和职务犯罪预防的监督者和受益者。结合办案实际,走进桂林市自来水系统、金融系统、电力系统、教育系统等开

展预防职务犯罪警示教育活动。我院《关于桂林市供水工程建设施工领域的职务预防调查》获评全区检察机关第七届预防职务犯罪精品预防调查。

四、强化对诉讼活动的法律监督，维护社会公平正义

强化刑事诉讼法律监督。坚持惩罚犯罪与保障人权并重、实体公正与程序公正并重，强化对刑事诉讼活动的监督。对侦查机关应当立案而不立案侦查的，督促侦查机关立案16件20人；对不应当立案而立案侦查的，督促侦查机关撤案4件；应当起诉而未移送起诉的，依法追诉53人，追诉漏罪24起。

强化民事行政诉讼监督。按照依法监督、居中监督等原则，坚持监督与支持并举、抗诉与息诉并重，共受理各类民事行政申请监督案件4件，提出再审检察建议1件，已作案件终止审查处理1件。对裁判正确的，认真做好当事人的释法说理、息诉服判工作。

强化刑事执行监督。与公安局、法院联合出台《关于打击拒不执行判决、裁定犯罪行为的实施办法(试行)》，对拒不执行判决、裁定犯罪行为，依法追究其刑事责任。开展社区矫正人员脱管漏管专项检查、财产刑执行监督等，其中1起财产执行检察案件获评全市精品案件。

五、深化检务公开，提升司法公信

司法公开便民利民。窗口服务与"案件信息公开网微信平台"相结合，搭建新型检律关系桥梁，共受理律师各类申请249件次，其中电子阅卷154次。全面应用案件信息公开网，发布案件程序性信息1198条、法律文书386份、重大案件信息92条。"一站式"综合检务服务中心接待群众来信来访300余人次，受理行贿档案查询2656次。案管部门主动适应司法责任制改革，创新工作方法，完善检察权运行机制，被自治区检察院评审为"全区检察机关案件管理示范岗"。

主动接受社会监督。运用官方微信微博、新闻客户端等新媒体全方位通报工作。主动邀请人大代表、政协委员、人民监督员以及机关、企业、学校、农村、社区等代表走进检察院，参加以"防治校园欺凌"和"司法体制改革"为主要内容的检察开放日活动，主动向人大常委会报告审查起诉工作，主动向政协通报全年执法工作情况，认真听取意见和建议，及时改进工作。主动为人大代表、政协委员赠阅《检察日报》《公诉人》杂志，为了解检察信息，监督检察工作提供便利。

深化人民监督员制度改革。根据《最高人民检察院关于人民监督员监督工作的规定》，由专人负责人民监督员工作，确保应接受监督的11类案件一律进入监督程序。被评议案件的承办人、部门负责人、分管领导就有关问题要接受人民监督员的质询，确保人民监督员监督权与知情权，促进规范执法，提升司法公信力。2017年以来，共由人民监督员评议案件18件18人。

六、深化司法体制改革，推动检察工作科学发展

创新推进轻刑速裁机制。将犯罪事实清楚、证据确实充分、被告人认罪且犯罪情节轻微的案件进行集中起诉、打包审理。庭审过程中，在充分保障被告人诉讼权利的基础上，法庭对具有普遍性的查明身份、权利告知等审判程序予以集中实施，然后针对个案进行审理。由公诉人分别逐一简要宣读起诉书、罗列式举证，将重点放在法庭辩论、被告人的最后陈述环节，后对打包案件当庭予以集中宣判。该机制大大提高了司法办案效率，节约了诉讼成本，不仅缓解了司法机关的办案压力，也解决了羁押场所超负荷运转难题，更减轻了当事人讼累，预防和避免超期羁押，是兼顾公正与效率，优化司法资源配置的一次成功实践。

适应"以审判为中心"的诉讼制度改革。发挥审前主导和过滤作用，探索建立重大疑难案件侦查机关听取检察机关意见和建议制度。全面贯彻证据裁判规则，对不构成犯罪或证据不足以及无逮捕必要的，不批准逮捕157人。依法坚持以证据为核心，强化证据审查和案件把关，实现从查明事实到证明事实、从依赖口供到更加注重客观证据的转变，确保办案经得起法律的检验。

坚决拥护并积极配合国家监察体制改革。认真贯彻落实国家监察体制改革部署，切实提高政治站位，强化责任担当，深入细致做好思想政治工作，全力配合做好反贪、反渎、职务犯罪预防三部门相关人员的转隶工作，确保思想不乱、队伍不散、工作不断。

七、加强检察队伍建设，全面提升队伍素质

加强思想政治和纪律作风建设。认真落实意识形态工作责任制，深入开展"两学一做"学习教育常态化制度化，牢固树立政治意识、大局意识、核心意识、看齐意识。深入学习贯彻党的十九大会议精神，践行社会主义核心价值观，弘扬忠诚、为民、担当、公正、廉洁的检察官职业道德。建立院领导带班制，强化内部监督意识；建立上下班考勤制，强化工作纪律意识；建立案件回访、案件质量评查制，强化规范办案意识；建立窗口服务责任制，强化服务群众意识，实现严明纪律常态化，规范办案习惯化，服务群众优质化。

坚持不懈规范司法行为。充分发挥案件监督管理职能，实行办案全流程监控，强化实时动态监督。对不批准逮捕、职务犯罪不起诉及撤案、批准逮捕后不起诉、撤案的案件进行重点评查，持续纠正司法不规范问题。依法保障律师执业权利，建立和完善辩护和代理网上预约申请平台。我院在全市检察机关“规范司法行为、提升司法公信”检察业务知识竞赛中荣获三等奖。

坚持从严治检不动摇。严格落实中央八项规定精神，驰而不息纠治“四风”。制定实施《象山区人民检察院党风廉政制度》《象山区检察院十个不准十个一律行为准则》等制度，让每位干警将铁规禁令铭记于心，严守政治纪律和政治规矩。结合工作实际，扎实开展“五查五整顿”专项行动，以“查”促提高，以“查”促发展。2017 年，我院政工科荣获桂林市人民检察院记集体三等功，8 名干警获区、市检察院表彰。

各位代表，过去一年检察工作的进步，离不开区委的正确领导，人大及其常委会的有力监督，区政府、政协以及社会各界的大力支持和帮助。各位代表、委员为深化检察改革、加强队伍建设和改善办案条件积极呼吁并建言献策，让我们备受鼓舞。在此，我代表象山区人民检察院表示衷心感谢！

回顾过去的一年，我们也清醒地认识到，检察工作仍然存在不少突出问题：一是检察专业人才、复合型人才和检察技术人才相对缺乏，人少案多矛盾依然突出。二是检察信息化建设仍需进一步加强。三是法律监督还不到位，不愿监督、不善监督问题依然存在。四是队伍专业化水平不够高，办理金融犯罪、涉众型经济犯罪等能力有待提升。对此，我们将高度重视并努力加以解决。

2018 年工作安排

2018 年，象山区人民检察院将深入学习贯彻党的十九大精神，坚持以习近平新时代中国特色社会主义思想为指导，紧紧围绕“五位一体”总体布局和“四个全面”战略布局，顺应人民日益增长的美好生活需要，全面履行宪法和法律赋予的职责，重点做好以下五个方面的工作：

一、充分发挥法治保障作用，服务经济社会发展大局

综合运用打击、保护、监督、教育等职能，服务和保障经济健康发展。突出惩治破坏市场经济秩序犯罪，加大打击危害食品药品安全犯罪，着力打击网络电信犯罪。积极运用法治思维和法治方式推进检察工作，依法处理好维权与维稳、实体正义与程序正义等关系，强化检察机关的社会责任担当。

二、强化法律监督，维护司法公正。

进一步加强对刑事立案、侦查、审判、执行的法律监督，更好地惩治犯罪、保障人权。深入推进民事行政检察监督，加强公益诉讼，突出办理生态环境和资源保护、食品药品安全、国有财产保护、国有土地使用出让等公益诉讼案件，维护司法公正、促进依法行政。加强控告申诉检察监督，畅通来信、来访、网络、电话、视频等渠道，依法解决群众诉求。加强保护当事人各项诉讼权利，保障律师执业权利，努力让人民群众在每一个司法案件中都感受到公平正义。

三、全面落实司法责任制，有效提升司法质量、效率和公信力

不折不扣贯彻落实中央和高检院关于司法改革的部署，进一步落实配套制度改革，继续深入推进检察人员分类管理，确保改革取得实效；严格执行检察官权力清单，着力强化员额检察官的责任心和担当意识，不断提高办案质量和效率。

四、牢记打铁还需自身硬，从严从实建设过硬检察队伍

认真贯彻落实全面从严治党、全面从严治检，牢固掌握意识形态工作的主动权，进一步学习贯彻党的十九大精神，深入推进“两学一做”学习教育常态化制度化，践行检察官职业道德基本准则，培育检察职业精神，深入开展向全国模范检察官学习活动。加强纪律作风建设，严守底线，增强严格自律、慎独慎微的自觉性。坚持以思想建设为根本，以业务能力建设为核心，以领导班子建设为关键，建设过硬检察队伍。

五、强化智慧检务建设，适应检察工作新形势新发展

深入推进电子检务工程，适应“互联网 + 检察”工作模式，打造远程公诉系统、远程提讯系统、智能语音识别系统、“互联网 +”智能移动办公系统等，将检察官从大量的事务性工作中解脱出来，全力以赴办案，全面提升工作品质和办案效率。在象山区委、区政府和上级检察院的支持帮助下，补齐短板、破解难题，进一步加强检察信息化建设。

新的时代赋予新的使命和担当。新的一年，象山区人民检察院将在象山区委和上级检察院的正确领导下，全面落实本次人代会精神，不忘初心，牢记使命，勇于担当，扎实工作，自觉接受人大监督、民主监督和社会监督，为实现新时代象山人民美好生活而努力奋斗！

附件：

有关用语说明（供参考）

[1]法律监督。根据我国宪法和法律规定，人民检察院是国家的法律监督机关，依法履行批准和决定逮捕、提起公诉、职务犯罪侦查和对诉讼活动进行法律监督等职能。主要包括：(1)对公安机关(含国家安全机关等其他侦查机关)提请批准逮捕、移送审查起诉的刑事案件，决定是否批准逮捕、提起公诉；(2)对刑事诉讼、民事诉讼、行政诉讼实行法律监督；(3)对刑法执行和监督活动实行法律监督；(4)受理单位和个人举报、控告、申诉等职能。

[2]刑事和解。指刑事公诉案件的当事人和解。对于因民间纠纷引起、可能判处三年有期徒刑以下刑罚的侵犯公民人身权利、民主权利和侵犯财产犯罪案件，或者除渎职犯罪以外的可能判处七年有期徒刑以下刑罚的过失犯罪案件、犯罪嫌疑人、被告人真诚悔罪，通过向被害人赔偿损失、赔礼道歉等方式获得被害人谅解，双方当事人达成和解协议的，司法机关可以从宽处理。

[3]羁押必要性审查。根据《中华人民共和国刑事诉讼法》第93条规定，犯罪嫌疑人、被告人被逮捕后，人民检察院仍应当对羁押的必要性进行审查。对不需要继续羁押的，应当建议予以释放或者变更强制措施。

象山区人民法院工作报告

——2018年1月18日在象山区第十一届人民代表大会第三次会议上

象山区人民法院院长　黄　强

2017年主要工作

2017年，象山区人民法院在上级法院的指导，区委的正确领导，区人大及其常委会的有力监督，区政府、区政协及社会各界的大力支持下，以党的十八大、十九大精神为指导，深入学习贯彻习近平总书记系列重要讲话精神和习近平新时代中国特色社会主义思想，以创新、协调、绿色、开放、共享五大发展理念为引领，紧紧围绕“努力让人民群众在每一个司法案件中感受到公平正义”这一工作目标，牢牢把握司法为民、公正司法工作主线，主动服务大局，全力维护社会稳定，勇于改革创新，为建设和谐、宜居、幸福新象山提供了有力的司法保障。2017年先后获得自治区、市、区表彰奖励32人(项)次。先后涌现出“全国模范法官”贺亮、“全区优秀法官”周浩等先进法官群体。2017年3月27日，广西壮族自治区高级人民法院召开的全区法院大力提高审判质效、党风廉政和队伍建设推进会在我院召开现场会。会上，我院向全区法院参会代表作了“象山模式”创新工作经验介绍，我院的繁简分流机制[1]、刑事“简案快审”[2]、智能庭审系统[3]、执行“一案一账号”[4]、“1法院+N法院”异地执行[5]等工作受到了广西区高院黄克院长的高度赞赏，并向全区法院推广应用。同时，也得到了全国同行的肯定和认可，全年共接待辽宁省、河北省、重庆市、北京市等外省16个省、市、区(县)级法院，和广西区内南宁、柳州、钦州、百色等地19个中、基层法院到我院考察学习民商事繁简分流工作和智能庭审系统。一年来，我们主要做了以下工作：

一、狠抓审判执行，全力提高质量效率

2017年，在全院干警的共同努力下，克难攻坚，开拓创新，狠抓审判质效，各项主要办案指标大幅上升。共受理各类案件6437件，结案6342件，结案率98.52%，员额法官人均结案198件高出全市均值(103件)的92%，四项主要指标均排名全市基层法院第一，收结案同比分别上升19.7%、21%。[6]

依法惩治刑事犯罪，全力维护社会稳定。共受理刑事案件423件，审结416件，判处罪犯527人，结案率98.35%。贯彻“宽严相济”的刑事审判政策依法惩处各类刑事犯罪，全面推进量刑规范化，判处拘役84人，缓刑43人，三年以下有期徒刑320人，三年以上有期徒刑81人。依法审结涉案金额达1.32亿元的东方祥龙等五公司及李艳非法吸收公众存款案[7]，和公安部与国家烟草专卖局联合督办的桂林市近年来最大的一宗涉烟草犯罪案被告人王东立等5人非法生产、销售伪劣产品罪案[8]，切实维护市场经济秩序。依法审理原桂林骏达运输股份有限公司董事长张平受贿案等职务犯罪案件 11 件，推动反腐败斗争深入开展。审慎审结引发社会关注的 11 人团伙涉 8 名未成年故意杀人案，对未成年人犯罪起到良好的警示教育。严厉打击盗抢骗等危害社会治安犯罪，审结 233 件，判处 269 人。严厉打击毒品犯罪，审结 76 件，判处 85 人。创新实行"简案快审"机制审理轻微刑事案件，由 1 名法官和 1 名书记员集中打包审理，每个案件平均审理时间由原来的 30—50 分钟左右，缩短到 5—10 分钟。2017 年，适用"简案快审"机制集中审结轻微刑事案件 307 件(348 人)。占同比刑事结案数的 73.6%，当庭裁判率 100%，无一件案件上诉。"简案快审"机制得到市中院的认可并作为典范在全市法院推广。扎实推进以审判为中心的刑事诉讼制度改革，9 月，我院与辖区公安机关、检察院联合签署《关于刑事案件警察出庭作证实施办法》[9]，率先在全区建立刑事案件警察出庭作证工作机制并形成常态化，促进司法行为更加规范。

妥善化解民商纠纷，服务辖区经济发展。共受理民商事案件 3466 件，审结 3403 件，结案率 98.18%。一是构建多元化纠纷解决机制。积极与社区、人民调解组织、金融机构、行政机关、行业组织等构建联动长效机制，开展诉前联调工作，将群众矛盾化解在源头。联合桂林市公证处率先在全区建立诉讼与公证协同服务机制[10]，双方互设诉调对接工作室并派员开展公证和调解服务。在象山工商分局设立消费纠纷调解中心，对消费纠纷进行诉前调解。设立驻社区和辖区金融机构法官工作室，对简单金融案件进行上门就地调解。推行律师调解制度，设立律师驻法院调解工作室，邀请律师作为"特邀调解员"参与纠纷化解。2017 年，完成诉前调解、诉前联调共计 762 件，占全院民商事简单案件的 30.7%，有效减少矛盾纠纷进入诉讼程序。二是全方位推行民商事案件繁简分流。专门从各部门选配 7 名平均年龄不到 35 岁全部具有法学本科以上学历的骨干法官，组建速裁团队集中专门审理民事简单案件，并在年初院党组明确要求团队完成全院 60% 以上的民商事案件结案任务和优化、提升全院审判质效指标的主要任务，繁简分流的开展有效地提升了办案效率。全年通过案件繁简分流共化解民商事简单案件 2485 件，占同期民商事收案数的 74%，速裁法官人均审理 355 件，结案率为 99.66%，调撤率为 62.5%，平均审理天数为 25 天，服判息诉率为 98.8%。其中采用小额诉讼程序审理金融、物业纠纷 910 件，调撤案件 683 件，调撤率为 75%，案件平均审理天数仅为 15.2 天。创新家事审判改革机制成立家事审判合议庭，并引入 5 名陪审员参与调解，将司法"柔情"与家事"亲情"融合开展调解，有效化解家事矛盾。2017 年共高效审结婚姻家庭纠纷案件 510 件，调解撤诉率达 56.7%。

发挥行政审判职能，促进机关依法行政。全年行政案件结案率高达 96.7%。支持行政机关依法行政，裁定不予受理 3 件，驳回原告起诉和诉请 41 件。保护行政相对人合法权益，支持原告诉请 12 件。诉前，推行庭前会议制度。组织当事人、行政机关召开庭前会议，就案件审理程序、证据质证等问题进行沟通了解，化解官民矛盾，当事人自愿撤诉 9 件。诉中，推行行政机关负责人出庭应诉机制。让具体行政负责人直面群众需求，辖区市属行政机关部门出庭应诉 26 件，达到基本出庭应诉效果，树立了政府机关依法行政的良好形象。诉后，推行司法建议常态化机制。及时向行政部门发出司法建议，有效促进行政机关依法行政。2017 年共向桂林市国土局、桂林市人社局、桂林市规划局、辖区公安分局发出司法建议 5 份，得到被建议单位的积极回应和认可。

多措破解执行难题，兑现群众胜诉权益。积极响应最高人民法院周强院长提出的"要用两到三年时间，基本解决执行难问题"的号召，多措并举坚决打赢"执行难"攻坚战。全年共受理执行案件 2408 件，同比去年大幅增长 45.98%，结案 2387 件，同比上升 46.67%，结案标的高达 79523.39 万元，同比上升 23%，结案率 99.13%。收案数、结案数、结案率三项指标均排名全市第一。在广西法院首先使用"一案一账号"执行款物管理体系，实现每个执行案款精准管理，确保最短时间兑现执行申请人的胜诉权益，该项体系得以在全区法院全面推广使用。创新建立"1 法院 +N 法院"异地执行协作共赢平台，有效整合各地法院司法资源，极大提高了异地执行工作效率，获得最高法院高度肯定，在国家级法院主流媒体《人民法院报》及"中国执行"微信公众号平台作为工作亮点向全国推广。开展"春雷行动""秋季执行""冬季风暴"拘传老赖专项活动，加大对老赖的打击力度，促其自动履行义务，今年以来共依法拘传老赖 239 人，司法拘留 36 人，促使 172 名被执行人自动履行义务或达成和解协议。加大力度打击拒不执行生效裁判等犯罪行为，以涉嫌拒执罪和非法处置财产罪向公安机关移送 2 件 2 人，其中 1 人已被有罪判处拘役六个月。率先在全市法院开展司法网络拍卖，并与相关辅助机构和银行签约合作，率先启动网络司法拍卖辅助模式[11]及网拍银行贷款机制，有效提高拍品成交率。1—12 月，通过淘宝、京东等平台发布网拍 212 件，成交总金额 7018.18 万元，成交金额和成交量在全市基层法院最多。探索创新高效快捷的执行便民渠道，10 月成立全区首个“执行工作辅助中心”，设立“立案接待”“查询控制”“拍卖辅助”“款物管理”四个职能窗口，形成了完整的立案接待—查询控制—拍卖辅助—案款发放的执行事务一站式流程，达到执行过程和结果双重透明的“阳光执行”，有效提高了执行效率。短短三个月，辅助中心开展“点对点”网络查询和“总对总”网络查询 3 万余次，实时控制被执行人存款 558 余万元，成功执结简易案件 55 件，发起网络司法拍卖 63 件，成交标的金额 4909.63 万元。

二、建设智慧法院，科技助推审判提速

我院按照最高人民法院加快推进智慧法院建设的工作部署，结合群众诉讼需求的日益增长，将所有案件纳入全区法院审判管理系统，在做到“案件数量清、审理情况明、每个环节看得见、出了问题管得住”的基础上，始终坚持信息化建设服务审判执行、服务人民群众、服务法院管理、服务廉洁司法的要求，将现代人工智能运用于审判执行工作，力促审判能力和审判体系现代化，助力审判提速增质。2017 年 7 月，广西电视台专门对我院智能“机器人书记员”+智慧“法官助手”[12]科技助力审判的工作进行了报道推广。

音频、视频全庭覆盖，确保审判高效透明。科技法庭建设实现 100%，实现每庭自动录音录像，一键生成电子庭审档案。开通网上远程视频系统，实现异地庭审、接访的“面对面”，提升工作效率，减少当事人诉累。5 月，我院利用远程视频开庭成功调解桂林市首例涉美离婚案件。创新建成 24 小时实时监控信息化执行拘传室，对采取拘传、拘留等强制措施的被执行人在法院办公区进行行动控制，360 度无死角全程录音录像记录谈话过程，对“老赖”起到巨大的心理震慑作用。为执行法官和法警配置了天翼对讲机，实现了在全国范围内执行指挥中心与执行现场远程连线指挥。

语音、文字自动转换，有效提升工作效率。率先在广西建成首套“智能机器人书记员”庭审系统，被作为广西法院创新亮点在 2017 年 1 月最高人民法院在北京举行的全国高级法院院长会议上介绍展示，该系统语言转化极速、记录精准、内容全面，转录正确率超过 90%，实现庭审语言记录“一键开启”自动生成法庭笔录，大大缩短开庭时间，有效提升了庭审效率。率先在全区法院系统引入智慧“法官助手”系统，应用于法官办公办案工作中，有效促进法官办公体系和办案能力现代化，大大提高法官办公、办案效率。建成审委会会议室语言数字系统，实现每位审委委员发言意见自动生成文字形成会议记录，高效缩短审委会时间。

我院现已形成了“视频 + 音频 + 文字”的全程同步、多层安全的智能审判体系。在全区法院统一开展的“百日清案”活动，我院超额完成“百日清案”工作指标，是桂林市法院系统完成清案任务的 7 个基层法院中清案数量最多的法院，是其他完成清案任务法院结案数的 2—4 倍，智慧法院系统的作用功不可没。

2017 年 5 月 11 日，象山区人民法院首次利用远程视频方式适用简易程序开庭审理一起涉美离婚纠纷案件　　区法院　供图

三、延伸诉讼服务，坚决落实司法为民

大力打造更开放、更透明、更便民的司法公开、诉讼服务工作格局，提升群众对法院工作的满意度。

开展特色司法服务。为方便当事人来访诉讼，我院克服地处老城区、办公场所老旧狭窄的困难，在区委、区政府的关心支持下，对诉讼服务中心进行升级改造，完全具备了导诉接待、立案审查、诉前调解、救助服务、查询咨询、材料收转、判后答疑、信访接待等功能模块。继开通象山区人民法院政务网、阳光司法网的基础上，开通官方微博、微信公众号两个平台，构建“互联网+”诉讼服务工作模式，当事人通过手机便可获取法院最新资讯、庭审诉讼信息和立案诉讼指导等，免除群众奔波之苦。率先在全市法院系统开通支付宝、微信缴纳诉讼费服务功能，成为桂林首家手机“扫一扫”即可缴费的法院，大大减轻群众诉累。创新送达方式，打破仅由本院法警负责送达的传统模式，在诉讼服务中心送达小组专门送达的基础上，对于同城且地址明确的案件，统一创新实行外包物业公司送达模式，物业公司派驻两名工作人员归口到送达组专门负责文书送达工作，并结合“周末送达”“夜间送达”“电子送达”等方式，极大提高送达效率，送达成功率由原来的60%提升至80%。积极开展司法救助工作，发放救助金19.2万元，缓减免诉讼费45万多元。积极引导理性诉讼，强化判后答疑和信访维稳工作，使5起有可能上访的案件处理在萌芽状态，信访投诉率为零全市排名第一，全年无一赴京、赴省、赴市三级非访案件发生。2017年共上门立案8件、午间立案182件。

积极开展法制宣传。高度重视意识形态工作的话语权，全方位做好普法宣传工作。创建成立象山法院新媒体团队，专门负责新闻宣传信息工作，通过宣传媒体平台向社会民众普及法律知识传导法治正能量，提升法院良好形象。1—12月共有200余篇宣传文章被中央、省级地方各级媒体采用，编发信息120期、情况反映14期，其中75篇被市中院采用，20篇被自治区高院采用。做到“两微一端一网”[13]每日更新，制作推送法院信息、资讯2169条，关注的市民反映良好，受到市中院和兄弟法院的好评。加强与各级电视台合作联系，自1月以来中央电视台、广西电视台、桂林电视台多次到我院进行现场采访，其中我院一刑事案件审理被高院选送中央电视台二套《经济与法》栏目制作节目播出，起到良好的普法效果。采取走出去+请进来相结合模式开展普法活动，通过举办公众开放日邀请社区群众、老师、学生、家长等走进法院了解法院工作感受法律威严，组织法官开展送法到社区、企业、学校法制宣传活动，增强辖区群众法制意识，提升群众对法院工作满意度。全年共开展“公众开放日”活动8次，接待2000余人次学生、市民旁听庭审，开展送法活动9次，发放法律资料16000余份。高度重视庭审直播和裁判文书上网工作，共在中国庭审直播网上庭审直播488件排名全市第二，中国裁判文书网上上网2907件，其中我院苏玢法官被最高法院评为“优秀直播法官”。

四、强化队伍建设，大力提升司法能力

加强党风廉政建设，确保司法公正廉洁。扎实开展“两学一做”学习教育[14]，切实增强干警“四个意识”[15]，做到政治上讲忠诚、组织上讲纪律、行动上讲规矩。实行“一岗双责”，院长与班子成员，分管领导与中层干部层层签订党风廉政责任状，在全院形成院长负总责、分管领导具体抓、庭室干警负责层层包干、齐抓共管的廉政机制。扎实开展全面从严治警“五查五整顿”[16]专项行动，组织干警观看廉政警示教育片，积极开展司法作风大检查，召开全院干警全面从严治警集体约谈会，切实改进工作作风，提升群众满意度。加强机关党建工作，坚持“三会一课”[17]制度，做好党员发展、管理和服务工作，发挥党员先锋模范带头作用。深入学习贯彻党的十九大精神，通过开展支部主题党日、上党课、座谈会、主题演讲比赛等多种方式，深入学习、宣讲、落实十九大精神。

创新干部培养机制，大力提升队伍战斗力。实行干部提拔绩效指标综合考核优选的激励机制，提高干警干事创业激情。2017年，我院新任审委专委2名、审委会委员3名、中层正职4名、中层副职6名、审判员1名、助理审判员3名、法官助理6名。开展“提

2017年2月4日，象山区法院召开党组中心组及部门领导履职能力提升座谈会

区法院 供图

升部门领导履职能力月”活动，利用年初案件相对不多的机会开展整整一个月的部门领导履职能力提升专项学习活动，提升中层干部履职能力。创新业务教育培训思路，分批组织业务骨干到具有权威的法律培养基地国家法官学院、区高院等培训机构接受上级法院资深专家法官的审判实践学术授课，全面提升法官的审判业务水平。2017年我院没有发生重大裁判失误。

深化司法体制改革，明确职责提升能力。全面启动新型审判团队运行机制，整合优化审判资源，成立审判指导、诉讼服务中心、家事少审、刑事审判、民商事、行政普通审判、执行等6类专业审判团队，实现专业化、类型化审理。面对司法辅助人员严重不足实际，采取办法通过社会购买方式招聘司法辅助人员10名，实现员额法官、司法辅助人员“1+1”比例，辅助法官办案。积极落实法官工资制度改革，员额法官、法官助理、书记员单独职务序列改革工作完成。制定绩效考核奖金分配办法及法官业绩评价办法，注重考核审判团队整体的审判质效，将团队绩效和个人绩效结合，通过“团队作业”精神提高审判质效。

五、坚持党的领导，自觉主动接受监督

始终坚持党的领导，高度重视与人大、政协的汇报与联络工作，健全联络工作机制，明确联络工作责任，努力实现法院与人大、政协联络工作的良性互动。积极主动向区人大、政协汇报法院工作情况，认真落实人大代表、政协委员对法院年度工作报告的审议意见。主动接受监督，积极邀请人大代表、政协委员进行视察法院、旁听庭审、阳光评议、现场监督等活动，促进司法公开透明，2017年共邀请人大代表、政协委员观摩庭审等活动8次。强化法、检两院配合制约，依法审理抗诉案件2件。主动听取律师意见，切实尊重和保障律师依法履职。自觉接受党委、纪委和政法委的监督、巡查、检查。广泛接受社会监督，虚心听取民众提出的意见和建议，通过司法公开倒逼司法公正。

过去的一年，象山区人民法院各项工作取得的成绩，既是全院干警共同努力的结果，更是区委正确领导、区人大及常委会的有效监督、区政府、区政协大力支持以及社会各界关心支持的结果。在这里，我代表全院干警向长期以来关心、支持法院工作的各位人大代表、政协委员、党政机关和社会各界人士表示崇高的敬意和衷心的感谢！

回顾过去一年的各项工作，我们清醒地认识到，法院工作中仍存在一些问题与不足：一是案件审判质效有待提高；二是审判管理运行机制有待加强和完善；三是新审判大楼建设进展缓慢。对此，我们将在以后的工作中予以高度重视，采取有效的措施，努力加以改进，也恳请人大代表和政协委员继续给予关心和支持。

2018年工作打算

2018年是贯彻党的十九大精神的开局之年，是改革开放40周年，是象山区贯彻新发展理念、推动经济向高质量发展的强基之年，也是象山区人民法院赶超前行的关键之年。象山区人民法院的工作思路是：深入学习贯彻党的十九大精神和习近平同志新时代中国特色社会主义思想，认真落实本次人大会的各项决议，坚持“为大局服务，为人民司法”的工作主题，坚持“司法为民、公正司法”的工作主线，深入推进司法体制改革，努力让人民群众在每一个司法案件中感受到公平正义，为象山区经济社会跨越发展和建设和谐、宜居、幸福新象山提供有力的司法保障。为此，重点做好以下几方面工作：

一是抓好审判执行工作。继续坚持宽严相济刑事政策，依法严厉打击影响人民群众安全感的刑事案件。加强民商事审判调解工作，努力做到案结事了。发挥好行政审判职能，审慎处理各类行政案件。多措并举基本解决执行难，提高执行效率。

二是抓好审判管理工作。完善制度、规范管理等措施，确保审判权、执行权和司法管理权的正确行使。继续加强与人大、政协及代表、委员们的联络工作，推进法院工作全面、科学发展。按照中央、最高法及自治区党委统一部署，积极稳妥推进各项改革任务的落实，确保司法改革取得实效。

三是抓好法院队伍建设。贯彻全面从严治党、党管意识形态工作的总要求。切实改进司法作风，抓好中央“八项规定”、最高院“六项措施”的贯彻落实，自觉践行“忠诚、为民、公正、廉洁”的政法干警核心价值观，不断提升维护社会公平正义的能力、新媒体时代舆论引导的能力、科技信息化的应用能力和拒腐防变的能力。

四是抓好新审判大楼建设。紧紧依靠区党委领导、区政府支持，协调解决好新审判大楼的建设，并积极向上级机关争取建设经费，加快推进法院新审判大楼建设工作，力争迎宾路新审判综合大楼2018年落成投入使用。

各位代表，在新的一年象山区人民法院将以更加清晰的思路、更加坚定的信心、更加高涨的热情、更加昂扬的斗志，不忘初心、砥砺前进，扎实工作，开拓创新，为建设和谐、宜居、幸福新象山提供更加有力的司法保障！

注释：

［1］繁简分流机制：对受理的案件以随机分案为主、指定分案为辅，优化司法资源配置，调整现有法官职能分工，相对集中地从事简易案件或普通案件审理，提升人案配比科学性。

［2］刑事“简案快审”：对事实清楚，证据充分，被告人自愿认罪，当事人对适用法律没有争议的危险驾驶、交通肇事、盗窃、诈骗、抢夺、伤害、寻衅滋事等情节较轻，依法可能判处三年以下有期徒刑、拘役、管制的案件，或者依法单处罚金的案件适用简案快审机制，以优化司法资源配置、确保司法公平公正。

［3］智能庭审系统，即“智能机器人书记员”庭审系统：为破解案多人少矛盾，提升审判效率，2016 年 9 月象山区人民法院推行庭审记录方式改革，与科大讯飞股份公司携手合作，打造了广西法院首套智能机器人“书记员”系统，利用智能语言识别技术实现庭审语言同步转化为文字生成法庭笔录，由“智能机器人书记员”庭审系统替代法院书记员完成庭审笔录。该系统具有同步转录，精确度高，全面记录，完整度好，打点修改，补充性强，一键生成，自动导入的优点。

［4］执行“一案一账号”：执行案款“一案一账号”：为解决执行账户案款来源收入繁杂、支出发放混乱、款项不明、找不到“主”、效率低下的难题，改变以往传统手工案款管理模式，象山区人民法院与桂林银行合作在广西法院系统首创执行案款“一案一账号”案款管理模式，由执行专户开设银行桂林银行在象山区人民法院执行主账户分配万级子账户，每个案件生成一个专属的账号，账号前 16 位数字为法院执行主账户号码，后 5 位数字为每个执行案件的编号，即主账号 + 年份代码 + 案件序号，形成子账号与案号高度匹配，实现案款进出全程留痕精准管理。

［5］“1 法院 +N 法院”异地执行：针对逐年增多的异地执行案件，为提高异地执行工作效率，与多家异地法院签订《异地执行相互协作协助工作机制备忘录》，促进法院之间互相协作，共同解决异地执行难。

［6］桂林市象山区人民法院 2012 年—2017 年收结案件数量情况：

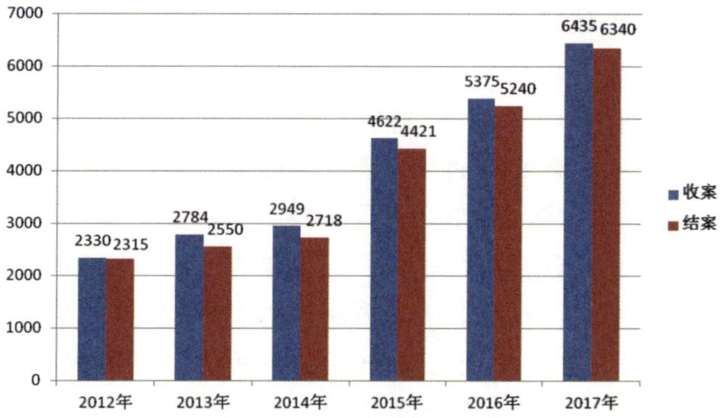

［7］东方祥龙等 5 公司及李艳非法吸收公众存款案：2009 年 8 月至 2014 年 11 月间，东方祥龙公司、龙马生态园林公司、康华农业公司、东方万象置业公司、永逸园开发公司等 5 公司在桂林开发“万象·海德堡”“万象·芭提雅”等楼盘时，受经济下行的影响，资金链断裂陷入困境，多个楼盘停工。被告人李艳在没有经过中国人民银行的批准，分别以上述公司的项目投资或转让其名下股份的名义，通过他人以口口相传的途径，分别向 175 名被害人非法吸收存款 1.39 亿元。非法吸收的存款用于上述公司的生产经营以及支付集资人投资到期的本金及利息。

［8］公安部与国家烟草专卖局联合督办的桂林市近年来最大的一宗涉烟草犯罪案：2015 年 8 月至 11 月 18 日，被告人王东立、毛洪星、张济滨、左贵、林文清伙同他人以非法牟利为目的，在没有取得相关许可证的情况下非法生产、加工烟草专卖品，已销售烟草产品金额人民币 69 万元，尚未销售的伪劣烟丝、烟叶货值人民币 1601398 元。该案是桂林市近年来最大的一宗涉烟草案件，系公安部与国家烟草专卖局联合督办的重大案件，案件的审理受到各方广泛关注，期间央视二套财经频道《经济与法》专程到桂林采访拍录摄制此案。

［9］《关于刑事案件警察出庭作证实施办法》包括五个方面的内容：一是警察出庭作证的主要内容。二是警察出庭作证的范围。三是警察出庭作证的启动要求。四是警察出庭作证的流程。五是警察出庭作证机制的保障措施。

［10］诉讼与公证协同服务机制：充分利用公证机构公证职能，在家事、商事等领域开展公证活动或者调解服务，同时在送达、取证、保全、执行等环节进行拓展合作，实现诉讼服务与公证服务的有机衔接，进一步丰富诉讼服务中心的服务内容，更好满足人民群众的多元司法需求。

［11］网络司法拍卖辅助模式：法院联合社会机构或者组织签署网络司法拍卖辅助工作服务协议，开展

司法拍卖辅助工作，由辅助机构承担拍品的展示及推介任务为网拍提供市场服务，和向竞买人提供贷款的银行及贷款担保服务的机构，有效提升网络拍卖拍品的成交率和激发标的物变现效果的最大化。

[12]智慧“法官助手”：系统以法官办公办案为目标用户场景，辅助法官通过“动动嘴”语音快速便捷编辑文书、材料录入、查找资料，达到事半功倍效果，主要有五大功能：一是图文识别转换功能。二是撰写文书功能。三是口令查找功能。四是记忆储存优化功能。五是模版自动生成功能。

[13]两微一端一网：官方微信公众号、官方微博、今日头条、官方网站。

[14]“两学一做”学习教育：“学党章党规、学系列讲话，做合格党员”学习教育。

[15]“四个意识”：政治意识、大局意识、核心意识、看齐意识。

[16]“五查五整顿”：查思想，着力整顿理想信念滑坡问题；查纪律，着力整顿有令不行问题；查作风，着力整顿不严不实问题，查担当，着力整顿不作为、乱作为问题；查管理，着力整顿领导责任落实不力问题。

[17]三会一课：“三会”指定期召开支部党员大会、党支部委员会和党小组会，“一课”指按时上好党课。

关于象山区2017年国民经济和社会发展计划执行情况与2018年国民经济和社会发展计划(草案)的报告

——2018年1月18日在象山区第十一届人民代表大会第三次会议上

象山区发展和改革局局长　何　平

一、2017年国民经济和社会发展计划执行情况

2017年是实施“十三五”规划的重要一年，也是全区经济企稳、产业转型、动能转换的关键一年。一年来，在区委的正确领导下，在区人大的监督指导下，在区政协的关心支持下，全区上下紧紧围绕“加快产业集聚，提升城市功能，建设和谐宜居幸福新象山”的发展思路，坚持稳中求进的工作总基调，聚焦“桂阳公路休闲观光示范区、万福路康体养生先行区、平山瓦窑片特色文化展示区”建设，全面推进重大项目、土地收储、招商引资、特色街区和财税融资“五大攻坚”，积极发展旅游、文化、体育、健康、养老等“五大幸福产业”，全力以赴稳增长、促改革、调结构、惠民生、防风险，实现了经济平稳健康发展和社会和谐稳定，较好地完成了区十一届人大二次会议确定的主要目标任务。

从指标执行情况看，两大类别共14项(其中经济发展类8项、社会民生类6项)主要计划指标中，大部分指标达到或好于年度目标，具体情况见下表：

2017年全区经济和社会发展呈现出以下五个方面的特点：

(一)三次产业协同发展

全年，完成地区生产总值225.76亿元，同比增长7.2%。其中，第一产业增加值1.21亿元，同比增长0.7%；第二产业增加值71.21亿元，同比增长6.4%；第三产业增加值153.35亿元，同比增长7.7%。三次产业增加值占地区生产总值的比重分别为0.54%、31.54%和67.92%。

一是工业强劲引领经济增长。全年，完成规模以上工业总产值151.93亿元，同比增长9.6%；规模以上工业增加值51.14亿元，同比增长8.0%；两项指标的增幅较上年同期分别高出3.4个百分点、2.8个百分点，行业明显回暖。规模以上工业增加值的增幅高于地区生产总值0.8个百分点，成为全区经济增长的主要拉动力。

亿元企业支撑稳固。燕京啤酒(桂林漓泉)加大对市场反响好的易拉罐装啤酒生产，机床电器、桂林立白、三花股份在积极的市场因素下实现订单大增，多种利好带动实现工业总产值过亿元的企业数量达13家，其产值合计145.51亿元、占全部规模以上工业企业总产值95.8%的比重，产值合计增速为9.5%，稳固支撑全区规模工业较快增长。

工业发展后劲增强。年内，燕京啤酒(桂林漓泉)1998棕瓶产品升级项目顺利实施、100万吨产能填平补齐工程(一期)开工建设，九美桥时尚园项目年度投资已超3亿元、完成制衣车间等5栋主体建筑建设及其室内外装修，投资2亿元的橡胶机械数字化绿色制造产能提升项目启动，晶盛玻璃窑炉改造项目按期完工，诸多重点工业项目极大增强了全区工业发展后劲。

表 17　　**2017 年象山区国民经济和社会发展主要目标执行情况一览表**

指标类别	指标名称	指标属性	计量单位	2017 年目标	2017 年执行情况		
					绝对值	增幅	增幅与年度目标比较（± 个百分点）
经济发展类	地区生产总值	预期性	亿元	增长 7.5%	225.76	7.2%	−0.3
	规模以上工业增加值	预期性	亿元	增长 8%	51.14	8.0%	0
	第三产业增加值	预期性	亿元	增长 10%	153.35	7.7%	−2.3
	财政收入	预期性	亿元	增长 6%	12.09	7.4%	+1.4
	固定资产投资	预期性	亿元	增长 15%	164.68	16.2%	+1.2
	市级层面重大项目年度投资	预期性	亿元	44.6	47.02	/	超额完成预期
	社会消费品零售总额	预期性	亿元	增长 10.5%	162.28	10.9%	+0.4
	培育规模以上服务业企业	预期性	家	完成市下达指标（12 家）	15	/	超额完成预期
社会民生类	城镇居民人均可支配收入	预期性	元	增长 8.5%	33214	7.7%	−0.8
	农民人均可支配收入	预期性	元	增长 10%	13463	9.0%	−1.0
	城镇新增就业人数	预期性	人	3200	3938	/	超额完成预期
	城镇登记失业率	约束性	%	≤ 4.5	4.5% 以内	/	在控制范围内
	城乡居民养老保险参保率	预期性	%	80% 以上	97.66%	/	+17.66
	新农合参合率	预期性	%	95% 以上	98%	/	+3.0

创新驱动发展提速。全区以企业主动、市场拉动、产学研联动和政府推动的“四动”战略为指导的自主创新体系基本形成。一年里，相继出台并实施《象山区专业技术人才培训实施意见》《象山区关于人才引进工作的若干规定》《象山区科技成果转化大行动实施方案》《象山区促进科技创新发展实施办法》等政策性文件，区财政在科技上的投入同比增长 20%，蓝天科技、嘉威科技信息等两家公司获国家高新技术企业认定，三花股份、国营长虹机械厂均通过了自治区级企业技术中心认定，桂林橡胶(GRM 产品）被评为第四批广西出口名牌，量具刃具、橡胶机械厂等 16 家企业已与区内外科研院所建立了合作机制，象山门业、昊锐汽车服务等两家企业完成了发明专利科技成果转化，爱家一购、市人民医院等 10 家企事业单位入选全市科学研究与技术开发计划项目名单并获得科技扶助资金 1055 万元，其项目数和资金数均位居全市前列。

企业服务效能提升。积极申报上级政策支持，航天电子、溢达纺织等两家单位获得技术改造资金支持共 560 万元，九美桥时尚园项目获得老工业基地搬迁改造资金支持共 468 万元，桂林立白、威迈壁纸等 8 家企业通过自治区级“两化融合”评估诊断和对标，通过政银企对接争取到“惠企贷”资金上千万元，督促 28 条降成本措施落到实处。采取“面对面”“一对一”的方式服务企业，协调解决了晶盛玻璃、皮件厂、正菱二机、溢达纺织、量具刃具等多家工业企业历史遗留或生产发展问题。组织企业参加卓越绩效模式、技术改造、企业投融资、科技创新等不同类型培训班，共培训 200 多人次，为企业发展提供了智力支持。

二是服务业转型升级步伐加快。全年，服务业有效支撑壮大全区综合实力，对经济增长的拉力、贡献率分别为 5.0 个百分点、69.8%。其中，其他服务业、金融业、批发和零售业等行业稳步扩张，对经济增长的贡献率依次为 34.6%、14.7%、13.1%。

旅游业等营利性服务业发展提质。全年，全区共 28 家规模以上其他营利性服务业企业实现营业收入 9.17 亿元，同比增长 20.7%。依托辖区非星级宾馆饭店等重点场所，广泛宣传《旅游法》等法律法规，有序开展象山旅游推介活动，24 小时值班服务春节、国庆等重大节假日旅游，开展了低价团旅游等 4 项专项整治行动，促使旅游业提质增效，全区实际入境非星级过夜游客约 7.92 万人，同比增长 25.8%；入境非星级旅游消费约 4924 万美元，同比增长 19.1%。两江四湖·象山景区新晋为国家 AAAAA 级旅游景区，万福广场获国家AAA级景区挂牌，侗情水庄4月份试营业、9月正式开门营业，瓦窑小镇一期5栋主体工程完工，两座星级旅游厕所建成。

健康与养老产业融合发展。召开了全区养生养老服务座谈会，积极推进辖区内二级以上医院与养老机构建立合作机制，推行“医养结合”新养老模式，打造“幸福养老进社区”品牌。签约龙光国际旅游休闲特色小镇项目，并协调加快落地建设；仙源健康产业园完成了用地报批、项目修规等前期工作。桂林工人疗养院、桂林冶金疗养院等为代表的疗休养机构推出了旅游+康复+候鸟式养生系列产品，受到市场欢迎；桂林夕阳红养老中心列入自治区级服务业标准化示范项目，且被公示为全市服务业标准化拟奖励项目。积极参加第五届中国（桂林）国际健康旅游高端论坛之县区投资环境宣传展示活动，向中外嘉宾推介象山健康养生养老优势资源和广阔合作前景。

企业培育入库卓有成效。年内，已成功培育振益建筑劳务、新时代环球影城等15家企业和小香槟食府等9家大个体户并纳入服务业规模以上（限额以上）单位，超额完成市下达目标。

争资争策工作成效明显。桂林博艺城（瓦窑小镇）项目成功入选《2017全国优选旅游项目名录》，桂林溢达纺织被评为广西CEPA先行先试示范基地，桂林市“广西木根雕名城”获自治区二轻行业特色产业区域称号，万福养生休闲旅游区、九美桥时尚园、燕京啤酒（桂林漓泉）生产性服务业集聚区等3个项目纳入全市现代服务业集聚区发展五年行动计划，爱家1购电商平台、蓝天·车世界智能一体车管服务中心项目、桂林国际文化创意产业园（桂林现代特色仓储——梦想储运站）启动区等3个项目通过了广西及市本级服务业发展引导资金项目公示，人人乐、椿记饮业等4家企业共获自治区“百店大促销奖励”资金50万元，尚美百货、台联酒店等9家2016年度入库的限额以上批零住餐业企业共获上级奖励资金45万元，百货大楼、三花股份等16家单位成功创建为自治区“守合同重信用”企业，美丽川菜馆入选广西老字号。

三是农业农村重点工作扎实有效。完成了象山区第三次全国农业普查工作，为全面准确把握辖区“三农”基本情况、实施乡村振兴战略提供了重要统计支撑。全年农林牧渔业总产值2.23亿元，同比增长1.2%；农林牧渔业增加值1.25亿元，同比增长1.2%，农业生产总体保持平稳增长态势。

粮食生产稳定。落实耕地地力保护补贴、农机具补贴等稳粮增收政策，制止“耕地抛荒”现象，全年完成粮食播种面积1.95万亩、粮食产量6540吨，超额完成粮食生产任务。

畜牧业发展良好。完成了两家规模养殖场的现代生态养殖场认证，定期开展重大动物疫病防控工作，圆满完成畜禽养殖污染整治工作，共清理搬迁畜禽养殖场129家。

产业富民工作初见成效。制定了产业富民实施方案，6个行政村全部制定了村级经济发展计划并着力打造现代农业生产示范基地，其中4个行政村发展了村级集体经济项目、3个行政村培育了带动农户增收的新型农业经营主体。完成了第13届广西名特优农产品交易会的组织工作，先后组织了相关企业参加西安、上海和桂林等地的农产品交易推荐会。

2017年5月16日，象山区召开养生养老服务座谈会　区委宣传部　供图

（二）内需引擎激活有力

全年，全区投资、消费等内需引擎进一步激活，并有效发力，积极拉动全区经济增长。

一是投资步伐加快。全年，全区固定资产投资完成164.68亿元，同比增长16.2%，超额完成年度目标。其中，计划总投资5000万元及以上项目投资多次跃入自治区21个城市主城区红榜，全年完成79.65亿元、占全区固定资产投资的比重达48.4%；房地产开发投资完成27.88亿元，同比增长14.6%。新增入库的项目活力迸发，年内共成功入库 210 个项目，合计完成投资 117.55 亿元、占全区固定资产投资 71.4% 的份额。

重大项目建设推进顺利。全年，101 项重大项目（含市级层面和市领导跟踪项目）完成投资 59.12 亿元，超出年度计划投资 2.51 亿元。其中，悦汇广场等共 29 个前期项目稳步推进前期工作，漓江记忆 · 龙船坪片区提升改造项目、凯风双创广场等共 29 个新开工项目完成投资 9.57 亿元，九美桥时尚园、万福东路、龙光·普罗旺斯等共 22 个续建项目完成投资 26.42 亿元，市委党校改扩建、侗情水庄等共 21 个竣工投产项目完成投资 16.28 亿元。

项目建设要素保障充分。全年，项目用地保障工作扎实推动，实施土地收储攻坚"221 工程"，完成土地征收 3183 亩，实现土地移交 1195 亩。投融资工作取得重大突破，实施财税融资攻坚行动，向建设银行桂林分行融资 3.5 亿元，向上级争取新增地方债券 1 亿元。规划编制工作有序，龙船坪片区控规完成了编制、评审、公示，调整并论证西门、大风山周边等两个片区控规，辖区范围控规覆盖率已达 90%。

项目储备招引取得突破。全年，招商引资广西区外到位资金 27.18 亿元人民币、实际利用外资金额 4528 万美元，均圆满完成目标任务。实施招商引资攻坚行动，借助中国—东盟博览会等高端平台，已与碧桂园、龙光集团、杭州颐高等达成投资意向近 180 亿元，与深圳威逊、香港深业集团等深入洽谈对接，储备催生一批旅游、健康养生、文化双创等新兴服务业领域大项目好项目。

二是消费市场活跃度增强。2017 年，在中央电视台春节联欢晚会桂林效应以及节假日消费引擎的持续带动下，全区消费品市场繁荣活跃。全年全区社会消费品零售总额 162.28 亿元，同比增长 10.9%。在共 67 家限额以上批零住餐业企业中，48 家单位经营状况良好且有不同程度增长的表现，具体到四个行业大类，以华翔贸易、刚茂升贸易、中林农资、万隆贸易、国药控股桂林公司等为代表的共 15 家限额以上批发业企业实现商品销售总额增长 16.6%，百货大楼、苏宁云商销售、新梦百货、中南燃料、尚美百货等共 19 家限额以上零售业企业实现商品销售总额增长 7.2%，桂林宾馆、维也纳酒店桂林店、台联酒店等共 20 家限额以上住宿业企业实现营业额增长 12.4%，椿记餐饮、丰胜餐饮、曾三饮业等共 13 家限额以上餐饮业企业实现营业额增长 16.9%。

（三）重点领域改革统筹推进

全年，全区统筹推进简政放权等多个重点领域改革工作，取得了阶段性新成效。

行政审批制度改革逐步深入。全面清理行政许可项目，取消和调整 32 项行政审批事项（取消 5 项、调整 27 项），有序推进行政机关行政权力运行流程编制和优化工作，审定并公布了 20 个部门权责（权力清单和责任清单"两单融合"）清单。

商事制度改革继续深化。持续推进企业和农民专业合作社"六证合一"和个体工商户"两证整合"登记制度改革，共办理企业营业执照 4000 多户、个体工商户营业执照 4 千多份。实施推广企业登记全程电子化改革，共受理并办结企业电子化登记业务约 4 百件。有序开展市场主体年报公示工作，年报率超额完成市下达任务。新增各类市场主体 3355 户，同比增长 22.9%，推动形成大众创业、万众创新的新气象。

医药卫生体制改革巩固推进。全区 6 家医药卫生体制改革试点基层医疗卫生机构和政府投资建设的 8 家标准化村卫生室全面实施国家基本药物制度，政府办的基层医疗卫生机构门诊量约 30.54 万人次、同比增长 2.6%，次均费用 33.75 元。全面开展 12 类基本公共卫生服务，提高居民健康素质。实施中医名家走基层活动，指导开展中医药民族医药诊疗服务，加强乡村医生业务培训，全面完成乡村卫生服务一体化管理。社区卫生服务中心（站）启动家庭医生签约服务，平山社区卫生服务中心被评为 2017 年全国百强社区卫生服务中心。

其他各项改革统筹推进。公务用车制度改革方面，开展了第二批公车拍卖工作，共成功拍卖了 25 辆公车；完成共 130 辆车（其中 78 辆车在此之前已喷涂统一标识或已按上级文件规定办理了手续予以免喷）的喷涂统一标识工作；启动并加快推进全区公务用车信息平台建设。河长制改革方面，已在区、乡两级全面推行河长制。小型水利工程改革方面，已完成辖区 23 个小型水闸和 8 个泵站的权属调查、登记造册、权属认证工作。城乡居民基本医疗保险制度改革方面，实现了城乡居民基本医疗保险统一管理。环卫保洁市场化改革方面，服务体系逐步完善，一线保洁员实现减员，保洁质量提高，并在 2017 年广西环卫年会上推广象山环卫市场化改革工作经验。

（四）城乡面貌焕然一新

全年，通过深入开展全国文明城市创建、路网项目建设、城市管理绩效月考评、环境保护工作督查、道路扬尘系列专项整治行动等工作，全区市容市貌切实得到了改善和提升。

交通路网更加通畅。漓江桥扩建工程、机场路香江饭店路口立交新建工程如期竣工通车，汽车客运南站建设项目已顺利交地给项目业主单位，茶店路、平山北路相继开工，湴塘村入村道路、佛殿至崴村道路修缮完工，修复瓦窑路一巷等破损城市道路50多段（处），配合完成中山南路、环城西一路等23条主次干道路面“白改黑”工程。

城市管理明显改善。坚持创城为民、创城惠民，大力弘扬社会主义核心价值观，举全区之力开展全国文明城市创建活动，实现居民文明素质提升、城乡面貌焕然一新，城市管理工作绩效月考评基本上排名全市中上水平。投入1300多万元，及时办理反馈“创建文明城为民办实事”金点子911项，群众满意度和幸福指数空前提高。落实经营场所包卫生、包美化、包秩序“门前三包”责任，创新“城管+”管理模式，构建多部门联合整治的大城管格局，探索“一拆二建三管”综合整治机制，标本兼治规范市容秩序，全年共签订“门前三包”责任书近7000份，新增非机动车停放点画线长1.5万余米，增加规范停放标识牌128块，安装、维修路灯240多盏，补充果皮箱和垃圾桶3200个，整治西门市场、铁西片区、黑山农贸市场、瓦窑市场、瓦窑小游园等重点区域市容乱象，整治暂扣乱停乱放非机动车1.3万余辆，停止使用大风山老市场，立案查处违法建设240起，依法拆除违法建筑351起，拆除占道亭棚326处，累计拆除违建面积46.6万平方米。

2017年12月12日，象山区开展夜市烧烤及渣土运输车辆专项整治行动

区委宣传部　供图

生态环境治理力度空前。全年，环境保护目标责任制全面落实，制定了关于道路扬尘、物料堆场扬尘、露天煤场、生活污染源、建筑工地扬尘管理、农民自建房工地扬尘、工业燃煤小锅炉、畜禽养殖污染、漓江市区（象山段）污染等9个专项整治行动实施方案，制定了《象山区环境保护工作督查方案》并分期开展专项督查，高标准做好辖区环境保护工作。卫生清扫保洁到位，环卫机械化作业率从50%提高到80%，日均清扫道路458万平方米、转运垃圾450多吨、洒水里程490公里。建筑渣土等监管力度加大，取缔清理八中环境监测点2.5公里范围内的露天卖沙场17个，开展渣土联合执法整治行动60余次，关闭沙河采石场、红光神湾采石场和西村采石场，取缔平山大村煤场，整治淘汰38台燃煤小锅炉，开展严厉打击和取缔违法生产销售“地条钢”专项行动。漓江生态环境得到有效保护，成立了漓江（象山段）风景名胜区综合执法大队，依法拆除漓江沿岸鱼餐馆25家，取缔清理养鱼网箱38个，收缴渔网地笼453条。爱国卫生运动持续开展，公共机构节能工作扎实推进，绿化美化工程深入千家万户，环广西公路自行车赛象山段沿线风貌改造按期完工，“美丽象山·生态乡村”活动如火如荼开展，北芬生态旅游名村积极打造。

（五）社会事业全面发展

统筹开展了就业、社会保障、社会救助、教育、文化体育、卫生与计划生育、公共安全监管等社会领域多方位工作，均取得不同程度的改善成效。

为民办实事工程稳步推进。筹资约6600万元，改造提升54个无物业管理小区和2个城中村，有效改善居民生活环境。实施完成了湴塘和仁头两个自然村的农村安全饮水工程，并采取城市自来水扩网的方式集中供水。完成北芬大村老村道路硬化工程建设。建成并全面启用大风山综合疏导市场，极大方便周边22个单位（小区）近5万居民群众生活。全面改扩建社区服务场所，全区34个社区服务面积均达到300平方米以上且投入运行“一站式”服务大厅。维修更新群众体育健身器材300多件，补充更新农家书屋图书千余本，重新建设了同心、平山两个行政村农家书屋。

就业工作成效较好。全年实现城镇新增就业3938人、城镇失业人员再就业1212人、就业困难对象再就业 567 人、农村劳动力转移就业 190 人，均超额完成市下达年度任务。通过举办残疾人就业(实用)技能培训班等多种形式，促进残疾人就业工作，全年新增 55 名残疾人就业。

社会保障工作有序。完成了城镇居民基本医疗保险和新型农村合作医疗两项制度的整合工作，全年全区城乡居民医保参保率为 98%、城乡居民基本养老保险参保率为 97.66%。

救助等民生保障到位。全年累计发放低保金 1207 万余元，惠及城乡困难群众 3.5 万多人次；发放特困人员供养金、城乡居民临时生活救助金、城乡特困群众医疗救助金等 360 多万元，覆盖 2700 多人次。注重社会福利事业发展，实现了每千名 60 岁以上老人拥有养老床位 33 张。扎实开展新形势下双拥优抚安置工作，巩固发展“双拥模范城区”创建成果。力创等 12 个社区积极创建综合减灾示范社区，区划地名普查工作有序推进。

教育强区建设提速。实施义务教育均衡发展工程，义务教育均衡发展督导评估工作以优异成绩通过市级复核和自治区检查验收。加大教育基础设施建设项目投入，改扩建将军桥小学、南溪山小学及其环西分校，完成翠竹小学的并购和置换，对区属所有学校在校园校舍和运动场方面进行维修和改造，投资约 5000 万元的崇善龙光小学已于秋季学期开学投入使用，完成教育信息化“三通两平台”建设，学校各班级多媒体教学设备配备率和校园网络覆盖率达 100%。全区普惠性幼儿园覆盖率达 63.5%。统筹推进“三名工程”(名校、名校长、名师)培训、“草根名师”带教培训、新教师培训等三级培训，激活教学队伍。全面开展教师交流工作，全年共 113 人参加交流轮岗，促进师资均衡。课题、奖项等教育科研亮点绽放，“文明班级”等主题德育活动常态化开展，“一校一品”新格局显现。

文化体育活动广泛开展。全年，广泛开展“周末大家乐”、壮族“三月三”等 10 多项大型群众文艺演出活动，组织戏曲进校园活动 11 次，围绕党的十九大、创建全国文明城等主题开展了歌咏比赛、侗情水庄专场文艺会演系列活动，彰显“象山水月”群众文化品牌，承办了第六届全国九城艺术联展、全市矿物晶体鸡血玉大型展览等特色活动，举办了“龙光·普罗旺斯”杯超级越野摩托场地赛，圆满完成了环广西公路自行车世界巡回赛桂林站赛、桂林国际马拉松赛等大型赛事保障工作。开展了体育产业普查活动，重点扶持了瓦窑工社、纸的时代等四家文化产业企业。

卫生和计划生育服务优质推进。深入实施防治艾滋病攻坚工程，艾滋病防治知识城镇、农村居民知晓率分别在 90%、85% 以上。全面推进诚信计划生育优质服务，稳步实施全面二孩政策，全年全区人口自然增长率为 7.85‰。

公共安全监管执法力度加大。全年，联合开展了校车、校外午托机构、校园及其周边环境整治等各项安全检查，实现校园环境平安和谐。积极开展人民调解专项活动，全年共调解案件 689 件，涉及人数 2366 人，调解成功率达 98%。稳步开展劳动监察执法“百日行动”专项活动和农民工工资清欠工作，追回工资待遇 200 多万元。加强文化市场管理，累计出动执法人员 2554 人次，检查文化类经营单位 662 家次，立案调查并办结 12 件违规行为。将安全生产目标责任、专项整治以及汛期防灾减灾救灾等工作落实到位，全区安全生产工作形势总体稳定好转，全年各类生产安全事故起数、死亡人数同比双双下降。食品药品监管常态化开展，组织了铁西片区无证无照经营餐饮行为查处、H7N9 禽流感防控、零售药店检查等多项专项行动，全区食品药品安全形势平稳，没有发生系统性、区域性重大食品药品安全事故。保持打击传销高压态势，加大打击传销、规范直销、消费维权工作力度，象山区被认

2017 年 2 月 28 日，象山区召开人感染 H7N9 禽流感疫情联合防控工作会议

区委宣传部　供图

定为2014—2016年度广西无传销县(区),五美、虹桥、将军桥等6个社区成功创建为无传销社区,成功调解92件消费纠纷并挽回经济损失13万余元。全区社会信用体系建设工作加快推进,已建成“信用象山”平台并实现与桂林市信用信息共享交换平台互联互通,已通过平台归集录入行政许可和行政处罚“双公示”信息约5000条。社会治理创新工作亮点呈现,优化社区治理服务,以圆桌会议活动为载体,解决群众身边的实际困难和问题;扎实推进“七五”普法,开展全面从严治警“五查五整顿”专项行动,营造公平正义法治环境;加大天网工程投入,建设一键报警系统,开展社区民警回归社区行动,深化社会治理网格化管理模式,不断提高群众安全感满意度,创建平安象山。

一年来,国防动员、民族宗教事务、人民防空、防震减灾、审计、统计、档案、地方史志、工会、妇女儿童、共青团、老龄、残疾人等其他事业,均取得了新的工作成效。

在肯定成绩的同时,我们也清醒地认识到,经济社会发展中的一些问题须重点关注,主要表现在:经济下行压力较大,创新能力不足,产业发展不充分不平衡;城市基础配套设施不完善,城市功能未能跟上居民日益增长的美好生活需要的步伐;统筹各项社会事业发展的任务艰巨等等。

对此,我们必须高度重视,努力在今后的工作中逐步解决。

二、2018年国民经济和社会发展的预期目标建议

2018年是贯彻党的十九大精神的开局之年,是改革开放40周年,是决胜全面建成小康社会、实施“十三五”规划承上启下的关键一年,是自治区成立60周年大庆之年,也是建设和谐宜居幸福新象山的重要之年。我们将全面贯彻党的十九大精神,以习近平新时代中国特色社会主义思想为指导,坚持稳中求进工作总基调,坚持新发展理念,紧扣我国社会主要矛盾变化,按照高质量发展的要求,坚持以供给侧结构性改革为主线,统筹推进稳增长、促改革、调结构、惠民生、防风险各项工作,全面提速“三区统筹”建设,持续深入开展“五大攻坚”工程,大力发展“五大幸福产业”,加强和改善民生,促进经济社会持续健康发展。

按照区委十届四次全会精神和政府工作报告要求,建议2018年全区经济社会发展的主要预期目标是:地区生产总值增长7.5%,规模以上工业增加值增长7.5%,财政收入增长6.5%,固定资产投资增长12%,社会消费品零售总额增长10.5%,城镇居民人均可支配收入增长8.5%,农村居民人均可支配收入增长12%,城镇登记失业率控制在4.5%以内,就业人数、能源消费总量、单位GDP能耗、污染物减排等其他指标均完成市下达目标。

三、2018年国民经济和社会发展的主要任务和措施

围绕2018年发展目标,重点做好五个方面工作:

(一)推动实体经济提质升级发展

推动产业做大做强。首先是要大力实施产业集聚提升工程。紧紧围绕酒的制造等工业主导产业和旅游、商贸等服务业优势产业,做粗拉长产业链条,保障九美桥时尚园项目一期顺利投产,加快木艺产业园建设,探索新经济产业园区建设,拓展旅游购物等消费市场,打造有特色、成规模、高品质的旅游产品集聚地,不断壮大产业实力和竞争力。通过技术改造、政策激励等措施,乘橡胶机械厂、海威船舶电器重组上市后的东风,顺势推进厂房改造、生产线扩能等技改项目,加快推动桂林立白日化等传统工业产业改造提升,引导百货大楼、联达广场、红街、万福广场等商圈差异化经营,激发扩大自驾游、聚会聚餐以及周末休闲度假式的住宿餐饮消费,积极从传统动能中孕育催生新动能。着力推动大健康等新兴产业发展,鼓励桂林工人疗养院、冶金疗养院等既有疗休养院所加快发展,推进以龙光·桂林国际养生谷、恒大·悦溪谷等项目为龙头的健康旅游产业融合开发,加快万福养生休闲旅游集聚区建设步伐,努力在桂林健康旅游示范基地建设中走在前列,积极构建竞争力强、满足人民群众多层次、多样化健康需求的健康产业。有序开展第四次全国经济普查,做好普查的宣传动员和组织实施工作。其次是要大力实施企业培育成长工程。更新全区“重点骨干企业库”,继续推行“企业直通车”、区四家班子领导和职能部门联系服务企业等制度,着力帮助解决企业生产经营过程中的困难和问题,不折不扣落实进一步降低实体经济企业成本、向上争资争项等一系列政策措施或支持导向,适时出台或修改完善区本级实体经济发展等相关政策,努力培育一批主业突出、核心竞争力强的领军型骨干企业。建立“入规企业培育库”,通过政策支持、奖励补助等多种形式,力争全年培育1家规模以上工业企业、7家规模以上服务业企业、6家限额以上批零住餐业企业和3家大个体户。第三是要大力实施重大工业项目突破工程。以九美桥时尚园、燕京啤酒(桂林漓泉)100万吨填平补齐工程项目为示范带动新型工业发展,比如积极盘活宏伟集团、桂林客车集团等老工业地块资源,引入适合城区经济发展的新一代信息技术、新材料、节能环保等新兴产业,大力发展

研发设计、软件及信息服务等都市型新型工业，进而逐步实现我区由单一产业、单一工业向综合产业、产城融合发展的“两个转变”。

坚持融合发展方式。强力推进工业化和信息化深度融合，实施传统工业信息化改造示范工程，组织实施一批信息化提升重点技术改造项目，重点支持企业利用信息技术和先进适用技术改造提升传统产业，扶持5家工业生产数字化改造示范企业，提升企业自动化、智能化和现代化管理水平。促进农业、工业、服务业融合发展，大力推动莱茵生物健康文化观光园、青莲国际农业旅游综合体、方大印业拟建中国印刷博物馆等一批产业融合项目建设，着力培育工业旅游、工业展示、楼宇经济、总部经济、现代物流配送、咨询策划等新业态，培育一批专业化的生产性服务业龙头企业，打造生产性服务业集聚区。鼓励传统零售企业建立网上销售平台、线上线下融合，构筑“电商+实体”新零售模式。

切实提高创新能力。一方面是要实施创新型企业培育行动。要强化实施创新驱动发展战略，坚持企业的创新主体地位，推动颐高城市会客厅、花江科技等创新研发中心落地，促进科技成果转化与象山特色的结合，推进以专利形式存在的科技成果转化与产业化，丰富科技成果信息资源，优化科技培训、业务组织协调服务，加大资金、项目等创新要素向企业集聚的扶持力度，积极推进企业与科研院所开展项目研究、科技交流、技术创新平台建设等领域合作，力促企业形成自主知识产权、提高核心竞争力。全年安排科技培训讲座6至8期，培训技术人员200人次以上；组织实施科技计划项目3至5项，争取项目资金120万元以上；科技成果转化率完成市下达任务；新培育国家高新技术企业2至3家，力争净增1家；力争认定自治区级科技创新型企业1家、市级科技企业孵化器和众创空间各1家。另一方面是要大力实施质量品牌升级工程。坚持以企业为质量提升主体，弘扬企业家精神和工匠精神，支持桂林溢达纺织重点发展差别化纤维、高性能面料、“十如仕”品牌服装打造，推动燕京啤酒（桂林漓泉）、桂林立白日化等消费品工业增品种、提品质、支撑民众消费升级需求，推动金铃制衣等企业发展个性定制、规模定制、高端定制，推动产品供给向“产品+服务”转变、向中高端迈进。提高医养结合养老服务、家政服务、大众化餐饮等生活性服务业品质，实施旅游服务质量提升计划，推动服务业提质增效。推行种养殖清洁生产，增加农产品优质供给。以争创政府质量奖、著名商标等为契机，聚力开展“商标品牌强企”“商标品牌保护”等行动，推动商标注册和品牌整合，积极打造商标品牌少数民族示范区，培育一批有较高市场占有率和美誉度、能引领行业发展的质量品牌。

（二）突出抓好重大项目建设

发挥自治区、市级层面重大项目示范引领作用。2018年，全区纳入市级层面的重大项目共70项（含申报自治区层面重大项目3项），其中：前期项目26个、新开工项目13个、续建项目25个、竣工项目6个，计划总投资共370亿元、2018年度计划投资52.98亿元。年内，要深入实施重大项目攻坚行动，引领推动形成重大项目建设新高潮，实实在在转化为固定资产投资主要支撑。

围绕“三区统筹”充实重大项目库。要紧紧围绕“十三五”规划纲要之“三区统筹”产业空间布局，坚持把招商引资放在经济发展的首要位置，继续实施招商引资攻坚行动，高起点招商选资，突出创新型企业以及旅游、文化、体育、健康、养老等“五大幸福产业”的招商，加速引进一批高度契合我区发展方向的重大项目落地，源源不断地储备并充实优势行业重大项目库。

强化项目建设要素保障。规划引领方面，紧跟主体功能区建设推进的节奏，用好本区重大项目、重大工程在各级“十三五”综合或专项规划中的系列支持政策，扎实做好控规编制、评审工作，加快村庄发展规划修编步伐，突出并发挥规划对项目建设的引领作用。用地保障方面，继续开展“土地收储”攻坚行动，全面完成土地收储“221工程”；提前谋划相关地块水田占补指标工作，力争做到土地报批与征收及规划出让条件下达同步推进；用好市低效用地开发政策，力争将闲置的国有土地尽快纳入开发范围和实质性动工。资金保障方面，继续实施财税融资攻坚行动，在财税联动培植财源、加强征管并全力争取上级财政支持的同时，要拓宽资金筹措渠道，继续加大融资力度，大力争取地方政府一般新增债券和土地收储专项债务额度，为全区重点项目建设推进提供资金支持。

完善重大项目管理机制。继续推行重大项目建设“五个一”工作机制，分时间节点量化细化重大项目建设目标责任到责任人和责任单位，做到目标清晰、责任压实。要加大项目前期工作业务培训，提高项目业主、责任单位人员的业务水平。要完善并规范执行信息报送制度，确保项目建设信息定期搜集、实时更新、对称共享。要完善对重大项目责任部门（单位）以及责任人的考核管理办法，切实发挥好绩效考核“指挥棒”的作用。要切实加大督查督办力度，列出问题清单，督导项目顺利推进。

（三）深化统筹推进各项改革工作

深入推进商事制度改革。在实施企业“六证合一”、个体工商户“两证整合”的基础上，有序实施“多证合一”。继续深化“先照后证”改革，完善市场主体快速退出机制，探索推进个体工商户、农民专业合作社登记注册全程电子化，支持个体工商户转型升级为企业。

贯彻实施投资统计方法制度改革。2018年，国家固定资产投资统计方法制度实施改革，500—5000万元投资项目的统计方法由形象进度法改为财务支出法，要加以认真贯彻落实。

统筹其他领域改革工作。继续深化推进供给侧结构性改革、行政审批制度改革、教育综合改革、医疗卫生体制改革、社会信用体系改革等各项工作，启动实施非参公事业单位公务用车制度改革，确保各项改革工作取得预期成效。

（四）多方位提升城市品位价值

实施好棚户区（特色街区）改造。全面启动大风山、银锭、瓦窑、漓江西岸平山片等重点区域棚户区改造，加大龙船坪特色街区提升改造力度，启动瓦窑片区“城市双修”试点，实施新一轮无物业管理小区和城中村改造工程，切实改善人居环境。

加大基础设施及其配套建设。加快汽车客运南站建设并力争实现年内搬迁，推进平山北路、遇龙路等7个路网项目建设，及时修复城市破损道路，持续推进农村公路标准化管理和养护，全面配合完成主次干道“白改黑”工程、路灯亮化工程，加快推进专业市场改造提升和特色夜市新建，加快海绵城市和地下综合管廊试点、停车场（库）建设，着力完善提升城市功能。

加强城市管理工作。推动新一轮全国文明城市再创建工作，继续办理为民办实事“金点子”事项，完善行政综合执法体制，科学推动环卫市场化改革走向深入，推进城市管理精细化、规范化、长效化发展，以城区数字化城管指挥中心为载体加快“智慧城市”建设，加大力度整治城市管理顽疾，保持查违控违高压态势，依法查处拆除违法建筑，净化城区市容环境。

持续开展生态文明建设。推进象山区第二次全国污染源普查进入全面普查阶段，并实现年内高质量完成普查任务。加大节能减排降碳宣传力度，持续开展公共机构节能工作，鼓励传统产业节能减排技术改造，大力发展循环经济，不折不扣地实施道路扬尘等专项整治行动并加强环境保护工作督查，确保年度节能减排、环境保护等目标责任落实完成。严格落实河长责任制，常态化开展漓江流域畜禽养殖污染整治、网箱清理等行动，做好漓江沿岸环境综合治理与生态保护。继续开展“绿满八桂”工程、“美丽象山·宜居乡村”活动，推进农村风貌试点建设，全力服务漓江西岸桂阳公路旅游休闲慢行绿道项目三期工程建设，优化生态环境。

（五）切实保障改善社会民生

实施好为民办实事工程。抓早上级下达的社保、健康、教育、水利、生态、文化、交通等惠民项目建设，抓好区本级为民办实事工程落实，确保全面完成年度目标任务。

巩固和强化就业再就业工作。积极落实小额担保贷款等惠民政策，多渠道开发社区就业岗位，开展多层次、多形式的职业和创业培训，提高就业质量。

统筹发展教育等其他社会事业。加快推进凯风小学万福分校新建项目，再维修和改造一批校园校舍设施，深入实施“一校一品”校园文化建设，强化学校功能室文化、教学楼和走廊文化建设，继续加强教师培训，精心抓好教科研工作，常态有效开展德育工作，不断提高区域内义务教育均衡水平，以更加显著的工作成绩迎接国家级评估认定。创新开展“象山水月”、传统文化进校园、文艺培训等群众文化工作，广泛开展全民健身体育活动。全面落实公共卫生项目，继续实施防治艾滋病攻坚工程，抓好诚信计生巩固提质扩面工作。加强社会救助体系建设，加大社会保险扩面力度，推进军民融合发展，统筹做好其他各项社会事业。

加强和创新社会管理。严格落实安全生产责任制，有效预防和遏制重大安全事故发生。深化食品药品安全监管等专项整治行动，加强文化市场监管、劳动监察等执法工作，深入开展“放心消费诚信经营”创建等一系列消费维权工作，积极营造和谐发展、放心消费环境。加强社会信用体系建设，全面推进“信用象山”平台的信用信息归集共享，稳步实施守信联合激励和失信联合惩戒，构建良好的信用环境。深化落实“七五”普法责任，继续深化大调解、重大决策社会稳定风险评估工作，着力化解社会矛盾纠纷，继续对打击各类违法犯罪活动保持高压态势，多措并举提升群众安全感满意度，提高“平安象山”建设、依法治区水平。

做好2018年经济社会发展工作，保持经济社会持续健康发展，任务艰巨、责任重大。我们将以十九大精神为指引，在区委的正确领导下，自觉接受区人大的指导和监督，虚心听取区政协的意见和建议，不忘为民初心，牢记肩负使命，坚定信心、克难攻坚、勇于创新、扎实苦干，为全面完成2018年国民经济和社会发展各项目标任务而努力奋斗！

关于象山区2017年预算执行情况和2018年预算(草案)的报告

——2018年1月18日在象山区第十一届人民代表大会第三次会议上

象山区财政局局长 谢 标

一、2017年预算执行情况和落实人大预算决议有关情况

2017年,在区委、区政府的坚强领导下,全区财税部门积极应对经济下行压力,加强财源建设,努力增收节支,优化支出结构。2017年年初组织财政收入目标为119356万元,2017年4月桂林烟草公司外迁,桂林市政府重新核定我区收入目标为113457万元,并于2017年12月经区十一届人大常务会第九次会议批准调整预算。2017年组织财政收入120929万元,完成调整预算的106.6%,比上年增长7.4%,剔除烟草公司因素,同口径增长13.0%。其中:税务部门组织税收75674万元(含国税43062万元、地税32612万元),比上年增长17.0%;财政部门组织非税收入45255万元,比上年下降5.6%。

(一)一般公共预算执行情况

2017年全区一般公共预算总收入124839万元,一般公共预算总支出124413万元。收支相抵,年终结余426万元,结转到2018年使用。

(1)一般公共预算总收入124839万元,其中:一般公共预算收入76808万元、上级补助收入30737万元、债券转贷收入11400万元、其他调入68万元、上年结余收入5826万元。

收入预算执行情况。一般公共预算收入76808万元,完成调整预算的95.2%,比上年减少323万元,下降0.4%。其中:税收收入完成31553万元,比上年增长8.0%;非税收入完成45255万元,比上年下降5.6%。

(2)一般公共预算总支出124413万元,其中:一般公共预算支出99030万元、债务还本支出1400万元、上解上级支出23983万元。

支出预算执行情况。一般公共预算支出99030万元,完成调整预算的101.1%,比上年增长18.8%。主要支出情况如下:教育支出14747万元,比上年增长10.6%;科学技术支出72万元,比上年下降30.1%,主要原因为上年度上级下达基层科普行动资金35万元;社会保障和就业支出10718万元,比上年增长90.8%,主要原因为2017年行政事业单位离退休支出4766万元列入此科目;医疗卫生与计划生育支出4959万元,比上年下降18.5%,主要原因为2017年开始中央及自治区新农合补助资金不下拨区级;农林水支出1134万元,比上年下降8.5%,主要原因为上年漓江防洪堤项目支出100万元。

预备费执行情况。我区年初安排预备费900万元,全年共动用900万元,主要用于救灾、创建全国文明城等不可预见支出,具体支出情况均已反映在相关支出科目中。

(二)国有资本经营预算执行情况

我区无国有资本经营预算。

(三)政府性基金预算执行情况

2017年政府性基金补助收入118万元,上年结余收入392万元,基金支出251万元(其中:其他支出183万元,调出资金68万元),年终结余259万元。

(四)社会保险基金预算执行情况

2017年社会保险基金收入312万元,上年结余1483万元,社会保险基金支出403万元,年末滚存结余1392万元(其中城乡居民基本养老保险基金结余1392万元)。

(五)政府债务情况

2016年年末政府债务余额为25716万元,2017年债券转贷收入11400万元(其中新增一般债券10000万元、置换债券1400万元),债务还本支出1400万元,一般公共预算还款132万元,经过与上级核对后核销14700万元,2017年末债务余额为20884万元。

(六)落实人大预算决议有关情况

认真按照区十一届人大二次会议决议的要求,贯彻区委、区政府的各项决策部署,按优化财政支出结构和集中财力办大事的原则,实事求是编制预算;加强预算执行监督,提高财政资金使用率;大力培植财源,促进财政收入的持续稳定增长;加强债务监管,防范和化解债务风险。同时,及时报区人大常委会审议2016年财政决算、2017年上半年预算执行情况、2017年预算调整方案,并按照审议意见认真落实整改措施。

二、2017年预算执行效果

2017年,面对持续加大的经济下行压力、日益加

剧的财政收支矛盾，在区委、区政府的正确领导和区人大的监督支持下，充分发挥财税职能作用，不断加强预算管理，持续保障和改善民生，财政平稳运行。

（一）加强收入征管，财政收入稳定增长

2017年，随着“营改增”的全面深入，面对税收减收的巨大压力，财税部门加强协作，积极探索税收征管和服务方式。一是落实责任制。财政、税务部门各负其责，积极研究对策，有效形成合力。二是加强财税合作，深入分析。定期召开财税工作会，及时掌握税源动态，确保应收尽收。三是加大非税收入管理力度。加强对行政事业性收费、罚没收入、国有资产有偿使用收入等非税收入的管理，确保收支两条线。

（二）支出结构逐步优化

在目前财政收支矛盾突出的情况下，认真落实厉行节约原则，着力改善民生。全年民生支出完成75738万元，比上年增长30.1%，占一般公共预算支出的76.5%。

——保障教育义教均衡发展。全年投入教育支出14747万元。确保了学校正常运转的同时，大力支持学校的改扩建项目建设。多渠道筹措资金建设的崇善龙光小学，也于今年投入使用。

——逐步完善城乡社会保障服务体系。安排资金124万元，落实城镇居民基本医疗保险政策；安排资金171万元，落实城乡居民基本养老保险政策；安排资金1207万元，保障城乡低保对象基本生活；安排资金242万元，确保辖区高龄老人补贴的发放；安排资金146万元，用于支持残疾人就业和扶贫。

——大力支持医疗卫生事业发展。安排资金657万元，保障基层医疗卫生机构运行；安排资金1393万元，落实基本公共卫生服务及重大公共卫生服务项目，提高公共卫生服务水平；安排资金158万元，用于实施城乡医疗救助。

——积极落实农业优惠政策。安排资金248万元，落实畜禽养殖污染整治工作；安排资金62万元，落实农业能繁母猪、生猪保险等惠农补贴。

——逐步提升城市管理水平。安排资金8351万元，用于城乡社区环境卫生支出；安排资金1638万元，用于城管执法，加强城市管理力度。

（三）加大重点领域支出力度

——支持基础设施建设。2017年桂林市核定下达我区新增一般债券10000万元，主要用于“三个一批”（一批城中村、一批无物业管理小区、一批集贸市场）提升改造项目、义教均衡发展项目以及迎宾路路网工程项目等。

——积极打造平安象山。安排公安部门巡防员经费300万元，消防部门306万元，共同致力打造平安象山。

（四）深化改革，提升财政管理水平

一是推进财政预决算公开，构建阳光型政府。2017年重新建立象山区预决算公开平台，按上级要求对平台进行了完善，并逐步扩大预算公开内容，预算公开内容更加翔实。全区“三公”经费实际支出126万元，比上年执行数下降24.1%。其中公务接待费24万元，下降70.0%；因公出国（境）经费16万元，增长33.3%，由于我区出国（境）都是按市级要求安排，2017年比上年有所增加；公务用车运行费76万元，增长2.7%，增长的原因是2016年实行了公车改革，部分车辆封车未使用，运行费较少；公务用车购置费10万元，比上年增加100%（购置车辆为象山区卫生院购置救护车1辆，资金为上级下拨资金8万元，本级配套2万元）。二是继续加大清理盘活财政存量资金力度，及时清理历年结余结转资金。2017年收回存量资金2765万元，当年已安排使用完毕，主要用于教育、农业、城乡社区事务等重点支出。三是不断加大政府采购监管力度。2017年，我区完成政府采购项目452项，采购预算金额31971万元，实际采购金额29666万元，节约财政资金2305万元，节约率7.2%。四是加大政府投资评审力度，提高财政资金使用效益。2017年，全区政府投资评审工作共审结预、结算项目152个，审减资金859万元，审减率为8%。五是加快建立新型公务用车制度，降低行政成本。2017年，组织了第二次公车改革取消车辆公开拍卖，本次拍卖25辆，成交率100%。车辆起拍总价34万元，成交总价为48.4万元，平均溢价率42.4%。

（五）加强债务管理，积极防范政府债务风险

根据国务院、自治区财政厅及市人民政府的有关要求，认真开展存量债务甄别和清理，多措并举切实加强政府债务管理，确保政府债务健康、有序发展。

各位代表，我区2017年财政预算执行情况总体良好，但是存在的问题和困难仍然不少：一是财源基础薄弱，收入增长动力不足；二是非税占比持续偏高，收入质量仍然较差；三是财政收支压力逐步增大。面对存在的问题和困难，我们将努力采取措施，在今后的工作中逐步加以解决。

三、2018年财政预算草案

2018年，全区财政工作的指导思想是：深入贯彻落实党深入贯彻落实党的十九大会议精神，树立“促进发展、保障民生、科学理财、加强监管”的理财观，调

整和优化财政支出结构，推进财政精细化管理，发挥财政职能作用，促进我区经济社会平稳健康发展。

2018 年预算编制的基本原则是：坚持“依法理财、量入为出、收支平衡、统筹兼顾”的原则。加强财政资金统筹使用力度，坚持突出重点、有保有压，集中财力办大事。持续优化财政支出结构，坚持优先保障和改善民生，从严控制一般性支出，确保全年财政收支平衡。

（一）一般公共预算草案

2018 年全区计划组织财政收入 122252 万元，比上年增收 1323 万元，剔除烟草公司因素，同口径增长 6.5%。其中：税务部门组织税收 77613 万元（含国税 42417 万元、地税 35196 万元），增长 2.6%；财政部门组织非税收入 44639 万元，下降 1.4%。

全区一般公共预算总收入安排 108168 万元，其中：一般公共预算收入 77437 万元，上级补助收入 30305 万元，上年结余收入 426 万元。

全区一般公共预算总支出安排 108014 万元，其中：一般公共预算支出 83417 万元，上解上级支出 24597 万元。

收支相抵后，年终结余 154 万元。

1. 一般公共预算收入计划完成 77437 万元，比上年增长 0.8%，其中：税收收入 32798 万元，增长 3.9%；非税收入 44639 万元，下降 1.4%。

2. 一般公共预算支出 83417 万元安排情况：

一般公共服务支出安排 19848 万元，与 2017 年年初预算数同口径相比（下同），增长 2.8%；

国防支出安排 202 万元，增长 25.5%；

公共安全支出安排 5273 万元，增长 48.2%；

教育支出安排 20554 万元，增长 71.5%（增长主要原因是增加事业单位绩效奖及义教均衡项目投入等）；

科学技术支出安排 112 万元，增长 0.9%；

文化体育与传媒支出安排 124 万元，下降 9.5%；

社会保障和就业支出安排 12025 万元，增长 35.5%；

医疗卫生与计划生育支出安排 5939 万元，增长 1.5%；

节能环保支出安排 301 万元，下降 60.3%（下降主要原因是石漠化治理项目比上年减少 458 万元，剔除此因素与上年持平）；

城乡社区支出安排 11491 万元，下降 60.9%（下降主要原因是上年一次性建设项目支出所致）；

农林水支出安排 2444 万元，增长 31.5%；

交通运输支出安排 110 万元，增长 6.8%；

资源勘探信息等支出安排 87 万元，下降 26.3%（下降主要原因是微型企业补助项目支出比上年减少 14 万元所致）；

商业服务业等支出安排 8 万元，下降 11.1%；

国土海洋气象等支出安排 15 万元，增长 200%；

住房保障支出安排 2176 万元，增长 45%；

预备费安排 900 万元，符合《中华人民共和国预算法》规定，占一般公共预算支出的 1.1%；

债务付息支出安排 808 万元，与上年不可比；

其他支出安排 1000 万元（主要预留各类政策性改革支出及其他支出）。

另需说明的情况：2018 年安排“三公”经费预算 507 万元，比上年预算增加 91 万元，增长 22.1%。其中公务接待费 276 万元，比上年减少 1 万元，下降 0.4%；因公出国（境）经费 4 万元，与上年持平，我区出国（境）经费是根据市级要求安排；公务用车运行费 135 万元，与上年持平；公务用车购置费 92 万元，比上年增加 92 万元（区食药局购置食品检测车，其中上级承担 81 万元，本级承担 11 万元）。

3.2018 年重点支出保障和主要项目安排情况。

——教育方面。安排资金 20554 万元，重点支持教育事业优先发展，促进教育公平，保障义务教育均衡发展需求。

——社会保障和就业方面。安排资金 12025 万元，重点做好下列工作：一是安排资金 2351 万元，用于支持基层政权建设及提高村、社区服务群众的能力。二是安排资金 1025 万元，用于各类优抚对象的抚恤、生活补助等。三是安排资金 330 万元，开展残疾人康复、就业及补助工作。四是安排资金 1361 万元，用于城市困难人员的最低生活保障。五是安排资金 380 万元，落实城乡居民基本养老保险财政补助政策。

——医疗卫生方面。安排资金 5939 万元，重点做好下列工作：一是安排资金 389 万元，用于支持基层医疗卫生机构发展。二是安排资金 1508 万元，用于基本公共卫生服务及重大卫生专项支出。三是安排资金 1133 万元，落实计划生育奖扶政策、加强流动人口管理、开展优生优育检查等。

——农业方面。安排资金 2444 万元，重点做好下列工作：一是安排资金 84 万元，用于发放农业生产支持补贴。二是安排资金　300 万元，加强水利基础设施建设。三是安排 438 万元，改善农村人畜饮水条件。

（二）2018 年全区政府性基金预算草案安排情况

2018 年全区政府性基金补助收入 200 万元，上年结余收入 259 万元，政府性基金支出 344 万元，年终结余 115 万元。

（三）2018年社会保险基金预算草案安排情况

2018年我区社会保险基金预算为城乡居民基本养老保险基金项目，收入预算587万元，上年结余1392万元，安排支出457万元，年终结余1522万元。

（四）2018年政府债务情况

2017年年末政府债务余额为20884万元，2018年无到期债务，年末债务余额为20884万元。

四、完成2018年财政预算的主要措施

2018年，我们将围绕区委、区政府工作的总体目标，结合我区财政形势，加强依法理财，充分发挥财政职能作用，确保完成全年各项预算任务。

（一）加大财源培植力度，财税联动，努力完成收入目标

一是密切关注国家税收政策，做好辖区企业服务工作，帮助企业做大做强。二是加强财税协作，依法加强税收征管，早安排、早部署。重点开展对辖区各专业市场开展征管户籍检查，清理整顿；对建筑安装行业加大监管力度；对涉外企业归属国内部分的所得税加强征管等。三是加大非税收入的征缴力度，督促各征收单位及时、足额缴纳，确保“收支两条线”。

（二）统筹兼顾，优化支出结构，提高财政资金使用效益

按照“保工资、保运转、保重点支出”的原则统筹安排，从严控制“三公”经费和一般性经费支出，努力降低行政成本，集中财力优先保障民生支出投入，落实各项惠民惠农政策。

（三）多方筹措资金，逐步缓解财政收支矛盾

一是向上积极争取调度资金。全力争取上级财政支持，争取各类政策性补助资金和转移支付资金，努力缓解财政收支矛盾。二是拓宽资金筹措渠道。大力争取地方政府一般新增债券和土地收储专项债务额度，为我区重点项目推进提供资金支持。继续加大融资力度，破解项目资金紧张难题。

（四）坚持依法理财，努力提高财政管理水平

一是继续贯彻落实《预算法》要求。进一步提高预算透明度，推进支出经济分类科目改革，实现政府预算和部门预算衔接。二是深入开展财政投资评审。健全评审管理制度，按照客观、公正、审慎的原则，为财政投资把好关，发挥资金最大效益。三是强化财政监督检查。定期组织开展财政检查，进一步提升行政事业单位收支监管水平。四是加强队伍建设，提高财政干部素质。

2018年的预算和财政工作任务繁重，使命光荣。我们将在区委、区政府的正确领导下，自觉接受区人大的监督和指导，认真贯彻本次会议的决议，坚定信心，振奋精神，努力保证各项任务的完成，为全区经济社会事业发展作出新的贡献。

附：主要名词解释

1．组织财政收入：是指预算年度内由国税、地税和财政等收入征收机构组织的上划中央收入、上划自治区收入和一般公共预算收入的总和。

2. 一般公共预算总收入：是指预算年度内可用于安排各项支出的所有收入，包括当年实现的一般公共预算收入、税收返还、上级补助、下级上解收入、调入资金以及上年结转到本年使用的专款和结余。

3. 一般公共预算收入：是指按照现行分税制财政体制规定，由国税、地税和财政等收入征收机构组织的缴入本级金库的收入。包括增值税、营业税、企业所得税和个人所得税的本级分享部分，各项地方税收、非税收入和其他收入。

4. 税收返还收入：(1) 上划中央“两税”返还＝税收基数返还＋税收增量返还，其中：税收增量返还＝上年税收返还⋆上划“两税”增长率⋆30%；(2) 上划中央所得税返还按核定基数返还；(3) 上划自治区“四税”返还按核定基数返还。

5. 一般公共预算总支出：是指预算年度内，用财政总收入安排的所有支出，包括当年一般公共预算支出、上解上级支出、补助下级支出、一般性转移支付补助支出、专项转移支付支出和调出资金等。

6. 一般公共预算支出：是指预算年度内，用本级财政总收入安排的用于本级的支出。主要包括一般公共服务支出、外交支出、国防支出、公共安全支出、教育支出、科学技术支出、文化体育与传媒支出、社会保障和就业支出、医疗卫生支出、节能环保支出、城乡社区支出、农林水支出、交通运输支出、资源勘探电力信息等支出、商业服务业等支出、金融支出、援助其他地区支出、国土海洋气象等支出、住房保障支出、粮油物资储备支出、预备费、国债还本付息支出和其他支出等。

7. 上解上级支出：是指按现行的市对辖区财政管理体制规定，我区为体制上解的城区，即：税收按5∶5的比例分享后，本级财政收入部分再按体制核定的基数上解和增收上解。

8. 年初预算：是指年初人大通过的预算数。

9. 年终结余：年终结余＝总收入－总支出

10. “三公”经费：是指公务接待经费、车辆购置及运行经费、因公出国（境）经费。

表 18

2017 年象山区地区生产总值(GDP)表

		按现行价格计算(万元)		按 2015 年不变价格计算(万元)		
		2017 年	2016 年	2017 年	2016 年	比上年同期增长 %
地区生产总值	01	2257614.67	2043851.26	2208551.11	2060099.37	7.2
农林牧渔业	02	12548.00	13259.00	12027.94	11885.32	1.2
工业	03	532972.33	487481.64	572060.21	531292.05	7.7
# 开采辅助活动	04	0.00	0.00	0.00	0.00	
# 金属制品、机械和设备修理业	05	0.00	0.00	0.00	0.00	
建筑业	06	179115.25	164748.71	169676.49	165743.17	2.4
批发和零售业	07	351916.51	328183.81	346358.16	326876.31	6
批发业	08	222002.46	204749.49	218496.04	203933.76	7.1
零售业	09	129914.05	123434.32	127862.12	122942.55	4
交通运输、仓储和邮政业	10	119719.73	109920.80	114654.12	107828.28	6.3
住宿和餐饮业	11	100081.92	92381.47	95515.44	90505.31	5.5
住宿业	12	31379.42	29256.28	30249.83	28738.98	5.3
餐饮业	13	68702.50	63125.19	65265.61	61766.33	5.7
金融业	14	250733.43	221431.40	242098.97	220220.19	9.9
房地产业	15	97979.06	92019.57	88735.12	89693.30	−1.1
房地产业(K 门类)	16	51210.64	50078.56	44431.23	47499.12	−6.5
自有房地产经营活动	17	46768.42	41941.01	44303.89	42194.18	5
其他服务业	18	612548.44	534424.86	567424.66	516055.44	10
营利性服务业	19	211435.81	173303.61	203270.91	170638.24	19.1
非营利性服务业	20	401112.63	361121.25	364153.75	345417.20	5.4
第一产业	21	12076.00	12840.00	11605.79	11525.11	0.7
第二产业	22	712087.58	652230.35	741736.70	697035.22	6.4
第三产业	23	1533451.09	1378780.91	1455208.62	1351539.04	7.7

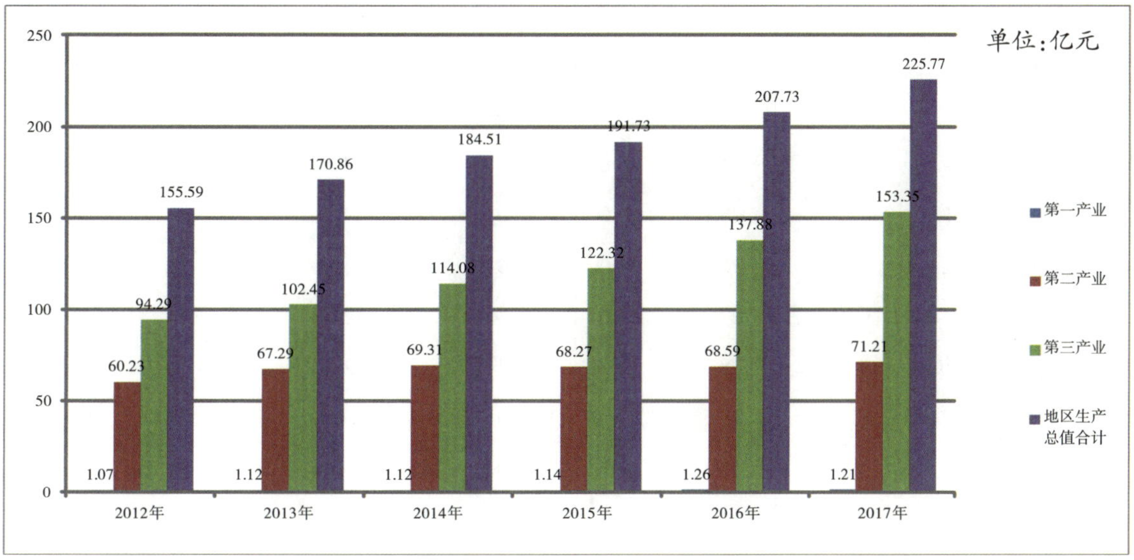

2012 年至 2017 年象山区地区生产总值示意图　　宋剑文　供图

表 19 **2017 年象山区农林牧渔业产值和增加值表**

单位：万元

项目	代码	按上年价计算				按当年价格计算			
		2017 年	2016 年	增加(+-)	增长(%)	2017 年	增加(+-)	增长(%)	价格指数(%)
农林牧渔业总产值	01	24203	23912	291	1.22	22315	-1597	-6.68	92.20
一、农业产值	02	9204	9110	94	1.03	9135	25	0.27	99.25
1. 主产品产值	03	9169	9078	91	1.00	9103	25	0.28	99.28
(1)粮食作物合计	04	1851	1859	-8	-0.44	1896	37	1.99	102.44
(2)经济作物合计	05	1873	1916	-43	-2.25	1872	-44	-2.30	99.95
其中：油　料	06	43	44	-1	-1.93	43	-1	-2.27	99.65
麻　类	07	0	0	0		0	0		
糖　类	08	0	0	0		0	0		
烟　叶	09		0						
药材类	10	1830	1872	-42	-2.25	1829	-43	-2.30	99.96
(3)蔬菜(食用菌)作物	11	4893	4736	157	3.31	4685	-51	-1.08	95.75
其中：蔬菜	12	4338	4228	110	2.60	4130	-98	-2.32	95.21
食用菌	13	0	0	0		0	0		
(4)水果、饮料和香料	14	551	566	-15	-2.69	649	83	14.66	117.84
其中：1. 水果	15	551	566	-15	-2.69	649	83	14.66	117.84
# 果用瓜	16	488	504	-16	-3.13	581	77	15.28	119.01
2. 坚果	17	0	0	0		0	0		
3. 茶及饮料原料	18	0	0	0		0	0		
4. 香料原料	19	0	0	0		0	0		
(5)其他农作物	20	2	1	1	57.56	1	0	0.00	63.47
2. 副产品产值	21	35	32	3	8.65	32	0	0.00	92.04
(1)粮食作物副产品	22	34	32	2	7.37	32	0	0.00	93.14
(2)经济作物副产品	23	0	0	0		0	0		
二、林业产值	24	6	4	2	42.30	5	1	25.00	87.85
(一)林木的培育和种植	25	0	0	0		0	0		
(二)全社会竹木采伐	26	0	0	0		0	0		
(三)林产品	27	6	4	2	42.30	5	1	25.00	87.85
其中：采集野生植物	28	6	4	2	42.30	5	1	25.00	87.85
三、牧业产值	29	11769	11773	-4	-0.04	9922	-1851	-15.72	84.31
(一)牲畜饲养	30	703	440	263	59.69	677	237	53.86	96.35
1. 牛饲养	31	657	415	242	58.25	633	218	52.53	96.39
2. 羊饲养	32	46	25	21	83.60	44	19	76.00	95.86

续表

项目	代码	按上年价计算				按当年价格计算			
		2017 年	2016 年	增加(+-)	增长(%)	2017 年	增加(+-)	增长(%)	价格指数(%)
3. 其他饲养(马驴骡)	33		0						
(二)猪的饲养	34	8356	8236	120	1.46	6734	-1502	-18.24	80.59
(三)家禽的饲养	35	1915	1964	-49	-2.47	1638	-326	-16.60	85.52
(四)活的畜禽产品	36	644	861	-217	-25.20	723	-138	-16.03	112.26
(五)狩猎和捕捉野生动物	37		0						
(六)其他动物及产品	38	151	272	-122	-44.67	150	-122	-44.85	99.67
其中:蚕茧	39	0	0	0		0	0		
四、渔业产值	40	1929	1883	46	2.42	1968	85	4.51	102.04
(一)海水产品	41								
(二)淡水产品	42	1929	1883	46	2.42	1968	85	4.51	102.04
五、农林牧渔服务业产值	43	1296	1142	154	13.50	1285	143	12.50	99.12
六、农林牧渔业增加值	44	13508	13261	247	1.86	12638	-624	-4.70	0.5663
农业增加值	45	6351	6240	110	1.77	6303	63	1.01	0.6900
林业增加值	46	3	2	1	42.87	3	1	25.50	0.5000
牧业增加值	47	5384	5345	39	0.74	4539	-806	-15.07	0.4575
渔业增加值	48	1291	1255	36	2.88	1318	63	4.98	0.6695
服务业增加值	49	480	419	60	14.43	475	56	13.42	0.3700

表 20

2017 年象山区工业经济指标

地区	全部工业						
	工业总产值(当年价格 万元)			工业增加值(当年价 万元)		工业增加值(可比价 万元)	
	本年实际	上年同期	增长速度(%)	本年实际	上年同期	本年实际	增长速度(%)
象山区	1576026	1439981	9.4	532972	487482	525004	7.7
地区	其中:规模以上工业						
	工业总产值(当年价格 万元)			工业增加值(当年价 万元)		工业增加值(可比价 万元)	
	本年实际	上年同期	增长速度(%)	本年实际	上年同期	本年实际	增长速度(%)
象山区	1519259	1386023	9.6	511401	466978	504314	8.0
地区	其中:规模以下工业						
	工业总产值(当年价格 万元)			工业增加值(当年价 万元)		工业增加值(可比价 万元)	
	本年实际	上年同期	增长速度(%)	本年实际	上年同期	本年实际	增长速度(%)
象山区	56767	53958	5.2	21572	20504	20690	0.9

表 21

2017 年桂林市各县区城乡居民收入统计表

单位	全体居民人均可支配收入			城镇居民人均可支配收入			农村居民人均可支配收入		
	2017 年(元)	2016 年(元)	增速(%)	2017 年(元)	2016 年(元)	增速(%)	2017 年(元)	2016 年(元)	增速(%)
桂林市	22480	20543	9.4	32534	30124	8	13345	12176	9.6
秀峰区	32888	30564	7.6	32888	30565	7.6	15483	14088	9.9
叠彩区	31129	28765	8.2	32993	30521	8.1	13704	12436	10.2
象山区	33293	30815	8	33214	30839	7.7	13463	12351	9
七星区	34168	31597	8.1	34785	32238	7.9	16329	14926	9.4
雁山区	24860	22653	9.7	30614	28478	7.5	12449	11463	8.6
阳朔县	22781	20559	10.8	35286	32492	8.6	15045	13677	10
临桂区	22597	20637	9.5	36003	33491	7.5	15907	14487	9.8
灵川县	22582	20773	8.7	33680	31359	7.4	13893	12769	8.8
全州县	18648	16920	10.2	30961	28615	8.2	13651	12399	10.1
兴安县	21933	20134	8.9	32879	30671	7.2	15926	14584	9.2
永福县	19028	17193	10.7	33502	31020	8	12913	11750	9.9
灌阳县	16661	15089	10.4	30454	28172	8.1	9796	8995	8.9
龙胜县	16827	15176	10.9	31172	28598	9	10572	9576	10.4
资源县	15750	14280	10.3	30334	28139	7.8	9968	9037	10.3
平乐县	18140	16460	10.2	31319	28892	8.4	12724	11546	10.2
荔浦县	22028	20004	10.1	32792	30167	8.7	13803	12480	10.6
恭城县	16992	15253	11.4	30551	28210	8.3	11880	10800	10

表 22

2017 年象山区批发和零售业销售和库存情况表

单位:万元,%

指标名称	商品销售额						零售额					
	本年		上年同期		本季增速	累计增速	本年		上年同期		本季增速	累计增速
	本季	1—本季	本季	1—本季			本季	1—本季	本季	1—本季		
合计	702764.1	2306238.8	659685.7	2082996.2	6.53	10.72	1031466.3	1928583.8	349189.5	1178576.5	195.39	63.64
一、批发业	195587.2	621835.9	156528.6	538805.9	24.95	15.41	23501.9	87982.3	19133.6	67477.2	22.83	30.39
1. 限额以上	110256.4	360968.0	96532.1	309663.4	14.22	16.57	0.6	2.2	0.6	2.2	0.00	0.00
2. 限额以下	85330.8	260867.9	59996.5	229142.5	42.23	13.85	23501.3	87980.1	19133.0	67475.0	22.83	30.39
二、零售业	507176.9	1684402.9	503157.1	1544190.3	0.80	9.08	1007964.4	1840601.5	330055.9	1111099.3	205.39	65.66
1. 限额以上	74255.9	251977.8	68088.1	235163.2	9.06	7.15	74103.3	251411.7	68008.5	234135.9	8.96	7.38
2. 限额以下	432921.0	1432425.1	435069.0	1309027.1	−0.49	9.43	933861.1	1589189.8	262047.4	876963.4	256.37	81.22

表 23

2017 年象山区住宿和餐饮业经营情况表

单位:万元,%

指标名称	住宿业						餐饮业				
	本年		上年同期		本季增速	累计增速	本年		上年同期		本季增速
	本季	1—本季	本季	1—本季			本季	1—本季	本季	1—本季	
合计	18389.9	56532.0	17395.4	50493.0	5.72	11.96	109351.9	360813.4	107856.6	315672.2	1.39
(一)限额以上营业额	6477.0	22293.4	6034.5	19808.1	7.33	12.55	7418.0	25970.1	7104.2	22211.5	4.42
1. 客房收入	4032.1	15956.0	3894.4	14066.7	3.54	13.43					
2. 餐费收入	606.6	2688.8	749.8	3011.5	−19.10	−10.72	7418.0	25970.1	7104.2	22211.5	4.42
3. 商品销售额	2.0	12.4	3.0	13.0	−33.33	−4.62					
4. 其他营业收入	1836.3	3636.2	1387.3	2716.9	32.37	33.84					
(二)限额以下营业额	11912.9	34238.6	11360.9	30684.9	4.86	11.58	101933.9	334843.3	100752.4	293460.7	1.17
其中:餐费收入和商品销售额	3324.8	12030.3	2685.0	9339.0	23.83	28.82	83242.9	304463.0	69080.0	249613.0	20.50

表 24

2017 年象山区社会消费品零售总额表

单位:万元,%

指标名称	本年		上年同期		增速	累计增速
	本季	1—本季	本季	1—本季		
社会消费品零售总额	475140.7	1622828.5	428811.5	1462764.5	10.80	10.94
按销售单位所在地分						
1. 城镇	459420.3	1562990.0	414693.7	1405445.1	10.79	11.21
其中:城区	459420.3	1562990.0	414693.7	1405445.1	10.79	11.21
2. 乡村	15720.4	59838.5	14117.8	57319.4	11.35	4.39
按消费形态分						
1. 餐饮收入	94592.3	345152.2	79619.0	284175.0	18.81	21.46
2. 商品零售	380548.4	1277676.3	349192.5	1178589.5	8.98	8.41

表 25

2017 象山区能源消费核算结果表

指标	代码	2017 年	2016 年	增长(%)	能耗构成	
					2017 年	2016 年
能源消费总量(万吨标准煤)	01	112.9371	111.0516	1.70	100.00	100.00
第一产业能源消费	02	0.1684	0.1534	9.78	0.15	0.14
第二产业能源消费	03	52.2597	49.8186	4.90	46.27	44.86
工业能源消费	04	51.2093	49.0001	4.51	45.34	44.12
规上工业	05	39.2786	41.2788	−4.85	34.78	37.17
规下工业	06	11.9307	7.7213	54.52	10.56	6.95

续表

指标	代码	2017 年	2016 年	增长(%)	能耗构成	
					2017 年	2016 年
建筑业能源消费	07	1.0504	0.8185	28.33	0.93	0.74
第三产业能源消费	08	40.9618	39.1955	4.51	36.27	35.29
交通运输业能源消费	09	20.4969	19.2766	6.33	18.15	17.36
居民生活用能	10	19.5472	21.8841	−10.68	17.31	19.71
城市居民生活用能	11	17.1859	19.5953	−12.30	15.22	17.65
农村居民生活用能	12	2.3613	2.2888	3.17	2.09	2.06
GDP（可比价）	13	220.8551	206.0099	7.21	0.00	0.00
单位 GDP 能耗(吨标准煤 / 万元)	14	0.5114	0.5391	−5.1382	0.0000	0.0000
单位工业增加值能耗(吨标准煤 / 万元)	15	0.7788	0.9059	−14.0300	0.0000	0.0000
单位 GDP 电耗(千瓦时 / 万元)	16	724.7971	711.7179	1.8400	0.0000	0.0000

索　　引

SUOYIN

象山区北部一隅(火车桂林站以北)　　伍爱华　摄

说　明

一、本索引采用主题分析方法，编入范围包括类目、分目、条目和表格、特载、附录标题。

二、款目首字按汉语拼音字母（同声字按声调）顺序排列，首字相同的以本年鉴页码顺序排列，随文表格按年鉴内容前后顺序排列。款目后数字为内容所在页码。同一主题内容在年鉴中多处出现的，在款目后标明不同页码。

三、部分款目独立意义不明确的，在款目后括注主题词，如"党员风采"括注为"党员风采（农工民主党）"，"社会服务"括注为"社会服务（民革）"等。

四、文中类目、分目用黑体字标明，其余款目用宋体字排印。

J

K

L

M

N

P

Q

R

S

T

W

X

表格索引